ROMAN
SANDGRUBER

БЛ
ВИ

BS
RG

DIE WICHTIGSTE DYNASTIE DER WELT

ROMAN SANDGRUBER

MOLDEN

INHALT

Vorwort

ROMAN SANDGRUBER

Vor 750 Jahren begann der weltpolitische Aufstieg der Habsburger. Im Jahr 1273 wurde Rudolf von Habsburg zum deutschen König gewählt. 1278 besiegte er seinen gefährlichsten Gegner, den Böhmenkönig Přemysl Ottokar, in der Schlacht auf dem Marchfeld, und 1282 begann mit der rechtswirksamen Belehnung mit Österreich, Steiermark und Krain die bis 1918 dauernde Herrschaft der Habsburger in Österreich.

Vor 500 Jahren, im Jahr 1526, wurde mit der schicksalshaften Schlacht bei Mohács für die Habsburger auch der Weg zur böhmischen und ungarischen Krone frei und damit zur bis 1918 bestehenden habsburgischen Donaumonarchie.

Auch als 1918 die reale Macht verloren war, blieb die symbolische Präsenz der Habsburger erhalten. Die Habsburger sind nicht nur der wichtigste Erinnerungsort Österreichs. Sie sind auch unauslöschlich in das kulturelle Gedächtnis ganz Europas eingetragen. Die Zahl der Veröffentlichungen ist daher auch nahezu unüberblickbar. Wer über die Habsburger schreibt und forscht, steht auf starken Schultern.

Schon als Student an der Wiener Universität wurde ich in den großartigen Seminaren von Heinrich Lutz mit der Geschichte der Habsburger des 16. Jahrhunderts konfrontiert. Und in meiner ersten selbstständigen Lehrveranstaltung als junger Dozent wurde ich mit einer Einführung in die Geschichte der Frühen Neuzeit betraut, für die ich die Habsburger als Ausgangspunkt wählte. Das Interesse an den Habsburgern hat mich seither nie mehr losgelassen.

Mein beruflicher Weg war von der Beschäftigung mit der Wirtschafts- und Sozialgeschichte geprägt. Seit meiner Emeritierung widme ich mich jenen Personen und ihrem sozialen Untergrund, die diese Geschichte maßgeblich bestimmt haben. Erfolgreiche Bücher sind daraus entstanden: die Rothschilds, die reichsten Familien Wiens, Hitlers oberösterreichische Herkunft. Bei all diesen Veröffentlichungen habe ich mich bei Molden sehr gut beheimatet gefühlt. Mein Dank gebührt dem Verlag, vor allem meinem langjährigen Betreuer Dr. Johannes Sachslehner, der mir in diesen Jahren zu einem guten Freund geworden ist. Der Dank gilt aber auch allen Mitarbeitern und Mitarbeiterinnen des Verlags, besonders Frau Dr. Susanne Falk, die sich um die Erstellung des Stammbaums gekümmert hat, den Grafikern, die das Buch optisch ansprechend ausgestattet haben, und den vielen Kollegen und Kolleginnen an den Universitäten und in den Archiven, von deren Rat und Hilfe ich immer wieder und in vielfacher Weise profitieren konnte.

1

DIE WICHTIGSTE DYNASTIE DER WELT.

EINE SOZIALGESCHICHTE

EINE FAMILIE MIT VIELEN KRONEN

»Die Habsburger: die größte oder wichtigste Dynastie der Welt« – das ist zweifellos eine sehr subjektive Aussage. Aber es gibt gute Gründe dafür. Die Habsburger haben viele Kronen getragen: goldene, silberne, eiserne und auch virtuelle. 645 Jahre lang, von 1273 bis 1918, standen sie an der Spitze der Macht: Sie stellten 20 oder, wenn man Friedrich den Schönen als Gegenkönig und Ferdinand IV., den schon vor seinem Vater verstorbenen Nachfolger Ferdinands III., mitzählt, sogar 22 deutsche Könige, damit fast die Hälfte aller deutschen Könige und römischen Kaiser von Karl dem Großen im Jahr 800 bis zur Niederlegung dieser Krone durch Franz II. im Jahr 1806. Dazu kommen die vier österreichischen Kaiser von 1804 bis 1918 und sieben spanische Könige, beginnend mit Philipp I. im Jahr 1504 bis zum Verzicht Kaiser Karls VI. auf die spanische Krone im Jahr 1713. Ein paar Jahrzehnte lang waren sie auch Könige von Portugal. Und Könige von England wären sie 1554 beinahe geworden, wenn aus der Ehe Philipps II. mit Mary Tudor Erben hervorgegangen wären. Es gab 18 oder 19 Habsburger, je nach Zählung, als Könige von Ungarn und 19 oder 20 als Könige von Böhmen und natürlich die ununterbrochene Reihe der österreichischen Landesherren und Herzöge bzw. Erzherzöge von 1282 bis 1918. Habsburger regierten auch in mehreren italienischen Stadtstaaten: vier als Großherzöge der Toskana, drei als Herzöge von Modena und einige auch als Herzöge der Lombardei, einer sogar in einer missglückten Aktion als Kaiser von Mexiko. Und Habsburgerinnen wurden in alle Staaten Europas verheiratet. Kaiser Maximilian hätte sie sogar liebend gern mit dem russischen Zaren oder dem Sultan in Konstantinopel verbinden wollen. Sie selbst sahen sich in ihren Titellisten auch als Könige von Jerusalem und von Athen. Sie führten bis zuletzt immer noch die längst verlorenen Titel der Grafen von Habsburg und Kyburg, der Herzöge von Lothringen und Bar, der Großwojwoden von Serbien, und, makaber genug, auch den eines Herzogs von Auschwitz, der im Titel der Habsburger bis 1918 speziell hervorgehoben wurde.[1]

Die weltweite Vielfalt der Dynastien und königlichen, oft gottgleichen Herrscher beginnt man üblicherweise mit den ägyptischen Pharaonen. Das Wort »Pharao« bedeutet »großes Haus«: ein Haus mit Brüdern, Söhnen, Frauen, Nebenfrauen, Sklavinnen und unzähligen weiteren Abhängigen. Das war bei den Dynastien der chinesischen Kaiser, indischen Moguln oder aztekischen Herrscher auch nicht wesentlich anders.

Das Christentum brachte eine entscheidende Wendung. Es gab keine Gottkönige mehr, keine Polygamie und keine Nebenfrauen, höchstens Konkubinen, und auch keine Sklaven und Sklavinnen, selbst wenn die Übergänge zwischen Sklaverei und Dienerschaft selbst in christlichen Häusern recht fließend sein konnten.

Die Zusammenstellung, die Simon Sebag Montefiore in seinem Buch *Die Welt. Eine Familiengeschichte der Menschheit* geleistet hat, enthält eine beeindruckende Vielfalt von Namen, von den ägyptischen Pharaonen über die chinesischen Kaiser bis zu den afrikanischen, mittelamerikanischen und pazifischen Herrscherhäusern. Vielleicht gab es Dynastien, die länger bestanden als die der Habsburger oder die flächenmäßig größere Reiche beherrschten. Die Dynastie der japanischen Kaiser, das Haus Yamato, regiert seit 2600 Jahren. Aber wegen der in Japan üblichen Adoption ist das mit europäischen Dynastien nicht vergleichbar. Die Territorien der chinesischen Kaiser oder der Großkhane der Mongolen mögen noch größer gewesen sein. Das Römische Reich hat einen gewaltigen Fußabdruck hinterlassen. Aber seine Dynastien wechselten sehr rasch. Das alte Ägypten zählt ungefähr 30 Dynastien, von 3000 vor Christus bis 30 vor Christus. In noch viel mehr Dynastien unterteilt man das 4000 Jahre alte Chinesische Kaiserreich. Manche mögen an Macht oder auch an Grausamkeit die Habsburger übertroffen haben. Aber Grausamkeit ist sicher kein Maßstab für Größe. Die gefährlichsten Gegner der Habsburger, die Osmanen, waren etwa gleich lang und zur gleichen Zeit an der Macht, von 1299 bis 1922. Vielleicht lebten sie sogar noch prächtiger, vielleicht waren sie noch verzweigter, mindestens aber genauso machtbewusst wie die Habsburger. Aber ihre dynastische Struktur war ganz anders figuriert. Insgesamt 36 Sultane werden gezählt. Den Höhepunkt ihrer Macht erreichten sie, wie die Habsburger, im 16. Jahrhundert mit Süleyman I., genannt der Prächtige. Aber über den Mittelmeerraum und den Vorderen Orient kamen sie nie hinaus.[2]

Unter den europäischen Dynastien ist die Abwägung schwierig. Aber an Zeitdauer und Vernetzung übertrifft keine die Habsburger, auch nicht die Dynastie der Kapetinger. Denn die Häuser Bourbon, Orléans und Braganza, die zwar aus Seitenlinien der Kapetinger hervorgegangen sind, betrachteten sich als eigene Dynastien und lassen sich nur bedingt den Kapetingern zurechnen. Die Hohenzollern erreichten den Gipfel ihrer Macht erst im 18. Jahrhundert. Aber 1918 war auch ihre Zeit zu Ende. Enteignet wurden sie, anders als die Habsburger, nicht. Ihr nach seinem Stammsitz, der Burg Hohenzollern, benanntes Geschlecht stellte mit seinem fränkischen Zweig seit 1192 die Burggrafen von Nürnberg, seit 1415 die Markgrafen und Kurfürsten von Brandenburg, seit 1525 die Herzöge in Preußen und seit 1701 die preußischen Könige sowie von 1871 bis zum Ende des Deutschen Kaiserreichs im Jahr 1918 die Deutschen Kaiser. Die Welfen sind neben den Kapetingern und den Reginaren (Haus Brabant) die ältesten noch existierenden Hochadelsgeschlechter Europas.

Auch die Wittelsbacher blicken auf eine glanzvolle Geschichte, die Romanows auf eine wesentlich traurigere.[3] In England, wo es heute noch Könige gibt, sah man die Dynastien kommen und gehen, und ganz ähnlich war es auch in den wenigen anderen noch existierenden Monarchien.

Mehr als 400 Namen umfasst das von Brigitte Hamann herausgegebene *Biographische Lexikon der Habsburger,* mehr als 1500 Namen sind auf einem Stammbaum vertreten, der im späten 19. Jahrhundert im Auftrag von Erzherzog Franz Ferdinand erstellt wurde. Dabei müssten es mindestens doppelt so viele Namen sein, wären da nicht die vielen Verwandtschaftsehen gewesen. Und würden die vielen unehelichen und außerehelichen Kinder mitgezählt, würde es gänzlich unüberschaubar werden. Auf dem Familienfoto, das anlässlich des 90. Geburtstags der letzten österreichischen Kaiserin Zita im Jahr 1982 aufgenommen wurde, zählt man 81 Personen, darunter 28 Kleinkinder. Heute sind die Habsburger zu einer (fast) normalen Familie geworden. Rund 700 Mitglieder zählt die Großfamilie nach Aussage des derzeitigen Oberhaupts Karl Habsburg-Lothringen. Sein Vater Otto hat 31 direkte Nachkommen hinterlassen, Karl selbst aus seinen zwei Ehen bislang drei Kinder. Damit liegt er zwar über dem österreichischen Durchschnitt, aber weit unter den habsburgischen Erwartungen. Der Fortbestand des Hauses scheint jedenfalls gesichert zu sein.

Nicht alle Habsburger waren wirklich bedeutsam oder besonders begabt. Es waren genug schwarze Schafe darunter. Es gab skurrile, unfähige, ja sogar böse Habsburger. Beispiele für Verschwendungssucht, Lächerlichkeit, Grausamkeit, Psychopathie und Abnormität sind in manchen Habsburg-Büchern inzwischen besonders beliebt. Sie ziehen die Aufmerksamkeit der Medien an. Natürlich kann ein Versuch der Reinwaschung nur selten überzeugen. Aber die Habsburger hätten kaum 1000 Jahre überleben können, hätte es da nicht mehr gegeben: Allein dass das alte Deutsche Reich die ganze Zeit hindurch ein Wahlkönigtum war, stellte Anforderungen, auch wenn Wahlen damals wie heute nicht unbedingt eine Bestenauslese sein mussten. Es finden sich unter den Habsburgern große Herrscher und tragische Helden und nicht nur unterdrückte Frauen und verkaufte Kinder, sondern ebenso große Gestalterinnen wie Margarete von Österreich und Maria von Ungarn, beide umsichtige Statthalterinnen der Niederlande und aufgeklärte Sammlerinnen, natürlich auch Maria Theresia und Kaiserin Elisabeth, selbst wenn diese in ihren Charakterzügen schon wieder Grenzfälle darstellten. Doch die skurrilen, exzentrischen und verrückten Habsburger und Habsburgerinnen, oder gerade sie, finden heute, so scheint es, die größte Aufmerksamkeit. Man will ja auch unterhalten werden.

Den Habsburgern wurde eine bunte Folge von Beinamen zugeordnet: Leopold der Glorwürdige, Friedrich der Schöne, Albrecht der Lahme (oft auch »der Weise« genannt), Otto der Fröhliche, Rudolf der Stifter, Wilhelm der Ehrgeizige. Ernst der Eiserne, Friedl mit der leeren Tasche,

»Familien-Vereinigung«: Kaiser Franz I. und Kaiserin Karoline Auguste (Mitte) haben ihre Angehörigen um sich versammelt. Aquarell von Johann Nepomuk Passini nach Peter Fendi, 1834. Wien Museum.

Siegmund der Münzreiche usw. Maximilian I. war der letzte Ritter, Maria Theresia die Landesmutter und Erzherzog Johann der steirische Prinz. Und Kaiser Ferdinand hieß euphemistisch der Gütige oder spöttisch »Gütinand der Fertige«. Friedrich der »Rahmreiche« hat zwar nie regiert, galt aber vor dem Ersten Weltkrieg als reichster Habsburger, der mit seinem riesigen Landbesitz und seinen Molkereien zum Wiener Butterkönig aufgestiegen war. Den Abschluss bildet Karl der Selige, der letzte Kaiser. Aber kein Habsburger hat den Beinamen »der Große« erreicht, der u. a. Karl dem Großen zukommt. Auch die Ottonen konnten mit Otto dem Großen, die Romanows mit Peter dem Großen und Katharina der Großen und die Hohenzollern mit Friedrich dem Großen eine derartige Zuschreibung verbuchen.[4] Der spanische König Philipp IV. hätte diesem Ziel ziemlich nahekommen können. *El Grande* oder *Rey Planeta*, »König der Welt«. Aber seine politische Bilanz blieb doch so wenig eindrucksvoll, dass sich dieser Beiname außerhalb Spaniens nicht durchsetzen konnte. Auch dass Kaiser Karl V. in zeitgenössischen Lobreden als »Carolus Maximus« oder »Karl der Größte« gefeiert wurde, fand keinen Widerhall. So hat die »größte« Dynastie zwar keinen »Großen« unter ihren Mitgliedern, aber eine große Geschichte.

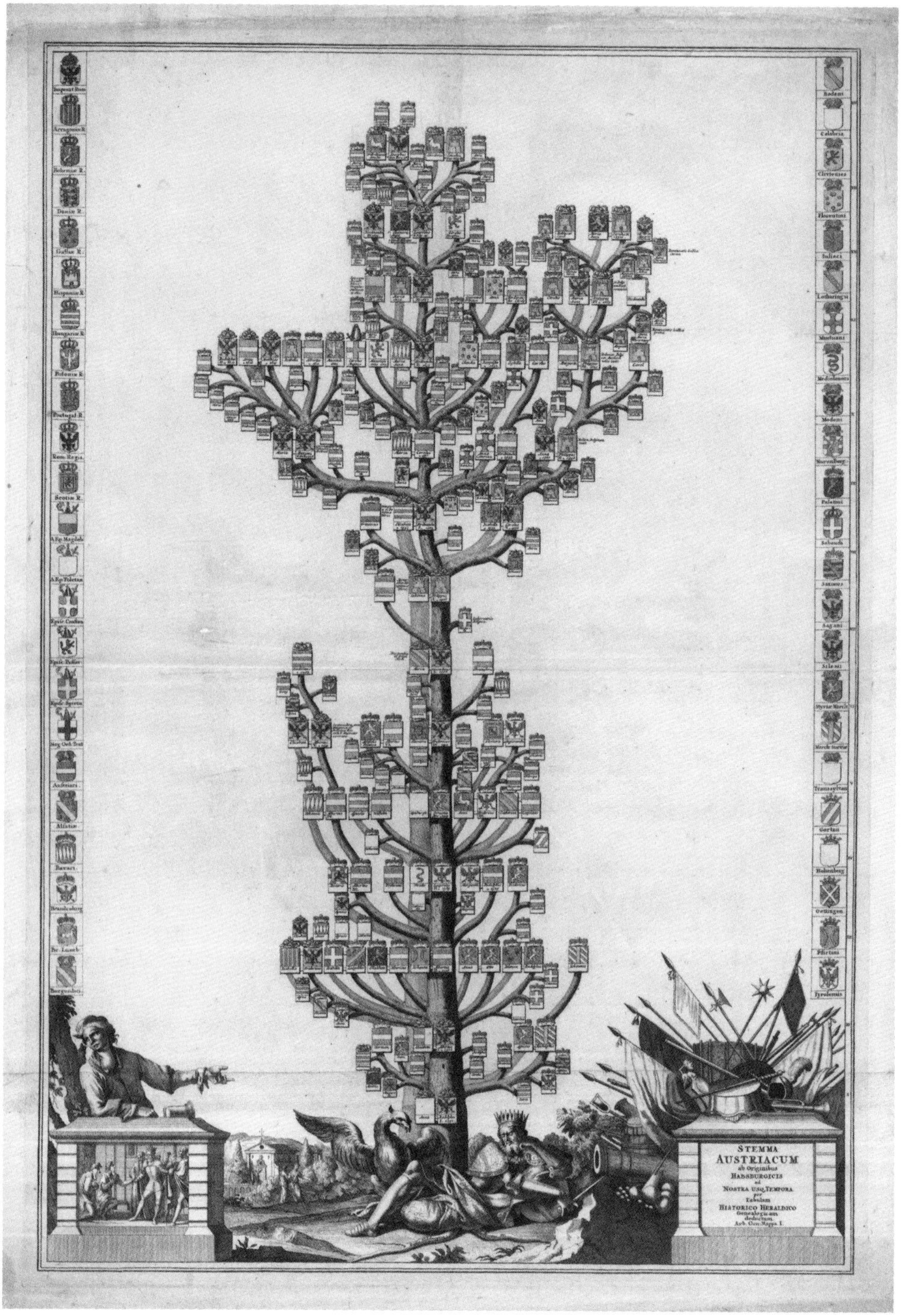

Stemma Austriacum ab Originibus:
der mächtige Stammbaum des Hauses Österreich.
Kupferstich, um 1700.

DYNASTIE UND FAMILIE

Eine Dynastie ist eine Familie an der Herrschaft. Das altgriechische Wort δυνάστης (»dynástēs«) oder »Herrscher« wurde immer mehr in Richtung einer erblichen Abfolge von Herrschern und ihrer Familien umgedeutet, denen es gelungen ist, über einen längeren Zeitraum durch eine kluge Herrschafts-, Wirtschafts- und Heiratspolitik und letztlich mittels einer erfolgreichen Erbfolge an der Macht zu bleiben. Wolfgang Weber versteht unter einer Dynastie »die Optimierung einer Familienherrschaft, die sich durch erhöhte Identität, durch ausdrücklich gemeinsam genutzten Besitz, bewusst gesteuerte Heirat, gesicherte Vererbung und dadurch gesteigerte historische Kontinuität« auszeichnet.[5]

Die erste und wichtigste Kennzeichnung einer Dynastie ist die Abgrenzung eines Familien- und Verwandtschaftskreises, der nicht nur durch Blutsverwandtschaft bestimmt ist, sondern auch durch »Freundschaft«, was ja in der älteren deutschen Sprache und sehr viel länger noch in den Mundarten das übliche Wort für Verwandtschaft war.[6] »Verwandtschaft« ist als Begriff im Deutschen erst seit dem 15. Jahrhundert belegt. Im Wort steckt »sich hinwenden« oder »sich zuwenden«, und das umfasst mehr als nur eine Aussage darüber, welches Blut durch die Adern fließt. Dass die Blutsverwandtschaft so ausschlaggebend für Macht- und Eigentumsfragen wurde, entsprach dem Bestreben, den Kreis der Zugehörigen immer stärker zu normieren.

Dazu gehörte erstens und vor allem die Regelung, Verrechtlichung und Transformation von familiären Gewohnheiten und ihre Umwandlung in dauerhafte und für alle Familienmitglieder geltende Hausgesetze sowie deren Weiterentwicklung zu Staatsverfassungen.

Zweitens muss die zunehmende Reglementierung des Heiratsverhaltens gesehen werden. Die Auswahl der Ehepartner wurde immer mehr eingeschränkt, nach Religion, Stand und Rang: Diese mussten im Fall der Habsburger christlich und seit der Reformation katholisch sein und wurde zunehmend auf regierende Häuser begrenzt.

Ein drittes Charakteristikum sind die Formen der Weitergabe zwischen den Generationen, das heißt insbesondere die Fragen von Sukzession und Erbe, ob durch Anerbenrechte oder Erbteilung, ob in Primogenitur oder in gemeinschaftlicher Herrschaft.

Als ein viertes Charakteristikum einer Dynastie ist die gemeinschaftliche Nutzung und dauerhafte Sicherung von wirtschaftlichen und symbolischen Rechten, Ansprüchen und Besitzungen anzusehen, was aber heftige innerdynastische Auseinandersetzungen nicht ausschließt. Nicht zuletzt spielt auch die Gemeinschaft der Toten eine wichtige Rolle: die Etablierung einer gemeinsamen Grablege und Erinnerungskultur.

Das Wort »Dynastie« als Bezeichnung für eine geschlossene Familiengruppe blieb über lange Zeit hinweg seltsam undefiniert. Es lässt sich auf Aristoteles zurückführen, der damit die Macht oder Herrschaft einer »extremen Oligarchie« von Aristokraten und sonstigen Herrschaftsträgern meinte.[7] Im Laufe des 18. Jahrhunderts änderte der Begriff seine Bedeutung. Die *Encyclopédie Française* versteht darunter »eine Linie von Fürsten derselben Abstammung, die über ein Land regierten«. Die Historikerin Natalia Nowakowska identifizierte in ihrer Analyse mindestens drei Verwendungsweisen des Begriffs. Erstens: Dynastie als Bezeichnung eines »monarchischen Regimes« und als »Überbegriff für die Monarchie der frühen Neuzeit«. Zweitens: Dynastie als Beschreibung von monarchischen Nachfolgeregimen oder Nachfolgepolitiken. Drittens: Dynastie als selbstgestaltender Diskurs, der sich auf dynastisches Selbstbewusstsein und Identität konzentriert und die Tatsache hervorhebt, dass Dynastien Familien sind.[8] Nowakowska nennt als einen der modernen Meilensteine der Dynastieforschung Jeroen Duindams Buch *Dynasties. A Global History of Power*. Duindam definiert eine Dynastie kurz als »Familie an der Macht« und diskutiert anschließend eine Reihe konzentrischer Kreise, wobei er das Ideal des »Herrschers« in der Mitte als ersten Kreis versteht und analysiert, wie einzelne Herrscher diesem Ideal gerecht wurden. Ein zweiter Kreis besteht aus der erweiterten Familie des Herrschers, aus der die Nachfolge rekrutiert wird. Der Hof, in den der Herrscher eingebettet ist, bildet einen dritten Kreis. Ein letzter Kreis wird von peripheren Eliten gebildet, mit denen der Herrscher auf verschiedene Weise verbunden ist. Duindams Idee einer »Dynastie« ist erheblich weiter gefasst als lediglich »eine Familie an der Macht«. Sein Interesse gilt vor allem der Art und Weise, wie diese Familien ihre Machtposition aufbauten und aufrechterhielten – er erörtert die Mechanismen der »dynastischen Herrschaft« und nicht die Dynastie in ihrem Kern.[9]

Der englische Historiker John Morrill betont die Bedeutung dynastischer Entwicklungen und Zufälle – von Geburten, Heiraten und Todesfällen – für die Bildung und Konsolidierung von Konglomerat- oder Agglomeratstaaten im frühneuzeitlichen Europa.[10] Er stellt dynastische Ereignisse im Lebenszyklus in den Mittelpunkt der Staatsbildung. Einen ähnlichen Ansatz verfolgt Robert Bartletts Arbeit über dynastische Politik im mittelalterlichen Europa, in der er ebenfalls die Auswirkungen dynastischer Lebensereignisse auf Politik und Nachfolge hervorhebt.[11] In beiden Studien wird deutlich, dass Dynastien in hohem Maße mit Nachfolgeregelungen gleichgesetzt werden. Die dynastische Zugehörigkeit war etwas, das gepflegt werden musste, und nicht etwas, das lediglich durch Geburt oder Heirat bestimmt wurde. Dies zeigt nicht nur die

Vielseitigkeit der dynastischen Identität, sondern stellt auch einen allzu patrilinearen Ansatz des Dynastiebegriffs in Frage.

Wolfgang Weber verbindet mehrere der von Natalia Nowakowska skizzierten Bedeutungsebenen des Begriffs.[12] Er argumentiert, dass eine Dynastie eine optimale Manifestation der Familie ist, die sich durch ein gesteigertes Identitäts- und Definitionsgefühl gegenüber der Außenwelt auszeichnet: Dazu trägt erstens eine Sammlung von Vermögenswerten bei, die einen ausdrücklich kollektiven Besitz bilden, wie Territorien, Rangstufen, Rechte und Ämter. Zweitens Ehen und Erbschaftspraktiken, die darauf abzielen, das Erbe unvermindert oder verstärkt weiterzugeben. Und drittens ein gesteigertes Gefühl historischer Kontinuität. Indem er sich auf die generationsübergreifende Übertragung von Ressourcen konzentriert, erfasst Weber die Nachfolgepolitik von Dynastien. Er zeigt, wie der Fokus auf die Familienidentität gelegt wird, und weist auf die Bedeutung der Selbstgestaltung und das daraus resultierende Gefühl der Dynastie als Gruppe hin. Indem er Ehen ins Spiel bringt, behandelt er auch das Thema Lebenszyklusereignisse.

Von einer »Dynastie« war bei den Habsburgern im späten Mittelalter und der frühen Neuzeit selten die Rede. Sie bezeichneten sich als »Haus«, als das »Haus Österreich« oder die »Casa d'Austria«. Erst im 19. Jahrhundert, als die Habsburger im patrilinearen Sinn längst ausgestorben waren, sprach man statt vom »Haus Österreich« wieder von den Habsburgern. Dichter wie Friedrich Schiller oder Franz Grillparzer wirkten stilbildend. Habsburg – ohne den Zusatz Lothringen – wurde auch zum vereinfachten Familiennamen der Familie nach 1918, auch wenn die Republik Österreich den Familiennamen Habsburg-Lothringen in den amtlichen Dokumenten festgelegt hatte.

Es lassen sich bei den Habsburgern vier verschiedene dynastische Konstruktionen unterscheiden: Dynastie als herrschende Familiengruppe, Dynastie als genealogische Erzählung, Dynastie als Gemeinschaft der Toten und Dynastie als Geld- und Erbengemeinschaft. Diese vier Konstruktionen beleuchten nicht nur unterschiedliche Aspekte der dynastischen Herrschaft, sondern stellen auch die verschiedenen zeitlichen Dimensionen dar, in denen sie existieren. Genealogien schaffen eine konstruierte Vergangenheit, Grabstätten eine versteinerte Vergangenheit, während Testamente und Nachfolgeregeln Parameter für eine mögliche Zukunft festlegen.

LEGITIMATION DURCH HERKUNFT

Eine dynastische Herrschaft, auch wenn sie in Form einer Monarchie auftritt, ist im Gegensatz zum Wortsinn in der Regel keine Alleinherrschaft, sondern eine Familienherrschaft. Eine Monarchie ist eine »Familie an der Macht«. Eine Dynastie ist eine innerhalb einer Familie weitergegebene Herrschaft. Doch diese Weitergabe war sehr stark dem biologischen Zufall unterworfen: durch Geburten, Todesfälle, Krankheiten, aber auch durch menschliches Verhalten und Fehlverhalten. Grenzen für diese Weitergabe lagen u. a. im Druck, der sowohl von den Beherrschten wie auch von den Konkurrenten ausgehen konnte, von widerständigem Verhalten und von Aufständen, von der Rivalität unter Verwandten und der Institutionalisierung von Rollen und Verhaltensmustern.[13]

Genealogen neigen ganz generell dazu, die dynastische Reihe mit einem Gründer, Stammvater oder »Spitzenahn« zu beginnen. Man will starke, von Legenden umrankte Gründer und Ahnherren, auf deren Kraft und Aura man sich berufen kann. In den Anfangszeiten der Herrschaftsgeschichte waren das auch körperlich hervorgehobene Personen. Karl der Große soll eine für seine Zeitgenossen erstaunliche Körpergröße gehabt haben. Kaiser Konrad II., der Gründer der salischen Dynastie, war zwei Meter groß. Auch Rudolf von Habsburg wird eine ähnliche Größe zugeschrieben.

Doch Dynastien wollen mehr: Sie brauchen für ihre im Familienweg weitergegebene Herrschaft eine Legitimation. Sie suchen nach besonderer, nach göttlicher Gnade. Aber noch viel wirkungsvoller war die Konstruktion einer göttlichen oder mythischen Herkunft, denn sie versprach Kraft und Größe. Wenn Götter aus Glaubensgründen als Stammväter nicht mehr möglich waren, konnten es auch Propheten und Religionsstifter wie Mohammed, biblische Urväter wie Noah und seine Söhne, griechische und römische Helden wie Herkules, Hektor und Aeneas oder Urkönige wie Merowech, Artus und andere mythische oder halbmythische Figuren sein.

Auch für die Habsburger wurden allerlei fabelhafte Stammbäume erfunden. Kaiser Maximilian I. beschäftigte mehrere Historiker, um eine Linie zu erstellen, die ihn mit Herkules – und gleich auch mit Noah und Osiris – verband. Der Hofhistoriograf Jakob Mennel *(Manlius)* schlug vor, die Habsburger vom römischen Adelsgeschlecht der Colonna abzuleiten. Das war Maximilian aber viel zu plebejisch und republikanisch. Er zog es vor, über die Merowinger auf die Trojaner zu rekurrieren. Jedenfalls sah er sich auch im Gemüt mit Herkules verwandt. Nur über die gemeinsame Abstammung aller Menschen von Adam und Eva war man sich als gute Christen einig. So spottete Kaiser Ferdinand II. über die Genealogen und deren akribische Arbeiten, dass man irgendwann dann doch bei Schafhirten oder Ackerbauern oder bei Kain und Abel anfangen müsse.

Auf eine göttliche Herkunft kann man sich schon seit Langem nicht mehr berufen. Auch das Gottesgnadentum wurde immer weniger wert. Herkunft und Erbe sind als Legitimation von Herrschaft, insbesondere von politischer Herrschaft, brüchig geworden. Nur für Wirtschaftsdynastien ist die Erbschaft immer noch ein konstituierendes Kriterium. Für Politikerdynastien kann die Sozialisation eine Rolle spielen, ebenso für Künstlerdynastien, auch wenn hier die Begabung das viel Entscheidendere ist. Leistung soll zählen. Diese war zwar schon immer ein wichtiger Faktor für die Etablierung von Dynastien: Mit militärischer Stärke, mit Verhandlungsgeschick und Führungsqualität, mit Schönheit und Liebenswürdigkeit, nicht zuletzt auch mit körperlicher Größe und Tapferkeit wurden Dynastien begründet und erfolgreich weitergeführt.

Eine »Dynastie« ist keine rein biologische Realität – nicht nur eine Abstammungslinie von einem Herrscher zum anderen –, sondern etwas, das sozial konstruiert ist. Verwandtschaft und Lebenszyklusereignisse sind in dynastischen Angelegenheiten enorm wichtig. Die Biologie darf nicht außer Acht gelassen werden. Doch liefert sie lediglich die »Hardware« – den genetischen Pool –, während Identität, Sozialisation, Verhandlung und Repräsentation die »Software« beistellen – das Gefühl der Zugehörigkeit. Dies trifft insbesondere auf Personen zu, die, anders als der Herrscher oder in Ausnahmefällen auch die Herrscherin, keine offensichtlichen Mitglieder von Dynastien sind, sondern vom dynastischen Zentrum weiter entfernt stehen oder sich potenziell davon losgelöst haben: verheiratete oder verwitwete Schwestern, unabhängige Brüder, uneheliche Nachkommen, Neffen, Nichten, Cousins und Cousinen. Der Fokus liegt dabei auf der horizontalen Familiengruppe im Gegensatz zur vertikalen Linie der Abstammung.

Der König oder Familienchef als derjenige mit der größten Entscheidungsgewalt konnte über das Schicksal seiner Verwandtschaft bestimmen. Doch diese Verwandten waren nicht völlig machtlos. Sie konnten sich weigern, bestimmte ihnen zugedachte Rollen zu übernehmen – etwa die der Braut oder des Gouverneurs – oder versuchen, sich in die richtige Position zu manövrieren, um in die Fußstapfen von Verwandten zu treten, deren Zugehörigkeit zur Dynastie bereits feststand. Das Verhältnis zwischen dem Familienoberhaupt und seinen Verwandten war von einem ständigen Hin und Her geprägt. Das Ergebnis dieser Dialektik war die Familiengruppe, die in Genealogien definiert wurde, die unterschiedliche dynastische Ämter innehatte und die gemeinsam in dynastischen Grabstätten begraben sein konnte oder wollte. Absolute Monarchen sind Alleinherrscher. Sie stützen sich auf Gottesgnadentum,

Blutsverwandtschaft und Erbschaft. Auch Diktatoren sind Alleinherrscher. Aber ihre Legitimation ist die Masse. Ihre Unterstützung ist das Volk.

Nur einige wenige monarchische Herrschaftssysteme sind ohne Erbfolge ausgekommen: zuvorderst das Papsttum, das eine Wahlherrschaft war und ist. Auch die venezianischen Dogen wurden gewählt, ebenso die deutschen Könige und lange Zeit auch die böhmischen und ungarischen Könige. Doch auch da waren Verwandtschaft und Herkunft entscheidende Hilfen und Voraussetzungen.

Die Legitimation durch Erbschaft erklärt die große Bedeutung, die in dynastischen Systemen dem biologischen Zufall des Reproduktionserfolgs und anderen nicht planbaren Ereignissen wie dem überraschenden Tod eines Dynastieoberhaupts oder seines vorgesehenen Nachfolgers zukommt. Eine Dynastie ist einerseits ein biologischer, durch eine Reihe vererbbarer körperlicher und geistiger Merkmale geprägter Verband, aber gleichzeitig auch ein Traditionsverband, in dem Familienmythen und Familienstrategien zusammenfließen – das »edle Blut« und die Ausgrenzung, die damit verbunden ist. Die Habsburger waren mit allen europäischen Häusern verwandt und konstruierten sich gleichzeitig Blutlinien, die weit in die europäische Mythenwelt zurückreichten.

Die Helden wie Hektor und Japhet *(Jafet)*, die aus dem griechischen oder biblischen Sagenschatz entnommen wurden, und die alten Familienheiligen, die hervorgezaubert und auch wieder fallen gelassen wurden, sind für die Geschichtsforschung wertlos, für die Kultur- und Kunstgeschichte aber höchst anregend. Die vielen Decken- und Wandfresken, die vielen Tafelbilder und Buchmalereien: Wer könnte sie sonst verstehen? Ob die Mitglieder des Hauses sie selbst geglaubt haben? Vorgetragen wurden sie ihnen immer wieder. Noch der Thronfolger Franz Ferdinand hat darüber forschen und sich berichten lassen.

Das eine Mal gab es demografische Überschwemmungen, dann wieder demografische Dürrezeiten. Doch beides ist nicht gut für das Wohlergehen von Dynastien. Eheliche Nachkommen waren wichtig, um die legitime Weitergabe der Herrschaft zu sichern. Fast alle Habsburger waren bestrebt, diesem Gebot nachzukommen. Nur Rudolf II. verweigerte diesen Auftrag beharrlich. Das hätte das Ende der Dynastie bedeuten können. Viele Kinder führten nicht nur zu Rangstreitigkeiten und Nachfolgekonflikten, sondern kosteten auch viel. Meine Großmutter, eine alte Mühlviertler Bäuerin, liebte die Habsburger nicht: Die haben zu viele Kinder, war ihr Kommentar. Die Zeit, die sie erlebte und von der sie sprach, war das frühe 20. Jahrhundert: In Kaiserin Zita mit ihren 23 Geschwistern und auch in ihren zahlreichen Kindern und noch mehr Enkeln sah sie nur eine Belastung der öffentlichen Haushalte. Habsburger bzw. Habsburgerinnen hatten recht häufig viele Kinder: 21 waren es bei Königin Elisabeth und Albrecht I., je 16 bei Maria Theresia und Kaiser Leopold II., 15 bei Kaiser Ferdinand I. etc. etc. Auch wenn die Habsburger in Summe, und je näher der Gegenwart, umso deutlicher, sehr viele eheliche Kinder hatten, fällt auf, dass die Zahl der unehelich und außerehelich Geborenen noch sehr viel größer war. Die Dunkelziffer ist hoch. Auch Habsburger, die keine oder zu wenige eheliche Kinder hatten, hatten oft sehr viele uneheliche Kinder, oder sie wurden ihnen zumindest zugeschrieben: Bei Sigismund dem Münzreichen solle es bis zu hundert gewesen sein. Aus seinen beiden Ehen aber gab es keine Nachkommen. Kaiser Maximilian hatte aus seiner ersten Ehe zwei Kinder, ein drittes überlebte nicht, aus der zweiten Ehe hingegen keine. Aber aus den außerehelichen bzw. unehelichen Beziehungen hatte er gesichert mindestens vierzehn Kinder.[14] Kaiser Rudolf II. war überhaupt nicht verheiratet, hatte aber unzählige uneheliche Kinder. Sechs – drei Söhne und drei Töchter – hat er legitimiert. Rudolf II. war sicher ein Ausnahmefall. Aber auch von Kaiser Joseph I. gibt es zahlreiche Berichte über Liebschaften und sexuelle Abenteuer, ebenso von Joseph II. und Leopold II. König Philipp IV. soll mindestens 40 uneheliche Kinder hinterlassen haben, während seine ehelichen nicht wirklich lebensfähig waren. Auch Kaiser Franz Joseph hatte Mätressen. Ob es illegitime Kinder gab, muss man der Klatschpresse überlassen.

Uneheliche und außereheliche Kinder waren zu unterschiedlichen Zeiten und in unterschiedlichen Gesellschaftsschichten Österreichs ein soziales Problem, insbesondere in bäuerlichen und gewerblichen Unterschichten. Ihre soziale Stellung war meist eine sehr prekäre. Von der Erbschaft waren sie ausgeschlossen, von der Kirche wurden sie diskriminiert, und auf den Bauernhöfen wurden sie als billige Arbeitskräfte gesehen. Das durch Ehekonsense, Heiratsbeschränkungen und materielle Not sehr hohe Heiratsalter war die Hauptursache. Bei den Habsburgern waren für lange Zeit das extrem niedrige Heiratsalter und die oft schon im Kleinkindalter vereinbarten Heiraten die Ursachen, die dazu führten, das Liebesbedürfnis und die sexuelle Lust anderwärts zu befriedigen. Aber auch die Macht und ihre vermeintliche Schrankenlosigkeit mögen eine Rolle gespielt haben. Bei den deutschen Habsburgern waren diese Kinder diskriminiert und wurden verschwiegen. Bei den spanischen Habsburgern war ihre Stellung besser. Einige konnten sogar zu größter Machtfülle aufsteigen. Aber für eine Weiterführung der Dynastie reichte es nirgendwo.

DIE GEMEINSCHAFT DER TOTEN

Eine Dynastie ist nicht nur eine Gemeinschaft der Abstammung, sondern auch eine Gemeinschaft der Toten und des Weiterlebens.[15] Über die Sterberaten und die Lebenserwartung der Habsburger gibt es keine zusammenhängenden statistischen Daten. Aber vermutlich waren die Verhältnisse nicht besser als bei ihren Untertanen und war ihre Lebenserwartung vielleicht sogar niedriger. Die meisten Habsburger in dem langen Stammbaum der Dynastie sind sehr jung gestorben: als Kleinkinder, als junge Mädchen, die viel zu früh den Risiken einer Schwangerschaft ausgesetzt wurden, und auch als Opfer einer Heiratspolitik, die viel zu oft die genetische Vielfalt vernachlässigte. Manche fielen im Kampf, manche kamen auf beschwerlichen Reisen ums Leben oder waren von biologischen Handicaps und ungesunder Ernährung betroffen. Einige Mitglieder des Hauses wurden ermordet, zwei als naive Opfer der Politik auch hingerichtet: Maximilian von Mexiko, der Bruder Kaiser Franz Josephs, und Marie-Antoinette, die nach Frankreich verheiratete zweitjüngste Tochter Maria Theresias. Eric Hobsbawm beschreibt sie als »hirnlose und unverantwortliche Frau«.[16] Das ist sicher ungerecht. Albert Soboul, der langjährige Direktor des Instituts für die Geschichte der Französischen Revolution an der Sorbonne, nannte sie »hübsch, frivol und unklug«. Für Stefan Zweig war sie eine mittelmäßige, eigentlich unbedeutende Person. Auf jeden Fall war sie in ihrer Rolle überfordert. Eine fast dreihundertjährige Feindschaft zwischen Bourbonen und Habsburgern, zwischen Frankreich und Österreich, konnte durch eine einzige Heirat nicht befriedet werden. Mit der Französischen Revolution wurden die Gegensätze nur noch verstärkt. Marie-Antoinette wurde in einem Schauprozess zum Tode verurteilt, in einem Massengrab verscharrt und erst zwanzig Jahre später exhumiert und an der Seite ihres ein paar Monate vor ihr hingerichteten Gatten in der Kathedrale von Saint-Denis, der traditionellen Grablege der französischen Könige, beigesetzt.

Der Ort der Grabstätte Erzherzog Wilhelm Franz Joseph Karls von Habsburg-Lothringen, dem informellen Kandidaten der Mittelmächte für den Thron eines zu gründenden unabhängigen ukrainischen Staats, ist unbekannt. Er wurde 1947 von den Sowjets aus Wien entführt und vom stalinistischen Regime in Kiew zu 25 Jahren Haft verurteilt und starb 1948 unter mysteriösen Umständen in russischer Gefangenschaft. Gräber können die Illusion erzeugen, die Toten gehörten weiterhin zum Reich der Lebenden. Von ihnen konnten Rechte oder zumindest Prestige abgeleitet werden. Grabmäler können kunsthistorisch interessant sein. Begräbnisrituale können das Denken über den Tod verdeutlichen. Für das dynastische Verständnis aber sind die Begräbnisorte maßgeblich. Wer wurde wo und in welchem Kontext begraben? Im Kaiserdom von Speyer, in der Wiener Stephanskirche, in den habsburgischen Kartäuserklöstern Mauerbach und Gaming, im Prager Veitsdom, der Begräbnisstätte der böhmischen Könige, in Székesfehérvár *(Stuhlweißenburg)*, dem Begräbnisort der ungarischen Herrscher, im spanischen Escorial oder in der Wiener Kapuzinergruft? In solchen dynastischen Grablegen, wo nicht wie in den Kaiserdomen die lange Linie der Monarchen aufgereiht ist, sondern eine Dynastie mit ihren Oberhäuptern, Kindern, Geschwistern und anderen Verwandten, entsteht nicht nur das Bild einer mächtigen Linie von Königen, sondern auch einer viel größeren und dauerhafteren Familiengruppe. König Rudolf wollte im Kaiserdom zu Speyer begraben sein. Dorthin wurde auch noch Rudolfs ältester Sohn und Nachfolger, der 1308 ermordete König Albrecht I., auf Veranlassung Kaiser Heinrichs VII. überführt und neben seinem einstigen Rivalen Adolf von Nassau beigesetzt. König Rudolfs erste Frau hingegen wurde im Basler Münster begraben, ebenso deren 1281 im Rhein ertrunkener zweiter Sohn Hartmann und der als Kind verstorbene Karl – möglicherweise auch andere früh verstorbene Söhne des Königspaars, für die die Namen Hermann, Friedrich und Rudolf überliefert sind. Alle in Basel und in einigen schwäbischen Orten begrabenen Habsburgerinnen und Habsburger wurden 1770 in einem feierlichen Leichenzug nach Österreich überführt und – nach verschiedenen Zwischenstationen – schließlich in der Abtei St. Paul im Lavanttal beigesetzt.

Lange verfügten die Habsburger über keine gemeinsame Grablege.[17] Rudolf, der älteste Sohn König Albrechts I., der 1307 zum böhmischen König aufgestiegen, aber bereits 1308 überraschend gestorben war, wurde im Prager Veitsdom bestattet. Im Kloster San Nicola in Pisa findet sich das Grab Johann Parricidas, des Mörders von Albrecht I. Auch in Österreich gab es lange keinen gemeinsamen Ort für Habsburgergräber. Ihre Grabmale finden sich im Tullner Dominikanerinnenkloster, in der Wiener Minoritenkirche, im Kartäuserkloster Mauerbach, im Zisterzienserkloster Neuberg an der Mürz und in der Kartause Gaming.

Herzog Rudolf der Stifter war der erste, der einen dauerhaften und zentralen Ort der habsburgischen Sepulkralkultur schaffen wollte. Die heutige Gruft unter dem Presbyterium der Stephanskirche stellte die erste und unterste Ebene einer geplanten, nicht mehr vorhandenen dynastischen Grabanlage dar. Zur ältesten Errichtungsphase gehört wohl die Inschrift, die die Widmung dieses Grabdenkmals für die Nachkommen Herzog Albrechts II. und seiner Gattin Johanna von Pfirt dokumentiert, also der Eltern Herzog Rudolfs, und die den Anspruch auf königliche Würde in der von Rudolf geplanten Form auf allen Ebenen zum Ausdruck bringt.[18] Rudolf wurde nach seinem frühen Tod als erster in dieser neuen Herzogsgruft bestattet, deren Bedeutung durch den Umbau der damaligen Wiener Stadtpfarrkirche St. Stephan zu einer quasiköniglichen Fürstenkirche in einem gotischen Kathedralstil hervorgehoben wurde.

König Albrecht II. (ungarisch *Albert*), der erste Habsburger, der für zwei Jahre auch König von Ungarn und Böhmen war und der nach langer Pause als Habsburger auch wieder zum deutschen König gewählt wurde, wurde am traditionellen Bestattungsort der ungarischen Könige in Székesfehérvár beigesetzt. Seine Witwe Elisabeth von Luxemburg hatte die bereits geplante Überführung in die Wiener Habsburgergruft im letzten Augenblick verhindert. Ihr Anspruch auf die ungarische Krone, die sie gewaltsam aus der Plintenburg *(Visegrád)* entwenden ließ, sollte damit untermauert werden, Die Krypta im Stephansdom, der damals ja noch eine einfache Pfarrkirche war, genügte nicht. Die Habsburger begannen, in größeren Dimensionen zu denken. Von den späteren Habsburgern wurde die Gruft nur mehr für ihre Eingeweide benutzt.

Dass Kaiser Friedrich III. zwar ebenfalls in der Stephanskirche, aber nicht in der Krypta, sondern im rechten Seitenschiff des Doms begraben wurde, mag in den Dimensionen dieses Grabmals begründet sein, das in der Krypta keinesfalls Platz gefunden hätte. Aber es begann damit auch ein neues Selbstverständnis der Habsburger: Was Kaiser Friedrich in St. Stephan plante, war in mancher Hinsicht das genaue Gegenteil von Rudolfs Familiengrablege. Das monumentale Kaisergrab wurde als aufwändiges Monument für seine persönliche »memoria« errichtet. Nirgendwo gibt es einen Hinweis auf seine schon verstorbene Gattin oder auf seine Kinder. Nirgendwo wurde die Vergangenheit oder die Zukunft der Dynastie angesprochen. Friedrichs Sohn Maximilian hat sein letztlich erst von seinem Enkel Ferdinand I. in der Hofkirche von Innsbruck realisiertes Grab ganz anders angelegt. Alle Verwandten kommen vor: die Kinder, die Schwester, die Eltern und vor allem viele reale und fiktive Vorfahren in männlicher und auch weiblicher Linie, dazu die Heiligen der Dynastie und schließlich sogar römische Imperatoren, deren Bilder man von Kaisermünzen zu kennen glaubte, sowie mythische oder halbmythische Fürsten wie König Artus oder Dietrich von Bern. In seiner extremen Komplexität steht das Maximiliansgrab in seiner figuralen Gestaltung dem Rudolfsgrab näher als dem Hochgrab Kaiser Friedrichs III. in St. Stephan.[19]

Kaiser Karl V. wollte wie ein Märtyrer direkt unter dem Hauptaltar des Hieronymiten-Klosters von Yuste beigesetzt werden, was die strengen Mönche bei aller Verehrung für den großen Kaiser dann doch nicht hinnehmen wollten und ihm nur einen Platz im Seitenschiff der Kirche zuwiesen. Wenige Jahrzehnte später wurde sein Sarg in die neue Habsburgergruft im Escorial umgebettet. Bis zum Jahr 1700 waren die Krypten des Escorial die letzte Ruhestätte von dutzenden spanischen Habsburgern: zehn im Pantheon der Könige *(Panteón de Reyes)*

Fig.1

Fig.2

Fig.1 Memento mori: Totenkopf mit Reichskrone am Sarkophag Kaiser Karls VI. in der Kapuzinergruft. Skulptur von Balthasar Ferdinand Moll, 1751.

Fig.2 Marmor für die Ewigkeit: Grabmal Margaretes von Österreich in der Kirche des Klosters Brou in Bourg-en-Bresse.

und weitere 34 im Pantheon der Fürsten, Prinzen und Prinzessinnen *(Panteón de Infantes)*.

Anna, die Tochter Erzherzog Ferdinands von Tirol aus seiner zweiten Ehe, heiratete ihren Cousin Kaiser Matthias. Sie vererbte in ihrem Testament ihren Reliquienschatz den Wiener Kapuzinern und verfügte die Stiftung einer Gruft für sich selber und ihren Gemahl in ihrem Wiener Lieblingskloster, wo seither die meisten Habsburger begraben wurden. Von da an stand die Kapuzinergruft nicht nur für die habsburgische Identität, sondern auch für ihr religiöses Selbstverständnis. 1778 ließ sich die zuletzt recht korpulent gewordene Maria Theresia einen Lift hinab in die Kaisergruft konstruieren. Als sie zu Allerseelen 1780 zum letzten Mal lebend die Gruft besuchte und man sie mit der Maschine wieder herausziehen wollte, blieb der Lift zweimal stecken: »Die Gruft will mich nicht mehr herauflassen«, soll der resignierende Kommentar der Kaiserin gelautet haben. Am 29. November desselben Jahres verstarb sie. Ihr Sohn Joseph II. ließ für sich neben dem riesigen Prunksarkophag seiner Eltern eine einfache Zinkkiste aufstellen – ein Ausdruck zynischer Zweckrationalität, da, wie er sagte, bei einem Toten der einzige Zweck ja die Verwesung sei.

Die Wiener Habsburger entwickelten einen dreifachen Begräbniskult: die Körper in der Kapuzinergruft, die Herzen in der Loretokapelle der Augustinerkirche und die Eingeweide in der Gruft des Stephansdoms. Das sicherte dreifache Präsenz und dreifache Erlösung.[20] 56 Eingeweide-Urnen sind in der Stephansgruft, beginnend mit Kaiserin Anna (†1618) bis zu Erzherzog Franz Karl (†1878), dem Vater Kaiser Franz Josephs, aufbewahrt. In der Loretokapelle der Wiener Augustinerkirche, einer Nachbildung der Casa Santa in Italien, befindet sich das »Herzgrüftl«, wo in Urnen die Herzen von 54 Mitgliedern des Hauses aufgereiht sind, ebenfalls von Kaiserin Anna bis Erzherzog Franz Karl. In der Kapuzinergruft ruhen 12 Kaiser, 19 Kaiserinnen und viele weitere Mitglieder der Familie Habsburg bzw. Habsburg-Lothringen, beginnend mit Kaiserin Anna und Kaiser Matthias bis zu Zita, der letzten Kaiserin von Österreich, die 1989 starb, und zu Otto, dem Kaisersohn, der 2011 hier bestattet wurde. Am 7. Oktober 2023 wurde Yolande de Habsburg (1923–2023), Erzherzogin von Österreich, eine geborene Prinzessin de Ligne, hier beigesetzt. Nach ihr werden, wie es heißt, keine weiteren Begräbnisse mehr in der Kapuzinergruft stattfinden.

DIE WEITERGABE DER HERRSCHAFT

Kinder sind in Familien eine sehr emotionale Angelegenheit. Sie gewährleisten das Weiterleben. Sie sind in der Regel die Erben der erworbenen Vermögen. In bäuerlichen Familienbetrieben waren sie vor allem im 19. und frühen 20. Jahrhundert auch der entscheidende Arbeitskräftepool. In Herrscherfamilien hingegen waren sie als Pfänder und Geiseln von Bedeutung, als ein Kapital, mit dem man Bündnisse und Freundschaften besiegeln konnte, die aber oft dann doch nicht hielten. Sie konnten der Dynastie in verschiedenen politischen und kulturellen Funktionen dienlich sein. Vor allem aber konnten sie die Dynastie weiterführen.

Habsburgerkinder bekamen, vor allem wenn sie männlich waren, ein beträchtliches Startkapital in die Wiege gelegt: eine bessere Betreuung und Ausbildung und weite Netzwerke und Entfaltungsmöglichkeiten. Für Mädchen fiel dieses Kapital wesentlich kleiner aus. Sie waren vor allem politisches Kapital in den Händen ihrer Eltern. Zu wenige Kinder gefährdeten das Überleben der Dynastie. Aber auch zu viele Kinder konnten Probleme verursachen. Zu viele Söhne konnten zu Erbteilungen und Verschiebungen der Ländergrenzen führen. Auf der anderen Seite konnten keine oder zu wenige männliche Erben das Erlöschen habsburgischer Linien, aber auch die Wiedervereinigung getrennter Länder zur Folge haben.

Die Linie der österreichischen Herzöge nach Albrecht I. wäre eigentlich recht leicht zu merken – auf Albrecht I. folgt Albrecht II., genannt der Lahme, bis zum kinderlos gestorbenen widerborstigen Albrecht VI., wären da nicht die Seitenlinien und die Streitigkeiten der Verwandten.[21] Schon bei Albrecht I. war die Rivalität mit einem Verwandten für seine Ermordung verantwortlich. 1379 kam es zu einer ersten Herrschaftsteilung. Es entstanden drei Linien und drei Länder. Die lang anhaltenden Auseinandersetzungen zwischen Friedrich III. und seinem Bruder Albrecht VI. konnten erst nach dem mysteriösen Tod des Erzherzogs 1463 beigelegt werden. Die Kinderlosigkeit Erzherzog Sigismunds von Tirol, des »Münzreichen«, zumindest was legitime Kinder betraf (während ihm mehr als 50 uneheliche nachgesagt werden) führte 1496 zum Aussterben der Tiroler Linie. Damit waren die 1379 begonnenen habsburgischen Landesteilungen wieder aufgehoben. Mit den vielen Kindern Kaiser Ferdinands I. wurden Teilungen neuerlich zum Problem. Wieder entstanden drei Linien und drei Landesteile: Niederösterreich, Innerösterreich und Vorderösterreich. Neuerlich führte das Erlöschen, dieses

Mal der niederösterreichischen und der vorderösterreichischen Linien, zu einer Wiedervereinigung. Monogamie und Primogenitur festigten zwar die Familie, konnten aber für die Weiterführung der Linie sehr hinderlich sein. Um Macht und Vermögen zusammenzuhalten, heiratete man in der Familie. Heiraten mit anderen Dynastien konnten zwar die Macht absichern, aber auch Ansprüche schaffen. Vor allem wurde die Auswahl immer geringer. Das Inzestproblem zerstörte nicht nur den Genpool. Wenn man mit allen verwandt ist, wird auch Verwandtschaft zum Problem. Die großen Kriege Europas wurden zu Familienkriegen. Der Erste Weltkrieg, der die Dynastien retten sollte, zerstörte sie: die Habsburger, die Romanows, die Hohenzollern, die Osmanen und auch die kleineren Dynastien.

Das Heilige Römische Reich, zu dem die habsburgischen Gebiete gehörten, war ein Gebiet der Erbteilung, was bedeutete, dass alle Söhne ein gleiches Anrecht auf das Erbe hatten, während Frauen davon größtenteils ausgeschlossen blieben. Das Erbe konnte unter allen Brüdern aufgeteilt werden, die so zu unabhängigen Fürsten wurden. Alternativ konnten die Erben kollektiv regieren. Diese kollektive Herrschaft konnte eine weniger formalisierte Aufteilung in Regierungsbereiche oder die Bestimmung eines »exekutiven«, regierenden Bruders beinhalten, während die anderen formal mitbeteiligt waren, aber in der Praxis nicht regierten. Jüngere Söhne in die Kirche zu verfrachten, war bei den mittelalterlichen Habsburgern nicht üblich, vielleicht auch deswegen, weil ihnen damals dazu noch die Gelegenheit fehlte. Karl Vocelka hat recht, wenn er sagt, dass kollektive Herrschaft »dazu programmiert war, problematisch zu sein«. Das galt für Fürsten genauso wie für Bauern. Aber Realteilung führte ebenfalls zur Krise: bei Bauern zur Verarmung, bei Dynastien zum Machtverlust.

Die Teilungsregelungen begannen erst zu verschwinden, als das Erstgeburtsrecht eingeführt wurde. Wo die Nachfolge zunehmend vom Recht der Erstgeburt und der Unteilbarkeit des Erbes bestimmt wurde, wurden die Rollen jüngerer Söhne unklarer. Wenn ihnen nicht erlaubt wurde, eine Herrscher-Rolle zu spielen – welche Rolle konnte ihnen dann zukommen? Heerführer, Erzbischof, Statthalter, Gouverneur oder Taugenichts und Sonderling? Und was war mit den Töchtern? Ihnen blieb nur die Heirat oder das Kloster, im Alter nur die Witwenschaft oder die Jungfernschaft. Eine politische Funktion war für Frauen nur in Ausnahmefällen möglich. Heiraten boten einerseits strategische Chancen, waren andererseits aber auch Hypotheken. Wessen Erbansprüche oder Vermögen waren groß genug, wer passte aus politischen und religiösen Gründen, wer war vielleicht doch zu nahe verwandt?[22]

Man muss sich bewusst sein, dass in der frühen Neuzeit niemand die Habsburger »Habsburger« nannte. Man nannte sie das Haus Österreich. Am deutlichsten wird das bei jenen unehelichen und außerehelichen Kindern, die als Mitglieder der Familie anerkannt wurden und den Beinamen »von Österreich« erhielten. Don Juan d'Austria, der illegitime Sohn Karls V. mit Barbara Blomberg, ist das bekannteste Beispiel. Aber auch für eheliche Kinder wie Margarete von Österreich traf diese Benennung zu.

Die von den Habsburgern beherrschten Länder und Territorien sind als Gesamtheit bis zum Ende des Mittelalters ein namenloses Gebilde geblieben. Sie wurden additiv aufgezählt, wie dies in der habsburgischen Titulatur bis 1918 der Fall blieb. Im frühen 15. Jahrhundert ist im habsburgischen Kanzleigebrauch an die Stelle der Aufzählung vermehrt der durch den Plural gleichfalls die agglomerative Struktur anzeigende Begriff »Erblande« bzw. »Erbliche Lande« getreten.

Die Habsburger führten zwar den Namen ihrer schweizerischen Stammburg, doch immer mehr wurden sie zum Haus Österreich. Als sie 1740 im Mannesstamm ausstarben und zum Haus Lothringen mutierten, wurde die nun eigentlich lothringische Herkunft möglichst unterdrückt, obwohl sich die Stammreihe des Hauses Lothringen sogar bis auf die Karolinger und damit deutlich älter und nobler darstellen lässt als die habsburgische.

Die Tradition, innerhalb der Familie zu heiraten, sicherte den Habsburgern über Jahrhunderte die Herrschaft über Europa. Da waren sie großen Bauern nicht unähnlich. Dass die vielen genetischen Probleme der Habsburger, insbesondere die charakteristische, nicht nur die Schönheit und das Sprechen und Kauen beeinträchtigende Unterlippe, sondern auch die selbst für die damalige Zeit überaus hohe Säuglings- und Kindersterblichkeit auf Inzucht zurückzuführen waren, ist unbestritten und von der medizinischen Forschung bestätigt worden.[23] Am deutlichsten ist der als »Habsburgerlippe« erscheinende Vorbiss bei Karl V. und Leopold I., vor allem aber bei König Karl II. dokumentiert. Er charakterisiert viele Habsburger. Wann er erstmals aufgetreten ist, ist umstritten, und ob er tatsächlich über Cimburgis von Masowien in die Familie kam, noch viel mehr.[24] Von ihr gibt es kein zeitgenössisches Porträt, und ihr Stammbaum verliert sich in der mongolischen Geschichte. Eine Zeitlang war auch die Epilepsie häufig: bei den Kindern Ferdinands I., bei einigen spanischen Habsburgern, vor allem aber beim österreichischen Kaiser Ferdinand I. Ob auch die Melancholie zu den habsburgischen Krankheiten gehörte, ist hingegen schwer zu beurteilen.

Monarchische Herrschaft lässt sich nicht als individuelle Angelegenheit betrachten. Während die »Mitarbeiter« eines Herrschers nicht unbedingt Teil seiner Familie waren, können Verwandte und ihre Interessen nicht vom Herrschaftsakt getrennt betrachtet werden. Sogar die zunehmende staatliche Zentralisierung im 17. Jahrhundert musste auf Kosten der Verwandten erfolgen – und daher bis zu einem gewissen Grad mit deren Zustimmung –, die damit gezwungen waren, ihre Rollen im absolutistischen Staat neu zu definieren. Während diese Verwandten schließlich einen Großteil ihrer politischen Autonomie verloren, blieben Verhandlungen mit ihnen ein wesentlicher Teil der Herrschaft. Staaten und Dynastien existierten in einer Art Symbiose – vor dem Zeitalter der Republiken schien keines von beiden ohne das andere funktionieren zu können. Dies galt insbesondere für sogenannte »dynastische Agglomerate« oder zusammengesetzte Monarchien, die nicht aus einem zusammenhängenden Gebiet, sondern aus einer Ansammlung von Reichen und Herrschaften bestanden. Wenn es außer der herrschenden Dynastie kaum etwas Verbindendes gab, um solche Ansammlungen zusammenzuhalten, wurden die Formen dieser Dynastie und deren interne Dynamiken für die Funktionsweise und das Überleben der Monarchie als Ganzes äußerst relevant.

Bis in das 20. Jahrhundert behielt die Heiratspolitik ihre Bedeutung. Sie änderte aber zunehmend ihren Charakter von einer Besiegelung der Freundschaft von Staaten zu einer standesgemäßen Versorgungspolitik. Unmissverständlich hatte das Kaiser Leopold II. ausgedrückt: »Ich habe eine Schwester, die Königin von Frankreich, aber das Heilige Reich hat keine Schwester, und Österreich hat keine Schwester. Ich darf einzig handeln, wie das Wohl der Völker gebietet, und nicht nach Familieninteressen.«[25]

Tu felix Austria nube!
Gemälde von Václav Brožík,
1896. Sammlung Belvedere.

DIE DYNASTIE ALS GELDGEMEINSCHAFT

Die Habsburger zählten zu den reichsten Familien der Welt. Doch wie reich sie wirklich waren, lässt sich nicht einfach messen. Solange es keine Trennung zwischen Staat und Herrscher, zwischen Privatvermögen und Staatseigentum und zwischen öffentlichen und privaten Kassen gab, war das überhaupt unmöglich. Staaten waren immer schlecht bei Kasse. Aber selbst in den schlechtesten Zeiten wurden für Bauten, Feste und sonstigen demonstrativen Konsum der Dynastie Unsummen verbraucht. Mitten im Dreißigjährigen Krieg wurden die aufwändigsten Hochzeitsfeste gefeiert – fast zwei Jahre dauerten die Feiern anlässlich der Vermählung von Ferdinand III. Mitten in der Not der Türkenkriege plante man riesige Schlösser und freute sich an teuren Opernaufführungen, Feuerwerken und Jagd- und Sportvergnügen. Als am Ende der Napoleonischen Kriege überall in Europa Hunger herrschte, lud man zum Wiener Kongress, bei dem der Kaiser einem geflügelten Wort zufolge »für alle zahlte«.

1898 war in der österreichischen Reichshälfte die progressive Einkommenssteuer eingeführt worden. Das Kaiserhaus blieb aber weiterhin außerhalb der Gesellschaft, auch was die Steuergesetzgebung betraf. Der Kaiser und alle übrigen Angehörigen der habsburgischen Familie waren von der Einkommenssteuer befreit oder sahen sich so. Diese Freistellung galt dem Gesetzestext nach nur hinsichtlich der Apanage, die die Familienmitglieder aus der staatlichen Dotation – der sogenannten »Zivilliste« – bezogen. Soweit die Habsburger über Einkommen aus Privatvermögen (Grundbesitz, Unternehmen oder Wertpapiere) verfügten, wären sie der Personaleinkommensteuer unterlegen und hätten auch ein »Steuerbekenntnis«, die sogenannte »Fatierung«, im Wege des k. u. k. Obersthofmeisteramts direkt beim Finanzministerium einzubringen gehabt.[26] Aber weder wurden bislang in den Archiven derartige Steuererklärungen aufgefunden noch sind in der Namensliste der höchsten Einkommensbezieher in Wien und Niederösterreich, die 1910 wohl im Auftrag des damaligen Finanzministers für den internen Gebrauch angelegt wurde, Habsburger enthalten. Es ist aber klar, dass eine ganze Reihe von ihnen, insbesondere Erzherzog Friedrich oder Erzherzog Karl Stefan, aus ihrem Grundbesitz jährliche private Einkommen erzielten, die die Hunderttausendergrenze bei weitem überstiegen haben müssen und steuerpflichtig gewesen wären. Der Schluss kann nur der sein, dass sie ihrer Steuerleistung trotz gesetzlicher Verpflichtung nicht nachgekommen sind oder stillschweigend und gesetzeswidrig von dieser entbunden wurden. Sie zahlten eben keine Steuer.[27] Daher ist man – anders als bei den Einkommen aller übrigen Staatsbürger der österreichischen Reichshälfte der Habsburgermonarchie – bei den Habsburgern auf Schätzungen angewiesen.

Zuletzt geht es unweigerlich doch immer ums Geld. Über das Einkommen der Habsburger herrscht in der wissenschaftlichen Forschung und auch in der Fülle der populären Habsburg-Literatur auffälliges Stillschweigen. Über Geld spricht man nicht. Doch von Geld wurde bei Hofe durchaus geredet, wie die oft recht kleinlichen Geldforderungen des Thronfolgers Franz Ferdinand und die vielen Auseinandersetzungen um die Apanagen und Vermögen der ausgestoßenen Habsburger belegen. Die Familie war tief zerstritten. Die vielen Mitglieder des Hauses standen in einer erbitterten Konkurrenz um Ressourcen. Die staatlichen Zuwendungen waren seit 1902 eingefroren und waren zudem in der Öffentlichkeit höchst umstritten. Die privaten Einkünfte aus Gütern und Kapital waren zwar hoch, doch die Agrarkrise dämpfte die Zuwächse. Und das Rent-Seeking im Militärbereich, im Steuersystem und in der Protektionswirtschaft wurde immer mehr zur öffentlichen Peinlichkeit. Die Einkommen des habsburgischen Herrscherhauses und der Familienmitglieder setzten sich vor dem Ersten Weltkrieg aus mehreren Komponenten zusammen: Erstens waren da die Einkommen aus den öffentlichen Ämtern und aus den hofärarischen Vermögen, die der Kaiser, seine engere Familie und einzelne weitere Angehörige des Hauses in Ausübung ihrer herrschaftlichen Funktionen auch privat nutzen konnten.

Zweitens gab es die monetären Einkommen aus der allen Mitgliedern des Hauses gewährten und in der sogenannten »Zivilliste« gebündelten staatlichen Apanage. 1862 wurde der dafür vorgesehene Budgetposten mit 7,3 Millionen Gulden oder 14,6 Millionen Kronen festgelegt. 1904 wurde diese Summe auf 22,6 Millionen Kronen (heute etwa 191 Millionen Euro) im Jahr aufgestockt. Aber die Zahl der Anspruchsberechtigten war inzwischen sehr viel größer geworden: von 53 im Jahr 1848 stieg sie auf 88 im Jahr 1916. Die jährlich pro Person ausgeschütteten Beträge bewegten sich zwischen 48.000 und 150.000 Kronen (1,3 Millionen Euro) pro Jahr. Wenn man bedenkt, dass das Jahreseinkommen eines Akademikers, etwa eines Gymnasialdirektors, aber auch das des Landeshauptmanns von Oberösterreich, 3.000 Kronen betrug, wird eine Einordnung möglich. In England erhielt das Herrscherhaus umgerechnet 13,6 Millionen Kronen, in Italien 15,1 Millionen in Spanien 8,3 Millionen, in Deutschland der Kaiser bzw. der preußische Hof 26,1 Millionen Kronen. Dazu müssen allerdings noch die übrigen deutschen Höfe gerechnet werden, der bayerische mit 6,4 Millionen Kronen, der sächsische mit 4,9 Millionen, alle nichtpreußischen Höfe zusammen etwa 23,6 Millionen Kronen, so dass sich für das ganze Deutsche Reich die öffentlichen Zuwendungen auf etwa 49,4 Millionen Kronen summierten. Die Habsburger waren also für den Staat um einiges billiger als die Fülle der deutschen regierenden Häuser.

Drittens gab es die Einkommen aus den verschiedenen habsburgischen Familienfonds. Man kann annehmen, dass die wichtigsten davon, der Familienfonds und der Avitikalfonds, zusammen etwa 10 Millionen Kronen im Jahr erwirtschaftet haben. Viertens gab es die Einkommen aus den Privatvermögen und aus der privaten unternehmerischen oder sonstigen Erwerbstätigkeit der einzelnen Personen.

Die immer größer werdende Zahl der Familienmitglieder und die zunehmende Unwilligkeit der Parlamente, die steigenden Anforderungen zu bewilligen, erhöhten den Verteilungskampf. Die Zahl der Mitglieder des Kaiserhauses hatte sich unter Kaiser Franz Joseph stark vergrößert. Sie stieg von 53 im Jahr 1848 auf 86 im Jahr 1898 und auf 88 im Jahr 1916. Erzherzöge, deren Väter nicht mehr lebten, sowie Erzherzoginnen, wenn sie Vollwaisen waren, besaßen mit Erreichen der Großjährigkeit den Anspruch auf eine eigene Apanage. Minderjährige Erzherzöge und Erzherzoginnen erhielten unter denselben Voraussetzungen eine »Sustentation«. Die jährlichen Apanagen für die Brüder und Söhne des Kaisers waren dem habsburgischen Familienstatut zufolge mit 150.000 Kronen, für Töchter und Schwestern mit 84.000 Kronen, für die übrigen Erzherzöge ebenfalls mit 84.000 Kronen und für Erzherzoginnen mit 48.000 Kronen festgelegt worden. Sie wurden aber immer wieder erhöht. Erzherzog Ludwig Viktor, auch »Bubi« oder »Luzivuzi« genannt, erhielt vor dem Krieg als Bruder des Kaisers eine Apanage von 200.000 Kronen. Er geriet vor allem durch Skandale und Tratschereien in die Öffentlichkeit, vor allem durch sein hochmütiges Verhalten, seine Verschwendungslust und seine homophilen Neigungen. 1915 wurde über ihn die Kuratel verhängt.

Die höchste Hofstaatsdotation war für Erzherzogin Marie Therese, die Witwe des 1896 verstorbenen Thronfolgers Erzherzog Carl Ludwig, vorgesehen. Sie betrug 240.000 Kronen. Der neue Thronfolger Erzherzog Franz Ferdinand sollte aufgrund der Bestimmungen des habsburgischen Hausstatuts eine Jahresapanage von 100.000 Kronen erhalten. Doch er fand mit dieser Summe keineswegs das Auslangen. Anlässlich seiner Eheschließung im Jahr 1900 wurde ihm ein Zuschuss von jährlich weiteren 100.000 Kronen aus dem Familienfonds gewährt, 1901 kam ein zusätzlicher Beitrag von 450.000 Kronen dazu. Ab dem Jahr 1904 machte seine jährliche Apanage 950.000 Kronen aus. Damit war der Thronfolger das nach dem Kaiser finanziell am besten dotierte Mitglied der kaiserlichen Familie. Dazu gab es für Franz Ferdinand weitere Vergünstigungen, etwa die Erlassung des jährlichen Pauschalbetrags von 19.800 Kronen für die Auslagen der Hofstallabteilung, die Deckung halboffizieller Reisen durch die Hofkasse und die unentgeltliche Beistellung und Reinigung der Hofwäsche. Durch die Erbschaft nach Franz V., Herzog v. Modena, war er in den Besitz des Estensischen Vermögens und ausgedehnter Güter in Oberitalien gekommen. Nach Erzherzog Franz Ferdinands Ermordung ging sein Gesamtvermögen in Höhe von 21,3 Millionen Kronen an seine drei Kinder. Haupterbe nach Abzug der Pflichtteile seiner beiden Geschwister war Maximilian von Hohenberg. Ernst von Hohenberg erhielt den Pflichtteil in Form der Übertragung der Domäne Chlumetz in Höhe von 3,6 Millionen Kronen, Sophie von Hohenberg überwiegend in Form von Wertpapieren in Höhe von 3,6 Millionen Kronen. Das Estensische Vermögen, das keiner ziffernmäßigen Bewertung unterzogen wurde, erhielt Erzherzog Karl, der spätere Kaiser. Franz Ferdinands Bruder Erzherzog Otto bezog seit dem Jahr 1904 zusätzlich zu seiner Apanage von 100.000 Kronen noch einen Zuschuss von 357.000 Kronen.

Kaiser Franz Joseph war erst richtig reich geworden, nachdem er 1875 die ausgedehnten Besitzungen seines Vorgängers Ferdinand I. im Norden der heutigen Tschechischen Republik rund um Reichstadt *(Zákupy)* geerbt hatte, die im Kaiser-Franz-Joseph I.-Kronfideikommiss zusammengefasst wurden. Er soll darüber hocherfreut bemerkt haben: »Auf einmal bin ich ein reicher Mann.«[28] Sein Vermögen wird sicher höher anzusetzen sein als das des deutschen Kaisers, wohl auch höher als das des bayerischen Königs. Über Kaiser Franz Josephs jährliches Einkommen kann man nur mutmaßen. Man wird nicht fehlgehen, wenn man es, die Zivilliste und die Familienfonds eingerechnet, über die ihm die Verfügungsgewalt zustand, mit mindestens 35 Millionen Kronen beziffert. Natürlich war der weitaus größte Teil davon ein Durchlaufposten, ging ein beträchtlicher Teil als Apanage an andere Familienmitglieder und wurde für die Hofhaltung ausgegeben.

Eindeutig der reichste Habsburger war Erzherzog Friedrich, der wie seine beiden Brüder Karl Stefan und Eugen von seinem Onkel Erzherzog Albrecht adoptiert worden war. Erzherzog Albrechts riesiger Grundbesitz stammte von Albert von Sachsen-Teschen und Erzherzogin Marie-Christine, der Lieblingstochter Maria Theresias, und umfasste nicht nur Schlösser und riesige Kunstschätze, unter anderem die Wiener »Albertina« und ihre Sammlungen, sondern mit den Herrschaften Teschen und Saybusch (*Żywiec*/Polen) in Österreichisch Schlesien und im angrenzenden Westgalizien, der Herrschaft Ungarisch-Altenburg zwischen dem Neusiedler See und der Kleinen Schütt, der Herrschaft Bellye im Winkel zwischen Donau und Drau und der kleineren Herrschaft Seelowitz in Mähren, ein Areal von ca. 207.000 ha Fläche.

Erzherzog Albrecht und sein Adoptivsohn Friedrich zählten zu den größten Grundbesitzern und auch führenden Industriekapitänen der Habsburgermonarchie mit Kohlenbergbaubetrieben, Eisenwerken, Brauereien und Molkereien. Erzherzog Friedrich war nicht nur mit seinen Eisen- und Munitionsfabriken, sondern auch mit seinen Landwirtschaftsbetrieben einer der größten Kapitalisten. Zwar kam er als Oberbefehlshaber der kaiserlichen Armee im Ersten Weltkrieg mit Recht nicht zum Titel »Friedrich der Ruhmreiche«, aber als Wiener Butterkönig verliehen im Spötter den Beinamen »Friedrich der Rahmreiche«. Die Aufschrift »T.E.A.« für »Teschen Erzherzog Albrecht«, die auch mit dem englischen »Tea« gleichgesetzt werden konnte, war der Grund, dass der Begriff »Teebutter« zu einer österreichischen Qualitätsmarke wurde. Sein despektierlicher Spitzname »Erzherzog Bumbsti« geht auf die Vorführung eines Filmes zur Sprengwirkung eines österreichischen 30,5-cm-Mörsers zurück, die er immer wieder mit einem lakonischen »Bumbsti!« kommentierte.[29]

Friedrichs Bruder Karl Stefan, ebenfalls Adoptivsohn von Erzherzog Albrecht, verfügte über ein ähnlich riesiges Vermögen, das ihm den Bau einer prachtvollen Villa auf der Adriainsel Lussin *(Lošinj)* und den Erwerb eines Stadtpalais in der Wiedner Hauptstraße erlaubte. Auch der dritte der Brüder, Erzherzog Eugen, war ähnlich reich und hatte im Jahr 1894 das Amt des Hochmeisters des Deutschen Ordens übernommen. Sein Vermögen ermöglichte ihm eine wirtschaftlich unabhängige Stellung und ein reiches Mäzenatentum. Nach 1918 trat er als Hochmeister zurück und ging ins Exil. Seine Waffensammlung, die größte Österreichs, verkaufte er an Johannes Popper-Podhrágy.[30]

Am besten über die wirtschaftliche Situation informiert ist man dort, wo es zu Streitigkeiten kam. Johann Nepomuk Salvator, das zehnte und letzte Kind von Großherzog Leopold II. von Toskana, der sich nach seinem Austritt aus dem Kaiserhaus nach seinem Schloss am Traunsee Johann Orth nannte, hatte im Jahr 1889 auf seine Apanage verzichtet: »Ich bin zu stolz, um als bezahlter Nichtstuer zu leben und einen fürstlichen Müßiggänger abzugeben. Ich will nicht das Geld des Volkes verfressen wie andere«, sagte er. In seinem Austrittsgesuch an den Kaiser formulierte er dasselbe etwas nobler: Er wolle nicht »das entwürdigende Dasein eines fürstlichen Müßiggängers weiterführen«, sondern sich »als gewöhnlicher Mensch eine neue Existenz aufbauen«.[31] Er verzichtete auf seine Apanage von 80.000 Gulden und auf ein Feldmarschallsgehalt von 15.000 Gulden. Zusammen mit den beträchtlichen Repräsentationszulagen waren das zusammen mehr als 100.000 Gulden. Seit dem 12. Juli 1890 gilt er zusammen mit seiner Geliebten Milli Stubel auf dem Frachtdampfer *Santa Margareta* bei Kap Horn vermisst und wurde 1911 für tot erklärt. Der reichhaltige Nachlass Orths wurde 1912/13 in Berlin versteigert. Das See- und Landschloss Ort gingen an den Familienfonds, die Halbinsel Toskana mit der gleichnamigen Villa wurde an Margarethe Stonborough Wittgenstein verkauft.

Auch Erzherzog Ferdinand Karl Ludwig, der jüngste Bruder des Thronfolgers Franz Ferdinand, der nach der Heirat mit Berta Czuber, der Tochter eines Wiener Technik-Professors, 1911 aus dem Kaiserhaus ausschied und den Namen Ferdinand Burg annahm, verlor daraufhin seine jährliche Apanage von 100.000 Kronen und zusätzlich 30.000 Kronen allerhöchsten Zuschuss. Darüber hinaus hatte er aus dem Avitikalfonds

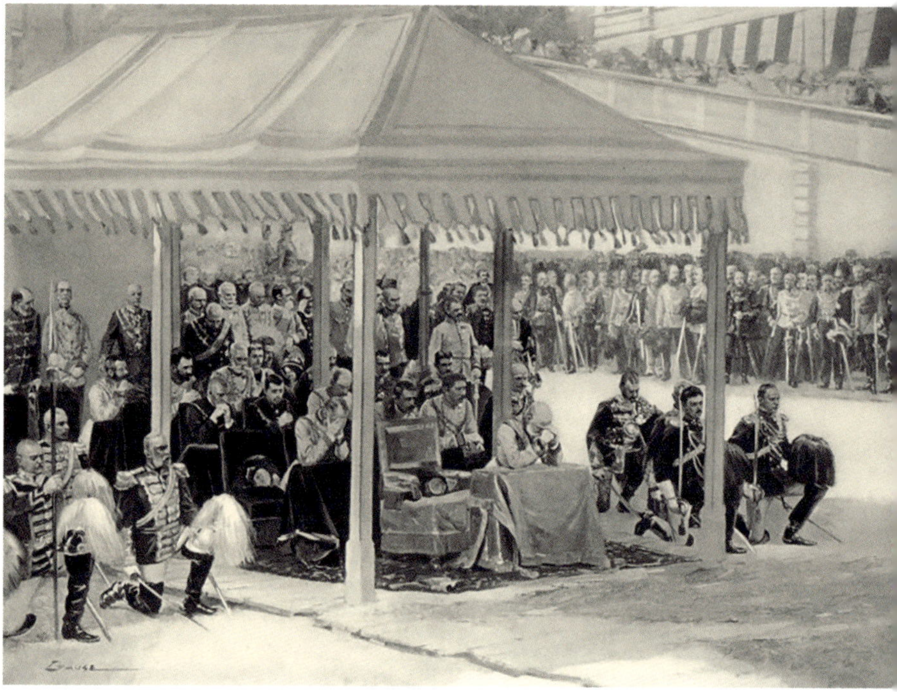

Fig.1

Fig.2

Fig.1 Der Kaiser im Gebet:
Die Fronleichnamsprozession macht Station auf dem Lobkowitzplatz. Zeichnung von Wilhelm Gause, 1898.

Fig.2 Ein Refugium für den reichsten Habsburger: das Jagdschloss Erzherzog Friedrichs in Hercegszánto, 1910.

noch weitere 30.000 Kronen, aus den Gütern des Familienfonds 31.000 Kronen und aus seinem Privatvermögen 40.000 Kronen bezogen. Zusammen waren das 231.000 Kronen im Jahr. Stattdessen einigte man sich auf ein zukünftiges Einkommen von 60.000 Kronen, davon aus Privateinkünften 16.218 Kronen und aus einer Ergänzungsdotation 44.000 Kronen aus dem kaiserlichen Privatfonds.[32] Laut Ehekontrakt standen Stephanie von Belgien, der Witwe von Kronprinz Rudolf, neben den Zinsen ihres Heiratsgutes und der Widerlage des Kaisers ein »Witthum« von 100.000 fl (200.000 Kronen) jährlich zu. Der Kaiser erhöhte Stephanies Witwenbezüge auf 150.000 fl (300.000 Kronen) jährlich. Als sie unstandesgemäß den Grafen Elemér von Lónyay heiratete, hielt der Kaiser eine Kürzung der Jahresapanage auf 100.000 fl für angemessen. Damit würde die nunmehrige Gräfin Lónyay standesgemäß leben können, meinte er. Ihr Bräutigam verfügte der Neuen Freien Presse zufolge zusätzlich über ein Jahreseinkommen von etwa 50.000 fl.[33]

Seiner Enkelin Elisabeth Marie *(Erzsi)*, dem einzigen Kind von Kronprinz Rudolf und Stephanie von Belgien, die nach ihrer Heirat mit dem Lehrer und sozialdemokratischen Landtagsabgeordneten Leopold Petznek (1921) als »rote Erzherzogin« bekannt wurde, schenkte Kaiser Franz Joseph Wertpapiere in Höhe von zwei Millionen Gulden. Nach ihrer umstrittenen Heirat mit Prinz Otto Windisch-Graetz (1902) erhielt sie ein Heiratsgut von 210.000 Gulden (420.000 Kronen oder 3,6 Millionen Euro) und eine standesgemäße Ausstattung. Auch aus dem Erbe der Kaiserin Elisabeth flossen ihr mehrere Millionen zu, so dass sie in ihrer Penzinger Villa mit ihrem späteren Lebensgefährten und zweiten Ehemann Petznek weiter in Luxus leben konnte.[34]

Erzherzog Rainer Ferdinand, genannt »Rainer der Jüngere«, der Sohn von Rainer Josef, dem Vizekönig von Lombardo-Venetien, hatte eine Militärkarriere bis zum Oberkommandanten der k.k. Landwehr durchlaufen. Auch er war durch Güter in Oberitalien und Niederösterreich, u. a. Schloss Hernstein, sehr vermögend und war als Kurator der Akademie der Wissenschaften, ferner durch sein Palais auf der Wieden mit 40.000 Büchern – Rainers Bibliothek umfasste u. a. auch die 6.000 Bände zählende Privatbibliothek von Marie Louise, der zweiten Gattin Napoleons – und mit dem Ankauf der 100.000 Stück umfassenden Papyrussammlung »El Fayum« für die k.k. Hofbibliothek hervorgetreten.

Adelgunde, genannt »Duni«, die Herzogin von Modena und Tochter König Ludwigs I. von Bayern, lebte im Palais Modena in Wien, aber auch in Bayern. Ihre Jahresapanage betrug 197.800 Kronen. Maria Josepha, die Tochter des späteren Königs Georg von Sachsen und Witwe von Erzherzog Otto, dem Vater von Karl I., erhielt aufgrund der Bestimmungen des habsburgischen Hausstatuts eine Jahresapanage von 100.000 Kronen. Auch die zahlreichen Mitglieder der Linie Habsburg-Toskana bezogen Apanagen. 1866 waren sie dem habsburgischen Familienstatut unterstellt worden. Erzherzog Ludwig Salvator (1847–1915) galt als der

»gelehrte« Erzherzog. Er lebte für seine seemännischen, naturwissenschaftlichen und ethnologischen Interessen und schrieb viele Bücher. Seine illegitimen Kinder auf Mallorca wurden Erben seines beträchtlichen Vermögens. Leopold Salvators (1863–1931) Militärkarriere verlief in der Artillerie, im Militärkraftfahrwesen und als Ballonfahrer. Er gilt als der Erfinder des Allradantriebs für Militärlastwagen und orderte 1906 den »Daimler-Salvator«, eine Zugmaschine für Geschütze. Durch seine »Erfindungen« sehr reich geworden, lebte er nach 1918 mit seiner Gattin, der Erzherzogin Bianca, einer Tochter des Prinzen Karl von Bourbon-Kastilien, in Spanien. Franz Salvator (1866–1939) heiratete 1890 Marie Valerie, die jüngste Tochter des Kaisers, und stieg bis zum General der Kavallerie auf. Als Förderer Ferdinand Porsches war er einer der bekanntesten Automobilpioniere. Erzherzog Ferdinand IV. Salvator (1835–1908) hatte zehn Kinder. Von seiner Witwe, der Großherzogin Alice, wurde allen finanziellen Schwierigkeiten zum Trotz im Toskana-Trakt der Salzburger Residenz die Fiktion eines eigenen Hofs aufrechterhalten. Die Söhne gaben sich mit verschiedenen Beschäftigungen ab, die sie – abgesehen von der Apanage – unterschiedlich reich machten. Leopold Ferdinand heiratete die Prostituierte Wilhelmine Adamovic(z) und schied als Leopold Wölfling aus dem Erzhaus aus. Josef Ferdinand, der sich früh dem Ballonfahren widmete, durchlief eine steile Militärkarriere bis zum Generalinspekteur der Luftstreitkräfte, Peter Ferdinand bis zum Feldmarschallleutnant, Heinrich Ferdinand, mehr Künstler als Offizier, bis zum Generalmajor.

Die drei Kinder des ermordeten Thronfolgers Franz Ferdinand stattete Kaiser Franz Joseph mit einer Jahresrente von 400.000 Kronen aus. Zusätzlich zu den geerbten Vermögen sollte ihnen diese ein standesgemäßes Einkommen gewährleisten, auch wenn nach 1918 nur kleinere Teile davon tatsächlich realisiert werden konnten. Weiblichen Mitgliedern des Erzhauses standen generell ein Heiratsgut und eine Ausstattung zu: 420.000 Kronen für Töchter und Schwestern des Familienchefs und des Thronfolgers, 210.000 Kronen für sonstige Erzherzoginnen. Die sonstige Ausstattung hing von der ökonomischen Potenz des Familienzweiges ab. So erhielt Erzherzogin Marie Christine, eine Tochter Erzherzog Friedrichs, neben dem zustehenden Heiratsgut von 210.000 Kronen noch ein Kapital von zwei Millionen Kronen, das ihr bei einer vierprozentigen Verzinsung ein jährliches Einkommen von 80.000 Kronen sichern sollte. Auch ihre Schwestern Maria Anna, Marie Henriette und Isabella wurden ähnlich dotiert, Isabella im Jahr 1912 sogar mit 3,7 Millionen Kronen, die ihr 100.000 Kronen im Jahr garantieren sollten. Der regierende Fürst von Liechtenstein verpflichtete sich im Ehevertrag für Aloys Prinz von und zu Liechtenstein, der 1903 die Erzherzogin Elisabeth Amalie (1878–1960), eine Nichte Kaiser Franz Josephs, heiratete, dieser eine jährliche Apanage von 80.000 Kronen zu zahlen, bis der Bräutigam selbst Fideikommissherr werden würde.[35]

Es ist unmöglich, beim gegenwärtigen Wissensstand eine sichere Aussage über das gesamte habsburgische Familieneinkommen abzugeben. Nur detaillierte archivalische Untersuchungen könnten genaueren Aufschluss geben. Wenn man Kaiser Franz Joseph etwa 25 Million Kronen zuordnet und den übrigen 35 Habsburgern (diversen Witwen, Erzherzoginnen und Erzherzögen, denen ein eigener Hofstaat zukam) insgesamt 20 Millionen, ergäbe dies grob gerechnet etwa 45 Millionen Kronen. Das wäre ein Wert, der für alle Habsburger zusammen inklusive der gesamten Hofhaltung nicht ganz das Doppelte dessen ausmachte, was Baron Albert Rothschild als Einzelperson jährlich verdiente, und etwa das Doppelte des deutschen Kaisers und der Hohenzollern zusammen oder ungefähr dasselbe, was vor dem Ersten Weltkrieg alle deutschen regierenden Höfe aus den staatlichen Dotationen bezogen.[36]

Alle 929 Spitzeneinkommen im Jahr 1910 in Wien und Niederösterreich versteuerten zusammen ein Jahreseinkommen von insgesamt 263 Millionen Kronen, davon der alte Adel 25 Millionen, der neue Adel etwas mehr als 100 Millionen. In der gesamten österreichischen Reichshälfte verdienten 1513 Personen mehr als 100.000 Kronen im Jahr. Der Anteil der etwa 40 Habsburger an den Spitzeneinkommen, auch wenn man diesen nur schätzen kann, war also relativ gering. An allen »Millionären« hatten sie einen Anteil von 2,5 bis 3 Prozent. An der Summe der Spitzeneinkommen dürfte der Habsburgeranteil wohl 10 Prozent nicht überstiegen haben. Nach 1918 waren die habsburgischen Einkommen aus den staatlichen Funktionen, aus der Zivilliste und aus den staatlichen Fonds verloren. Mit dem österreichischen Habsburgergesetz von 1919 wurden auch die Einkommen aus den Familienfonds und die privaten Vermögen aller jener Mitglieder des Hauses, die nicht auf ihre herrschaftlichen Ansprüche verzichtet hatten, zugunsten des Staates beschlagnahmt. Während den Habsburgern in Polen und Ungarn ihr Privatvermögen zumindest bis 1939 weitgehend erhalten blieb, wurden sie in der Tschechoslowakei und in Italien bereits 1918/20 vollständig enteignet und in Österreich zumindest teilweise, je nach Einstellung zur neuen Republik und den bezüglich der Herrschaftsansprüche abgegebenen Verzichtserklärungen. 1935 kam es in Österreich zu nicht unbeträchtlichen Vermögensrückstellungen, die aber 1938 wieder rückgängig gemacht wurden. Als nach 1945 fast der gesamte nichtösterreichische Teil des ehemaligen Habsburgerreiches kommunistisch geworden war, verloren die Habsburger überall ihre Vermögen. Es erfolgten auch nach 1909 keine Rückstellungen von 1918 beschlagnahmten oder 1938 wieder beschlagnahmten Vermögen.[37] Aber jenen Mitgliedern des Hauses, die sich mit der Republik arrangiert hatten, verblieben zumindest in Österreich ihre zum Teil immer noch beträchtlichen Besitzungen.

EINE GANZ BESONDERE DYNASTIE

Sucht man nach einem Alleinstellungsmerkmal der Habsburger, fällt einem rasch die berühmte Habsburgerlippe ein, die sich mehr oder weniger ausgeprägt über viele Generationen hinweg durchzog. Es war nicht die einzige genetische Fehlstelle, auch nicht die gravierendste, aber die wohl auffälligste. Drei Mythen umranken die Dynastie: der Frömmigkeitsmythos, der Heiratsmythos, und der Musikmythos. Am häufigsten genannt wird die Frömmigkeit: die Pietas Austriaca. »Du glückliches Österreich, heirate«, ist zu einem Stereotyp erstarrt. Aber dass das Heiratsglück ganz wesentlich zur Weltbedeutung der Habsburger beitrug, steht außer Streit. Für einige Jahrhunderte, insbesondere für das 17. und 18. Jahrhundert, ist auch die habsburgische Musikliebhaberei besonders auffallend. Das Musikland Österreich verdankt ihr viel. Im 19. Jahrhundert ist diese Kompetenz versiegt. Kaiser Franz Joseph war kein ausgeprägter Musikkenner oder Musikliebhaber.

Dass die Habsburger die Jagd besonders liebten, unterscheidet sie kaum von anderen Dynastien, vielleicht aber die fast manische Jagdlust einiger Habsburger im 19. Jahrhundert. Auch die Lust, zu sammeln und zu bauen, ist vielen Dynastien gemeinsam. Eine der großen habsburgischen Schattenseiten ist der Antisemitismus. Wahrscheinlich waren die Habsburger unter den europäischen Dynastien am stärksten von diesem Virus infiziert, auch wenn sich der Antijudaimus durch alle katholischen Dynastien des Mittelalters hindurchzieht. Bereits 1290 wurden die Juden von Eduard I. aus dem Haus Plantagenet aus England vertrieben, unter den Kapetingern aus Frankreich 1306 von Philipp IV., und definitiv 1394 unter den Valois von Karl VI., aus Spanien 1492 von den Katholischen Königen, und aus Portugal 1496 von Manuel I. aus dem Haus Avis. Im Heiligen Römischen Reich interpretierte Rudolf I. von Habsburg 1275 die Kammerknechtschaft der Juden als königliche Leibeigenschaft.

Lange Zeit waren die Habsburger Wegbereiter der kulturellen Moderne. Seit dem 19. Jahrhundert waren sie es jedenfalls nicht mehr. Ihre Weltsicht und Lebensweise waren konservativ. Man findet keine Sportler, keine Autonarren und auch keine Apologeten der künstlerischen Avantgarde mehr, weder in der Malerei, noch in der Musik oder in der Architektur und auch nicht in der Wissenschaft. Und dennoch haben sie ein großartiges Erbe hinterlassen.

Fig.1

Fig.2

Fig.1 Kaiser Franz Joseph beim Jubiläumskonzert der Wiener Philharmoniker am 14. April 1910 im Großen Musikvereinssaal. Farbige Heliogravüre nach einem Aquarell von August Mandlick.

Fig.2 Die »Habsburgerlippe« besonders ausgeprägt: Banderolentaler Kaiser Leopolds I. 1662. Wien Museum.

2

DER AUFSTIEG DER HABSBURGER

R

EIN GRAF WIRD KÖNIG
RUDOLF I.

RUDOLF I.
*1. MAI 1218; †15. JULI 1291 SPEYER
1273–1291 RÖMISCH-DEUTSCHER KÖNIG

»Herrgott im Himmel, sitze fest auf Deinem Thron, sonst nimmt Dir dieser Rudolf auch noch Deinen Platz im Himmel«, soll der Bischof von Basel, dessen Stadt gerade von Rudolf belagert wurde, ausgerufen haben, als ihm von der Wahl des Habsburgers zum deutschen König berichtet wurde.[38] Der Bischof hatte schon Recht. Rudolf war ein militärischer Haudegen: ständig im Sattel, ständig im Zelt, ständig mit Belagerungen von Burgen und Städten beschäftigt und ständig auf Feldzügen und Strafexpeditionen unterwegs.

Schon Rudolfs Körpergröße von angeblich mehr als zwei Metern muss für die Zeitgenossen beim damaligen Mittelmaß von etwas über 1,6 Metern beeindruckend gewesen sein. Hager, schütteres Haar, blasses Gesicht, kleiner Kopf; ein Krieger, kein Literat, so wurde er beschrieben. »Seine Nachbarn zu bekriegen« sei seine wichtigste Beschäftigung gewesen. Ein Emporkömmling, vielleicht sogar einer der damals so berüchtigten Raubritter, der zum mächtigsten Grafen im Südwesten des Reichs aufgestiegen war. Nachdem er am 24. Oktober 1273 im Aachner Münster vom Kölner Erzbischof gekrönt worden war, erklärte er in einer berühmten Rede: »Ich gelobe von nun an ein Schirmer des Friedens zu sein, wie ich bisher ein unersättlicher Kriegsmann gewesen bin.«[39] Eingelöst hat er dieses Versprechen nicht. Er blieb weiterhin ein Krieger.

Mit der einstimmigen Wahlentscheidung der Kurfürsten am 1. Oktober 1273 war ein 21-jähriger Zeitraum beendet worden, der in der deutschen Geschichtsschreibung als »Interregnum« oder königlose Zeit gilt. Aber das waren diese Jahre keineswegs. Mit dem Tod Kaiser Friedrichs II. im Jahr 1250 hatte das Deutsche Reich zwar einen Kaiser verloren, aber Konige gab es mehr als genug: zuerst den einzigen Sohn Friedrichs II., den 1254 in einem süditalienischen Heerlager verstorbenen oder vergifteten König Konrad IV., dann die Könige und Gegenkönige Wilhelm von Holland, Richard von Cornwall und Alfons von Kastilien und dazu auch noch einige falsche »Friedriche«, die in der Maske des berühmten

Grabplatte Rudolfs I.
im Kaiserdom von Speyer.

Kaisers auftraten.[40] Als Richard von Cornwall, der nie eine große Anhängerschaft gefunden hatte, 1272 gestorben war und Alfons sein Anrecht verwirkt hatte, weil er das Reichsgebiet überhaupt nie betreten hatte, entschlossen sich die Reichsfürsten zu einem neuen Wahlgang. Es gab mehrere Kandidaten. Der mächtigste war Přemysl Ottokar, der König von Böhmen, Markgraf von Mähren und damals auch Herzog von Österreich, Steiermark und Kärnten und Herr in Krain und der Windischen Mark. Im Interregnum hatte er sich nach dem Aussterben der Babenberger eine große Machtbasis aufgebaut.[41] Dass sich der viel weniger bekannte Rudolf von Habsburg als Favorit der Kurfürsten herauskristallisierte, hatte unterschiedliche Gründe. Er galt als der qualifizierteste, aber auch als der kompromissfähigste Kandidat. Man kann die im Deutschen Reich übliche Königswahl als Bestenauslese interpretieren oder aber auch als Entscheidung für jenen Kandidaten, der den Kurfürsten am wenigsten gefährlich werden oder ihnen die höchsten Bestechungsgelder anbieten konnte.[42] Ottokar argumentierte mit der diffusen Abstammung und der angeblichen Armut des Habsburgers. Aber Rudolf war weder so arm und unbedeutend, wie Ottokar es in seiner Gegenpropaganda hinstellen wollte, noch war er so fromm, wie es die Legende haben wollte. Aber Rudolf war keiner aus den »großen« Familien des Reiches. Ottokar war um vieles mächtiger und reicher. Und auch eine glanzvolle Ahnenreihe über Julius Caesar bis zu Aeneas bis zu den trojanischen Königen musste für die Habsburger erst erfunden werden. Als erster real fassbarer Ahnherr der Habsburger gilt Guntram der Reiche, der in der zweiten Hälfte des 10. Jahrhunderts gelebt hat. Ob er mit jenem Guntram identisch ist, der 952 von Kaiser Otto dem Großen wegen Hochverrats mit dem Verlust aller Güter bestraft wurde, ist unsicher. Alle weiter zurückreichenden Ahnen sind Legende.[43]

Als Rudolf im damals bereits greisenhaften Alter von 55 Jahren am 1. Oktober 1273 zum König gewählt wurde, war er der größte Territorialherr im Herzogtum Schwaben, Landgraf des Oberelsass und Herr des westlichen Teils der heutigen Schweiz. Damit hatte er die Kontrolle über die wichtigen Alpenpässe zwischen dem Rheinland und Italien. Er hatte sich in der Schweiz und im Elsass in zahllosen Kämpfen und durch geschickte Diplomatie eine beträchtliche Machtstellung aufgebaut. Aber nie vorher war eine deutsche Königswahl auf einen derart alten Mann gefallen. Man konnte erwarten, dass er nicht mehr viel Zeit haben würde, sich eine Hausmacht aufzubauen und sie weiter auszudehnen. Dass er noch fast 20 Jahre regieren würde, war nicht vorauszusehen.

Überraschend war, dass Rudolfs Wahl zuletzt einstimmig erfolgt war. Ottokar war der Wahl ferngeblieben, weil er meinte, dass ohnehin keine Entscheidung fallen würde. Sein nachträglicher Protest blieb wirkungslos. Es besteht kein Zweifel, dass die Opposition zu Ottokar im Hintergrund der Königswahl stand. Die Angst vor einem allzu mächtigen Böhmenkönig führte zum Aufstieg der Habsburger. Ob auch nationale

Fig.1

Fig.2

Fig.1 Ein Kampf auf Leben und Tod: Rudolf in der Schlacht bei Dürnkrut und Jedenspeigen. Gemälde von Leopold Löffler, 1872. Sammlung Belvedere.

Fig.2 Die Bildnisplatte für Rudolf von Habsburg steht heute an der Ostwand der Grablege im Kaiserdom von Speyer. Nase und linke Kinnspitze wurden im 19. Jahrhundert ergänzt.

Argumente eine Rolle spielten, ist schwer einzuschätzen, auch wenn der damalige Papst Gregor X., der durch seine frühere Tätigkeit als Archidiakon der Diözese Lüttich mit den Verhältnissen im Reich gut vertraut war, angeblich meinte: »Da wir doch in Deutschland so viele Fürsten und Grafen haben, warum wollen wir das Reich einem Slawen überlassen?«[44]

Seinen zähen Kampf um die Machtausweitung setzte Rudolf, nunmehr als König, konsequent fort. Eine Chance bot sich in Österreich. Der letzte Babenberger Friedrich II. »der Streitbare« war 1246 in einer Schlacht gegen die Ungarn gefallen. Das hatte Ottokar die Chance eröffnet, sein Erbe anzutreten. Er gewann in Österreich viele Gefolgsleute, vor allem unter den Stadtbürgern und in den Klöstern. Das 13. Jahrhundert war ja die große Zeit der mittelalterlichen Verstädterung. Viele der planmäßig angelegten Stadtplätze Böhmens, Österreichs und der Steiermark gehen auf Ottokars Zeit zurück. Aber auch unter dem Ministerialadel hatte er viele Anhänger. Weil er aber diplomatische und taktische Fehler machte und sich weigerte, die Lehensbande für sein Königreich Böhmen und für die während des Interregnums erworbenen Territorien zu erneuern, musste es über kurz oder lang mit dem neuen König zum Kampf kommen. 1275 wurde über Ottokar die Reichsacht verhängt, und weil er nicht einlenkte, ein Jahr später auch die Aberacht. Ottokar verlor beim Hochadel immer mehr an Unterstützung. Aber auch der Klerus und die Bürger wandten sich erschreckt von ihm ab.[45]

Entschieden wurde das Kräftemessen im Jahr 1278. Am 26. August, einem Freitag, standen sich die beiden Heere im Marchfeld zwischen Dürnkrut und Jedenspeigen in einer der größten Ritterschlachten des Mittelalters gegenüber.[46] Die Unterhändler hatten Ort und Tag des Aufeinandertreffens offenbar schon vorab vereinbart. Das Treffen lief ab wie ein Turnier auf Leben und Tod. Der Ausgang der Schlacht wurde als Gottesurteil betrachtet. Es war eine Reiterschlacht von schwer gerüsteten Panzerreitern, die wild gegeneinander losritten. Wer vom Pferd stürzte, war so gut wie tot. Rudolf traf es als Ersten. Er konnte nur gerettet werden, weil ihm von seinen Getreuen rasch wieder in den Sattel verholfen wurde. Ottokar war nicht so glücklich. Auch er fiel vom Pferd und wurde, von wem auch immer, erschlagen. Sein völlig entstellter Leichnam wurde nach Wien gebracht und dort 30 Wochen lang in der Minoritenkirche öffentlich zur Schau gestellt, offenbar um zu verhindern, dass sich ein Mythos der Wiederkehr wie bei Friedrich Barbarossa oder Friedrich II. bildete.[47]

Für Rudolf war das ein Glücksfall. Der mächtige Gegner war ein für alle Mal vom Feld. 1282 belehnte er seine Söhne Albrecht und Rudolf mit den heimgefallenen Reichsterritorien Österreich, Steiermark, Krain und der Windischen Mark. Kärnten gab er vorerst an seine treuesten Helfer, die Meinhardiner. Überraschend schnell konnten sich die Habsburger, die in Österreich zuerst als Landfremde, als Schwaben, angesehen worden waren, in ihren neuen Ländern verwurzeln. Schon im ersten

Jahrzehnt des 14. Jahrhunderts galt das Herzogtum Österreich als ihr Hauptland, während die Schwierigkeiten in ihren alten Schweizer Territorien immer größer wurden.

Über Rudolf wurden viele Anekdoten erzählt, die ihm zu einem bescheidenen und gottesfürchtigen Image verhelfen sollten. Er sei keineswegs zu stolz gewesen, sich im Felde zu seinen Soldaten zu setzen und mit ihnen die Rüben zu teilen oder das gemeine Bier der Städter zu trinken.[48] Zwei Legenden prägen sein Bild: die eine von der Begegnung mit einem die Hostie zu einem Kranken tragenden Priester, dem er aus Verehrung für den Leib Christi sein Pferd überlassen habe, die andere vom Kruzifix, das er statt des fehlenden Szepters bei der Krönung in Aachen verwendet habe: »Das soll unser Szepter sein.«[49] Rudolfs Bild in der Nachwelt bewegt sich zwischen Heiligsprechung und ewiger Verdammnis. Dante lässt ihn in seiner *Göttlichen Komödie* zusammen mit seinem größten Gegner, dem Böhmenkönig, im Fegefeuer schmachten, wo er auf seiner Reise durch die Totenwelt jene säumigen Fürsten vorfand, die um des irdischen Ruhmes Willen ihre Seelen vernachlässigt hatten.[50]

1281 verwitwet, heiratete Rudolf im Jahr 1283 im Alter von 66 Jahren noch einmal, und zwar ein vierzehnjähriges Mädchen, Isabella/Elisabeth, die schöne Tochter des Herzogs von Burgund. Waren es strategische Absichten oder die Verlockungen der jungen Braut? Aber lange konnte er sich am seltsamen Glück nicht freuen. Auch Burgund konnte er damit nicht erringen. Als er 1291 im Alter von 73 Jahren starb, war er älter geworden als die meisten seiner Vorgänger. Sein Grabbild – es gilt als das erste »realistische« Porträt eines mittelalterlichen deutschen Herrschers – zeigt einen griesgrämigen alten Mann. Es zeigt die Habsburgernase, wie wir sie aus den berühmten Porträts von Kaiser Maximilian und seinen Enkeln kennen, aber noch nicht die berühmte Habsburgerlippe. Er starb dort, wo er sterben wollte, in der Stadt der großen salischen und staufischen Kaiser, an die anzuschließen sein Ziel war: »Damit niemand mich hinzufahren braucht, will ich selbst zu ihnen reiten.«[51] Im Kaiserdom von Speyer, einer der größten Kirchen der damaligen Welt, begraben zu werden, hat er erreicht. Dass Friedrich Schiller ihn in seiner berühmten Ballade darüber hinaus auch noch zum Kaiser machte, gehört zu den Überhöhungen seiner Person. Zum Kaiser gekrönt zu werden, glückte ihm nicht, obwohl eine Reihe von Terminen mit dem Papst vereinbart worden waren. Zu sehr war er im Reich beschäftigt, um Zeit für eine Romfahrt zu finden, zu oft wechselten die Päpste. Aber nicht nur bei Schiller und Grillparzer ist Rudolf ein Kaiser, sondern auch in der habsburgisch-österreichischen Tradition. Er konnte sein Ziel, das deutsche Königtum für seine Familie erblich zu machen, zwar nicht durchsetzen, aber Grillparzers Verse: »Nicht Habsburg bin ich, selber Rudolf nicht; ... Ich bin der Kaiser nur, der niemals stirbt«, gehören zum Erbe Österreichs. Kaiser war Rudolf nie. Aber viele habsburgische Kaiser folgten.

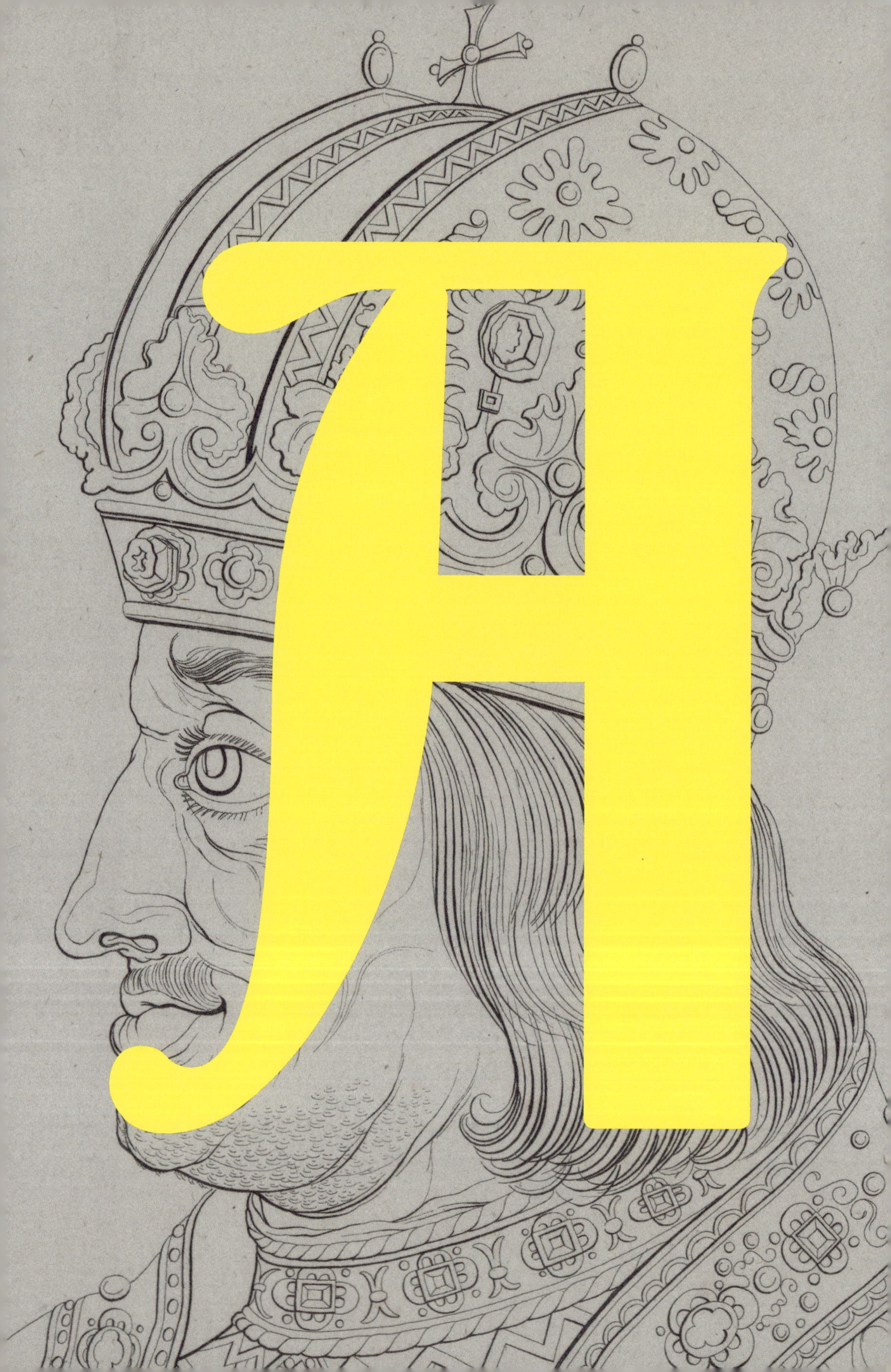
A

DIE ZEIT DER KÖNIGSMORDE
ALBRECHT I.

ALBRECHT I.
*JULI 1255 RHEINFELDEN
†1. MAI 1308 KÖNIGSFELDEN BEI BRUGG
1298–1308 RÖMISCH-DEUTSCHER KÖNIG

Albrecht war nach der siegreichen Schlacht auf dem Marchfeld von Rudolf als Reichsverweser für die durch den Tod König Ottokars heimgefallenen Reichslehen in Österreich eingesetzt worden. Am 17. Dezember 1282, auf einem Reichstag in Augsburg, wurden er und sein Bruder Rudolf gemeinschaftlich mit den Herzogtümern Österreich und Steiermark belehnt. Weil aber eine geteilte Herrschaft von den österreichischen Ständen für unvereinbar mit dem österreichischen Recht gehalten wurde, musste der jüngere Rudolf ein Jahr später in der Rheinfeldener Hausordnung von der Mitregentschaft wieder ausgeschlossen werden. Er sollte mit anderen Territorien entschädigt werden, was aber nicht gelang und zur Wurzel für alles weitere Unheil wurde.

1283 war Herzog Albrecht zum alleinigen Herrscher über Österreich, die Steiermark, Krain und die Windische Mark und auch über die schweizerischen und elsässischen Besitzungen geworden. Unterstützt von seinem Vater, konnte er seine Herrschaft weiter ausbauen. Wo sich jemand widersetzte, griff er hart durch. Wo sich eine Gelegenheit bot, protegierte er seine Günstlinge. Die wichtigsten Positionen vergab er an seine in Österreich als landfremd betrachteten Gefährten und Verbündeten aus dem schwäbischen Raum. Der Widerstand gegen Albrecht, der mehrere alte Privilegien der Städte und Landherren missachtete, war zunächst in Wien ausgebrochen: 1287 kam es zum Aufstand der Wiener Bürger und Handwerker – Albrecht flüchtete in die Burg auf dem Leopoldsberg, bis sich die Lage beruhigte. Wien verlor die Reichsunmittelbarkeit. Dann revoltierte der höhere Adel, bei dem er wegen der von ihm mitgebrachten »Schwaben« regelrecht verhasst war.[52] Mehrere Aufständische wurden exekutiert.

Es war die Zeit, als die neuen Höhenburgen praktisch nur durch Aushungern zu brechen waren und die Landesherren gezwungen waren, sich in zahllose langwierige Auseinandersetzungen mit regionalen und lokalen Machthabern einzulassen. Aber das Ende des feudalen

Albrecht I.
Zeichnung aus einer Serie von Herrscherporträts.
Bibliothèque nationale de France.

Rittertums kündigte sich an. Bogenschützen und Fußsoldaten vermochten gegen die schweren Reiter spektakuläre Erfolge zu erzielen. Schon 17 Tage nach Rudolfs Tod war es in seiner Schweizer Heimat am 1. August 1291 zum »Ewigen Bund« der drei Waldstädte Uri, Schwyz und Unterwalden und damit zur Geburt der Urschweiz gekommen, die sich bald um weitere Habsburgergegner erweiterte. 1315 fügte ein Schweizer Fußvolk den gepanzerten österreichischen Rittern bei Morgarten eine erste Niederlage zu.

Rudolf I. hatte versucht, Albrecht schon zu seinen eigenen Lebzeiten zum Mitkönig wählen zu lassen, um die Königswürde im Haus Habsburg schrittweise erblich zu machen. Das ließen die Kurfürsten, insbesondere der Pfalzgraf bei Rhein und die geistlichen Kurfürsten, nicht zu. Nach Rudolfs Tod wählten die Reichsfürsten nicht Albrecht, sondern wieder einen armen Grafen: Adolf von Nassau. Aber der ohne Machtbasis agierende Adolf verlor rasch die Unterstützung seiner Wähler. 1298 wurde er von den Kurfürsten für abgesetzt erklärt. Nun sah Albrecht seine Chance und setzte sich an die Spitze der Gegner des Königs. In der Ritterschlacht von Göllheim am 2. Juli 1298 wiederholte sich das, was 20 Jahre vorher auf dem Marchfeld zwischen Rudolf und Ottokar geschehen war. Es erging Adolf nicht anders als einst Ottokar. Er stürzte vom Pferd und soll verschiedenen, allerdings unsicheren Berichten zufolge von Albrecht eigenhändig erschlagen worden sein. Nun wurde Albrecht zum neuen römisch-deutschen König gewählt.[53]

Albrecht war seinem Vater an Tatkraft, an kriegerischer Streitlust und an staatsmännischer Begabung durchaus ebenbürtig. Aber es fehlte ihm die gewinnende Natur, die sein Vater besaß, schreibt Oswald Redlich, sein wichtigster Biograf.[54] Er habe ein herrisches und »bäurisches« Wesen, meinte einer seiner zeitgenössischen Kritiker. Er war hart, schroff und unzugänglich, ohne jenen Einschlag des überlegenen Humors, der seinen Vater auszeichnete. Auf jeden Fall fehlte ihm die Leutseligkeit des Vaters. Anders als um seinen Vater Rudolf rankte sich um ihn auch kein Kranz volkstümliche Legenden und Anekdoten. Er hatte etwas Furchterregendes an sich, schon wegen des fehlenden Auges, das er durch eine recht merkwürdige und wirklich mittelalterlich anmutende medizinische Behandlung verloren hatte: Damit nach einer vermuteten Vergiftung das Gift aus seinem Körper ausrinnen könne, wurde er mit dem Kopf nach unten aufgehängt. Er hat die Rosskur zwar überlebt, aber ein Auge wurde so schwer geschädigt, dass es entfernt werden musste.[55]

Auch Albrecht war kein friedliches Ende gegönnt. Er wurde 1308 beim heute schweizerischen Windisch unweit der habsburgischen Stammburg ermordet. Der Täter war sein eigener Neffe Johann von Schwaben, der Sohn von Albrechts früh verstorbenem Bruder Rudolf II., der im Vertrag von Rheinfelden auf die Regentschaft in Österreich verzichtet und die dafür versprochene Entschädigung nie erhalten hatte. Immer wieder hatte Johann sein ihm zustehendes Erbe eingefordert.

Er fühlte sich von seinem Oheim nicht nur hintergangen, sondern auch persönlich erniedrigt, weil dieser ihm zur Beruhigung wie einem Kind einen Blumenkranz aufs Haupt gesetzt hatte. An einem Flussübergang lauerten die Verschwörer dem König auf. Nach dem Chronisten Matthias von Neuenburg war der erste Schwerthieb, der Albrecht den Hals durchbohrte, von seinem Neffen Johann gekommen. Danach stachen alle Mitverschwörer auf ihn ein.

Die Reaktionen der Zeitgenossen reichten von unverhohlener Freude über das Ende des Unterdrückers bis zu blankem Entsetzen über den Verwandten- und Königsmord. Die Rache der Witwe und der Söhne war blutig. Die Burgen und Güter der Attentäter und ihrer Angehörigen wurden zerstört und beschlagnahmt. Die Mörder wurden gefoltert und gerädert. Über Johann, der von der Geschichtsschreibung den Beinamen »Parricida« erhielt, wurde die Reichsacht verhängt. Er versteckte sich in den Wäldern, floh zum Papst und wurde schließlich in der Toskana eingekerkert und zu Klosterhaft begnadigt.

Albrechts hartes Durchgreifen war ihm zum Schicksal geworden. Er hätte die Tatkraft gehabt, das deutsche Königtum in eine neue Richtung zu entwickeln und war auf dem besten Weg, eine mächtige habsburgische Hausmacht in Mitteleuropa aufzubauen: nicht nur im Südwesten und Südosten, sondern auch im Nordwesten und Nordosten des Reichs. Sein früher Tod bremste den Aufstieg der Habsburger. Wirtschaftlich waren die Herrschaftsjahre Rudolfs und Albrechts durchaus erfolgreich. Es gab ein schnelles Bevölkerungs- und Wirtschaftswachstum. Die Einwohnerzahl Österreichs und des Reichs erreichte im späten 13. und frühen 14. Jahrhundert einen ersten Höhepunkt, bis das Wachstum von der Pest jäh gestoppt wurde. Das Aufblühen des Silberbergbaus muss auf die Zeitgenossen wie ein Rausch gewirkt haben. In dem gegen Ende des 13. Jahrhunderts in der Steiermark entstandenen Heldenepos von Biterolf und Dietleib konnte dessen unbekannter Verfasser, ein fahrender Sänger, kaum genug Worte über den sagenhaften Reichtum des Landes finden: »Sieben Golderze es hat, kaum steht ein Berg, darin man kein Silber findet ...«[56] Zwei steirische Bergbauorte ragten besonders hervor: Oberzeiring und Schladming. Auch der Ausbau der Hallstätter Salzproduktion, nicht mehr im sogenannten »trockenen Verfahren«, sondern durch Auslagen mit in den Berg eingeleitetem Wasser und Versieden der so gewonnenen Sole im Sudhaus, ist für Albrechts Zeit gesichert. 1311 erteilte Königin Elisabeth, seine auch geschäftlich sehr tüchtige Witwe, den Hallstätter Bürgern wichtige Salzhandelsprivilegien. Am steirischen Erzberg wurden seit der zweiten Hälfte des 13. Jahrhunderts erstmals wassergetriebene Gebläse zur Luftzufuhr in den Schmelzöfen eingesetzt, und die Eisenerzeugung wurde nachhaltig ausgedehnt. Auch wassergetriebene Schmiedehämmer tauchten im frühen 14. Jahrhundert erstmals auf, ebenso wassergetriebene Sägemühlen.

Fig.1

Fig.2

Fig.1 Kriegszug König Albrechts I. über den Semmering. Gemälde von Karl von Blaas, 1868. Sammlung Belvedere.

Fig.2 Albrechts großer Sieg: die Ritterschlacht von Göllheim am 2. Juli 1298. Gemälde von Hermann Plüddemann, 1855.

So glücklich das 13. Jahrhundert für die Habsburger geendet hatte, so unglücklich hatte das 14. Jahrhundert begonnen. König Albrechts ältestem Sohn Rudolf war es 1306 gelungen, zum böhmischen König aufzusteigen. Aber bereits ein Jahr später verstarb er. Sein überraschender Tod war allerdings nicht gewaltsam, sondern lag an Allergien und Unverträglichkeiten, an denen er zeitlebens litt. Er musste sich von Brei und anderer leichter Kost ernähren, was ihm den tschechischen Spottnamen *Král kaše* (»König Brei«) eingebracht hatte. Aber der in der Erbfolge logische Nachfolger Albrechts war damit weggefallen. Dass König Albrecht 1308 von seinem eigenen Neffen ermordet wurde, war der nächste Schlag. Und dass es den Habsburgern dann auch nicht gelang, einen der Ihren bei der Wahl zum neuen König durchzusetzen, machte das Maß voll.

Es war die Zeit des Raubrittertums und der Königsmorde. Zahlreiche Könige wurden erschlagen oder ermordet: Die letzten Staufer Konrad IV. und Konradin waren gewaltsam gestorben. Der letzte Babenberger Friedrich der Streitbare war im Kampf umgekommen, ebenso die Könige Přemysl Ottokar und Adolf von Nassau. Auch der böhmische König Wenzel III., ein Enkel Přemysl Ottokars und Rudolfs von Habsburg, war 1306 im Hause des Olmützer Domdekans erstochen worden. Hinter dem Tod seines Nachfolgers vermutete man wie selbstverständlich einen Giftanschlag, und König Albrecht I. wurde 1308 von seinem eigenen Neffen niedergemetzelt.

Ob Albrechts 1274 mit Gräfin Elisabeth von Görz und Tirol geschlossene Ehe eine glückliche war, kann man nicht mit Bestimmtheit sagen. Aber mit Sicherheit war sie eine sehr fruchtbare. Mit 21 Kindern war dafür gesorgt, dass die Habsburger lange Zeit vor dem Aussterben geschützt waren. Die elf überlebenden Kinder wurden mit Angehörigen der wichtigsten Fürstenhäuser Europas verheiratet: mit Frankreich, Aragón, Ungarn, Polen, Böhmen, Savoyen und Lothringen. Doch auf ein neuerliches Königtum mussten die Habsburger lange warten: Es dauerte mehr als 120 Jahre, bis wieder ein Habsburger unangefochten an die Spitze des Reiches gelangte.

DAS SCHEITERN DES DOPPELKÖNIGTUMS FRIEDRICH DER SCHÖNE

FRIEDRICH DER SCHÖNE
*1289 WIEN; †13. JANUAR 1330 GUTENSTEIN
1314–1330 RÖMISCH-DEUTSCHER KÖNIG

Friedrich als ältester Sohn von König Albrecht hätte sich berechtigte Hoffnungen auf die Nachfolge seines Vaters als deutscher König machen können.[57] Doch die Kurfürsten einigten sich 1308 wieder auf einen in ihren Augen weniger gefährlichen Kandidaten, auf den Grafen Heinrich von Luxemburg. Denn Friedrich war nicht gerade beliebt. Durch sein prunkhaftes Auftreten hatte er sich viele Feinde gemacht. Auch das blutige Strafgericht, das er 1309 nach einem Wiener Adelsaufstand vollziehen ließ, war nicht vergessen: die zahlreichen Todesurteile und die grausamen Körperstrafen, etwa Blenden und Herausreißen der Zunge, die an den Aufrührern vollzogen worden waren.[58]

Nachdem aber Kaiser Heinrich VII. im Jahr 1313 auf seinem Italienzug überraschend an Malaria verstorben war, gab es eine neue Chance. Nun standen sich Friedrich und der vergleichsweise arme Ludwig der Bayer aus der Dynastie der Wittelsbacher gegenüber. Ludwig erhielt vier Kurstimmen, Friedrich drei. Aber die Mehrheit zählte nach damaligem Rechtsempfinden nicht wirklich. Entscheidend waren die Krönung und die Rechtmäßigkeit ihres Vollzugs. Friedrich wurde in Bonn vom Kölner Erzbischof, dem dafür zuständigen geistlichen Würdenträger, mit der echten Reichskrone gekrönt, aber am falschen Krönungsort, Ludwig am selben Tag in Aachen, dem traditionellen Krönungsort, aber nur mit einer Kopie der Krone und nur vom Mainzer Erzbischof, der dafür nicht zuständig war. Neben den Formalien ging es auch um Realien: um sehr hohe Geldsummen, die den Kurfürsten versprochen worden waren, und um die Kampfkraft der beiden Gegner.[59]

Nur eine militärische Entscheidung konnte eine Lösung bringen. Die Schlacht bei Gammelsdorf westlich von Landshut im November 1313 war kein wirklich großes Ereignis. Manche bezweifeln sogar, dass sie wirklich als Schlacht zu bezeichnen war. Aber so oder so: In der öffentlichen Meinung endete sie für Friedrich mit einer Niederlage, die ihn zwar viel Prestige kostete, aber nichts entschied. Nach dem Friedensschluss

Friedrich der Schöne.
Kupferstich von Pieter van Sompel
nach Pieter Soutman, um 1640.

schliefen die beiden Gegner »in einem Bett«, wie der Chronist Johann von Viktring es formulierte. Nahezu gleichzeitig konnte Friedrich aber mit einer sehr prestigereichen Heirat punkten. Am 14. Oktober 1313 wurde er formal mit Isabella von Aragón vermählt. Der prächtige Vollzug der Hochzeit und die prunkvolle Feier fanden am 31. Januar 1314 im steirischen Judenburg statt.[60]

Das Nebeneinander zwischen zwei mehr oder weniger rechtmäßigen Königen blieb bestehen. Erst 1322 gab es in der Schlacht bei Mühldorf am Inn eine militärische Entscheidung. Friedrich wurde dabei nicht, wie es bis dahin gemeinhin üblich gewesen war, erschlagen, sondern nur gefangen. Mit den Worten »Vetter, ich habe Euch nie lieber gesehen als heute« soll Ludwig der Bayer seinen unterlegenen Verwandten begrüßt und gleich danach eingesperrt haben.[61] Er wurde auf Burg Trausnitz in der Oberpfalz interniert. Erst die Exkommunikation durch den Papst zwang Ludwig zu einem Ausgleich. Nach zweieinhalb Jahren kam Friedrich frei, kehrte aber, als seine Brüder den ausgehandelten Bedingungen nicht zustimmen wollten, noch einmal – ganz höfischer Ritter – freiwillig in die Haft zurück. Das brachte ihm als Ehrenmann, der zu seinem Wort stand, zwar Ruhm, aber keine Macht. Am 5. September 1325 einigte man sich auf eine gemeinsame und gleichberechtigte Doppelherrschaft, ein in der deutschen Reichsgeschichte singuläres Konstrukt. Gemeinsam wohnten Friedrich und Ludwig der Messe bei und empfingen die Kommunion in Gestalt einer zwischen ihnen geteilten Hostie. Wieder schliefen sie im gemeinsamen Bett. Aber gerade diese Friedensdemonstration, dass Friedrich mit Ludwig die Kommunion geteilt hatte, also mit jemandem, der aus der Sicht der Kirche noch immer der Exkommunikation verfallen war, brachte ihm die Feindschaft des Papstes.[62]

Doch die Päpste wechselten rasch. Dass der exkommunizierte Ludwig 1328 auf einem Romzug die Kaiserwürde erlangen konnte, brachte ihm den entscheidenden Vorteil, obwohl die Krönung nicht vom Papst, ja nicht einmal von einem Gegenpapst, sondern nur von einem Kardinal vorgenommen worden war. Aber für Friedrich bedeutete die Krönung seines Gegners einen enormen Prestigeverlust und sein politisches Ende: Er zog sich auf seine Burg Gutenstein im Wienerwald zurück und beschränkte sich im Reich nur mehr auf eine protokollarische Nebenrolle. Auch die Regierung der österreichischen Herzogtümer überließ er seinen Brüdern. Er war ein gebrochener Mann. Bereits 1326 war sein jüngerer Bruder Leopold gestorben, der eigentliche starke Mann im Hintergrund. Als seine Frau durch einen Gehirntumor fast vollständig erblindete, schloss er mit seinem Leben ab, machte riesige Stiftungen und starb ziemlich einsam im Alter von 41 Jahren im Jahr 1330 auf seiner Burg, ob an einer Vergiftung durch seine eigenen Dienstleute, wie die bayernfreundlichen Chronisten behaupteten, oder an einem Schlaganfall nach österreichischer Überlieferung, muss offenbleiben.[63] Begraben wurde er ohne jeden Prunk in der von ihm begründeten Kartause Mauerbach.

Er war bald vergessen.[64] Erst im 19. Jahrhundert wurde Friedrich zu einer Figur der Ritterromantik: als einer der aus höfischem Edelmut freiwillig in die Gefangenschaft zurückgekehrt war und als Doppelkönig eine neue Herrschaftsform begründen wollte. Friedrich Schiller feierte ihn in seinem Gedicht *Deutsche Treue*. Und ausgerechnet vom bayerischen König Ludwig I. wurde er als einer der wenigen Habsburger für die Aufnahme in die von ihm errichtete Walhalla und Ruhmeshalle der deutschen Geschichte im Donautal bei Donaustauf mit einer Ehrentafel für würdig befunden.

Ob Friedrich ein gänzlich unfähiger Politiker und ein in seinen Stammlanden ausgesprochen unbeliebter Herrscher oder ein gefeierter Vertreter der von den Begriffen »Minne« und »Treue« geprägten Ritterwelt war, sei dahingestellt. Der Höhepunkt der höfischen Helden- und Liebesdichtung war gerade abgeklungen, aber ihre Inhalte waren noch ganz frisch im Gedächtnis. Friedrich passte in diese Zeit. Doch die Zeit der Ritter ging zu Ende. Der militärtechnische Fortschritt begann, ihnen ihre Funktion zu entziehen. Dass die Schweizer Bauern 1315 in der Schlacht am Morgarten ein habsburgisches Ritterheer schwer geschlagen hatten, war ein Vorzeichen für kommende Niederlagen. Und es war im Jahr 1331, ein Jahr nach Friedrichs Tod, dass habsburgische Ritter bei der Belagerung der friaulischen Stadt Cividale erstmal eine Kanone einsetzten, wenn auch noch nicht mit sehr durchschlagendem Erfolg, wie ein Nebensatz in der Chronik verrät: »et nihil nocuit«, sie schadete nichts.[65] Aber die Zeit der gepanzerten Ritter in ihren schweren Rüstungen war vorbei.

»Vetter, ich habe euch nie lieber gesehen als heute«:
Ludwig der Bayer begrüßt Friedrich den Schönen.
Zeichnung von Johann Peter Nepomuk Geiger. Albertina.

R

DIE STIFTUNG ÖSTERREICHS
RUDOLF IV.

RUDOLF IV. DER STIFTER
*1. NOVEMBER 1339 WIEN; †27. JULI 1365 MAILAND
1358–1365 HERZOG VON ÖSTERREICH

Nur vage fühlten die Zeitgenossen das Außerordentliche der Zeit und die Besonderheit der Persönlichkeit Herzog Rudolfs IV., genannt der »Stifter«. Dieser Beiname ist zwar erst im 18. Jahrhundert entstanden, er hat aber einen echten Sinn. In den nur sieben Jahren seiner jugendlichen Herrschaft hat Rudolf dermaßen viel in die Wege geleitet, dass ihm der Titel eines Anstifters zu Recht gebührt, insbesondere mit der Erfindung des Phantasietitels eines Erzherzogs, der zum unverwechselbaren Markenzeichen der Habsburger wurde.

Schon um seine Geburt gab es viel Geheimnisvolles. Er war 1339 als erstes Kind aus der fünfzehn Jahre lang kinderlos gebliebenen Ehe des an Polyarthritis leidenden Herzogs Albrecht II. des Lahmen geboren worden. Der Tratsch um die wirkliche Vaterschaft ging so weit, dass Albrecht von der Kanzel verkünden lassen musste, dass Rudolf wirklich sein Kind sei. Geheimnisse über Geheimnisse um einen Herrscher, von dem Thomas Ebendorfer, der berühmte Chronist aus dem 15. Jahrhundert, schrieb, dass dieser Rudolf, hätte er länger gelebt, Österreich bis an die Sterne erhoben oder bis in den Abgrund gestürzt haben würde.[66]

In Europa herrschte Endzeitstimmung: Am 25. Januar 1348 waren Friaul und das südliche Österreich von einem Erdbeben der Stärke 8 bis 9, vielleicht sogar 10 auf der zwölfteiligen Skala erschüttert worden. Wenige Wochen später begann die Zeit des großen Sterbens. Die Pest raste durch Europa. Ein Viertel bis ein Drittel der Bevölkerung des Kontinents sollten ihr in den nächsten Jahren zum Opfer fallen. Auch riesige Heuschreckenschwärme tauchten auf. Missernten führten zu Hungersnöten. Flagellanten und Bußprediger zogen durch das Land. Eine ganze Generation wurde von den schrecklichen Erfahrungen mit dem »Schwarzen Tod« geprägt.[67] Vielleicht war das auch der Grund, dass Rudolf bei seinen vielen Reisen angeblich immer ein Leichentuch mit sich führte. Seine kurze, aber so ereignisreiche Regierung war von dem unbändigen Bestreben gekennzeichnet, dem Hause Habsburg und

Rudolf IV., der Stifter.
Porträt von unbekanntem Meister.
Dom Museum Wien.

seinen Ländern eine hervorgehobene Stellung im Reich zu verschaffen. Man erkennt die Rivalität zu seinem Schwiegervater Kaiser Karl IV. aus der Dynastie der Luxemburger, der Prag zur glänzendsten Stadt des Reiches ausgebaut und die Habsburger in der berühmten Goldenen Bulle nach Rudolfs Meinung schwer benachteiligt hatte.

Als Ehegatte von Katharina, der Tochter Karls IV., durfte er sich, solange dieser ohne einen männlichen Erben war, berechtigte Hoffnung auf die Kronen Karls machen, zunächst auf die böhmische, aber vielleicht auch auf die deutsche. Als daraus nichts wurde, weil Karl eigene Erben zeugte, wollte Rudolf es seinem Schwiegervater zumindest mit dem Ausbau Wiens und der Aufwertung der Habsburger in einer riesigen Privilegienfälschung nicht nur gleichtun, sondern ihnen eine noch glänzendere Stellung verschaffen, als Karl sie den Kurfürsten zugestanden hatte. Der Anlass war die Goldenen Bulle von 1356, mit der Kaiser Karl IV. das bis dahin recht unbestimmte Gewohnheitsrecht der deutschen Königswahl, das immer wieder zu umstrittenen Entscheidungen und Gegenkönigen geführt hatte, verfassungsrechtlich dauerhaft zu regeln versuchte. Mit der darin festgelegten Beschränkung des Wahlrechts auf sieben Kurfürsten war Österreich nicht nur von der Mitwirkung an der Königswahl, sondern auch vom Einfluss auf das Reichsregiment ausgeschlossen worden. Das war keine böse Absicht Karls. Als sich das Gewohnheitsrecht der auf die Zahl sieben beschränkten Kurfürsten ausgebildet und verfestigt hatte, im Interregnum, war Österreich in diesem Kollegium durch Přemysl Ottokar vertreten, der das Land damals in Personalunion gemeinsam mit Böhmen regierte. Als Karl IV. dieses Gewohnheitsrecht in eine staatsrechtliche Urkunde goss, war die Situation aber ganz anders: Böhmen und Österreich und die Luxemburger und Habsburger waren wieder konkurrierende Territorien und Dynastien geworden. Rudolf IV. als Schwiegersohn des Kaisers und als einer der mächtigsten Reichsfürsten reagierte auf die offensichtliche Benachteiligung mit dem sogenannten »Privilegium maius«, das dem Haus Österreich zu über alle anderen Reichsfürsten hinausgehenden Vorrechten verhelfen sollte. Rudolf und seine Berater waren mit der Erfindung von Urkunden Caesars und Kaiser Neros allerdings etwas zu weit gegangen. Der berühmte Gelehrte Francesco Petrarca, den Karl IV. als Experten zu Rate zog, nannte den Auftraggeber der Urkunden deswegen einen »Erzschelm, einen brüllenden Ochsen und schreienden Esel«.[68] So ungewöhnlich, wie sie heute erscheinen mögen, waren die Fälschungen Rudolfs mit ihren angeblichen Privilegien antiker Herrscherlegenden allerdings nicht, berief sich doch auch das Königreich Böhmen auf eine Urkunde Alexanders des Großen und versuchten alle Fürstenhäuser ihren Rang durch eine Herleitung von irgendwelchen Berühmtheiten der Antike zu verbessern. Der Nachweis der Zugehörigkeit Österreichs zum antiken Römerreich, den Böhmen auf keinen Fall erbringen konnte, schien einer der Trümpfe Rudolfs zu sein, war doch Österreich zumindest südlich der Donau einst

Eine kühne Fälschung: Titelseite des Privilegium maius, angefertigt für Kaiser Maximilian I., 1512.

Teil davon gewesen, und es gab doch auch die Sage, dass Noricum auf Norix, einen der Söhne des Herkules, zurückgehe. Alle karolingischen und deutschen Könige waren bestrebt, ihre Legitimation von römischen, trojanischen oder biblischen Vorfahren herzuleiten. Warum nicht auch Rudolf? Kaiser Karl IV. hat die Fälschungen Rudolfs folgerichtig auch als das betrachtet, was sie waren, nämlich als einen Forderungskatalog, den er teilweise anzunehmen, teilweise abzulehnen geneigt war.

Das gefälschte Privilegium, das ein Jahrhundert später von Kaiser Friedrich III. zum Reichsrecht erhoben wurde und damit Gültigkeit erlangte, schuf als langlebigste Würde den Titel eines Erzherzogs. Das war wohl eine Reaktion auf andere Erzämter, so den Rang eines Erzkämmerers für den Kurfürsten von Brandenburg, das Erzmundschenkenamt Böhmens oder den Erzjägermeistertitel des Herzogs von Kärnten. Es sollte in Analogie zu den Erzbischöfen den österreichischen Erzherzögen den Vorrang gegenüber gewöhnlichen Herzögen einräumen. Auch dass Rudolf seinen Herzogshut zu einer Krone ähnlich der Reichskrone mit Bügel, Kreuz und Zacken umgestaltete, unterstreicht seine königlichen oder gar kaiserlichen Ambitionen. Dazu passt auch sein oft zitierter Ausspruch, dass er in seinen Landen wie ein Kaiser herrschen wolle.[69] Sein großes Siegel trug die Umschrift: Von Gottes Gnaden Pfalzerzherzog von Österreich, Steiermark, Kärnten etc.

Rudolf hat vieles vorbereitet und vorweggenommen: Mit der Stephanskirche als Domkirche in einer Stadt, wo es gar kein Bistum und keinen Bischofssitz gab, ebnete er den Weg zu einem geistlichen Zentrum, und mit seiner Universitätsgründung, der »Alma Mater Rudolfina«, der hinter Prag zweitältesten Universität im Reich und heute ältesten Universität im deutschen Sprachraum, bereitete er die Grundlage für ein Wissenszentrum, für das man zunächst die geistige und rechtliche Grundlage schaffen musste. Erst 19 Jahre später konnte vom Papst mit der Bewilligung einer Theologischen Fakultät der Weg zur Volluniversität freigegeben werden. Und erst mehr als hundert Jahre später gelang die Errichtung eines kleinen Wiener Bistums, das aber noch lange im Schatten der Bistümer Salzburg und Passau blieb. Eine von Rudolfs ersten und gleichzeitig langlebigsten Maßnahmen war die Einführung einer zehnprozentigen Alkoholsteuer, des sogenannten Ungelds, das nicht nur wie alle Steuern von sich aus besonders unpopulär wurde, sondern vor allem deswegen, weil es bald an private Investoren verpachtet und verkauft und damit als besonders ungerecht und drückend empfunden wurde.

Das wichtigste dynastische Ergebnis war die Realisierung eines umfassenden repräsentativen Residenzprogrammes für Wien. An diesem, aber ebenso an den Bemühungen um einen identitätsstiftenden Landesheiligen, wobei man auf die Babenberger zurückgriff, kommt die zentrale Bedeutung zum Ausdruck, die Rudolf dem Herzogtum Österreich in seinem politischen Denken und Handeln zuwies. Auch mit der Schaffung einer ersten gemeinsamen Habsburger-Grablege in der Krypta von

St. Stephan versuchte er, die Einheit der Dynastie zu stärken. Die symbolische Bedeutung des Stephansturms mit seinen 137 Metern Höhe als lange Zeit höchster Kirchturm auf dem Kontinent steht bis in die Gegenwart außer Streit.

Rudolfs wichtigster politischer Erfolg aber war die Erwerbung Tirols. Herrin dieses Landes war Margarete, die unter dem Beinamen »Maultasch« bekannt geworden ist. Das war kein körperliches Merkmal, sondern eine politische Verleumdung. Denn Margarete galt als ausgesprochen schön. Erst sehr viel später malte man ihre Porträts mit einem missgestalteten Mund. Sinngemäß bedeutete das Schimpfwort so viel wie »Hure« oder »liederliches Weib« und kam hauptsächlich in der päpstlichen und luxemburgischen Propaganda gegen Margarete zur Anwendung. Denn Margaretes zwei Ehen waren nicht gerade vorbildlich. Vor allem aber: Sie blieben kinderlos. Ihren ersten Mann, den Bruder des späteren Kaisers Karl IV., bezeichnete sie öffentlich als impotent und verjagte ihn. Als sie wieder heiratete, obwohl ihre erste Ehe kirchenrechtlich nicht getrennt worden war, verfiel sie dem Kirchenbann. Nachdem auch ihr zweiter Mann mitten im Winter kinderlos gestorben war, ging es um mögliche Erben. Viele Nachbarn erhoben Ansprüche. In langen Gewaltritten von Wien nach Tirol mitten im Winter durch die tief verschneiten Alpen gelang es Rudolf, schneller als die anderen Konkurrenten vor Ort zu sein und zu erreichen, dass ihm Margarete das Land übergab.[70] Sie verbrachte ihren Lebensabend in Wien, wo sie 1369 starb. Der fünfte Wiener Gemeindebezirk Margareten bewahrt die Erinnerung an sie.

Nachdem die Habsburger im Jahr 1335 schon Kärnten gewonnen hatten, kam Rudolf mit der Erwerbung Tirols im Jahr 1363 seinem Ziel ganz nahe, eine territoriale Verbindung zwischen den alten habsburgischen Stammlanden in der Schweiz und im Elsass und seinen Herzogtümern im Osten des Reiches herzustellen. Er konnte mit einiger Berechtigung, wenn auch in etwas übertriebener Tonart, an den Dogen von Venedig schreiben, dass nunmehr alle Wege von Deutschland nach Italien in seiner Hand seien. Er nannte sich Generalstatthalter von Schwaben und im Elsass, führte eigenmächtig den Titel eines Herzogs von Schwaben und startete Versuche, das nach dem Aussterben der Staufer untergegangene Herzogtum Schwaben wieder zu errichten und sich ein süddeutsch-norditalienisches Machtzentrum zu schaffen.

Aber er hat sein Spiel übertrieben. Sein Vorhaben, sich zum König der Lombardei aufzuschwingen, scheiterte bereits im Ansatz.[71] Am 27. Juli 1365 starb er im Alter von nur 26 Jahren in Mailand. Doch wie und wo sollte man ihn in der heißen Sommerhitze begraben? Sein Leichnam wurde in Rotwein abgekocht, die Weichteile wurden an Ort und Stelle beerdigt, und die Knochen wurden, in einen Sack eingenäht, nach Wien gebracht, wo sie in der von Rudolf geschaffenen Gruft in St. Stephan beigesetzt wurden. Ob sie echt sind, ist aber zweifelhaft. Sie sind, wie anthropologische Untersuchungen ergeben haben, eher die eines

Fig.1

Fig.2

Fig.3

Fig.1 Rudolf der Stifter auf einer Buntglasscheibe in der Bartholomäuskapelle des Stephansdoms, um 1380.

Fig.2 Das Reitersiegel des Herzogs. Abdruck nach mittelalterlichem Original von Karl von Sava, 1850.

Fig.3 Der Stifter von St. Stephan: Statue Herzog Rudolfs IV. am Bischofstor der Domkirche.

Fünfzigjährigen als die eines Mitzwanzigers. Und auch sein Porträt, das erste erhaltene Fürstenbildnis aus dem mitteleuropäischen Raum, zeigt keinen Sechsundzwanzigjährigen, der er aufgrund der gesicherten Lebensdaten tatsächlich war, sondern einen wesentlich älteren Mann.[72]

Nichts sei gewisser als der Tod und nichts ungewisser als die Stunde des Todes, hatte Rudolf 1363 geschrieben. Nach seinem Tod schien alles zu zerfallen. 1364 hatte er mit seinen Brüdern Albrecht III. und Leopold III. noch einen Vertrag abgeschlossen, der eine prinzipielle Unteilbarkeit der Länder unter gemeinschaftlicher Regierung vorsah, wobei dem Senior, also dem ältesten männlichen Familienmitglied, die Führungsrolle zufallen sollte. Doch die Brüder hielten sich nicht daran. Die vielen Söhne, Enkel und Urenkel Herzog Albrechts I. mussten irgendwie versorgt werden. Das ging nur auf Kosten der Geschlossenheit des Herrschaftsgebiets. Man behalf sich zuerst mit Belehnungen zu gesamter Hand, dann mit einer Länderteilung und zuletzt mit der Ausschmückung mit klangvollen Beinamen: Otto der Fröhliche, Ernst der Eiserne, Friedl mit der leeren Tasche, Albrecht der Weise, Leopold der Glorwürdige. Herzog Albrecht II. hatte 1355 eine habsburgische Hausordnung erlassen, nach der die Söhne gemeinsam und gleichberechtigt die Regierungsgeschäfte hätten führen müssen. Rudolf IV. entschloss sich 1364 dazu, das mit der Rudolfinischen Hausordnung noch zu bekräftigen. Nach seinem überraschenden Tod ein Jahr später teilten sich die zwei jüngeren Brüder Albrecht III. mit dem Zopf und Leopold, der eine 15 oder 16 Jahre alt, der andere 14 Jahre, die Regierungsgeschäfte. Mit der Neuberger Teilung (1379) begann eine fast hundert Jahre andauernde Phase der Desintegration der habsburgischen Hausmacht. Anders wird man die Folgen nicht qualifizieren können. Die Warnung des Wappendichters Peter Suchenwirt, der das hautnah miterlebt hatte, wird mehr als verständlich. Er vergleicht in seinem (1379) verfassten Traktat *Von der Fürsten Teilung* die Geschehnisse mit Holzstäbchen, die als Bündel nur schwer, einzeln aber leicht zu brechen sind.[73] Das Bild kennt man schon aus der Antike. Auch später wurde es immer wieder benutzt. Die Ausbreitung des Primogeniturrechts ist ohne Zweifel als Antwort auf die nachteiligen Auswirkungen von Landesteilungen auf Gesamtterritorien zu verstehen.

In den folgenden Jahrzehnten waren die drei Linien der Habsburger untereinander mehr zerstritten als verbunden.[74] Nach der verheerenden Niederlage eines österreichischen Ritterheeres gegen die mit Lanzen und Pfeilen kämpfenden Schweizer Fußtruppen bei Sempach im Jahr 1386 gingen die Schweizer Stammlande verloren. Unter den Toten, die in der Julihitze in ihren schweren Eisenrüstungen wie gelähmt vom Pferd fielen, war auch Herzog Leopold III. Diese spektakuläre Niederlage markiert das definitive Ende der schwer gepanzerten Ritterheere, aber auch das definitive Ende der habsburgischen Machtbasis in der Schweiz.

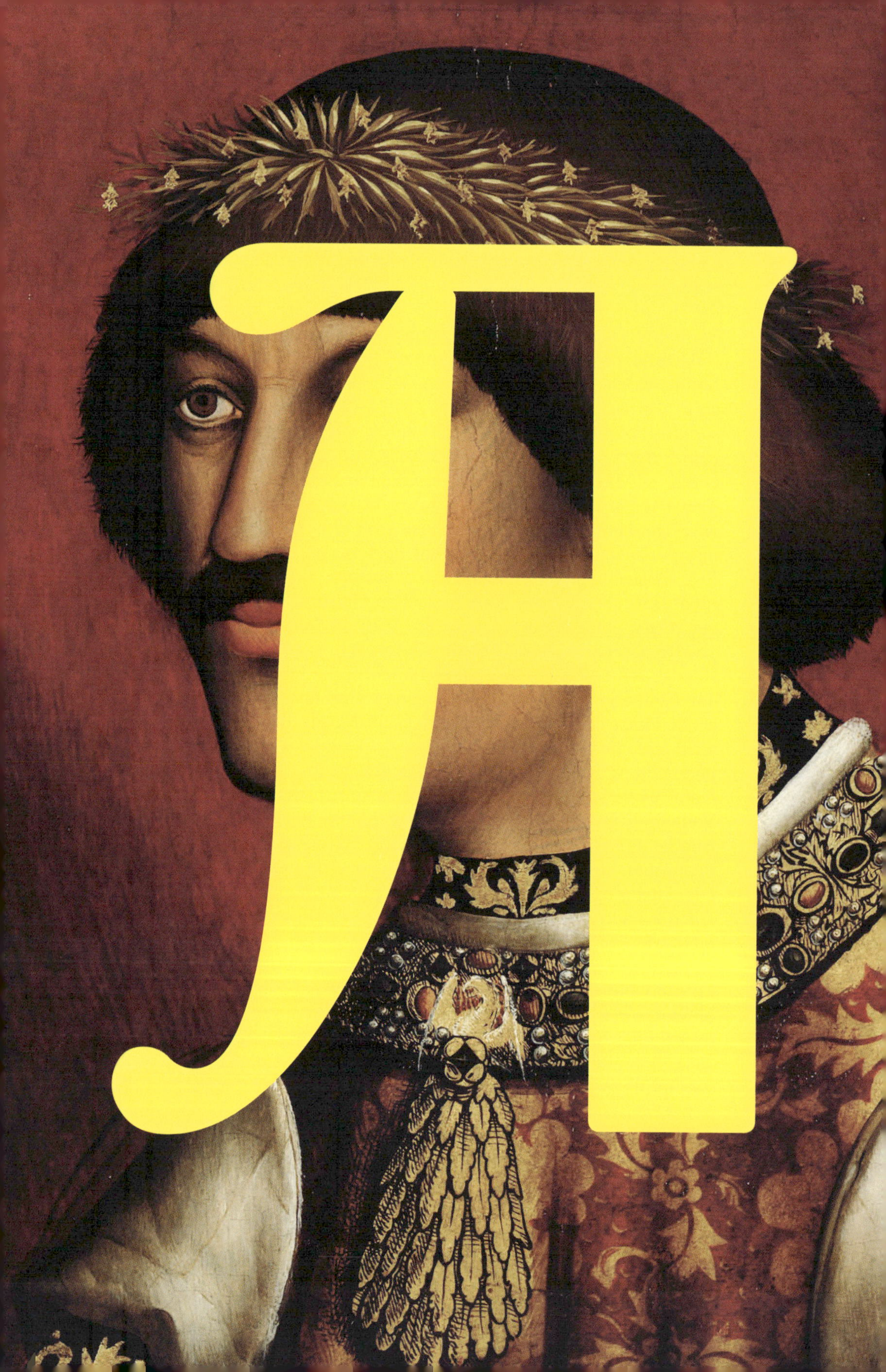
A

DER ERSTE DONAUMONARCH ALBRECHT II.

ALBRECHT II.
*16. AUGUST 1397 WIEN; †27. OKTOBER 1439 NESZMÉLY NAHE ESZTERGOM
1404–1939 ALS ALBRECHT V. HERZOG VON ÖSTERREICH,
1438–1439 ALS ALBRECHT II. DEUTSCHER KÖNIG SOWIE KÖNIG VON UNGARN, KROATIEN UND BÖHMEN

Albrecht hat erstmals die später so wichtige Personalunion zwischen den drei Ländern Österreich, Böhmen und Ungarn begründet. Allerdings hielt sie wegen seines frühen Todes nicht einmal zwei Jahre. Er war schon als Kind seinem Vater Albrecht IV. als Landesherr im Herzogtum Österreich nachgefolgt. Da war er erst sieben Jahre alt. Aber erst zwei Jahre vor seinem Tod wurde er König. Er regierte somit einerseits recht lang und andererseits recht kurz. In Österreich war er als Herzog Albrecht V. von 1404 bis 1439 an der Macht, im Deutschen Reich aber als König Albrecht II. nur knapp mehr als ein Jahr.[75]

Seine Kindheit und ersten Regierungsjahre waren von erbitterten Streitigkeiten zwischen seinen drei Großonkeln Wilhelm dem Ehrgeizigen, Leopold dem Dicken und Ernst dem Eisernen um seine Vormundschaft gekennzeichnet. Der Chronist Thomas Ebendorfer hat die Zustände miterlebt: »Es sah sich der Sohn gezwungen, den Vater zu berauben, der Nachbar den Nachbarn.«[76] Im Hintergrund standen die reichen Einkünfte aus dem Herzogtum Österreich, die die Begehrlichkeiten der steirischen und Tiroler Verwandten weckten. Die österreichischen Stände waren ihrerseits interessiert, den Geldabfluss aus dem Land in die Steiermark und nach Tirol zu minimieren. Im Frühjahr 1411 entschlossen sie sich daher zu einer Gewaltaktion, entführten den Herzog und erklärten die Vormundschaft seiner Verwandten über ihren Herzog offiziell für beendet. Herzog Leopold soll daraufhin vor Zorn einen Schlaganfall erlitten haben, an dessen Folgen er starb.[77] Das war der eigentliche Anfang der Herrschaft Herzog Albrechts.

Zeitlich fiel das ziemlich genau mit dem Beginn der Regierung des Luxemburgers Sigismund als deutscher König und später auch römischer Kaiser zusammen. Sigismund beherrschte ein geografisch riesiges, aber kulturell höchst heterogenes »Imperium«, das sich vom Schwarzen Meer bis zum Atlantik und vom Mittelmeer bis zur Ostsee erstreckte. Er trug viele Kronen und regierte viele Völker. Er rede »mit dem Papst

Albrecht II.
Porträt von unbekanntem Meister.
Kunsthistorisches Museum, Wien.

Lateinisch, mit den Dichtern Italienisch, mit seinen Magnaten Ungarisch und Tschechisch, mit sich selbst Französisch und mit seinem Pferd Deutsch«, sagte er. Albrecht wurde nicht nur Sigismunds treuester Vasall und Helfer, sondern auch sein Schwiegersohn, Erbe und Nachfolger.

Enea Silvio Piccolomini, dem gelehrten Humanisten und späteren Papst, fielen an Albrecht besonders dessen beeindruckende Körpergröße, seine für einen Mitteleuropäer ungewöhnlich dunkle Gesichtsfarbe und sein zusammen mit dem Oberlippenbart orientalisch wirkender Blick auf. Sein einziges, allerdings erst aus dem 16. Jahrhundert stammendes Porträt, das sich auf Schloss Ambras befindet, dürfte wohl entsprechend dieser Beschreibung angefertigt worden sein. Wenn es auch nur einigermaßen naturgetreu ist, hätte Albrecht eher wie ein kumanischer Fürst oder walachischer Dracula als wie ein deutscher König ausgesehen.[78] 1421/22 heiratete er Elisabeth, die einzige Tochter Kaiser Sigismunds, mit der er bereits im Alter von zwei Jahren verlobt worden war. Das machte ihn zum Anwärter auf vier Königskronen: die deutsche, die böhmische, die ungarische und die kroatische. Enea Silvio Piccolomini zufolge war Elisabeth eine sehr schöne Frau, überdies auch schlau und klug und fähig, ihren Mann immer dorthin zu bringen, wo sie ihn haben wollte.[79]

Man weiß wenig über Albrechts Persönlichkeit. Er war ein Krieger. Der Chronist Thomas Ebendorfer lobte ihn als unermüdlichen Verfolger aller Bösewichte und Banditen. Aber in Wahrheit war er ein unermüdlicher Verfolger aller Ketzer, Sektierer und Außenseiter. Die Waldenser und Katharer, die im Deutschen zum Wort »Ketzer« verballhornt wurden und im 13. Jahrhundert in Frankreich entstanden waren, hatten im 14. Jahrhundert auch im Donauraum viele Anhänger gefunden. Am Ende dieses Jahrhunderts war ihre Verfolgung in Österreich noch einmal verschärft worden, als der aus Ostpreußen stammende und als unerbittlicher Inquisitor bekannte Cölestinermönch Petrus Zwicker in das Herzogtum gerufen wurde. 1395 wirkte er in Steyr, 1396 in Enns. Die Inquisitionsprotokolle dazu sind heute nur mehr in wenigen Fragmenten erhalten.[80] In Steyr wurden über tausend Personen verhört und etwa achtzig bis hundert zum Feuertod verurteilt.[81] Das hatte Albrecht zwar nur als Kleinkind miterlebt, aber er war davon auch später noch tief geprägt. Zwicker verstarb 1403 in Wien. Die Lehre der Waldenser lebte im Untergrund weiter, und das Ringen mit den »Ketzern« ging recht ungebrochen in die Kämpfe gegen die Hussiten und die schweren Judenverfolgungen über, die als Wiener Geserah bekannt sind.

Albrecht war als junger Herzog und Gefolgsmann Sigismunds dabei, als Jan Hus 1415 auf dem Konstanzer Konzil unter Bruch des Versprechens des freien Geleits hingerichtet wurde. Die Hussiten sahen im Kaiser, der Hus in Konstanz verbrennen hatte lassen, ihren Hauptfeind. Und Albrecht, sein Schwiegersohn, war dessen wichtigster Verbündeter. In den Jahren 1425 bis 1432 drangen die Hussiten immer wieder nach

Österreich, vor allem in das Wein- und das Waldviertel, kamen bis Stockerau und vor die Tore Wiens und zerstörten unter anderem Retz und das Stift Altenburg. Bei Zwettl erlitten die Österreicher 1427 eine schwere Niederlage mit tausenden Toten. Die Auseinandersetzungen, die immer mehr die Form langwieriger Guerillakämpfe angenommen hatten, konnten erst 1434 nach der Vernichtung des Hauptheeres der Hussiten bei Lipan *(Lipany)* durch verbündete Truppen beendet werden.

Mit den Hussitenkriegen eng verknüpft waren die Judenvertreibungen. Was Herzog Albrecht zur Vernichtung der jüdischen Gemeinden bewog, lässt sich nur vermuten: Es dürfte eine Kombination aus wirtschaftlichen, politischen und religiösen Motiven gewesen sein: Erstens der Vorwurf, die Juden würden die Anhänger des 1415 beim Konzil von Konstanz hingerichteten tschechischen Religionsreformers Jan Hus unterstützen, zweitens die seit der Pestzeit immer wieder in Umlauf gebrachten Ritualmord- und Hostienschändungsvorwürfe und drittens der lockende Zugriff auf die jüdischen Vermögen. Neu war das nicht. Schon 1370 oder 1371 hatten seine Vorgänger Albrecht III. »mit dem Zopf« und Leopold III. »der Gerechte« alle Juden gefangen genommen, um große Summen zu erpressen und damit Kreuzzüge gegen die Preußen zu finanzieren.[82]

Am 23. Mai 1420 wurden auf Befehl des Herzogs alle Juden in den Städten und Märkten Nieder- und Oberösterreichs verhaftet. Es gibt zahlreiche Berichte von Misshandlungen und Folterungen, teils um die Juden zur Annahme der Taufe zu »überreden«, teils um Aussagen über versteckte Wertgegenstände zu erpressen. Die Juden wurden zur Auswanderung gezwungen oder ermordet. Am 12. März 1421 wurden 92 Männer und 120 Frauen auf der Gänseweide in der Wiener Vorstadt Erdberg lebendig verbrannt.[83] Die Vorwürfe wurden auch auf andere Randgruppen ausgeweitet. Am 16. April 1421 wurde die in einen angeblichen Hostienfrevel verwickelte Ennser Mesnerin in Wien hingerichtet, vermutlich an derselben Stelle wie zuvor die Juden.[84] Als Herzog Albrecht im Jahr 1423 die Regierung in Mähren übernahm, kam es auch dort zu Verfolgungen. In der von Herzog Ernst geführten Steiermark hingegen blieben die Juden vorerst unbehelligt.

Innerhalb der Kirche setzte Albrecht in den Klöstern ein strenges Reformwerk durch, die so genannte »Melker Reform«, die im Anschluss an das Konzil von Konstanz eine Erneuerung des Ordenslebens durch eine genauere Befolgung der benediktinischen Grundsätze und eine liturgische Reform der Gebetszeiten beabsichtigte. Die strengen Regeln, die 1418 im Kloster Melk eingeführt wurden, wurden in der Folgezeit auch von anderen Benediktinerklöstern übernommen. Umberto Eco hat seinen Roman Der *Name der Rose* in einer norditalienischen Benediktinerabtei angesiedelt; sein Held ist ein englischer Inquisitor, der als Sondergesandter des Kaisers unterwegs ist. Aber die Bezüge zu Melk sind unverkennbar. Resigniert stellt der Inquisitor in Ecos Darstellung

Fig.1

Fig.2

Fig.3

Fig.1 Albrecht II. mit seiner Gemahlin Elisabeth. Getönte Lithografie von Josef Lanzedelly, 1820.

Fig.2 Mysteriöser Tod mit 17 Jahren: Albrechts Sohn Ladislaus Postumus. Anonymes Gemälde, 15. Jahrhundert. Kunsthistorisches Museum, Wien.

Fig.3 Das Reitersiegel Albrechts II. Abdruck nach mittelalterlichem Original von Karl von Sava, 1850.

am Ende fest: »Ich bin wie ein Besessener hinter einem Anschein von Ordnung hergelaufen, während ich doch hätte wissen müssen, dass es in der Welt keine Ordnung gibt.«

Kaiser Sigismund starb 1437. Albrecht erbte alles, die ungarische und die böhmische Krone, und auch zum deutschen König wurde er 1438 anstandslos gewählt. Die Wirtschaft florierte, so der Edelmetallbergbau in Oberungarn und Siebenbürgen, die Schafzucht und Teichwirtschaft in Böhmen, der Viehexport aus der ungarischen Tiefebene und der Handel mit Waren aus dem Süden. Doch das Schicksal war nicht gnädig. Schon im Oktober 1439 war Albrechts Glück vorbei. Der König verstarb während eines Feldzugs in Ungarn an der Ruhr. Er wurde auf Anordnung seiner Gattin nicht nach Wien in die Herzogsgruft, sondern in die Basilika von Stuhlweißenburg *(Székesfehérvár)* überführt.[85] Damit wollte sie sich und dem noch ungeborenen Kind in ihrem Leibe den Anspruch auf den ungarischen Thron sichern: Nur der richtige Begräbnisort und der Besitz der Krone konnten diesen Anspruch untermauern. Ihre Kammerfrau Helene Kottannerin machte sich daher auf eine abenteuerliche Mission. Es gelang ihr, die Stephanskrone aus dem königlichen Schloss von Visegrád zu entwenden und in einer halsbrecherischen Schlittenfahrt über die zugefrorene Donau nach Komorn zu bringen, wo Elisabeth gerade in den Wehen lag. Auf diesen unsachgemäßen Transport soll die charakteristische Schräge des Kreuzes auf der Spitze der Krone zurückgehen. Die Kottannerin ist inzwischen zu einer Heroine der mittelalterlichen Frauengeschichte aufgerückt: Kein edler Ritter, sondern eine mutige Magd, von denen die Geschichtsschreibung ohnehin viel zu selten berichten kann, habe die Krone gerettet.[86] Aber es nützte recht wenig.

In Ungarn hatte Elisabeth zwar mit der Krone einen gewichtigen, aber letztlich nicht durchsetzbaren Trumpf. Böhmen war durch die Hussitenkriege und die Auseinandersetzungen zwischen den sich gegenüberstehenden katholischen und utraquistischen Parteien zerrissen. In Ungarn rückte die Bedrohung durch die Osmanen immer näher. Der erst nach Albrechts Tod geborene Ladislaus, der unter dem Namen »Postumus« bekannt ist, konnte sich weder in Ungarn noch in Böhmen als König durchsetzen. In Böhmen führte Georg von Kunstadt und Podiebrad (auch *Georg von Podiebrad*) die Geschäfte, in Ungarn ruhte alle Hoffnung auf János *(Johann)* Hunyadi, der immer mehr zum eigentlichen Machthaber aufrückte. Ladislaus verstarb im Alter von nur 17 Jahren. Ob ermordet oder der Pest oder einer Erbkrankheit zum Opfer gefallen, blieb in der historischen Tradition lange umstritten. In Wien wurde offen von Mord gesprochen. Erst das Ergebnis einer Obduktion im Jahre 1985 erbrachte die wohl zweifelsfreie Diagnose Leukämie. Die Habsburger mussten ein weiteres Jahrhundert warten, bis ihnen die Kronen Ungarns und Böhmens zufielen. Aber im Reich begann die von 1438 bis 1806 durchgehende, nur von Karl VII. aus dem Hause Wittelsbach für drei Jahre von 1742 bis 1745 unterbrochene Kontinuität der Habsburger als deutsche Könige und römische Kaiser.[87]

3

DAS GLÜCK DER HABSBURGER

DER ERFOLG DER LANGSAMKEIT FRIEDRICH III.

FRIEDRICH III.
*21. SEPTEMBER 1415 INNSBRUCK; †19. AUGUST 1493 LINZ
ALS FRIEDRICH V. AB 1424 HERZOG, ALS FRIEDRICH III.
1440–1493 RÖMISCH-DEUTSCHER KÖNIG UND AB 1452 KAISER
DES HEILIGEN RÖMISCHEN REICHES

Nach dem plötzlichen Tod König Albrechts rückte Friedrich als nächster männlicher Verwandter als Vormund des noch ungeborenen Ladislaus Postumus und auch als deutscher König nach. Im Alter von neun Jahren war er 1424 bereits Herzog der Steiermark geworden. Mit 25 war er König. Mit 53 Regierungsjahren blieb er der am längsten regierende Herrscher im Heiligen Römischen Reich. Er war der älteste Sohn von Herzog Ernst dem Eisernen und der berühmten Cimburgis von Masowien (1394/97–1429), einer Prinzessin aus dem polnischen Königshaus der Piasten, der nicht nur die Urheberschaft für die immer wieder weitervererbte »Habsburgerlippe«, sondern auch außergewöhnliche Körperkräfte nachgesagt wurden: Mit bloßer Hand soll sie eiserne Nägel aus der Wand gezogen und Hufeisen gebogen haben.[88]

Als von Portugal aus das Zeitalter der Entdeckungen begann, ging Friedrich auf Brautschau: Sein Auge fiel auf die lebenslustige portugiesische Prinzessin Eleonore, eine Nichte Heinrichs des Seefahrers, die das Tanzen und das Glücksspiel liebte. Im Jahr 1448 hatte Friedrich Kundschafter nach Portugal geschickt, die erste Erkundigungen über seine zukünftige Braut einholen sollten. Enea Silvio Piccolomini berichtete: »Da er [Friedrich] vernommen hatte, dass in Portugal der König drei durch schöne Gestalt ausgezeichnete Schwestern habe, die auch bereits in heiratsfähigem Alter seien, und dass besonders die älteste, Leonora, von außergewöhnlichem Liebreiz sei, sandte er den Baron Georg Volkersdorf und den Rechtsgelehrten Ulrich Riederer dahin, um sie anzusehen.«[89] Zur Vorsicht hatte er gleich auch einen Maler mitgeschickt. Man kaufte keine Katze im Sack, vor allem nicht, wenn man so vorsichtig und sparsam war wie Friedrich III. Das Porträt ist leider nicht erhalten, doch Friedrich dürfte Gefallen gefunden haben, wenn schon nicht an der Braut, so an ihrem Geld. Verhandlungen wurden eingeleitet. Die Gesandtschaft, die sich im März 1451 Richtung Portugal auf den Weg machte, um die Braut abzuholen, war aber mit nur zwei Personen weit davon

Hans Burgkmair der Ältere (zugeschrieben),
Kaiser Friedrich III. Schloss Ambras.

entfernt, den römisch-deutschen König angemessen zu repräsentieren. Die beiden Hofkapläne, die ihre Reise in Wiener Neustadt in Pilgerkleidung gestartet hatten, wurden mehrmals ausgeraubt und erst kurz vor der Ankunft in Lissabon mit halbwegs stattlicher Kleidung versorgt. In Portugal war man von der Mickrigkeit dieser Delegation des römisch-deutschen Königs mit nur zwei einfach gekleideten Priestern niedrigen Ranges und fünf Pferden mit Recht enttäuscht.[90] Auf der Rückreise per Schiff nach Pisa und Siena trumpften die Portugiesen mit einem Gefolge von 3.000 Personen auf. Die Hochzeit feierte man in Rom, das Beilager in Neapel. In Rom wurde Friedrich auch gleich noch zum Kaiser gekrönt. Bis man in Österreich angelangt war, hatte Eleonore auch schon leidlich Deutsch gelernt. Die lebenslustige, tanzfreudige und an südländische Genüsse gewöhnte Prinzessin brachte sechs Kinder zur Welt, darunter Maximilian, den späteren Kaiser. 1467 verstarb sie mit nur 31 Jahren in Wiener Neustadt, wo sie auch begraben wurde und ein wunderschönes Porträtstandbild erhielt.[91]

Es waren unruhige Zeiten. Auf dem Balkan ging alles schief: Die spektakulären Niederlagen abendländischer Heere gegen die Osmanen auf dem Amselfeld (1389), bei Nikopolis (1396) und Varna (1444) und schließlich der Fall Konstantinopels im Jahr 1453 versetzten auch Österreich in Angst und Schrecken. 1456 rettete ein von János Hunyady geführtes Ungarnheer, in welchem sich auch viele Österreicher befanden, Belgrad noch aus der Türkennot. Doch dieser »Retter des Abendlands« starb wenige Wochen danach an der Pest. Und 1473, 1476, 1478, 1480 und 1483 stießen die Türken jeweils über Krain bis Kärnten vor. Man hat Friedrich immer vorgeworfen, zu wenig gegen die Osmanengefahr unternommen zu haben. Aber was hätte er tun sollen? Seine Feinde waren viel zu zahlreich. Nicht nur die Türken, sondern auch die Schweizer Eidgenossen, die Republik Venedig, die noch immer unruhigen Anhänger der Hussiten, der tschechische Utraquistenführer und König von Böhmen Georg von Podiebrad und der ungarische Reichsverweser János Hunyadi, vor allem aber dessen Sohn, der Ungarnkönig Matthias Corvinus, zwangen ihn immer wieder zu neuen Kämpfen. Dazu kamen Friedrichs innenpolitische Gegner: Die österreichischen Stände, sein Bruder Albrecht VI. und sein Cousin Herzog Sigmund von Tirol, dazu kritische Adelige wie Ulrich von Eytzing und schwer zu steuernde Söldnerführer wie Andreas Baumkircher, Gamaret Fronauer, Georg von Puchheim, Andreas von Greißenegg (auch *Andreas Greißenegger*) oder Hans von Liechtenstein, die das Land aussaugten und ihre eigenen Interessen verfolgten. Es war eine Zeit des Faustrechts und des Raubrittertums. Die Wiener Bürger unter ihrem demagogischen Führer und Bürgermeister Wolfgang Holzer belagerten den Kaiser in der Hofburg, was ihnen weder Friedrich noch sein Sohn Maximilian jemals verziehen. Seine ewigen Geldsorgen suchte der Kaiser durch die Ausgabe von immer minderwertigeren Kupfermünzen zu lösen. Das Land wurde von den schlechten Münzen, den sogenannten »Schinderlingen«, geradezu überschwemmt. Eine Hyperinflation war die Folge.

Friedrichs großes Vorbild war Herzog Rudolf IV. Er hat seinen so jung verstorbenen Großonkel, der so ziemlich in allem das absolute Gegenteil von ihm selbst war, bis in die kleinsten Einzelheiten kopiert. Nicht nur, dass er 1453 als Kaiser die von Rudolf IV. gefälschten »Österreichischen Freiheitsbriefe«, das sogenannte »Privilegium maius« von 1358/59, bestätigte und damit zu geltendem Reichsrecht machte. Es gelang ihm auch, die von Rudolf IV. vergeblich angestrebte kirchenrechtliche Trennung Österreichs von Passau zumindest teilweise durchzusetzen und eigene, wenn auch sehr kleine, kaum über die Stadtgrenzen hinausreichende Wiener und Wiener Neustädter Bistümer zu gründen (beide 1469). Er erreichte vom Papst auch die schon von Rudolf IV. angestrebte Heiligsprechung des Babenbergerherzogs Leopold III., um damit einen ritterlichen Beschützer im Himmel zu haben.

Friedrichs III. lange Herrschaft, dazu eine gewisse Hartnäckigkeit und viel Glück waren die Geheimnisse seines Erfolgs. Er überlebte alle seine Konkurrenten: Ladislaus Postumus, den eigentlichen Thronfolger, der in Prag, vielleicht durch Gift, gestorben war, seinen aufständischen und unversöhnlichen jüngeren Bruder Albrecht, der 45-jährig unter nicht wirklich geklärten Umständen umkam[92], den ungarischen Reichsverweser János Hunyadi, der in Belgrad ermordet wurde, den böhmischen Utraquistenführer Georg von Kunstadt und Podiebrad, der 1466 von Papst Paul II. als Ketzer exkommuniziert und daraufhin abgesetzt wurde, und seinen erbittertsten Gegner, den ungarischen König Mattias Corvinus, der 1490 in der Wiener Burg an einem Schlaganfall verstarb, auch seinen aufständischen Söldnerführer Andreas Baumkircher, den er in Graz hinrichten ließ, ebenso Ulrich von Eytzing, der in seiner Gefangenschaft umkam, und schließlich auch Herzog Karl den Kühnen von Burgund, nach dessen Schlachtentod das bereits lange vorbereitete Eheprojekt zwischen der burgundischen Erbtochter Maria und Friedrichs Sohn Maximilian doch noch zustande kam. Die Verhandlungen waren zunächst gescheitert, weil Friedrich sich durch die enorme Prachtentfaltung des burgundischen Hofes gegenüber dem viel bescheideneren Auftreten des kaiserlichen Hofes brüskiert fühlte. Friedrich brach die Verhandlungen am 25. November 1473 abrupt ab und verließ grußlos die Stadt Trier. Doch zwei Jahre später wurde das Eheprojekt fixiert. Den Spott des ungarischen Königs Matthias Corvinus: *Bella gerant fortes; tu, felix Austria, nube*, dass die Starken die Kriege führen, die Schwachen aber heiraten, ertrug er leicht und verkehrte ihn ins Gegenteil. Mit den von ihm eingefädelten Hochzeiten seines Sohnes und seiner Enkel begann Habsburgs Stärke.

Mag sein, dass Friedrich als Herrscher keine überzeugende Figur abgegeben hat. Er galt als vorsichtig und träge, beides in der Vorstellung seiner Zeitgenossen für einen Fürsten keine großen Tugenden. Er fuhr völlig unritterlich im Wagen, statt zu Pferd durch das Reich zu reiten. Er verachtete die damals fast zum ritterlichen Statussymbol gehörende Trunksucht und begründete Mäßigkeitsorden. Er war als sparsam, ja geradezu als geizig verschrien. Enea Silvio Piccolomini berichtete von einem Besuch bei ihm: »Und glaub auch nicht, dass man dir einen silbernen oder gläsernen Becher vorsetzt: bei jenem fürchtet man, dass er gestohlen, bei diesem, dass er zerbrochen wird. Du musst aus einem Holzbecher trinken.«[93]

Im Unterschied zu seinem Vorgänger Albrecht galt Friedrich als judenfreundlich. Seine judenfeindlichen Kritiker unter den niederösterreichischen Ständen beschimpften ihn als König der Juden: »Kreuzigt ihn, kreuzigt ihn!« Als Sammler und Mäzen war er ein Kenner, aber mit skurrilem Geschmack, fast vergleichbar mit seinem Nachfahren Kaiser Rudolf II. War er wirklich die »Erzschlafmütze« des Heiligen Römischen Reiches, als die er so gerne verspottet wurde? Er schlief lang in den Morgen hinein. Man hat damals langes Schlafen den Königen sehr übelgenommen, Adolf von Nassau ebenso wie Wenzel dem Faulen. Oder waren seine schwerfällige Art und seine Tatenunlust doch vielleicht Klugheit und Friedenssehnsucht? War er ein Herrscher, der durch das Aussitzen der Probleme, was ihm durch seine lange Herrschaft leichtfiel, die Erfolge einheimste? Aus dem Buch des biblischen Propheten Kohelet vermerkte er in seinem berühmten Notizbuch die Worte: »Alles hat seine Zeit.« Als Wahlspruch hatte er sich »das Vergessen der Dinge, die nicht wiedererlangt werden können, als höchstes Glück« gewählt, in welchem man unschwer das berühmte »Glücklich ist, wer vergisst, was doch nicht zu ändern ist« aus der Straußoperette *Die Fledermaus* wiedererkennen kann.[94] Nicht ganz zu Unrecht hieß es von ihm, dass er alles langsam ausrichte und nichts abschließe.[95]

Doch untätig war er keineswegs. Schon 1436 war er ins Heilige Land gepilgert. Er reiste zweimal nach Italien, 1452 zu seiner Heirat mit der portugiesischen Königstochter Eleonore und seiner Krönung durch den Papst, und 1468/69, um vom Papst die Zustimmung zur Schaffung neuer Diözesen auf österreichischem Boden zu erlangen. Er unterhielt enge Kontakte zu den burgundischen Herzögen und zu den polnischen Königen. Er hatte einer neuen Form der Regierung den Weg bereitet: Nicht mehr durch Reisen mit persönlichen Treffen, sondern durch eine moderne Form mit Schriftlichkeit der Verwaltung. Dennoch hat er seinem Itinerar zufolge während seiner Regierungszeit mindestens 34.000 Kilometer zurückgelegt.[96] Der Vorwurf der Untätigkeit blieb auch deswegen so hartnäckig bestehen, weil nur etwa 8.000 der geschätzten 30.000 bis 50.000 Urkunden, die er in seiner langen Herrschaftszeit hinterließ, bislang bearbeitet wurden.

Die geheimnisvolle Buchstabenfolge AEIOU, die Friedrich auf vielen seiner Bauten und Gegenstände anbringen ließ, erlaubt viele Deutungen, auch wenn im Nachhinein noch mehr an Sinnstiftung hineininterpretiert

Fig.1

Fig.2

Fig.1 Friedrich III. mit seiner Ehefrau Eleonore von Portugal. Detail des Habsburgerstammbaums von Konrad Doll, 1497. Kunsthistorisches Museum, Wien, Hofjagd- und Rüstkammer.

Fig.2 Friedrich III. mit seiner geheimnisvollen Buchstabenfolge AEIOU. Federzeichnung in einem Wappenbuch, letztes Drittel 15. Jahrhundert. Österreichische Nationalbibliothek, Codex 12820 fol. 23v.

Spektakuläre Operation: die Beinamputation
Friedrichs III. am 8. Juni 1493.
Deckfarbenmalerei auf Papier, um 1493. Albertina.

wurde, als an Geheimwissen ohnehin enthalten war. Alphons Lhotsky hat die vielen Deutungen zusammengetragen, ernsthafte und weniger ernsthafte: Ob die bekannteste Interpretation »Alles Erdreich ist Österreich untertan« bzw. *Austria est imperare orbi universo* von Friedrich selbst stammt, ist umstritten. Mehr als 300 verschiedene Varianten, griechische, lateinische und deutsche, ja sogar englische, sind erdacht worden. *Austria erit in orbe ultima,* »Aller Ehren ist Österreich voll«, »Allen Ernstes ist Österreich unersetzlich« und »Am End ist Österreich überall« sind die bekanntesten. Oder auch die humoristische, aber sicher erfundene Deutung: »Allen Ernstes ist Osterreich verloren«.[97] Die neueste, aber vielleicht auch nicht die endgültige Interpretation ist eine königlich-richterliche Kanzleidevise mit biblischem Bezug: *En, amor electis iniustis ordinor ultor,* zu Deutsch: »Seht, zur Liebe bin ich den Erwählten, den Ungerechten zum Bestrafer eingesetzt.«[98]

Der Kaiser ist sehr alt geworden. Mehrere Wochen nach einer am 8. Juni des Jahres 1493 durch ein siebenköpfiges Chirurgenteam vorgenommenen spektakulären Amputation des linken Beines, das, wohl arteriosklerotisch bedingt, völlig schwarz geworden war, starb der Kaiser, aber angeblich nicht an den Folgen dieser Operation, sondern an einem Schlaganfall oder nach anderen Berichten am Übergenuss der von ihm so heiß geliebten Melonen. Er wurde im Linzer Schloss sitzend aufgebahrt. Sein Herz und seine Eingeweide wurden vom übrigen Körper getrennt und in der Linzer Stadtpfarrkirche beigesetzt. Der Leichnam selbst wurde nach Wien gebracht und vorerst in der Herzogsgruft unter dem Mittelchor des Stephansdomes begraben. Zwanzig Jahre später, am 12. November 1513, erfolgte die feierliche Übertragung in das berühmte Hochgrab im Stephansdom, in eines der schönsten Grabmaler, das je ein Kaiser erhalten hat.[99]

DER LETZTE RITTER MAXIMILIAN I.

MAXIMILIAN I.
*22. MÄRZ 1459 WIENER NEUSTADT; †12. JANUAR 1519 WELS
AB 1477 HERZOG VON BURGUND, 1486–1519 DEUTSCHER KÖNIG, AB 1493 HERR DER HABSBURGISCHEN ERBLANDE UND AB 1508 RÖMISCH-DEUTSCHER KAISER

»Du glückliches Österreich, heirate.« Das vielzitierte, auf die Heiratspolitik und das Erbschaftsglück der Habsburger an der Wende vom Mittelalter zur Neuzeit gemünzte Distichon beschreibt die schon den Zeitgenossen wundersam erscheinende Serie von genealogischen Zufällen aus Heiraten, Todesfällen und Erbschaften, die den Habsburgern unter Maximilian I. und Karl V. innerhalb weniger Jahrzehnte zu einem Reich verhalfen, in dem »die Sonne nicht unterging«. Zuerst die Ehe Maximilians mit Maria, der Erbin Burgunds, dann die Ehe seines Sohnes Philipp des Schönen mit Johanna »der Wahnsinnigen«, die den Habsburgern zehn spanische Königreiche brachte, und dann auch noch die Ehe seiner Enkelkinder Ferdinand und Maria mit den Jagiellonen, die letztendlich zur Herrschaft über die Königreiche Ungarn und Böhmen führte.[100]

Dass eine Ehe seines Sohnes mit Maria von Burgund, der einzigen Tochter und Alleinerbin Karls des Kühnen, des Herzogs von Burgund, eine hervorragende Partie war und dem Kaiser außer viel Glanz auch Chancen bringen konnte, war Friedrich III. klar und sie und wurde ihm auch schon 1463 von seinem wichtigsten Berater Enea Silvio Piccolomini eindringlich empfohlen. Aber das erste Zusammentreffen und die Verhandlungen zwischen dem Kaiser und dem Herzog 1473 anlässlich eines Hoftages in Trier endeten mit einem Eklat.

Erst nachdem der Herzog im Januar 1477 bei der Belagerung von Nancy gefallen war, konnten die Verhandlungen wieder aufgenommen werden und brachten auch rasch ein Ergebnis. Am 19. August 1477 heirateten Maximilian und Maria in Gent. Da die schöne, reiche und lebenslustige Maria aber bereits fünf Jahre nach der Hochzeit im Alter von nur 25 Jahren bei einem Reitunfall ums Leben kam, war Maximilian zwar der unglückliche Ehemann, aber der glückliche Erbe, auch wenn das wertvolle Erbe erst erkämpft werden musste und die beiden vier- bzw. zweijährigen Kinder, Philipp der Schöne und Margarete von Österreich, die

Maximilian I. Porträt von Giovanni Ambrogio de Predis, 1502. Kunsthistorisches Museum, Wien.

eigentlichen Erben waren. Das brachte den Habsburgern den Anspruch auf diese damals dynamischste Wirtschafts- und Kulturregion Europas von den Niederlanden über Belgien und Luxemburg bis zum Herzogtum und der Freigrafschaft Burgund, wo der »Herbst des Mittelalters« seine volle Blüte erreicht hatte. Das Gebiet, das in zwei Sprachräume geteilt war, einen germanischen mit Flämisch und Niederländisch und einen wallonischen mit Französisch, war aber schwierig zu regieren. Es brauchte fünfzehn Kriegsjahre, bis es Maximilian gelang, die wichtigsten Teile des Erbes für das Haus Habsburg zu sichern.

Die zweite Eheschließung Maximilians mit Bianca Maria Sforza, der Tochter des immens reichen Mailänder Regenten und als Emporkömmling wenig geachteten Söldnerführers Ludovico Sforza verhalf Maximilian zwar nur zu einem sehr zweifelhaften und mit Frankreich lange umkämpften Anspruch auf das Herzogtum Mailand, aber zu enorm viel Geld. Bianca Maria Sforza war reich, aber für einen König oder Kaiser keineswegs standesgemäß: Sie galt als kapriziös und verzogen und blieb zeitlebens ein Kind, mit kaum anderen Interessen als für Perlen und Juwelen, Parfüm und Puder, kostbare Stoffe und teure Kleider, Kartenspiele und Süßigkeiten.[101] Die Ehe blieb kinderlos. Das viele Geld war rasch verbraucht. Maximilian hatte das Interesse an ihr völlig verloren. Die Kaiserin war mit fortschreitendem Alter auch immer unansehnlicher geworden. Laut Joseph Grünpeck, dem Geschichtsschreiber am Hofe Maximilians, verstarb sie an »Dörrsucht«, was mit aller Vorsicht mit »Magersucht« gleichgesetzt werden könnte.[102] Maximilian besuchte sie kaum mehr und war auch bei ihrem Begräbnis nicht anwesend. Innsbrucks berühmtes Baudenkmal, das Goldene Dachl, erinnert an sie. Und sie ist auch eine der acht Frauen unter den 28 »Schwarzen Mandern« rund um Maximilians Grabmal. Auch unter dem Mantel der Frauensteiner Schutzmantelmadonna ist die Kaiserin gemeinsam mit Maximilian dargestellt.

1486 war Maximilian noch zu Lebzeiten seines Vaters zum römisch-deutschen König gewählt worden. Er war der erste Kaiser, der nicht vom Papst gekrönt wurde. Eine Romreise scheiterte nicht nur an verweigerten Durchzugsrechten der italienischen Städte, sondern auch an ständigem Geldmangel. Der Ausweg war die Formulierung »erwählter römischer Kaiser«, die von da an bis 1806, bis zum Ende des römisch-deutschen Reiches, galt. Der genealogische Zufall verhalf Maximilian auch zur Beendigung der innerhabsburgischen Erbteilungen und zur Wiedervereinigung aller drei habsburgischen Herrschaftslinien. Nachdem schon die niederösterreichische Linie der Habsburger mit Ladislaus Postumus ausgestorben war, blieb auch die Tiroler Linie ohne Erben: Herzog Siegmund dem Münzreichen wurden zwar bis zu 100 außereheliche Nachkommen nachgesagt (52 sind in den Quellen belegt), aber aus seinen beiden Ehen mit Eleonore von Schottland und Katharina von Sachsen gingen keine legitimen Erben hervor, so dass sich der Herzog 1490 entschloss, Tirol an Maximilian zu übergeben. Nach dem Tod des Ungarnkönigs

Matthias Corvinus im Jahr 1490 konnten auch Wien und Niederösterreich zurückerobert werden. Tirol ermöglichte Maximilian mit den reichen Silberbergwerken und Kupfervorkommen die Ausrüstung seiner Heere. Die Steiermark und Kärnten beherbergten die wichtigsten Eisenvorkommen. Die Donauländer erzeugten Wein und Getreide. Aus Burgund entlehnte Maximilian seine Regierungspraxis. Die oberdeutschen und mailändischen Bankiers finanzierten ihm seine vielen und kostspieligen Kriege.

Mit der Doppelhochzeit seiner beiden Kinder Philipp und Margarete mit den spanischen Königskindern Donna Juana und Don Juan begründete Maximilian zwar keine glücklichen Ehen (Don Juan verstarb bereits ein halbes Jahr nach dem Vollzug der Ehe, angeblich an maßloser Verliebtheit. Und Donna Juana ist nach dem frühen Tod ihres Gatten mit dem Beinamen »die Wahnsinnige« in die Geschichtsbücher eingegangen), aber der Ehe entsprangen sechs Kinder, die alle eine glänzende Zukunft haben sollten: zwei Kaiser – Karl V. und Ferdinand I. – und vier Königinnen.

Dann kam mit dem letzten der großen Heiratsprojekte die Realisierung des alten habsburgischen Traums, die Herrschaft in den an Österreich angrenzenden Königreichen Ungarn und Böhmen. Friedrich hatte schon 1491 in Pressburg mit dem König von Böhmen, Kroatien und Ungarn Vladislav II. (auch *Wladyslaw II.)* einen Erbvertrag geschlossen. 1506 hatten sich Maximilian und Vladislav in Wiener Neustadt dann vertraglich geeinigt, dass einer der beiden Enkel Maximilians, der sechs Jahre alte Karl oder der dreijährige Ferdinand, mit Vladislavs Tochter Anna, ebenfalls dreijährig, vermählt werden sollte. Gleichzeitig wurde über das noch gar nicht geborene Kind Vladislavs verfügt: Sollte es ein Knabe werden, sollte er die damals ein Jahr alte Maria zu seiner Gemahlin nehmen. Gott war gnädig. Es wurde ein Knabe, und der wurde auf den Namen Ludwig getauft. In der Wiener Doppelhochzeit vom 22. Juli 1515 wurden die Ehen zwischen Ludwig von Ungarn und Maria von Österreich einerseits und von einem der beiden Enkel Maximilians mit Anna von Ungarn andererseits vertraglich fixiert und symbolisch vollzogen. Die Brautleute brauchten gar nicht anwesend zu sein. Den realen Vollzug der Ehe verschob man angesichts des jugendlichen Alters der Beteiligten auf später. Bei Karl und Ferdinand stand noch nicht einmal fest, wer von den beiden wirklich heiraten sollte. Erst am 26. Mai 1521 folgte die tatsächliche Hochzeit zwischen Anna und Ferdinand in Linz, nachdem Ferdinand im Wormser Teilungsvertrag mit seinem Bruder Karl die Herrschaft in den österreichischen Erblanden übertragen erhalten hatte. Die Brautleute hatten sich bei diesem Anlass zum ersten Mal persönlich gesehen.

1516 ließ sich Maximilian mit seiner Familie porträtieren: Das Bild, das Bernhard Strigel um 1516 malte und das den Kaiser mit seiner ersten Frau Maria von Burgund, seinem Sohn Philipp dem Schönen und den beiden Enkelsöhnen Karl und Ferdinand zeigt, dazu noch deren Schwester Maria mit ihrem frisch angetrauten Gatten Ludwig, ist eine Fiktion: Maximilians erste Frau und sein Sohn Philipp waren zu dem Zeitpunkt längst tot, und die Enkelkinder hat er wohl nie, auf jeden Fall nie zusammen gesehen: Ferdinand wuchs in Spanien auf, Karl in den Niederlanden, und andere enge Familienmitglieder fehlten, etwa seine Enkelin Isabella.[103]

Maximilian scheiterte mit vielen seiner phantastischen Träume. Dass sein Vater Friedrich III. Maximilians Schwester Kunigunde mit dem osmanischen Sultan Mehmed II, verheiraten wollte, war schon vom Ansatz her ein Hirngespinst. Aber warum nicht die russischen Weiten einbeziehen? Hier hätte man es wenigstens mit Christen zu tun gehabt, wenn auch mit orthodoxen. Siegmund Freiherr von Herberstein wurde 1516/17 im Auftrag Maximilians nach Moskau ausgeschickt. Das Resultat waren nur interessante Reiseberichte.[104]

Auf ein weiteres Heiratsprojekt waren Maximilian und die anderen Habsburger später viel weniger stolz, nämlich auf die Vermählung der dritten Schwester Marias Isabella mit dem Dänenkönig Christian II. In Nordeuropa hatten die Habsburger ja nie wirklich viel zu bestimmen. Die Hansestädte, die teils innerhalb, teils außerhalb der Reichsgrenzen lagen, waren viel zu mächtig, um sich vom Kaiser in die Suppe spucken zu lassen. Aber Maximilian glaubte, auch in den skandinavischen Königreichen gute Chancen zu finden, um mit ins Spiel zu kommen.[105] Die offizielle Eheschließung zwischen seiner 1501 in Brüssel geborenen Enkelin, der vierzehnjährigen Isabella, und dem mehr als zwanzig Jahre älteren König der damals vereinigten nordischen Königreiche Dänemark, Norwegen und Schweden wurde am 12. August 1515 gefeiert, also knapp nach der berühmten Wiener Hochzeit. Aber hier klappte es weniger gut. Im Gegensatz zu Ungarn und Böhmen wurden die Hoffnungen auf eine dynastische Erweiterung des habsburgischen Einflusses in Richtung Dänemark, Norwegen und Schweden nicht erfüllt. Christian war nicht so nobel wie ihn Maximilian I. in seinem Brief an seine Tochter beschrieben hatte.[106] Er behandelte nicht nur seine junge Gemahlin recht roh, sondern wurde wegen seines tyrannischen Lebensstils und ausschweifenden Liebeslebens auch in seinen Reichen immer unbeliebter. Dass er sich auch nach der Hochzeit nicht von seiner Geliebten Dyveke Sigbritsdatter, dem »Täubchen« von Amsterdam, trennen wollte, führte zu schweren Verstimmungen. Kaiser Maximilian ließ unverhohlen drohen, dass Dyveke ein Unglück geschehen könne, wenn Christian die Verbindung nicht beende. Ein Jahr später war das Täubchen tot. Ein Mord – angeblich durch vergiftete Kirschen – ist nie bewiesen worden, obwohl mehrere Angeklagte – ob schuldig oder unschuldig – hingerichtet wurden.[107] Die Affäre mündete in einen allgemeinen Aufstand. Als Christian 1520 auf dem Stockholmer Marktplatz bis zu 100 schwedische Adelige enthaupten ließ, trug ihm das den Ruf eines »Nero des Nordens« ein. 1523 wurde er abgesetzt. Isabella musste mit ihrem Gatten und den Kindern in die Verbannung in die Niederlande gehen, wo sie 1526 in der Nähe von Gent verstarb. Weil sie und Christian inzwischen auch protestantisch geworden waren, konnte sie von den Habsburgern nicht mehr viel Unterstützung erwarten. Christan starb 1559 nach langer Gefangenschaft.

Maximilians Heiratspolitik hätte ohne das entsprechende Glück auch ganz anders ausgehen können. Genauso gut hätten auch das spanische Königshaus oder die Jagiellonen Österreich übernehmen können. Recht skurril muten auch Maximilians Pläne an, sich auf den Stuhl Petri setzen zu lassen. Was ihn dazu bewog, sei dahingestellt: ob Weltherrschaftsträume, der Glaube an eine alte Weltende-Prophezeiung von einem »Kaiser-Papst« oder der Wunsch, an die Kirchengelder heranzukommen, am wenigsten wohl religiöser Eifer. Immerhin schrieb der Kaiser, der mit zehn sicher belegten, aber bis zu 70 ihm zugeschriebenen unehelichen Kindern sicher kein Kostverächter war, an seine skeptische Tochter Erzherzogin Margarete, er wäre bereit, für die Tiara »keine nackte Frau mehr anzusehen und unter die Heiligen einzugehen, so dass es für euch notwendig wird, zu mir zu beten, wenn Ich mich in der himmlischen Glorie befinden werde. Euer guter Vater Maximilian künftiger Papst.«[108] Ganz so realitätsfremd wie das heute erscheinen möge war das gar nicht. Wenige Jahrzehnte später machte sich der englische König Heinrich VIII. selbst zum Oberhaupt der anglikanischen Kirche. Und im Deutschen Reich folgten ihm zahlreiche reformierte Reichsfürsten in ihren Territorien in dieser Rolle nach. Dass Maximilian seine kirchenpolitischen Pläne dann doch aufgab, lag wohl weniger an religiösen Bedenken als an der ewigen Geldknappheit des Kaisers, um die zur Bestechung der Kardinäle nötigen Summen aufbringen zu können.

Maximilian wurden, wie erwähnt, viele außereheliche und unehelich Kinder nachgesagt. Zweifellos war er ein Charmeur. Im Jahr 1507 begann er eine lange und intensive Affäre mit Anna Gräfin von Helfenstein, einer seiner zwei namentlich bekannten Mätressen. Sie war die Frau, mit der er in den etwa fünfzehn Jahren, die sie zusammen verbrachten, mindestens neun Kinder zeugte. Mehrere der überlebenden Kinder schlossen vorteilhafte Ehen, andere erhielten hohe Kirchenstellen, Leopold sogar als Bischof von Córdoba. Eine der illegitimen Töchter, Margareta von Edelsheim, ist durch die sogenannte »Bluttat zu Weinsberg« am 16. April 1525 allgemein bekannt geworden.[109]

Kein anderer Habsburger hat die romantische Ritternostalgie so sehr beschäftigt wie Maximilian. Kein anderer Kaiser hat den Kontakt zu seinen Untertanen so sehr gepflegt wie er. Ständig war er unterwegs. Überall lobte er das heimische Bier und den guten regionalen Wein. Wo er auf der Jagd war, erlegte er nicht nur Wild, sondern sammelte auch Liebschaften und hinterließ Kinder. Er gilt als letzter Vertreter der mittelalterlichen Ritterwelt und zugleich als Begründer einer neuzeitlichen,

Fig.1

Fig.2

Fig.3

Fig.1 Maximilian I. und seine Familie:
im Arm des Kaisers Enkel Ferdinand,
in der Mitte Enkel Karl, daneben Schwiegersohn
Ludwig von Ungarn; im Hintergrund Sohn
Philipp und Maximilians Frau Maria von Burgund.
Gemälde von Bernhard Strigel, nach 1515.
Kunsthistorisches Museum, Wien.

Fig.2 Totenbild Maximilians,
zugeschrieben dem Welser Meister, 1519.
Universalmuseum Joanneum.

Fig.3 Bianca Maria Sforza.
Gemälde von Bernhard Strigel, um 1505/1510.
Kunsthistorisches Museum, Wien.

auf Beamte gestützten Staatsverwaltung. »Zu viel Hirschen und Schreiber« warfen ihm die Zeitgenossen vor, weil er nicht nur als passionierter Jäger und Verfasser romantischer Ritterromane hervorgetreten war, sondern gleichzeitig auch ganz stark auf die Schriftlichkeit der Verwaltung setzte und sich eine gedruckte Erinnerung schaffen wollte. Sein wirkliches Herrschaftszentrum waren Burgund und die Niederlande. Dort trafen mit Brügge, Gent und dem aufstrebenden Antwerpen einige der reichsten Städte der damaligen Zeit auf den noch tief in den hochmittelalterlichen Kreuzzugsidealen verwurzelten burgundischen Feudalismus. Und dort hatte Maximilian nicht nur die schönsten Rittergeschichten kennengelernt, sondern auch die Anfänge des modernen Verwaltungsstaates. Wirklich geliebt aber hat er nicht die Zentren der damaligen Hochkultur, sondern seine Jagdgebiete in den Alpenländern, in Innsbruck, Linz, Wels und Wiener Neustadt. Hier hat er sich auch sein dauerndes Andenken geschaffen. Er war der erste, der die neu erfundene Drucktechnik ganz gezielt in den Dienst seiner eigenen Propaganda nahm: »Wer sich im Leben kein Gedächtnis macht, der hat auch nach seinem Tod keines und wird mit dem Glockenton vergessen«, schrieb er im *Weißkunig*, seinem autobiografischen Ritterroman. Er beschäftigte die besten Maler, Bildhauer und Dichter.

Im November 1518 ritt er zum letzten Mal nach Innsbruck. Er war krank. Und er hatte kein Geld. Weil ihm die Innsbrucker nichts stunden wollten, reiste er weiter: »Innsbruck, ich muss dich lassen«, das Lied seiner Tochter Margarete, ist unsterblich geworden. Verstorben ist Maximilian in Wels, woran ist unklar, ob an Gelbsucht, Gallensteinen, Durchfall oder gar an der aus Amerika eingeschleppten Syphilis.[110] Die Anordnungen, die er für seine Bestattung traf, waren aber noch tief mittelalterlich: Sein Körper durfte nicht einbalsamiert werden. Die wallenden Haupthaare sollten abgeschnitten, die Zähne ausgebrochen und der tote Körper gegeißelt werden. Schon immer hatte er auf seinen Reisen einen Sarg mitgeführt.[111] Zwei Tage wurde der geschundene Leichnam öffentlich aufgebahrt, als Zeichen der Demut des Kaisers, der niemals stirbt. Sein monumentales Grabdenkmal steht in Innsbruck, mit 28 überlebensgroßen Bronzefiguren, den berühmten »Schwarzen Mandern«, von denen acht Frauen sind. Aber das für ihn vorgesehene Hochgrab blieb leer. Begraben wurde Maximilian I. in Wiener Neustadt.

DIE OHNMÄCHTIGE KÖNIGIN JOHANNA »DIE WAHNSINNIGE«

JOHANNA I. VON KASTILIEN, GENANNT »JOHANNA DIE WAHNSINNIGE«
*6. NOVEMBER 1479 TOLEDO; †12. APRIL 1555 TORDESILLAS
AB 1504 KÖNIGIN VON KASTILIEN, AB 1516 KÖNIGIN DER REICHE DER KRONE VON ARAGONIEN

Königin Johanna I. von Kastilien, die Mutter von zwei Kaisern, Karl V. und Ferdinand I., und von vier Königinnen, kennt man nur unter dem Beinamen »die Wahnsinnige« (in der spanischen Geschichtsschreibung: *Juana la Loca*). Das ist quotenträchtig. Ob es auch eine zutreffende Beschreibung ihres Zustands war, kann man im Nachhinein nicht beurteilen. Jedenfalls ist man inzwischen mit derartigen Zuordnungen sehr viel vorsichtiger geworden. Weder weiß man genau, was unter »Wahnsinn« eigentlich zu verstehen ist, noch verfügt man über unparteiische Quellen, die es erlauben, den Zustand Johannas vorurteilsfrei einzuordnen. Schlüssige Informationen haben wir nicht und werden wir auch nie bekommen. Als Philipp der Schöne sie 1496 heiratete, war sie eine strahlende Braut, die sechs Kinder zur Welt brachte, die allesamt erfolgreich mit Mitgliedern herrschender Dynastien verheiratet wurden. In ihren Gatten Philipp den Schönen war sie unsterblich verliebt, obwohl die Heirat eine Zwangsentscheidung Kaiser Maximilians I., ihres Schwiegervaters, und ihrer Eltern Ferdinand und Isabella war. Philipp, so stellte sich bald heraus, war zudem alles andere als ein treuer Ehemann. Aber bei jeder Trennung verfiel Johanna in tiefe Melancholie. Unsterbliche Liebe wechselte mit krankhaften Eifersuchts- und Tobsuchtsanfällen. Ihre Mutter, Königin Isabella, schrieb an den Gesandten in Brüssel, dass sie ein solches Verhalten niemals geduldet hätte, wenn sie sich nicht des Geisteszustands der Tochter bewusst gewesen wäre. Philipps Liebe kühlte immer mehr ab. Er nannte seine Frau ein »Schreckgespenst«, sie ihn den »besten aller Ehegatten«.[112]

Nachdem ihr Neffe Prinz Miguel da Paz, der spanische Thronerbe, im Jahr 1500 überraschend verstorben war, rückte Johanna erstmals in die Nähe der Thronfolge. Während bei den Großeltern Ferdinand und Isabella über den Verlust des Enkels Trauer herrschte, kehrte bei Philipp und Maximilian Jubel ein, »wozu sie auch allen Grund hatten«, schrieb der Hofberichterstatter Lorenzo de Padilla.[113] Denn damit waren die Habsburger

Johanna die Wahnsinnige.
Porträt von Juan de Flandes.
Kunsthistorisches Museum, Wien.

ernsthafte Thronanwärter geworden. 1504 kam es zu einer schweren Krise zwischen Johanna und ihrer Mutter. Was der Grund war, weiß man nicht so genau. Johanna wurde zum ersten Mal eingesperrt. Aber noch im selben Jahr starb Isabella. Johanna war nun Königin und Philipp König. Johannas Vater Ferdinand, der trauernde Witwer, wollte zwar den von Isabella übernommenen Anspruch auf Kastilien nicht an die Habsburger abgeben, brauchte aber dringend einen Nachfolger. Das war der Grund dafür, dass er 1506 recht rasch und gegen jede spanische Tradition eine Französin heiratete, nämlich Germaine de Foix, die Nichte König Ludwigs XII. von Frankreich, von der er sich diesen Nachfolger erhoffte.

Maximilian I. war voll Zorn über diese »schändliche Heirat« mit einer Französin. Nachdem er gehört hatte, dass sie sogar ein Kind erwartete, soll er geflucht haben: »Der Teufel hat sie geschwängert.«[114] Wären aus dieser Ehe nämlich tatsächlich Kinder hervorgegangen, wäre die habsburgische Erbfolge zumindest in Aragon, Neapel und Sizilien, vielleicht aber auch in Kastilien unmöglich geworden. Aber Juan, der Sohn von Ferdinand mit Germaine de Foix, starb kurz nach der Geburt; danach konnte sie ihrem Mann keine Kinder mehr schenken. Ferdinand musste sich mit Philipp und Karl als Erben abfinden.

Philipp der Schöne war nur drei Tage König von Kastilien. Am 25. September 1506, drei Tage nach der Krönung in Burgos, starb er an einem schweren Fieberanfall, angeblich wegen erotischer Überanstrengung, wahrscheinlicher aber an Typhus, an einem Sonnenstich oder an einer Alkoholvergiftung. Oder war er gar von seinem Schwiegervater Ferdinand ermordet worden, der in Philipp einen gefährlichen Konkurrenten sah? Ob Johanna tatsächlich »wahnsinnig« war und Philipp tatsächlich so schön, wie die Namen vorgaben, darüber mag man streiten. Eines aber ist sicher: Johanna liebte Philipp wirklich. Und auch wenn die Beinamen vielleicht nicht ganz der Realität gerecht wurden, so machen sie uns zumindest die Identifizierung leichter: Denn Philipp der Schöne war vieles: In Kastilien war er Philipp I., in Luxemburg der II., der III. in Brabant, der IV. in Burgund, der V. in Namur und der VI. im Artois. Wer soll sich da auskennen? Aber es zeigt die vererbbare Machtfülle.

Johanna war 27 Jahre alt, als sie zur Witwe wurde. Ihre Trauer war übermäßig. Sie ließ Philipp vorerst nicht begraben, weil es angeblich sein letzter Wunsch gewesen war, in Granada zu ruhen. So machte sie sich auf den weiten Weg durch die kastilische Hochebene vom Norden in den Süden, mit einem Sarg als Gepäck und einem Kind im Leib. Sie hatte Befehl gegeben, dass nur des Nachts gereist wird; manchmal ließ sie, wie Augenzeugen berichteten, anhalten und den Sarg öffnen. In Granada kam sie nie an. Bereits in Arcos de la Llana südwestlich von Burgos kam der seltsame Leichenzug zum Stehen. Dort blieb sie mehr als ein Jahr. Am 14. Januar 1507 brachte sie in Torquemada ihr sechstes Kind, Tochter Katharina, die spätere Königin von Portugal, zur Welt. Ihr Vater Ferdinand II., der Machiavelli neben vielen anderen als Vorbild für seinen von allen moralischen und religiösen Vorstellungen losgelösten *Principe* gedient haben soll, beschloss, seine Tochter in den königlichen Palast in Tordesillas am Ufer des Duero bringen zu lassen und dort festzuhalten. Sie verweigerte alles. Auch eine weitere Heirat. Der englische König Heinrich VII. wäre bereitgestanden. Aber dessen Schwindsucht löste das Problem rasch, weil er noch im selben Jahr verstarb. Tordesillas hat Johanna bis zu ihrem Lebensende nicht mehr verlassen. War ihr Vater Ferdinand für ihre Internierung verantwortlich oder ihre Stiefmutter Germaine de Foix? Johanna war sich nicht sicher, gegen wen sich ihr Hass mehr richten sollte, gegen den Vater oder gegen die Stiefmutter.[115]

Die 45 Jahre der »Einsamkeit«, die die Königin ab 1509 in Tordesillas verbrachte, bis sie mit 75 Jahren dort verstarb, sind die Geschichte eines Verfalls. Der Bericht des Bischofs von Málaga, der sie besuchte, war dramatisch:[116] Er meinte zwar, dass Johanna ruhiger geworden sei und ihre Dienerinnen nicht mehr anschreie. Doch er stellte die Situation recht ungeschminkt dar: »Aber seit ich da bin, hat sie noch keine frische Wäsche angezogen und sich weder gekämmt noch ihr Gesicht gewaschen. Man sagt mir, sie schlafe auf dem Fußboden, esse von einem Teller auf dem Boden sitzend und gehe nicht zur Messe.« Außerdem, fügte der Bischof hinzu, leide sie an »incontinentia urinae«.[117] Der Begriff der »Einsamkeit« kann die mit der Isolierung vom Hof verbundene bedrückende Lebenssituation Johannas charakterisieren, die der Vater über seine Tochter verhängte, nachdem diese ihren verstorbenen Gatten Philipp den Schönen zutiefst betrauert hatte.

1516 starb König Ferdinand II. Johanna war nun nicht nur Königin von Kastilien, sondern auch der Reiche der Krone von Aragonien. Aber sie hat nie ernsthaft versucht, aus ihrer Verbannung auszubrechen. Zweimal hätte sie die Gelegenheit gehabt, ihr Leben und die Geschicke Spaniens in ihre eigenen Hände zu nehmen. Beide Male war sie dazu nicht in der Lage, weil ihr die Kraft zu entschiedenem Handeln fehlte. Die erste Möglichkeit bot sich 1516 nach dem Tode des Vaters, die zweite 1520 im Zuge des Aufstandes der Comuneros, der städtischen bürgerlichen Schichten, gegen Karl V. Als die Aufständischen ihr die Macht antrugen, um ihren Kampf durch die Einbindung der Königin zu legitimieren, weigerte sie sich aus Loyalität zu ihrem Sohn.

Karl, der 1516 als Nachfolger und Erbe seine Ansprüche geltend machen musste, betrat den Boden Spaniens nicht in der kantabrischen Hafenstadt Laredo, sondern, um weniger Aufmerksamkeit zu erregen oder von einem Sturm dazu gezwungen, in dem kleinen asturischen Fischerdorf Tazones nahe Villaviciosa. Die Bewohner des abgelegenen Nests glaubten an einen Piratenüberfall und wollten die Gruppe festnehmen, bis sich aufklärte, wer da in bitterer Kälte und völlig ausgehungert gelandet war. Doch der Weg über das steile Gebirge in eisiger Kälte auf unwegsamen Pfaden und ohne ausreichende Nahrung hinab in die Meseta Kastiliens erwies sich für die noble Gesellschaft als extrem anstrengend – wahrscheinlich »die elendste Reise im langen Leben Karls«, schreibt sein Biograf Geoffrey Parker.[118]

Sofort besuchte er Johanna. Sie war für ihn wichtig: Sie brachte ihm zehn Kronen: Kastilien, León, Aragón, Toledo, Granada, Galicien, Valencia, Mallorca, Sizilien und Sardinien. Auf den Urkunden stand nun: »Wir, Johanna und Karl«: Mutter und Sohn. So etwas hatte es noch nie gegeben. Solch eine Formel stieß auf erbitterten Widerstand der spanischen Cortes.[119] Es dürfe in Kastilien nur einen König geben: entweder Karl oder Johanna. Nachdem Karl 1519 zum deutschen König gewählt worden war, änderte sich die Formel leicht: »Karl, Kaiser von Gottes Gnaden, König von Deutschland, Johanna, seine Mutter, und Karl selbst, von gleicher Gnade Könige von Kastilien, Leon, Aragonien ...«[120]

Dass Johanna die Doppelherrschaft mit Karl wirklich wollte, bezweifelt ihr Biograf Álvarez.[121] Aber auflehnen wollte oder konnte sie sich nicht, obwohl die Comuneros Tordesillas eroberten, Johanna aus der Internierung befreiten und die Königin auf ihre Seite zu ziehen versuchten. Es war ein Aufstand, der vom städtischen Bürgertum ausging, dem sich aber auch rebellische Bauern und dann auch die adeligen Stände anschlossen: Die Comuneros waren keine Anarchisten, sondern spanische Patrioten, die einen Ausländer, der kein Spanisch sprach, nicht auf dem Thron haben wollten. So revoltierten sie gegen den landfremden König Karl mit seinen flämischen Ratgebern, kämpften gegen den von Karl eingesetzten, erst 17-jährigen neuen Erzbischof von Toledo Guillaume de Croÿ und gegen neue Steuern, mit denen Karls Königswahl in Deutschland bezahlt werden sollte.[122] Johanna sollte für den Aufstand die Legitimation liefern. Aber Johanna, die am 24. September 1520 sogar an einer Sitzung der Cortes teilnahm, weigerte sich strikt, ein Dokument zu unterzeichnen, das sich gegen ihren Sohn Karl gerichtet hätte. Es dauerte lange, bis der Aufstand niedergeschlagen war. Karl bestrafte die Anführer erbarmungslos, vor allem den Bischof von Zamora, Don Antonio Osorio de Acuña, den er zuerst foltern und dann 1526 köpfen ließ – ein beispielloses Vorgehen gegen einen Bischof.

Zu Johannas emotionaler Labilität und ihrer Neigung zur Depressionen trat nach der politischen Instrumentalisierung durch ihren Gatten, ihren Vater und die Comuneros bald auch der Schmerz der Mutter, der man im Jahr 1525 Katharina, ihre jüngste Tochter, wegnahm, um sie aus Staatsräson nach Portugal zu verheiraten. Johanna verfiel immer mehr. Sogar der Verdacht der »Verhexung« wurde laut. Eine Teufelsaustreibung verhinderte ihr Enkel Philipp. Nicht so bekannt sind die doch immer wiederkehrenden Besuche Karls und auch anderer Familienmitglieder, obwohl der Kaiser in seinen Memoiren nur drei davon erwähnte. Tatsächlich waren es mindestens zwölf, manchmal kürzer, dann wieder länger. Unvergesslich für den Kaiser wurde der Aufenthalt bei der Mutter mit seiner Gattin Isabella und den Kindern zu Weihnachten 1536. Damals verbrachte er die gesamte Weihnachtszeit

Die Verlobung Johannas mit Philipp dem Schönen.
Stich von Albrecht Dürer, 1515.
National Gallery of Art, Washington, D. C.

Fig.1

Fig.2

Fig.3

Fig.1 Ein bewegendes Schicksal: Johanna, genannt »die Wahnsinnige«. Porträt von unbekanntem Meister. Château de Beauregard.

Fig.2 Ein Unikat: Johanna und ihr Sohn Karl V. gemeinsam auf einer Goldmünze im Wert von 100 Dukaten, geprägt 1528. Münzkabinett der Bibliothèque nationale de France.

Fig.3 Johanna die Wahnsinnige am Sarg Philipps des Schönen. Gemälde von Francisco Pradilla, 1877. Museo del Prado.

vom 19. bis zum 28. Dezember in Tordesillas. Es schneite im Tal des Duero: »Zweieinhalb Tage ohne Unterlass, wie man es seit mehr als vierzig Jahren nicht mehr gesehen hatte«, so sehr, dass man von der Außenwelt nahezu abgeschnitten war und die Wege freischaufeln musste.[123]

Es war eine endlose Gefangenschaft, von 1520 bis 1555. Johanna war vierzig, als sie neuerlich in Tordesillas interniert wurde, und fünfundsiebzig, als sie starb: Ein Alter, das damals kaum jemand erreichte, auch ihre Nachkommen nicht: Ihr Sohn Karl starb mit 58, ihr Enkel Philipp mit 71. Johanna war eingesperrt, aber der Hof war aufwendig. Die Kosten waren hoch, vor allem für die standesgemäße Bewachung. Es gab alles: Kammerzofen, Beichtväter, Köche, Kellermeister, Apotheker, Schuster, Gerber, Pförtner, eine Konditorin und Palastdamen, insgesamt etwa 300 Personen. Aber Johanna war nicht frei und zuletzt nach einem Sturz auch ziemlich bewegungsunfähig. Sie wäre religiös desinteressiert, vielleicht sogar eine Ketzerin, jedenfalls »verhext«, behauptete man.[124] Glaubten die Menschen damals, dass Johanna von Kastilien »verhext« war? Als Philipp II. den Jesuiten Francisco de Borja 1552 beauftragte, herauszufinden, ob seine Großmutter vom Teufel besessen sei, kam der Pater zu dem Ergebnis, dass die Königin nicht verhext sei. Ein anderer Priester, Luís de la Cruz, berichtete 1554 in einem Brief an Philipp II. sogar, die Königin sei »derart guten Glaubens [...] und so gänzlich unschuldig, dass man sie eher beneiden als bedauern muss.«[125]

Aber die körperlichen Gebrechen wurden immer schlimmer: Geschwüre und Hautausschläge bereiteten unerträgliche Schmerzen. Sie starb am Karfreitag des Jahres 1555. Ihre letzten Worte waren: »Der gekreuzigte Jesus Christus stehe mir bei.« Den Empfang der heiligen Kommunion verweigerte man ihr, weil sie nicht zuvor gebeichtet hatte.[126]

R

DIE TRAGIK DER WELTHERRSCHAFT KARL V.

KARL V.
*24. FEBRUAR 1500 GENT; †21. SEPTEMBER 1558 CUACOS DE YUSTE
AB 1506 LANDESHERR DER BURGUNDISCHEN NIEDERLANDE,
AB 1516 KÖNIG VON SPANIEN UND 1519–1556 RÖMISCH-DEUTSCHER KÖNIG UND KAISER

Dass in seinem »Reich die Sonne nicht unterging«, gehört seit Friedrich Schiller (*Don Carlos*, 1. Akt, 6. Auftritt) zu den Standardsätzen über Karl V. Aus seiner Lebenszeit ist er nicht belegt. Für Heinz Schilling, einen seiner neuesten Biografen, ist Karl nicht der Kaiser, unter dem die »Sonne nicht unterging«, sondern der Kaiser, »dem die Welt zerbrach«. Ihm sei es nicht gelungen, das zu bewahren, was ihm am wichtigsten war: Die Einheit der lateinischen Christenheit.

Es war allein schon die Größe seines Reiches, die die Zeitgenossen überforderte, obwohl weder der Kaiser noch seine Umgebung von der wahren Ausdehnung eine auch nur annähernde Vorstellung hatten. Karls Welt war europäisch: Er war deutscher, spanischer, burgundischer und portugiesischer Abstammung. Von Kaiser Maximilian hatte er das Erzherzogtum Österreich geerbt, von dessen erster Gattin Maria das Herzogtum Burgund und die Niederlande und von seiner Mutter Johanna bzw. deren Eltern – Ferdinand II. und Isabella – die Länder der Krone von Aragonien einschließlich Neapel, Sizilien und Sardinien sowie die Länder der Krone von Kastilien mit den nach der Entdeckung Amerikas eroberten Überseegebieten. Schon im Alter von 15 Jahren trat er die Herrschaft in Burgund an, mit 17 die in Spanien. Mit 19 wurde er zum römisch-deutschen König gewählt und mit 30 zum Kaiser gekrönt. Seiner Wahl zum deutschen König waren ein jahrelanges Feilschen mit jedem einzelnen Kurfürsten und ein immens teurer, von den oberdeutschen und italienischen Kapitalisten vorfinanzierter Wahlkampf vorausgegangen. Seine Tante Margarete, die als Statthalterin der Niederlande diese Wahl orchestriert hatte, erklärte ganz offen, es gebe nur zwei Wege zur Krone: Geld oder Gewalt.[127] Jakob Fugger erinnerte seinen Kaiser später nicht nur einmal an die seinerzeit gewährte Wahlbeihilfe: »Es ist auch wissentlich und liegt am Tage, dass Eure Kaiserliche Majestät die römische Krone ohne mein Zutun nicht hätten erlangen können ...«[128]

Barthel Beham, Kaiser Karl V.
Bayerische Staatsgemäldesammlungen.

Als Karl spanischer König wurde, sprach er kein Wort Spanisch. Als er 1521 als deutscher König auf dem Wormser Reichstag das erste Mal mit den Kurfürsten und Reichsständen zusammentraf, beherrschte er auch kaum Deutsch. Und als er mit Franz I. und den Päpsten um die Herrschaft in Italien kämpfte, verstand er auch kein Italienisch. Die Sprache, mit der er aufgewachsen war, war Französisch. Er wollte kein deutscher und auch kein spanischer König sein, auch kein europäischer. Wenn schon, dann sah er sich als Kaiser und Oberhaupt der Christenheit, als das er vom Papst gekrönt worden war. Sein bereits im Alter von sechzehn Jahren formulierter Wahlspruch *Plus ultra* – »Mehr und Weiter« – wies zusammen mit den beiden Säulen des Herakles weit über die Grenzen der damaligen Welt hinaus. Man findet sie im spanischen Wappen, aber ebenso vor der Wiener Karlskirche oder in der von den Spaniern erbauten Festung San Domingo in Taiwan, dem ältesten Steingebäude der chinesischen Insel. Noch heute ist das um die zwei Säulen des Herakles geschlungene Spruchband weltweit präsent: als stilisiertes Zeichen für den US-Dollar.

Mit persönlicher Anwesenheit und dauernden Reisen war dieses Reich nicht mehr zu regieren. Aber auch nicht mit schriftlichen Dekreten und Informationen, die im Extremfall mehrere Jahre unterwegs waren, bis sie die Empfänger erreichten. Man kennt mehr als 100.000 Dokumente in niederländischer, deutscher, spanischer, französischer, italienischer und lateinischer Sprache, die Karl mit seiner eigenen Unterschrift versah und bisweilen sogar mit einem eigenhändigen Postskriptum ergänzte. Allein jene Schriftsätze, die er komplett eigenhändig verfasste, auf Französisch, Spanisch und manchmal auch auf Deutsch, füllen viele tausend Seiten. Aber die Tyrannei der Distanz war übermächtig: Die Nachricht von der Frankfurter Wahl 1519 erreichte Karl in Barcelona nach 17 Tagen, vom Tod seines zwanzigjährigen Schwagers in Mohács erfuhr er nach sechzig Tagen, Briefe zwischen Mexiko und Spanien brauchten mindestens drei Monate und von den Philippinen mehrere Jahre.

Dieses Reich auch nur annähernd zu durchmessen, war unmöglich, auch wenn er sich selbst auf seinen Reisen nie schonte. Karl reiste viel, zu Pferd, per Schiff, mit Kutschen, zuletzt wegen der Gicht auch immer häufiger in Sänften und Tragsesseln: »Neun Mal nach Deutschland, sechs Mal nach Spanien, sieben Mal nach Italien, zehn Mal nach Flandern, vier Mal nach Frankreich, zwei Mal nach England, zwei Mal nach Afrika, nebst acht Reisen im Mittelmeer, sowie drei in den Meeren Spaniens«, so zog er in seiner Abschiedsrede Bilanz.[129] Mehr als 10.000 Tage, fast die Hälfte seines Lebens, verbrachte er in den Niederlanden, beinahe ein Drittel, etwa 6.500 Tage, in Spanien, 3.000 in Deutschland, 1.000 in Italien, 195 in Frankreich, 44 in England, 99 in Nordafrika, und 260 Tage war er auf dem Meer. Nur seine überseeischen Besitzungen hat er nie betreten. Aber ausführliche Berichte von den Eroberungen in Mexiko erreichten ihn bereits in den Jahren 1520, 1522 und 1524, zusammen mit dem Vorschlag, das europäische Kaisertum zu einem Weltkaisertum auszudehnen.[130] Von der Eroberung des Inkareichs durch Franzisco Pizarro und den sagenhaften Goldschätzen Perus erfuhr Karl 1535. Und schon vorher war ihm von der spektakulären ersten Weltumseglung Magellans berichtet worden und von den neuen damit verbundenen Möglichkeiten des Gewürzhandels. An Margarete schieb er: »Die Flotte, die ich vor drei Jahren ausgeschickt habe, ist zurückgekehrt. … Sie haben ein Schiff mitgebracht, beladen mit Gewürznelken, Pfeffer, Zimt, Ingwer, Muskat und Sandelholz.«[131] Dass von den fünf Schiffen nur eines zurückgekommen war und dass der Generalkapitän Ferdinand Magellan sein Leben verloren hatte, erwähnte Karl nicht.

Auf den Vorschlag des Eroberers von Mexiko, Hernán Cortés, aus dem Jahre 1520, Karl möge sich auch zum Kaiser von Amerika ausrufen lassen, reagierte dieser nicht. Dass ihm Cortés bereits 1519 in einem Brief so viel Gold versprochen hatte, »wie Salomon für seinen Tempel angehäuft habe«, interessierte ihn zwar[132], aber Gold und Silber waren nur die eine Seite. Die wirklichen Folgen der Globalisierung wurden erst allmählich erkennbar: Aus Amerika holte man Kartoffeln und Mais, die Europas Nahrung revolutionierten, ebenso Paprika, Chili und Kürbisse, die Schokolade, den Tabak und vielleicht auch die Syphilis. In die umgekehrte Richtung schickte man Sklaven, die Pocken und die Grippe, die alle für Amerikas Ureinwohner verheerende Folgen hatten. Bis zu 90 Prozent der indigenen Bevölkerung erlagen den neuen, dort völlig unbekannten Seuchen. Eine neues Zeitalter der Wirtschaft, häufig als »Frühkapitalismus« bezeichnet, brach an, deren Grundpfeiler eine neue, nunmehr christliche Sklavenhaltergesellschaft war.[133] Karl sah sich gleich am Anfang seiner Regierung nicht nur mit diesen sagenhaften Reichtümern, sondern auch mit den scharfen Anklagen gegen diese Eroberungs- und Unterwerfungspolitik konfrontiert.[134] Der Dominikanermönch Bartolomé de Las Casas, der zum Schutz der indigenen Bevölkerung zuerst den Einsatz von Afrikanern vorgeschlagen hatte, distanzierte sich später zerknirscht von dieser Idee und kritisierte die brutale Ausbeutung der Indigenen durch das Encomienda-System. Es war zu spät. Karl, der Las Casas sogar für ein Bischofsamt nominiert hatte, waren das Schicksal der indigenen Völker und das Elend der Sklaven nicht egal. Sein Biograf Heinz Schilling glaubt ihm zubilligen zu müssen, sich für das Schicksal der Indigenen energisch und aufrichtig eingesetzt zu haben. Aber im Endeffekt siegte die Realpolitik.[135]

Fast zur gleichen Zeit wie Karl in Deutschland und in Spanien hatten in England Heinrich VIII., in Frankreich Franz I. und im Osmanischen Reich Süleyman der Prächtige ihre Kronen erlangt. Diese Herrscher waren es, die zusammen mit Karl in den folgenden Jahrzehnten das Schicksal Europas bestimmten. Karls Politik war auf Europa, den Mittelmeerraum und Deutschland konzentriert: auf den Kampf gegen

Frankreich, die Türken und die protestantischen Reichsfürsten. Gegen alle drei errang er zunächst spektakuläre Siege, die letztlich jeweils zu Niederlagen wurden. 1525 war der französische König geschlagen und wurde gefangen genommen. 1529 und 1532 wurden die Osmanen vor Wien und in Ungarn abgewehrt und 1535 vor Tunis besiegt. 1527 hatte Karl den Papst gedemütigt. Im sogenannten »Sacco di Roma« war die ewige Stadt 1527 von einem außer Kontrolle geratenen Söldnerheer verwüstet und ausgeplündert worden. 1530 musste der Papst Karl zum Kaiser krönen, aber nicht in Rom, sondern in Bologna. 1547 errang Karl bei Mühlberg einen spektakulären Sieg über den Schmalkaldischen Bund der Protestanten. Jeden Gegner hatte er besiegt, die aufständischen Bauern und die revoltierenden Comuneros, die deutschen Kurfürsten, die nordafrikanischen Barbaresken, den französischen König, die italienischen Städte und die niederländischen Stände. Am Ende stand er als Verlierer da. Er hatte aus den Siegen kein wirkliches Kapital schlagen können. Seit 1552 sah er in seinem Rücktritt die einzige Lösung. Sein Bruder Ferdinand, der ihm als Kaiser nachfolgte, musste nach dauerhaften Friedenslösungen suchen.

Gescheitert ist Karl an der Fülle seiner Macht, die seinen Gegnern so gefährlich schien, dass sie sich ihm in immer wieder wechselnden Koalitionen entgegenstellten; an den Päpsten, die sich mehrmals auf die Seite seiner Gegner schlugen, an Frankreich, das sich mit den Osmanen verbündete, an Deutschland, wo sich die konfessionelle Problematik mit der ständischen Opposition verknüpfte, und schließlich auch an innerfamiliären Konflikten. Während des so kritischen und unruhigen Jahres 1525 war Karl mit Hochzeitsvorbereitungen beschäftigt. Sein größter Gegner, Franz I., war in der Schlacht bei Pavia am 23. und 24. Februar 1525 in seine Gefangenschaft geraten. Vom deutschen Bauernkrieg, der größten Volkserhebung der deutschen Geschichte mit geschätzten 100.000 Toten, hörte er nur aus der Ferne.[136] Als ihn 1526 während seiner Flitterwochen in der Alhambra von Granada mit zweimonatiger Verspätung die Nachricht von der Niederlage der Ungarn bei Mohács und vom Tod seines Schwagers, des ungarischen Königs Ludwig, erreichte, war die Unsicherheit groß. Wie weit würden die Osmanen in den zwei Monaten bereits gelangt sein? War Wien vielleicht bereits gefallen? Nur allmählich begriff Karl die Perspektiven, die sich für Habsburg daraus eröffneten: die Erbfolge in Ungarn und Böhmen und die Wege nach Osteuropa.

Aber zerbrochen ist Karl nicht nur an den globalen Spannungen, sondern auch an innerfamiliären Konflikten: Es war ihm nicht geglückt, das durch Heiraten zusammengewürfelte Reich wirklich zusammenzuhalten. Karl scheiterte aber auch am habsburgischen »Heiratsimperialismus«. Die über mehrere Generationen hinweg betriebene Endogamie hatte den habsburgischen Genpool schon vor Karl deutlich reduziert. Aber erst seine eigene Heirat und die seines Sohnes Philipp führten zu einem dramatischen Anstieg des Inzuchtkoeffizienten. Neben den biologischen Kosten schuf dieser Heiratsimperialismus auch politische Kosten. Frankreich und der Papst fühlten sich von Karl umringt und erdrückt. Die Erbfolgekriege wurden immer kostspieliger.

Karl scheiterte am religiösen, wissenschaftlichen und geopolitischen Umbruch. Luthers Reformation und die radikale Lehre der Wiedertäufer, der große Bauernkrieg von 1525, der Kampf gegen die Osmanen und gegen die nordafrikanischen Barbaresken, die Entdeckung und Eroberung der Welt, der Umsturz des wissenschaftlichen und technischen Weltbildes und die Suche nach einer Friedensordnung für Europa, das waren die großen Themen, mit denen er sich konfrontiert sah. Soziale Konflikte vermischten sich mit religiösen Bewegungen.

Er zweifelte und war verzweifelt. Im Jahr 1547, nach der siegreichen Schlacht bei Mühlberg, besuchte er das Grab Luthers in der Wittenberger Schlosskirche. Vielleicht hatte Luther doch recht gehabt? Oder hätte er ihn in Worms besser doch gleich hinrichten lassen sollen? »Hier stehe ich. Ich kann nicht anders«, hatte dieser einfache Mönch in seiner braunen Kutte mit dem traditionellen Ledergürtel stolz vor dem Kaiser und den versammelten Fürsten in Worms erklärt und nichts widerrufen. Karl ging das nie aus dem Sinn. Seine Position war der Luthers nicht unähnlich. Auch er stand dort und konnte nicht anders. Er berief sich auf eine tausendjährige Geschichte, die nicht irren könne: »Ein einziger Mönch, der sich gegen die tausendjährige Christenheit stellt, muss im Irrtum sein.«[137]

Als Kind und Jüngling war Karl blass und unbeholfen, mit hängender Unterlippe und schwerfälliger Sprache. Karls angeborene Kiefermissbildung und die dadurch bedingte Sprachstörung machten ihm die Kommunikation zeitlebens schwer. Am Höhepunkt seiner Macht im Jahr 1547/48, als er höhnisch lächelnd den Gruß der besiegten protestantischen Fürsten negierte, wirkte er arrogant und selbstgefällig, und im Alter, als er in San Yuste zum Zeitvertreib wertvolle Uhren reparierte, war er nur mehr verbittert und vereinsamt. Schon im frühen Alter kamen schwere Gichtanfälle, die ihn zwangen, zur Fortbewegung statt der herrschaftlichen Pferde nur noch Sänften zu benutzen. Frühe Zahnlosigkeit veranlasste ihn, seine Mahlzeiten immer häufiger alleine einzunehmen. Alles zusammen führte zu einer zunehmenden Vereinsamung, die mit fortschreitendem Alter die körperlich gewollte und zeremoniell inszenierte Distanz zu den Menschen ins Pathologische steigerte.

Zuletzt sah er nur mehr den Rücktritt als Ausweg. Schrittweise übertrug er seine einzelnen Königreiche an seinen Sohn Philipp II. Schon 1554 hatte er ihm anlässlich der Ehe mit Maria Tudor das Königreich Neapel und das Herzogtum Mailand überantwortet. 1555 übergab er ihm die Niederlande und 1556 schließlich alle spanischen Länder in Europa und in der Neuen Welt. Die österreichischen Länder musste er schon 1521/22 seinem Bruder überlassen, und schließlich auch das Kaisertum. Die Abdankungszeremonie im Oktober 1555 in Brüssel erfolgte unter den Tränen seiner Ritter. Was damals einstürzte, war das Weltsystem: »Große Hoffnungen hatte ich – nur wenige haben sich erfüllt, und nur wenige bleiben mir: und um den Preis welcher Mühen!« Das habe ihn schließlich müde und krank gemacht: »Ihr wisst alle, wie sehr ... Meine Kräfte reichen einfach nicht mehr hin ... Was mich betrifft: ich weiß, dass ich viele Fehler begangen habe, große Fehler, erst wegen meiner Jugend, dann wegen des menschlichen Irrens und wegen meiner Leidenschaften, und schließlich aus Müdigkeit.«[138]

Das riesige Reich regierte Karl im Reiten und im Reisen, und dies in selbstzerstörerischer Weise. Eine wirkliche Hauptstadt gab es nicht. Wie sein Großvater Maximilian beherrschte Karl V. die Klaviatur der politischen Propaganda und der imperialen Verherrlichung. Die besten Künstler seiner Zeit, Tizian, Rubens und Jakob Seisenegger, porträtierten ihn und verherrlichten seine Siege, bei Pavia (1525), vor Tunis (1535) und in Mühlberg (1547). Aber die Krise kommt am deutlichsten im letzten Bild zum Ausdruck, das Karl 1551 bei Tizian in Auftrag gegeben hatte: Das Gemälde wurde im Oktober 1554 fertiggestellt und nach San Yuste geschickt. Links von der Dreifaltigkeit stehen die Mitglieder der kaiserlichen Familie, barfuß und in Leichentücher gehüllt. Karl, neben ihm seine verstorbene Frau Isabella, dahinter seine Eltern Philipp und Johanna und seine Schwestern Leonora und Maria. Doch sein Bruder Ferdinand fehlt, obwohl er in Augsburg zugegen war, als das Bild in Auftrag gegeben worden war.[139] Karl bezeichnete das Bild als das »Letzte Gericht«. Es ist unter verschiedenen Namen bekannt: als »Jüngstes Gericht«, »Triumph der Dreifaltigkeit«, aber auch als »Glory« oder »La Gloria«. Man könnte den Titel auch als »Die Verklärung« übersetzen. Anders als alle ähnlichen Darstellungen des Jüngsten Gerichts zeigt dieser Himmel keine Märtyrer und Ordensgründer, keine heiligen Jungfrauen und katholischen Nothelfer, sondern nur Patriarchen und Propheten des Alten Testaments: Abraham und Moses, Noah, David, Saul... . Karl kniet in einem reformierten, mehr protestantischen als katholischen Himmel.[140]

Die von diesem Herrscher ausgehende Faszination ist bis heute ungebrochen: in der Literatur und in der bildenden Kunst, vor allem aber in der Musik. Rossini feierte ihn, Verdi gleich zweimal, im *Ernani* und im *Don Carlos,* und Ernst Krenek in einer Zwölf-Ton-Oper. Eben erst eroberte Arno Geigers Roman *Reise nach Laredo* die Bestsellerlisten. Die Besucherzahlen der anlässlich seines 500. Geburtstages veranstalteten Ausstellungen waren sensationell. Und mehr als 100 deutschsprachige belletristische Texte des 17. bis 20. Jahrhunderts beschäftigen sich mit seiner Person, die Mehrzahl im 19. und 20. Jahrhundert.

Im Jahre 1556 unternahm Karl seine letzte Reise von den Niederlanden nach Spanien. Sein selbst gewählter Alterssitz im Kloster der Hieronymiten in San Yuste inmitten der Extremadura war kein Exil. Er behielt auch nach der formellen Abdankung weiter einen gar nicht so

»La Gloria« oder auch das »Letzte Gericht«: Karl V. und seine
Familie (rechts oben) in Leichentüchern vor der Heiligen Dreifaltigkeit.
Gemälde von Tizian, 1551 in Auftrag gegeben, 1554 fertiggestellt.
Museo del Prado.

Gebot über ein Reich, »in dem die Sonne nie unterging«:
Kaiser Karl V., um 1548. Gemälde, zugeschrieben
Lambert Sustris. Alte Pinakothek, München.

kleinen Hofstaat. Es blieb auch keine Zeit zur Besinnung oder Buße. Von schweren Gichtschmerzen geplagt, lebte er weiter in selbstzerstörerischer Weise und konsumierte Unmengen von Krustentieren und kaltem Bier. Es war ein selbst gewähltes Todesurteil.

Gequält von Gewissensbissen und Hämorrhoiden, war er zuletzt nur mehr damit beschäftigt, die Uhren, die er an seinem Alterssitz angesammelt hatte, zu zerlegen und immer wieder zusammenzusetzen, sie aufeinander abzustimmen und in Gleichgang zu bringen. Was ihm in der Politik nicht gelungen war, erwies sich auch bei der Zeitmessung als aussichtslos. Als er 1558 verstarb, gab es Trauerfeierlichkeiten in Brüssel und Augsburg, in Valladolid, Mailand, Neapel und Messina, und auch in Mexiko und Santiago de Chile. Karl V. starb an Malaria, die er sich wahrscheinlich erst in dem ungesunden Klima der von ihm selbst ausgesuchten Zufluchtsregion in San Yuste zugezogen hatte. »Jetzt ist es Zeit« sollen seine verzweifelten letzten Worte gewesen sein, nach einer anderen Version: »Ach Jesus«.[141]

m

FORTUNE.INFORTUNE.FORT UNE DIE MACHT DER FRAUEN

MARGARETE VON ÖSTERREICH
*10. JANUAR 1480 BRÜSSEL; †1. DEZEMBER 1530 MECHELEN
1507–1515 UND 1517–1530 STATTHALTERIN DER HABSBURGISCHEN NIEDERLANDE

Man kann den Wahlspruch, den Margarete von Österreich sich auf ihr Grab in Bourg-en-Bresse schreiben ließ, FORTUNE.INFORTUNE.FORTUNE als einfache Beschreibung ihrer Lebensstationen verstehen und darin die Wankelmütigkeit des Schicksals in der Abfolge von Glück und Unglück sehen.[142] Man kann ihn aber auch ganz anders lesen: FORTUNE.INFORTUNE.FORT.UNE – als Lebensweisheit einer starken und selbstständigen Frau. Denn das in zwei Silben, in »Fort« und »Une« zerlegte Fortune könnte dadurch auch einen völlig anderen, emanzipatorischen Sinn erhalten: Nicht »glücklich – unglücklich – glücklich«, sondern: »glücklich – unglücklich – stark nur allein«.[143] Margarete, die als Kind als weibliches Faustpfand politischer Bündnisse und Vorteile nur herumgeschubst worden war, verschaffte sich durch eigene Stärke einen für ihre Zeit ganz besonderen Freiraum. Im Verständnis der Zeit hatten Fürstinnen nur die Aufgabe, Freundschaften zu garantieren und Kinder zu gebären – möglichst männliche –, um durch sie ein Erlöschen der Linie zu verhindern und Bündnisse zu bekräftigen. Aber allzu oft entsprangen aus solchen Heiratsverbindungen nur Unglück und Kriege.

Margarete hingegen, genannt mit dem Zusatz »von Österreich« oder »von Savoyen«, setzte sich durch. Sie war hochgebildet, musikbegabt und allen Künsten äußerst zugetan. Im Alter von drei Jahren wurde sie mit dem dreizehnjährigen Dauphin von Frankreich, dem späteren König Karl VIII., verheiratet und sofort auf Schloss Amboise gebracht. Dort fand 1483 auch die symbolische Trauungszeremonie statt. Die Ehe sollte erst nach Erreichung von Margaretes Volljährigkeit vollzogen werden, was aber nie geschah, weil Karl als Erwachsener nicht Margarete von Österreich, sondern Anne de Bretagne heiratete. Doch wohl nicht aus Liebe, sondern wegen der Aussicht auf deren bretonisches Erbe. Es gab aber nicht nur dieses eine Hindernis, die zumindest formell bestehende Ehe mit Margarete, sondern auch noch ein zweites, dass nämlich Anne de Bretagne zu diesem Zeitpunkt bereits vertraglich mit dem späteren

Margarete von Österreich. Porträt von Bernard van Orley.
Musées royaux des Beaux-Arts de Belgique.

Kaiser Maximilian verheiratet war.[144] Maximilian fühlte sich doppelt betrogen: Als Vater, dessen Tochter vom französischen König verstoßen worden war, und als Gatte, dem dieser König auch die »Gemahlin geraubt« hatte, um sie selbst zu heiraten. Nach zehn Jahren musste Margarete als verlassene Ehefrau und allein gelassene Prinzessin in die Niederlande zurückkehren. Doch sofort folgte das nächste Heiratsprojekt. Bereits am 20. Januar 1495 wurde darüber ein Vorvertrag geschlossen, der festlegte, dass Prinz Johann (Juan) – der spanische Thronfolger – Erzherzogin Margarete heiraten sollte und dessen Schwester Johanna (Juana) Erzherzog Philipp, auch »der Schöne« genannt. Am 5. November 1495 wurden die Ehen zwischen Erzherzog Philipp und der Infantin Johanna sowie dem Prinzen Johann und Erzherzogin Margarete vorerst *per procuram* geschlossen.

Nach einer beschwerlichen Reise auf See erreichten Margarete und ihre Begleiter Spanien, wo bald darauf die Hochzeit auch tatsächlich stattfand. Aber zuvor, auf der stürmischen Seefahrt, bei der sie Todesängste ausgestanden hatte, dichtete die Siebzehnjährige die berühmten zwei Verse für ihren Grabstein: »Cy-gist Margot, la gentil' demoiselle, Qu'ha deux marys et encore est pucelle.« (»Hier liegt Margarete, das edle Fräulein, das zwei Ehemänner hatte und dennoch Jungfrau blieb«, in Anspielung auf ihre Vermählung mit drei Jahren, ihre Verstoßung mit elf Jahren und ihren vielleicht bevorstehenden Tod, bevor die nächste Ehe überhaupt vollzogen war.[145])

Doch die Ehe, die laut zeitgenössischen Berichten sehr glücklich begonnen haben soll, war nur von kurzer Dauer. Bereits ein halbes Jahr später erkrankte Juan schwer und verstarb völlig unerwartet. Margarete hatte kurz darauf eine Totgeburt. Auch ihr Witwendasein sollte nur von kurzer Dauer sein, da ihr Vater Maximilian und ihr Bruder Philipp sofort wieder Heiratspläne für sie schmiedeten. 1501 wurde sie mit Herzog Philibert II. von Savoyen vermählt. Doch Philibert erkrankte nach einer Jagd an einer Lungenentzündung, an der er kurz darauf, am 10. September 1504, verstarb. Margarete, mit 24 Jahren schon zweimal verwitwet, wollte nun wirklich nicht mehr heiraten, auch wenn sich Maximilian und Philipp zur Verbesserung der Beziehungen mit England eine neuerliche Verbindung Margaretes – diesmal mit dem englischen König Heinrich VII. – wünschten.[146] Es scheiterte an Margaretes energischem Nein, obwohl Heinrich ein von Michiel Sittow angefertigtes Porträt mitgeschickt hatte, das ihn viel sympathischer darstellte, als der Ruf, der ihm vorauseilte, hätte ahnen lassen.

Stattdessen übertrug ihr Maximilian 1507 die Vormundschaft für die Kinder ihres Bruders und die Generalstatthalterschaft in den Niederlanden. Zwei Jahre später ernannte er sie zur »régente et gouvernante«. Ihr voller Titel lautete nun: Margarete von Gottes Gnaden Erzherzogin von Österreich und Herzogin von Burgund, Herzoginwitwe von Savoyen, Gräfin von Burgund, Charolais, Romont, Bâgé en Villars, Dame von

Salins, Malines, Château-Chinon, Noyers, Chaussin, La Perrière, von Bresse, Vaud und Faucigny. Weiteren Plänen ihres Vaters, sie neuerlich zu verheiraten, erteilte Margarete eine energische Absage. Sie legte die Witwentracht nicht ab. Eine Ehe kam für sie nicht mehr in Frage. Von ihr selbst verfasste Gedichtzeilen geben davon Zeugnis:

TANT QUE JE VIVE, MON COEUR NE CHANGERA
POUR NUL VIVANT, TANT SOIT IL BON AU SAIGE
FORT ET PUISSANT, RICHE, DE HAULT LIGNAIGE
MON CHOIS EST FAIT, AULTRE NE SE FERA.

Auf Deutsch: »Mein Leben lang wird sich mein Herz nicht wandeln/Für keinen Mann, sei er so gut und weise/So stark und mächtig, reich und hoher Abkunft/Getroffen ist die Wahl, anders wird's nicht sein.«[147]

Zwei große Friedensschlüsse gehen maßgeblich auf ihr politisches Konto: Erstens die Liga von Cambrai (1508), ein Bündnis zwischen dem französischen König Ludwig XII. und Kaiser Maximilian I. gegen die Osmanen und die Republik Venedig, dem sich Papst Julius II., der aragonesische König Ferdinand der Katholische, der ungarische König Vladislav II. und der englische König Heinrich VIII. anschlossen, und zweitens der sogenannte Damenfriede von Cambrai (1529), den sie mit Luise von Savoyen, der Schwester ihres verstorbenen Mannes Philibert, der Mutter des französischen Königs, aushandelte. Um den Vertrag zu besiegeln, fand im Juli 1530 die prunkvolle Hochzeit zwischen König Franz I. und Eleonore von Kastilien, der älteren Schwester Kaiser Karls, statt.

Eleonore war zwar Karls Lieblingsschwester, aber eine Liebesheirat wurde auch ihr nicht zugestanden. Ihr Traummann, Pfalzgraf Friedrich II., war ihr von ihrem Bruder zweimal verweigert worden, schon 1517 als junges Mädchen und noch einmal 1521, als sie erstmals verwitwet war. Sie war 1519 mit dem 30 Jahre älteren, buckligen König Manuel I. von Portugal verheiratet worden und bereits zwei Jahre später zur Witwe geworden. Auch die zweite Zwangsheirat, mit dem französischen König Franz I. (1530), wurde zum Desaster. Der polnische Gesandte in Paris, der Eleonore noch als junges Mädchen gekannt hatte, berichtete 1531, dass sie ihr früheres Aussehen fast ganz eingebüßt habe. Sie sei dick geworden und voller Pusteln im Gesicht. Er fügte hinzu, dass der König sie offensichtlich mit der »französischen Krankheit« angesteckt habe.[148] Kinder blieben der Ehe, die nur mehr pro forma bestand, versagt. Franz starb 1547. Eleonore zog sich nach Brüssel zurück und begleitete Karl nach seiner Abdankung nach Spanien. 1558 brach sie mit ihrer Schwester Maria zu einer Pilgerreise zum Kloster Nuestra Señora de Guadelupe auf, erlitt aber bereits am ersten Tag der Reise einen Schwächeanfall. In einem Bauernhaus verstarb sie.

Maria, die zweite Schwester Karls, war noch nicht einmal ein Jahr alt, als sie 1506 mit Ludwig verlobt wurde. Es stand zu dem Zeitpunkt noch gar nicht fest, ob das als Bräutigam vorgesehene Kind überhaupt ein Knabe sein würde. Man war glücklich, als schließlich ein Sohn geboren wurde. Maria reiste 1514 zur Hochzeit nach Österreich, in ein Land, dessen Sprache sie nicht verstand, und zu einem Gatten, den sie noch nie gesehen hatte. Am sogenannten ersten Wiener Kongress im März 1515 wurde der neunjährige Ludwig von Ungarn mit der zehnjährigen Maria vermählt. Es war eine Doppelhochzeit. Ludwigs zwölfjährige Schwester Anna heiratete gleichzeitig einen von Maximilians Enkeln, entweder Karl oder Ferdinand. Allerdings waren beide nicht anwesend. Einstweilen sprang der 56-jährige Großvater Maximilian ein und trat als Stellvertreter mit Anna vor den Altar, unter der Bedingung, dass binnen Jahresfrist einer der Enkel die Stelle einnehmen sollte – sonst würde er selbst die Ehe vollziehen. Das hätte er auch tun können: Er war ja verwitwet und immer noch recht lebenslustig.

Maria war zweifelsohne untypisch für das zeitgenössische Frauenbild. Sie war von ihrer Tante Margarete zusammen mit ihrem Bruder Karl erzogen worden, mit dem sie bei Sport und Spiel, beim Reiten und Schießen jederzeit mithalten konnte. Sie war nicht schön, da sie die charakteristische habsburgische Unterlippe hatte. Zusammen mit ihrer hohen Intelligenz und raschen Entschlusskraft sowie mit ihrer Kinderlosigkeit sollte ihr dies später den Ruf eines »Mannweibes« einbringen, da sie zeitlebens eine überaus schlanke und kleine, aber knabenhafte Frau blieb. Verbürgt ist ihre große Jagdleidenschaft, die sie auch im Witwenstand nicht aufgab und die sie im Volksmund als Anführerin einer wilden Jagd erscheinen ließ. Noch im Jahr 1550 ritt sie in zwölf Tagen von Brüssel nach Augsburg, eine Distanz, für die man normalerweise drei Wochen veranschlagte, um zwischen den beiden Brüdern Karl und Ferdinand einen Kompromiss zu vermitteln.

Am 11. Dezember 1521 wurde sie zusammen mit Ludwig zur Königin von Ungarn und am 1. Juni 1522 zur Königin von Böhmen gekrönt. Vier Jahre später fiel der erst zwanzigjährige Ludwig bei Mohács. Legitime Kinder und Erben gab es nicht. Marias Hofprediger Johannes Henckel bedauerte: »Wenn man sie nur in einen König verwandeln könnte, wären wir weit besser dran.«[149] Als religiös, künstlerisch und politisch hoch interessierte Frau stand sie mit Martin Luther in engem Kontakt. Der Reformator sandte ihr ein Trauerbüchlein mit »Vier tröstlichen Psalmen an die Königin von Ungarn«.[150] Trotz ihrer Sympathien für Luthers Gedankenwelt zögerte sie, zum lutherischen Glauben zu konvertieren, und blieb eine vor allem von Erasmus von Rotterdam beeinflusste Befürworterin der Versöhnung zwischen dem alten und dem neuen Glauben. Auch alle Pläne ihrer Brüder zu einer Wiederverheiratung lehnte sie ab. »Bis in mein Grub«, bis in den Tod, wollte sie ihrem verstorbenen Mann die Treue halten.[151] Karl fügte sich in diesem Fall. 1530 entschied er sich dazu, sie zu bitten, nach dem Tod ihrer Tante Margarete die Statthalterschaft in den Niederlanden zu übernehmen.

Sie machte das hervorragend. Als Karl die Absicht äußerte, abzudanken und sich nach Spanien zurückzuziehen, ließen die beiden verwitweten Schwestern Eleonore und Maria keinen Zweifel daran, dass sie ihm folgen würden. 1556 verfasste Maria anlässlich ihres Rückzugs, der gemeinsam mit ihrem Bruder Karl erfolgte, ihr berühmtes Memorandum: »Je mehr ich an Erfahrungen gesammelt habe, desto mehr wuchs in mir die Überzeugung, dass ich im Grunde meiner Aufgabe nicht gewachsen bin.«[152] Beide Schwestern starben kurz nach Karls Tod.

Auch eine dritte Statthalterin darf man nicht vergessen: Margarete (auch: *Margarethe*) von Parma, die uneheliche Tochter Karls V. aus der Beziehung mit Johanna van der Gheynst. Philipp II setzte Margarete 1559 als Statthalterin der Niederlande ein; auch sie war mit vierzehn und mit sechzehn Jahren zweimal verheiratet worden. Beides waren unglückliche Ehen: Zuerst heiratete sie 1536 den für seine sexuellen Ausschweifungen berüchtigten Alessandro de' Medici, den angeblichen Neffen, aber eher illegitimen Sohn von Papst Clemens VII., der bald nach der Hochzeit ermordet wurde, und in der zweiten Ehe 1538 den erst 14-jährigen Ottavio Farnese, den sie ebenfalls nicht mochte und immer auf Distanz hielt. Als Statthalterin ließ sich Margarete ein kleines Schnauzbärtchen wachsen oder wurde auf Münzen zumindest so dargestellt, um ihre »Männlichkeit« zu unterstreichen.[153]

Noch zwei weitere unglückliche Frauen gesellten sich dazu: Dorothea und Christina, die beiden Töchter des 1523 abgesetzten und vertriebenen dänischen Königs Christian II. und seiner Gattin Isabella, der dritten Schwester Karls V. Sie waren von Margarete von Österreich und nach deren Tod von Maria von Ungarn aufgezogen worden. 1532 arrangierte Karl wahlweise für die zwölfjährige Dorothea oder die zehnjährige Christina mit dem Mailänder Herzog Francesco Sforza eine Ehevereinbarung. Der Herzog könne heiraten, welche von den zweien er wolle. Francesco entschied sich für die jüngere, obwohl er beinahe viermal so alt war wie sie. Weil der Heiratsvertrag vorsah, dass die Ehe unverzüglich vollzogen werden sollte, legte Maria ihr Veto ein: »Unsere Nichte ist erst 11 ½ Jahre alt. Es ist widernatürlich und gegen Gottes heiliges Gesetz, ein kleines Mädchen, weit davon entfernt, eine Frau zu sein, zu verheiraten und, solange sie selbst noch ein Kind ist, den Gefahren des Kindbetts preiszugeben.«[154]

Karl zeigte dafür keinerlei Verständnis. Am 4. Mai 1534 fand die Hochzeit in Mailand statt. Doch der todkranke, bereits halbseitig gelähmte Herzog war gar nicht fähig oder vielleicht doch zu nobel, die Ehe mit dem Kind zu vollziehen. Er starb im Oktober 1535 und machte Christina mit nur 13 Jahren zur Witwe. Nun sollte sie mit dem englischen König Heinrich VIII. verheiratet werden, der 1536 gerade seine zweite Ehefrau Anne Boleyn hinrichten hatte lassen. Der Maler Hans Holbein wurde geschickt, um ein Porträt zu machen. Aber Christina wehrte sich energisch mit den berühmten, aber nur schlecht belegten Worten: Sie habe nur einen Kopf.[155] Wenn sie zwei hätte, könnte sie unter Umständen einen davon Heinrich überlassen. Die Ehe mit dem König kam nicht zustande. Aber ohne die Unterstützung durch ihre Tante Maria, der mächtigen Statthalterin, hätte sie den politisch ausgehandelten Ehestrategien wenig entgegensetzen können. Doch Maria hatte eine sehr schlechte Meinung von Heinrich und schrieb ihrem Bruder, dem Kaiser, es sei sehr zu hoffen – wenn man überhaupt etwas von einem solchen Mann hoffen könne –, dass er sich das nächste Mal einen besseren Weg suchen werde, seine Frau loszuwerden, wenn er ihrer wieder überdrüssig sei. Sie könne diese Eheverhandlungen nur mit einem äußersten Maß an Heuchelei weiterführen und hoffe sehr, dass daraus nichts werde. Heinrich, der zeitlebens der Völlerei gefrönt hatte, war in dem nun erreichten Alter nicht nur ein übel beleumundeter, sondern auch ein wenig attraktiver Mann geworden, mit einem Gewicht von bis zu 160 Kilogramm und, wie aus seinen Rüstungen zu schließen ist, einem Brust- und Bauchumfang von 140 bis 145 cm.[156]

Die rasch wechselnde Bündnispolitik beendete das Eheprojekt recht abrupt. Schließlich wurde Christina 1541 mit dem Herzog von Lothringen verheiratet. Die Ehe war angeblich glücklich. Doch der Herzog starb bereits nach vier Jahren. Alle weiteren Pläne zerschlugen sich: Weder wurde sie Herzogin von Lothringen in Nachfolge ihres Gatten noch Statthalterin der Niederlande in der Nachfolge ihrer Tante oder Königin von Dänemark in der Nachfolge ihres Vaters. Sie starb, immer wieder hin und hergeschoben, 1590 auf ihren italienischen Besitzungen, in Tortona oder Alessandria, die sie beide von ihrem mailändischen Gatten geerbt hatte.

Ihre ältere Schwester Dorothea durfte 1535 den 38 Jahre älteren Friedrich (II.) von der Pfalz heiraten, der ihrer Tante Eleonore vom Kaiser verweigert worden war. Sie wurde zusammen mit ihrem Gatten zur überzeugten Lutheranerin.

Betrachtet man die Eheverbindungen im Umkreis der Kaiser Maximilian I. und Karl V., so entsteht das klägliche Bild, das Erasmus von Rotterdam von der dynastischen Politik der europäischen Herrscherhäuser entwarf: »Verwandtschaft mag den Frieden begünstigen, sie kann aber keinen beständigen Frieden gewährleisten. [...] Ich will gar nicht davon reden, dass man so die jungen Mädchen ziemlich unmenschlich behandelt, die man oft genug in ferne Länder und zu Menschen verbannt, die eine ganz fremde Sprache sprechen, ganz anders aussehen und völlig verschiedene Sitten und Eigenschaften haben. Sie würden doch sicher in ihrer Heimat glücklicher leben, wenn auch unter weniger prächtigen Verhältnissen ...«[157]

Erasmus' Kritik wurde nicht ernst genommen. So kam es zu Ehen, die man nur als Desaster bezeichnen kann. Aber unter demütigenden Verhältnissen entwickelten sich Frauen, die zu Großleistungen fähig waren

Mit 21 Jahren Witwe: Maria von Ungarn, die Schwester Karls V.
Porträt von Hans Maler zu Schwaz, 1520.
Society of Antiquaries of London.

Eine uneheliche Tochter Karls V.: Margarete von Parma.
Porträt von Anthonis Mor. Gemäldegalerie Berlin.

und den Habsburgern zu politischen, aber vor allem zu kulturellen Erfolgen verhalfen. Ihr Erbe hat bis heute Bestand, etwa in großartigen Kirchen und Palästen, in Kunstsammlungen und Musikwerken.

Margarete war, was ihre geistigen Fähigkeiten, aber auch ihre Kunstliebe und ihr diplomatisches Geschick und nicht zuletzt auch ihren selbstironischen Humor betraf, zweifellos eine außergewöhnliche Frau. In Bourg-en-Bresse hat sie sich nach kurzem Glück an der Seite Philiberts von Savoyen ein einzigartiges Denkmal gesetzt: Die große Abteikirche mit ihrem eigenen Grab und dem ihres letzten Gatten.[158]

Margarete von Parma empfängt am 5. April 1566 in Ihrer Brüsseler Residenz die Bittschrift der »Konföderierten«. Gemälde von Frans Vinck, um 1872. Koninklijk Museum voor Schone Kunsten Antwerpen.

4

CASA D'AUSTRIA — HAUS ÖSTERREICH

F

DER ZWEITE WIRD ERSTER FERDINAND I.

FERDINAND I.
*10. MÄRZ 1503 ALCALÁ DE HENARES; †25. JULI 1564 WIEN
AB 1521 ERZHERZOG VON ÖSTERREICH, AB 1526/1527 KÖNIG VON BÖHMEN, KROATIEN UND UNGARN, AB 1531 RÖMISCH-DEUTSCHER KÖNIG, 1558–1564 RÖMISCH-DEUTSCHER KAISER

Die Einschätzung Ferdinands I. als »der ewige Zweite« neben seinem älteren Bruder Karl V. ist zwiespältig. Einerseits gilt er mit der durch einen genealogischen Zufall im Jahre 1526 möglich gewordenen Erwerbung der böhmischen und ungarischen Königskronen als Begründer der fast 400 Jahre überdauernden Donaumonarchie und mit dem Augsburger Religionsfrieden, den er 1555 ausverhandelte, als Schöpfer einer trotz zahlreicher Verstöße und Gewaltausbrüche bis in die Gegenwart anhaltenden Koexistenz der Religionsgemeinschaften im deutschen Sprachraum.[159] Andererseits aber ist Ferdinand auch der einzige Habsburger, dem im so Habsburg-affinen Wien ein Habsburg-kritisches Denk- oder Mahnmal gesetzt wurde, in Erinnerung an den von ihm im sogenannten »Wiener Neustädter Blutgericht« hingerichteten Wiener Bürgermeister Martin Siebenbürger: »Dem Vorkämpfer für die Freiheit Wiens und für die Rechte der Stände Österreichs gegen Fürstenwillkür, enthauptet unter Ferdinand I. am 11. August 1522«, lautet der Text der Erinnerungstafel, die 1922 im Turm des Wiener Rathauses angebracht wurde.[160] Dass die Wunden bis heute geblieben sind, verrät auch die ganz gegensätzliche Beurteilung dieses Ereignisses durch zwei renommierte Historiker in ein und demselben Reihenwerk zur österreichischen Geschichte: Von dem Vorarlberger Historiker Alois Niederstätter wird Ferdinands Blutgericht verteidigt, von dem Wiener Historiker Thomas Winkelbauer aber heftig kritisiert.[161]

Ferdinand war der jüngere, vielleicht sogar der schönere der beiden Söhne von Philipp dem »Schönen« und Johanna der »Wahnsinnigen«. Sie waren getrennt aufgewachsen, Karl in den Niederlanden, Ferdinand in Spanien. Ihr erstes persönliches Zusammentreffen fand im Jahre 1517 statt. Da war der eine 17 und der andere 14 Jahre alt. Sie waren einander so fremd, dass sie einen Dolmetsch brauchten. Eigentlich war Ferdinand, der lange nur Spanisch sprach und bei dem auch alle Sympathien des spanischen Adels lagen, der von vielen Spaniern gewünschte Nachfolger

Hans Maier zu Schwaz, Erzherzog Ferdinand.
Kunsthistorisches Museum, Wien.

für seinen Großvater Ferdinand von Aragón. Aber das Vorrecht der Erstgeburt gab dem älteren Karl alle Trümpfe. Ferdinand ging sowohl bei der Nachfolge in Spanien als auch bei der Königswahl in Deutschland zunächst leer aus. Er hat seine Zurücksetzung lange Zeit bitter beklagt. Aber er bekam eine zweite Chance und hat diese auch genutzt.

1521 einigten sich die beiden Brüder auf eine vorläufige Aufteilung des Erbes, bei der Karl als gerade neugewählter Kaiser das burgundische und spanische Erbe erhalten sollte und Ferdinand die österreichischen Länder – eine ziemlich ungleiche Teilung, mit der Ferdinand nicht allzu glücklich war. Welche Teile das burgundische und spanischen Erbe genau umfassen sollte, blieb auch danach noch eine offene Frage. Doch das lag auch nicht allein im Ermessen der Familie. Es gab Wahlrechte, gesonderte Erbrechte und überall Stände.

Der österreichische Adel hatte mit dem neuen Landesherrn, der kaum Deutsch sprach und mit seinem landfremden spanischen Gefolge auch recht arrogant auftrat, keine Freude, ähnlich wie der spanische Adel mit seinem Bruder Karl. 1521 kam Ferdinand zum ersten Mal nach Österreich. Die schon 1515 geschlossene Ehe mit Anna sollte endlich vollzogen werden. Das kleine Linz erlebte ein glanzvolles Hochzeitsfest mit Gästen aus ganz Europa. Dabei wurde auf dem Linzer Hauptplatz ein Turnier veranstaltet, das als »Losensteiner Turnier« in die Geschichte eingegangen ist und vom österreichischen Adel als großer Triumph gefeiert wurde. Ein prächtiger und entsprechend anmaßend auftretender spanischer Grande hatte die heimischen Ritter zum Kampf herausgefordert. Sebastian von Losenstein nahm die Herausforderung an. Trotz seiner körperlichen Unterlegenheit konnte er den überheblichen Spanier besiegen, wodurch er schlagartig berühmt und namensgebend für dieses Turnier wurde.[162]

In Niederösterreich wurde aus dem spielerischen Turnier blutiger Ernst. Ferdinand musste sich gegen die Ständeopposition, die der spanischen Entourage des neuen Landesfürsten, allen voran dem Generalschatzmeister Salamanca, zutiefst misstraute, erst durchsetzen. Eine große Delegation mit Dr. Martin Siebenbürger, dem Bürgermeister der Stadt Wien, damals mit 25.000 Einwohnern eine »Millionenstadt« – verglichen mit den 2.000 Einwohnern von Linz – war nach Spanien zu König Karl V. gereist, um die Beschwerden vorzutragen. Es ging um die Rechte der Stände und um den riesigen Schuldenberg, den Kaiser Maximilian den österreichischen Ländern hinterlassen hatte. Die Mission endete in einem Desaster, weil man mehr dem Südwein als der Diplomatie zusprach und sich nicht einmal darauf einigen konnte, von wem und in welcher Sprache, Deutsch, Spanisch oder Latein, die Anliegen vorgetragen werden sollten.[163] So schaukelte sich der Aufruhr immer mehr auf und endete 1522 mit dem Wiener Neustädter Blutgericht. Ferdinand ließ neben zwei Adelsvertretern auch sechs Wiener Bürger mit Martin Siebenbürger an der Spitze hinrichten und ihre Körper als Symbol absolutistischer Fürstenmacht auf dem Wiener Fleischmarkt zur Schau stellen.

Ferdinand schwenkte bald auf Versöhnung um, auch wenn er vorerst nicht in Wien, sondern lieber in Linz residieren wollte. Aber die Linzer Burg war nicht in bestem Zustand. 1524 wurden eine Reihe von Mängeln aufgelistet, die zu beheben waren, um als Residenz auch nur einigermaßen akzeptabel zu sein: etwa Ziegeldächer statt der Schindeldächer, angemessene Hygiene und verbesserte Sicherheitsvorkehrungen. 1527/29 konnte auf Initiative des Schloss- und Landeshauptmanns Cyriak von Polheim ein neuer Wohntrakt für den König und seine Gemahlin errichtet werden. Die für seine »liebste Gemahlin« bestimmten Räume wurden mit einem Mailänder Prunkbett und einem neuen Frauenbad kostbar ausgestattet.[164]

Für Ferdinand war es eine unruhige Zeit. Der größte Volksaufstand der deutschen Geschichte, der große deutsche Bauernkrieg von 1525, blieb in den habsburgischen Erblanden zwar auf Tirol und die angrenzenden Räume beschränkt. Der Protest der Aufständischen richtete sich auch nicht speziell gegen die habsburgische Herrschaft, sondern ganz generell gegen jede Form von Herrschaft. Der Arbeitskampf der Knappen in den wichtigen Silberbergwerken des Landes und der Aufstand der Tiroler Bauern, die unter ihrem Anführer Michael Gaismair bald auf ein radikales Programm der Abschaffung aller Herrschaften einschwenkten, stellten die gesamte Herrschaftsordnung in Frage.[165]

Nicht nur der blutig beendete Protest der niederösterreichischen Stände, der Bauernkrieg, das Auftreten der für den gesellschaftlichen Zusammenhalt für viel gefährlicher gehaltenen Wiedertäufer (1527) und die sich immer weiter und schneller ausbreitende Reformation bereiteten Probleme, sondern vor allem der immer stärker werdende Druck der Osmanen. 1521 hatte Sultan Süleyman der Prächtige Belgrad und einige Festungen im Süden Ungarns erobert, 1526 kam er mit einem riesigen Heer. Am 29. August 1526 standen nahe dem südungarischen Städtchen Mohács 25.000 bis 40.000 ungarische Reiter und Fußknechte etwa 60.000 bis 70.000 türkischen Sipahis, Janitscharen und Artilleristen gegenüber. Es war ein brennend heißer Sommertag in der ungarischen Tiefebene. Die schwer gepanzerten Ritter verglühten in ihren eisernen Rüstungen und ledernen Schutzkleidern. Der Kampf hatte erst um vier Uhr Nachmittag begonnen und dauerte nicht länger als ein Fußballspiel. Nach eineinhalb Stunden war alles vorbei. Der ungarische Oberbefehlshaber Pál Tomori, zwei Erzbischöfe, mehrere Bischöfe, fünfhundert Studenten der Universität im nahe gelegenen Fünfkirchen und mehr als 15.000 ungarische Ritter und Fußknechte waren tot, aber was am schwersten wog, auch ihr junger König Ludwig II. Ein schweres Unwetter mit einem sintflutartigen Platzregen hatte den Tag beendet. Der erst zwanzigjährige Herrscher ertrank im Hochwasser. Hartnäckig hielt sich das Gerücht, seine potentiellen Konkurrenten und Nachfolger, Parteigänger des siebenbürgischen Woiwoden Johann Zápolya oder auf der anderen Seite die des habsburgischen Thronanwärters Ferdinand, hätten dabei vielleicht etwas nachgeholfen. Erst nach Wochen wurde Ludwigs Leiche gefunden.

Der Ausgang der Schlacht war das klägliche Resultat von Verrat, jugendlicher Waghalsigkeit und unüberlegter Kurzsichtigkeit. Das Verhängnis hatte sich schon lange vorher abgezeichnet, sowohl im Mittelmeer, wo Süleyman gerade erst die Johanniter aus Rhodos vertrieben hatte und immer weiter vorrückte, als auch am Balkan. Doch die Hilfe des christlichen Abendlands blieb aus. Kaiser Karl V. hatte 1525 zwar bei Pavia einen glänzenden Sieg über den französischen König Franz I. errungen, bei dem dieser in seine Gefangenschaft geriet. Aber jetzt war er mit Hochzeitvorbereitungen beschäftigt und wollte seine Flitterwochen verbringen. Der Papst konnte zwar mit Gebeten, aber nicht mit Truppen helfen. Venedig und Frankreich verfolgten eigene Ziele. Und auch in Ungarn selber gab es viele Sonderinteressen. Ob der siebenbürgische Obergespan Johann Zápolya wegen logistischer Probleme die Schlacht versäumte oder insgeheim mit dem Feind kooperierte, bleibt offen. Schon lange hatte er die ungarische Krone angestrebt, hatte zweimal vergeblich um die Hand der längst Ferdinand versprochenen Anna angehalten und hatte schon 1505 auf dem Reichstag ein Gesetz durchgedrückt, dass kein ausländischer Fürst in Zukunft mehr ungarischer König werden solle. Bei den Bauern war Zápolya verhasst, weil auf sein Geheiß nach dem großen ungarischen Bauernaufstand von 1514 deren Anführer György Dózsa auf einem glühenden Eisenthron und mit einer glühenden Eisenkrone auf dem Kopf als »Bauernkönig« verspottet und zu Tode gequält worden war; mit Dózsa wurden zahlreiche weitere Anführer und Anhänger seiner Rebellion hingerichtet. Die ungarischen Bauern wurden in eine ewige Leibeigenschaft gezwungen. Für sie gab es nur mehr wenig Unterschied zwischen der Unterdrückung durch ungarische Magnaten oder durch türkische Eroberer. Auf die Unterstützung durch bäuerliche Fußtruppen hatte Ludwig sich nicht mehr verlassen können. Oder war es gar das ausbleibende Geld der Fugger, die über die kurz vorher erfolgte spektakuläre Enteignung der Fugger-Thurzo-Gesellschaft in ihren oberungarischen Bergwerken verärgert waren?[166]

Die Habsburger waren an der Schlacht nicht direkt beteiligt, waren aber deren Profiteure. Denn nun trat der im Jahr 1515 paktierte Erbfall ein. Aber Ferdinand musste seine Erbansprüche erst durchzusetzen. In Böhmen, Mähren und Schlesien verlief seine Wahl nach entsprechenden Zugeständnissen recht klaglos. In Ungarn aber brandete den Habsburgern offene Ablehnung entgegen. Am 16. Oktober 1526 wurde von der nationalistischen Partei Johann Zápolya zum König gewählt, von den habsburgischen Parteigängern hingegen wenige Wochen später Ferdinand. Nur ein Kampf konnte entscheiden. Zápolya wechselte jetzt offen auf die osmanische Seite über, und Süleyman nutzte die Gelegenheit. Im Sommer 1529 rückte er mit einem riesigen Heer durch die Tiefebene vor. Im Herbst stand er vor Wien. Die Eroberung des »Goldenen Apfels«

Fig.1

2

Fig.1 Profiteur der Schlacht von Mohács: Ferdinand I.
Porträt von Jan Cornelisz Vermeyen.
Fondation Bemberg, Toulouse.

Fig.2 Ferdinand lässt den Wiener Bürgermeister Martin Siebenbürger und weitere Rädelsführer köpfen: das »Wiener Neustädter Blutgericht«.
Gemälde von Josef Ferdinand Waßhuber,
1. Hälfte 18. Jahrhundert.

Wien wäre sein größter Triumph geworden. Nur glückliche Umstände, eine Seuche und das grässliche Herbstwetter führten dazu, dass die Belagerung abgebrochen wurde und die Stadt den Ansturm des bis zu 150.000 Mann starken osmanischen Heeres überstehen konnte. Die Bedrohung blieb. Drei Jahre später versuchte es Süleyman noch einmal, aber eine Belagerung fand nicht statt. Man beschränkte sich auf Plünderungszüge bis nach Oberösterreich und in die Steiermark. Ungarn musste geteilt werden. Nur das sogenannte Oberungarn, die heutige Slowakei mit Pressburg als Hauptstadt und einem schmalen Grenzstreifen im Westen gegen Österreich und Kroatien konnte Ferdinand unter seiner Herrschaft halten: In Siebenbürgen wurde für Johann Zápolya ein eigenes, unter türkischer Oberhoheit stehendes Fürstentum eingerichtet. Der Zentralteil des Königreichs mit Buda als Hauptstadt ging für 150 Jahre an die Osmanen verloren.

Ferdinand hatte trotzdem an Macht gewonnen. Nach der Kaiserkrönung Karls im Jahr 1530 konnte er 1531 seine Wahl zum deutschen König durchsetzen. Immer häufiger sprach er nun von den zwei »Häusern« des Geschlechts, dem österreichischen und dem spanischen.[167] In Religionssachen verfolgte er eine gemäßigte, auf Versöhnung gerichtete Politik, nicht nur, weil er nicht anders konnte, sondern weil er auch davon überzeugt war, dass ein Reformweg gangbar und notwendig war. Im Reich handelte er den Augsburger Religionsfrieden von 1555 aus. In seinen eigenen Gebieten konnte die Reformation relativ ungehindert voranschreiten. Radikal vorgegangen wurde nur gegen die Wiedertäufer, die in einigen Städten, besonders in Steyr, viele Anhänger gefunden hatten.[168] Aber in der Frage der Nachfolge für seinen Bruder, den amtsmüden Kaiser, wäre es fast zum Bruch gekommen, weil Karl seinen Sohn Philipp gerne auf dem Kaiserthron gesehen hätte. Doch nachdem der Kaiser 1556 völlig erschöpft abgedankt hatte, gelang es den Kurfürsten, die von Karl angestrebte Nachfolge seines Sohnes Philipp zu verhindern. Das Haus der Habsburger spaltete sich damit in zwei Linien, die spanische und die österreichische. Im Reich waren sie nicht zu übergehen: Ihre Erblande zusammen mit den böhmischen Ländern und dem burgundischen Reichskreis machten gut ein Drittel des Reiches aus. Dazu kamen noch die Ansprüche auf Ungarn mit seinen Nebenreichen und natürlich die spanische Verwandtschaft mit ihren ungeheuren Ressourcen.

Ferdinands Ehe mit Anna wurde von den Zeitgenossen als gut beurteilt. Mit fünfzehn Kindern hatte die Kaiserin die in sie gesetzten Erwartungen erfüllt. Bei der letzten Entbindung verstarb sie. Im Prager Veitsdom erhielt sie ein prächtiges Marmorgrab, das nach Ferdinands Vorgaben ein realistisches Abbild der Königin enthalten sollte, mit Königskrone und Zepter und allen ihren Titeln. Drei ihrer Söhne und neun Töchter erreichten das Erwachsenenalter. Der älteste Sohn Maximilian folgte dem Vater in Ober- und Niederösterreich, den böhmischen und ungarischen Ländern und 1558 auch als Kaiser nach. Ferdinand, der 1557 eine berühmte, aber nicht standesgemäße Ehe mit der reichen Bankierstochter Philippine Welser eingegangen war, erhielt Tirol und die Vorlande, Karl die Steiermark, Kärnten und Krain. Es kam wieder zu den bekannten Problemen mit den Herrschaftsteilungen.

Söhne zerreißen die Staaten, Töchter führen sie zusammen, meinte Ferdinand.[169] Bei den Söhnen hatte er Recht. Aber auch die Ehen und Lebensläufe der neun Töchter endeten fast durchgehend in Katastrophen. Besonders unglücklich war das Schicksal der ältesten Tochter Elisabeth, die 1527, erst wenige Monate nach ihrer Geburt, dem damals siebenjährigen polnischen Thronfolger Sigismund versprochen worden war. Als 1538 die Ehe in Vertretung geschlossen wurde, begann sie zu weinen. 1543 fand das Beilager in Krakau statt. Doch die Probleme häuften sich. Elisabeth litt an Epilepsie. Der Polenkönig wollte sich scheiden lassen, nicht nur wegen der Krankheit, sondern auch wegen der ausbleibenden Kinder. Elisabeth starb 1545 neunzehnjährig nach zwei hasserfüllten Ehejahren; möglicherweise wurde sie von ihrer Schwiegermutter vergiftet.

Auch Anna, die zweitälteste Tochter, sollte eine politische Verbindung absichern, und zwar mit Bayern, und Maria, die dritte Tochter, mit Herzog Wilhelm von Jülich-Kleve-Berg. Katharina musste den buckligen Herzog von Mantua, Francesco III. Gonzaga, heiraten. Die Ehe dauerte kaum ein Jahr. Der 17-jährige Bräutigam starb an einer Lungenentzündung. Danach wurde sie an den Polenkönig verheiratet, der schon Elisabeth so unglücklich gemacht hatte. Doch bald nach der Hochzeit gab es auch diesmal Probleme: ausbleibende Kinder, Epilepsie. Als sie schwer erkrankte, vermutete man neuerlich den Versuch eines Giftmords; 1566 verließ sie den polnischen Hof und zog sich nach Linz zurück.

Barbara und Johanna wurden ebenfalls nach Italien verschickt, Barbara nach Ferrara, Johanna nach Florenz. Auch ihnen wurde das Leben zur Qual. Aber nicht alle Töchter waren begehrt: Magdalena, Margarethe und Helena galten als unschön oder sogar hässlich. Sie konnten oder wollten nicht vermittelt werden. Sie wählten den geistlichen Stand und gründeten ein Kloster, das »Königliche Frauenstift« in Hall in Tirol.

Ferdinand starb in Wien. Er konnte zufrieden sterben. Er hatte vieles zuwege gebracht. Wien war aufgeblüht. Aber begraben wollte er in Prag sein, nicht nur, weil er den Wienern noch immer misstraute, sondern weil Prag die weitaus reichere und von den Osmanen viel weiter entfernte Stadt war. Sein riesiges Grabmal steht im Veitsdom. Sein Wahlspruch *Fiat iustitia aut pereat mundus,* »Gerechtigkeit muss sein, sonst geht die Welt zugrunde«, wurde später durch eine Umdeutung des Wortes »aut« zur kompromisslosen Aussage: »Es soll Gerechtigkeit geschehen, auch wenn die Welt darüber zugrunde geht«, was sicher nicht den Intentionen des Kaisers entsprochen hatte.

DIE WELT IST NICHT GENUG PHILIPP II.

PHILIPP II.
*21. MAI 1527 IM PALACIO DE PIMENTEL, VALLADOLID
†13. SEPTEMBER 1598 EL ESCORIAL
1556–1598 SPANISCHER KÖNIG

Von Karl V. sagte man, dass in seinem Reich die Sonne nicht unterging. Aber erst sein Sohn Philipp II. war der wirkliche Weltenherrscher. Schon das spanische Reich, das er von Karl übernommen hatte, war ein Weltreich, doch erst der Erwerb Portugals mit seinen weltumspannenden kolonialen Stützpunkten (1580) machte seine Herrschaft wirklich weltumfassend: Von den Azoren über Brasilien, Angola und Ostafrika bis nach Indien, Indonesien und Japan gab es überall Stützpunkte und Niederlassungen, von denen aus man den Handel mit Gewürzen, Luxusprodukten und Sklaven kontrollieren konnte.[170] Aber Philipps Motto *Non sufficit orbis* (»Die Erde ist nicht genug«) ging weit darüber hinaus. Es war ein viel totalitärerer Anspruch als das Plus ultra seines Vaters. Es ging nicht nur um Territorien und Untertanen, sondern auch um deren Seelen. Er wolle lieber alle seine Länder und auch sein Leben verlieren, als über Häretiker zu herrschen, sagte er.[171]

Philipp II. war ein missionarischer Katholik, der sich nicht nur dazu berufen fühlte, den katholischen Glauben in den von ihm regierten Ländern mit allen Mitteln durchzusetzen und die Einheit des christlichen Glaubens zu sichern, sondern auch alles Nichtchristliche gewaltsam zurückzudrängen. Seine Inquisition ging gegen vermutete Ketzer genauso vor wie gegen Juden und Mohammedaner. Die spanischen Mauren wurden ausgelöscht, die Juden vertrieben. Der protestantische Aufstand in den Niederlanden sollte niedergeschlagen und England der katholischen Konfession zurückgewonnen werden.

Karl V., der in den Niederlanden aufgewachsen war und in mehreren Schritten Französisch, Spanisch, Portugiesisch, Deutsch und Italienisch gelernt hatte, hatte seinem Sohn und Nachfolger drei gute Ratschläge mitgegeben. Erstens: »Ihr seht, wie viele Länder ihr zu beherrschen habt und wie viele Sprachen dort gesprochen werden.« Es sei unbedingt notwendig, von den Untertanen verstanden zu werden und sie zu verstehen.[172] Aber Philipp folgte dem Rat nicht: Er verstand nur Spanisch als

Alonso Sánchez Coello, Philipp II.
Museo del Prado.

seine Muttersprache und Portugiesisch als Sprache seiner ersten Ehefrau. Für alles andere, Italienisch, Katalanisch und Niederländisch, nicht zu vergessen Englisch, Französisch und Deutsch, die Sprachen seiner weiteren drei Ehefrauen Maria Tudor, Isabel von Valois und Anna von Österreich, brauchte er Übersetzer. Aber ungebildet war Philipp nicht. Zu seinem Lebensende umfasste seine Privatbibliothek, die als die größte des damaligen Abendlandes galt, mehr als 13.500 Bände, darunter Handschriften in Griechisch, Hebräisch und Arabisch.

Der zweite Ratschlag des Vaters lautete: »Höre alle, entscheide allein!«[173] Philipp hatte natürlich auch Ratgeber. Aber er traute niemandem. Von ihm sind Berge von Akten erhalten, die er alle selber bearbeitet hat. Er delegierte nichts. Jede Kleinigkeit war ihm wichtig.

Und Karl hatte Philipp zusätzlich noch geraten, auch beim Sex enthaltsam zu sein. Da mag er vielleicht an die Erzählungen über seinen Vater Philipp den Schönen gedacht haben, wobei dieser sicher nicht an zu viel Liebe, sondern eher an zu viel Alkohol verstorben war: »Wenn ihr die Ehe vollzogen habt, dann verlasst sie«, befahl Karl seinem Sohn, als es um die Heirat mit Mary Tudor ging.[174] Philipp tat das, reiste nach England, um Mary zu heiraten und segelte eine Woche nach der Hochzeit zur Demission seines Vaters nach Brüssel. Mary, die auch als Maria die Katholische oder *Bloody Mary* bekannt ist, verstarb 1558, ohne Kinder zu hinterlassen. Eine weitere Ehe Philipps mit ihrer Halbschwester Elisabeth kam nicht zustande. Sie lehnte das Heiratsangebot ab. Damit war Philipps Rolle als englischer König oder Prinzgemahl zu Ende.

Niemand war mächtiger als Philipp. Die spanischen Truppen schienen unbesiegbar, die spanischen Schiffe unverwundbar und die spanischen Geldmittel unerschöpflich. Mit den amerikanischen Kolonien hatte er die größten Silbervorkommen und Goldschätze der Welt geerbt. Es war Spaniens *siglo d'oro*. So viel Gold wie in den spanischen Kirchen und Palästen glänzte sonst nirgends in Europa. Auch für Spaniens Literatur, Malerei und Lebensstil war es das »goldene Jahrhundert«. Man brauche sich nur auszudenken, so Fernand Braudel, wie mächtig Philipp II. erst hätte werden können, wenn es ihm geglückt wäre, seinem Vater Karl als Kaiser nachzufolgen oder wenn nicht ein unglücklicher Zufall, der plötzliche Tod Maria Tudors, dem englisch-spanischen Bündnis und damit auch dem Traum von einem englisch-niederländischen Staat an den Ufern der Nordsee ein Ende gemacht hätte.[175]

Aber Philipp hatte nicht nur einen Berg von Silber, sondern auch einen Berg von Problemen übernommen oder auch verursacht: Die Vernichtung der Mauren zerstörte die blühende Seidenwirtschaft Südspaniens, die Vertreibung der Juden raubte dem Land die innovativsten Elemente, der Kampf in den Niederlanden betraf die reichsten Provinzen, mit den Osmanen im Mittelmeer wurde man nicht fertig, auch wenn Juan d'Austria bei Lepanto einen glänzenden Seesieg errungen hatte, dessen Folgen aber rasch verpufften, und Frankreich und England wurden im

Atlantik immer stärker. Schwere Stürme und die englische Flotte vernichteten 1588 die Große Armada. Die Inflation schmälerte den Wert der Fracht der Silberflotten. Nicht die Engländer, die die Armada bekämpften, auch nicht die Piraten, die die Silberschiffe kaperten, sondern Gott habe ihn besiegt, musste sich Philipp zuletzt eingestehen. In Wahrheit hatte er sich selbst besiegt.

Nach seinem überwältigenden Sieg über Frankreich in der Schlacht von Saint-Quentin am 10. August 1557, dem Gedenktag des heiligen Laurentius – da war er am Höhepunkt seiner Macht –, hatte Philipp geschworen, ein Kloster zu errichten. Ausgewählt wurde der kleine kastilische Ort El Escorial (»die Schutthalde«), etwa 50 Kilometer nordwestlich von Madrid am Fuß der Sierra de Guadarrama. Es wurde der größte Renaissancebau der Welt: Der Klosterpalast wurde 1563 begonnen und in 21 Jahren vollendet. Er umfasste 2.000 Räume, 16 Innenhöfe, 12 Kreuzgänge, 88 Brunnen und 86 Treppenaufgänge, ein Kloster für die Hieronymiten, einen Palast für Philipp, ein Mausoleum für die spanischen Könige, eine Bibliothek mit 14.000 Bänden und eine riesige Reliquiensammlung. Von Zeitgenossen wurde der Bau als »achtes Weltwunder« oder »Herzkammer der spanischen Seele« bezeichnet. Kalt und prächtig. Hier bleibt es immer kühl, auch an den heißesten Tagen.

Nach 1559 hat Philipp die iberische Halbinsel nicht mehr verlassen. Er regierte vom Schreibtisch aus.[176] Er war der erste Herrscher, von dem bekannt ist, dass er Brillen benutzte. Er trug nur mehr schwarze Gewänder, aß jeden Tag pünktlich die gleichen Speisen und machte täglich die gleiche Ausfahrt durch die einsame Hochebene der Sierra. Philipp war vereinsamt. Nicht zuletzt ängstigten ihn die Probleme mit seinem Sohn Don Carlos, an dessen Geburt seine erste Gattin verstorben war. Denn ganz anders als in Schillers Drama und in Verdis Oper galt der echte Carlos als unberechenbar, jähzornig und alkoholsüchtig. Das Verhältnis zu seinem Vater verschlechterte sich immer mehr. Als Carlos 1568 mit 23 Jahren unter mysteriösen Umständen starb, war sein Vater zwar von einer menschlichen Hypothek erlöst, stand aber wieder ohne männlichen Thronerben da. Nach drei Ehen, mit Maria von Portugal, Maria Tudor und Elisabeth von Valois brachte erst die vierte Ehe mit seiner Nichte Anna von Österreich, die um 22 Jahre jünger war als er, den sehnlichst erwarteten Thronfolger.

Philipps Ende war fürchterlich. Schon in jungen Jahren hatte er an der Gicht gelitten. Ab dem Jahr 1592 wurde sein Zustand so schlecht, dass ihm jede Bewegung höllische Schmerzen bereitete. Er dachte immer häufiger an den Tod. Doch es wurde ein langes Sterben. Ende Juni 1598 ließ er sich von Madrid in den Escorial tragen. Er konnte das Bett nicht mehr verlassen. Abgemagert bis aufs Skelett, quälten ihn hohes Fieber und unerträglicher Durst. Das Weihwasser, mit dem er sich immer wieder bespritzen ließ, linderte vielleicht die seelischen Qualen, aber nicht die körperlichen Schmerzen. Er starb am 13. September 1598.

DIE ZEIT DER GROSSEN ZWEIFLER MAXIMILIAN II.

MAXIMILIAN II.
*31. JULI 1527 WIEN; †12. OKTOBER 1576 REGENSBURG
1564–1576 RÖMISCH-DEUTSCHER KAISER

Maximilian II. ist ein ziemlich vergessener Habsburger.[177] Dabei war er eine recht modern anmutende Persönlichkeit. Religiöse Zweifel beschäftigten ihn unentwegt. Schon im jugendlichen Alter trieben seine Sympathien für die Lutherischen seinem ohnehin toleranten Vater Ferdinand die Zornesröte ins Gesicht.[178] Maximilian galt im Umgang mit Partnern und Untergebenen als äußerst liebenswürdig. Zeitlebens sprach und schrieb er das Deutsch seiner Tiroler Mundart, die er in seiner Innsbrucker Kindheit gelernt hatte. Sein Vater war zwar über unverzeihliche Jugendsünden des Sohnes besorgt, etwa über Trunkenheitsexzesse oder als dieser sich zusammen mit einigen Spießgesellen bei der Durchreise im bayerischen Grenzort Mittenwald »etliche Weiber zusammengefangen« hatte. Aber noch ernster musste er dessen immer offenkundiger werdenden Sympathien für Luthers Lehre nehmen.[179] Auch die »spanische« Erziehung half da nicht viel. Aber Maximilian hatte gute Lehrer und beherrschte sechs Fremdsprachen: Französisch, Spanisch, Latein, Italienisch, Tschechisch und Ungarisch.

Maximilian wollte zwischen den beiden Bekenntnissen stehen, die seit dem Augsburger Religionsfrieden das kirchliche Leben des Reichs prägten. Man hat ihm immer wieder vorgeworfen zu »simulieren«, sich zu verstellen und sich nie eindeutig für eine Seite entschieden zu haben. Er war der Monarch, der den Religionsfrieden leben wollte, weil er selbst nie genau wusste, wo er hingehörte. Für dogmatische Streitigkeiten und Spitzfindigkeiten hegte er kein Verständnis. Er sei, erklärte er dem päpstlichen Abgesandten, »weder Papist noch Evangelist, sondern ein Christ«.[180] Weil er an die von der römisch-katholischen Theologie vertretene »Wesensverwandlung« von Brot und Wein in den Leib und das Blut Jesu Christi in der heiligen Messe nicht glauben wollte und eher der von den Lutheranern vertretenen nur symbolischen Wandlung zuneigte, verzichtete er auch anlässlich der Kaiserkrönung auf die Kommunion und verweigerte auch auf dem Totenbett die Sterbesakramente: Nicht

Guillaume Scrots (zugeschrieben), Maximilian II. um 1544. Kunsthistorisches Museum, Wien.

Kaiser Maximilian II. und seine Familie:
Gattin Maria von Spanien und die Kinder Anna, Rudolf und Ernst.
Gemälde von Giuseppe Arcimboldo, um 1553.
Kunsthistorisches Museum, Wien.

weil er ungläubig war, sondern weil er zweifelte. Er wollte den Laienkelch und die Priesterehe und hielt die Verehrung von Heiligen für sinnlos und götzendienerisch.

Der venezianische Gesandte schwärmte: »Hier in Österreich haben die Menschen gelernt, für einander Verständnis zu zeigen. In gemischten Gemeinden wird selten die Frage gestellt, ob jemand Katholik oder Protestant ist. Protestanten und Katholiken heiraten unter einander ohne Aufsehen.«[181] Maximilian wandte sich strikt gegen jede Gewalt in der Religion. Ob das »Kompromisskatholizismus« oder humanistisches Christentum in der Nachfolge des Erasmus von Rotterdam war, muss man offenlassen. Aber auch wenn Maximilian nicht gewollt hätte, musste er sich angesichts der ständigen Bedrohung durch die Osmanen mit den Protestanten arrangieren: »Der Türk ist der Lutheraner Glück«, hieß es.[182] Seine Regierungszeit war die Blütezeit des Protestantismus in Österreich. Dass er aber selber doch nicht evangelisch wurde, lag einerseits an der mit dem Papsttum und mit dem Katholizismus verknüpften Kaiserkrone, andererseits an den zunehmenden innerprotestantischen Streitigkeiten und dem aufkommenden Calvinismus, den er strikt ablehnte.[183]

Die Habsburger blieben katholisch, obwohl ihnen die Untertanen zur neuen Religion davonliefen. Eine Kirchenreform sollte die Lösung bringen. Im Hintergrund standen die Träger der katholischen Erneuerung: die Jesuiten und anderen Reformorden und ganz allgemein die neue barocke Frömmigkeit. Aber auf Geld und Unterstützung aus Spanien konnte Maximilian doch nicht verzichten. Im Südosten drohten die Einfälle der Türken, im Inneren die unruhiger werdenden Bauern. Der große untersteirisch-slowenische Bauernaufstand (1573) wurde grausam niedergeschlagen. An die 3.000 Aufständische wurden erschlagen, und ihr Anführer Ambroz Matija Gubec wurde, ähnlich wie einst der ungarische Bauernführer György Dózsa, mit einem glühenden Pferdemaulkorb gekrönt und zu Tode gequält.[184]

Schon Maximilians Vater Ferdinand I. hatte fünfzehn Kinder. Aus seiner eigenen Ehe mit seiner Cousine Maria, einer Tochter seines Onkels Karls V. und Schwester Philipps II., gingen insgesamt 16 Kinder hervor, von denen neun das Erwachsenenalter erreichten, davon sechs Söhne. Aber keiner der Söhne hinterließ erbfähige Nachkommen: Rudolf II. und Ernst blieben unverheiratet; Maximilian III. und Wenzel waren als Kleriker dem Zölibat unterworfen. Und die Ehen von Matthias und Albrecht blieben kinderlos.

Seine Gattin Maria von Österreich war eine der am längsten amtierenden Frauen der Renaissance und hinterließ ihre Spuren in vier verschiedenen Rollen: als Infantin, Regentin, Kaiserin und Witwe. Im Auftrag Philipps II. regierte sie von 1548 bis 1551 in Spanien. Nach einem Wiener Zwischenspiel kehrte sie wieder nach Madrid zurück, um während der Abwesenheit ihres Bruders von 1558 bis 1561 noch einmal als Regentin Spaniens zu fungieren. Von 1564 bis 1576 war sie Kaiserin.

Anders als ihr Gatte war sie eine überzeugte Katholikin. Aber vom nicht sehr gläubigen Maximilian wollte sie sich nicht trennen. Sie erklärte, dass sie »keine Ursache des Scheidens« hätte.[185] Als Witwe kehrte sie 1580 nach Spanien zurück und trat in das strenge Madrider Clarissenkloster Las Descalzas Reales ein, wo sie bis zu ihrem Tod 1603 blieb.

Ihre älteste Tochter Anna (1549–1580) war ursprünglich als Frau für den spanischen Infanten Don Carlos vorgesehen, heiratete aber nach dessen Tod ihren Onkel Philipp II., der um 22 Jahre älter war als sie. Hier haben die Legenden um Don Carlos ihren Ursprung: Wilhelm von Oranien, der schärfste Gegner Philipps II., äußerte sich wenig schmeichelhaft über dessen Heirat mit Anna. Er unterstellte Philipp, seine dritte Gemahlin Elisabeth von Valois und seinen Sohn Carlos ermordet zu haben, um die Inzest-Ehe mit Anna eingehen zu können und Carlos aus dem Weg zu haben.[186] Anna hatte damit sicher nichts zu tun. Es wurde eine glückliche Ehe mit dem als so abweisend verschrienen König. Aber sie verstarb 31-jährig, wahrscheinlich an Fehlern ihrer Ärzte, die sie bis zur völligen Blutleere zur Ader gelassen hatten. Die zweite Tochter Elisabeth (1554–1592) wurde 1569 mit dem französischen König Karl IX., dem Sohn Heinrichs II. und der Katharina von Medici, vermählt. Es war dies eine unglückliche Ehe. Nach dem Tod des Gatten (1574) kehrte sie wieder nach Österreich zurück. Als Sühne für das Pariser Protestanten-Massaker im Jahr 1572, die sogenannte »Bartholomäusnacht«, stiftete sie das nach ihr benannte Königinkloster in Wien, wo sie den Rest ihres Lebens verbrachte.[187]

Maximilian umgab sich gerne mit Gelehrten wie dem Botaniker Carolus Clusius oder dem Diplomaten und Erzieher Ogier *(Augerius)* Ghislain de Busbecq. Er interessierte sich für exotische Tiere und Pflanzen und ließ sie wissenschaftlich erfassen. Seine Büchersammlung bildete den Grundstock für die Österreichische Nationalbibliothek. Er war bestrebt, in Wien auch eine Menagerie zu schaffen. Daher ließ er den liebevoll »Soliman« genannten Elefanten, der von Goa nach Lissabon und von dort 1549 als Geschenk der Königin Katharina von Portugal an ihren Enkelsohn Don Carlos an den spanischen Hof gelangt war, 1551 von Spanien nach Wien schaffen. Sein Weg lässt sich durch die »Elefanten-Häuser« in Brixen, Lambach und Linz noch heute nachzeichnen. Im Mai 1552 kam er in Wien an, verendete aber bereits ein Jahr später. 1563 ließ Maximilian in einem großen Spektakel einen zweiten Elefanten bringen.[188] Die sogenannte Stallburg mit ihrem wundervollen Arkadenhof, die jetzt als Unterkunft der Lipizzaner dient, ließ er sich als Residenz errichten. Sein größtes Projekt aber war das »Neugebäude«, eine riesige manieristische Sommerresidenz.

Als es ans Sterben ging, verwehrte er sich strikt gegen den Empfang der Sterbesakramente. Er sagte nur, sein Priester sei im Himmel, er werde es sich überlegen und möchte jetzt seine Ruhe haben. Dann starb er in aller Ruhe.[189]

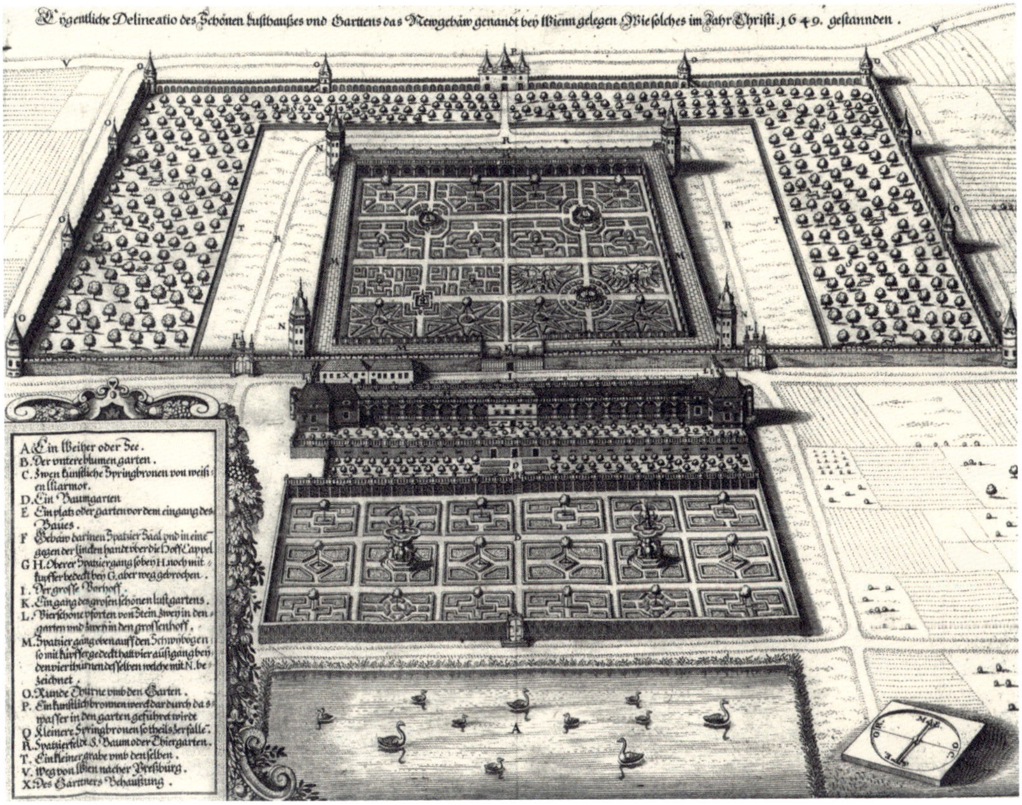

Fig.1

Fig.2

Fig.1 Maximilians größtes Projekt: das »Neugebäude«, eine riesige Sommerresidenz im Stil des Manierismus. Ansicht von Norden nach Süden. Stich von Matthäus Merian dem Älteren, 1649.

Fig.2 Erzherzogin Elisabeth von Österreich, eine Tochter Maximilians II., wurde Königin von Frankreich. Porträt von Francois Clouet, um 1571. Musée Condé.

R

ALCHEMISTEN UND ZAUBERER RUDOLF II.

RUDOLF II.
*18. JULI 1552 WIEN; †20. JANUAR 1612 PRAG
1576–1612 RÖMISCH-DEUTSCHER KAISER

Rudolf II. gilt als der geheimnisvollste aller Habsburger: als religiöser Zweifler und politischer Zauderer, als großzügiger Mäzen und skurriler Sammler, als gebildeter Kunstkenner und verrückter Alchimist. Er war gelehrt und weltkundig. Neben Deutsch sprach er auch Latein, Spanisch, Französisch und Tschechisch. Er interessierte sich für Metallurgie und Alchimie, für Medizin und Botanik und für Astronomie und Astrologie. Die Welt war so groß geworden: Im Großen hatten die Fernrohre sie ins nahezu Unermessliche erweitert, im Kleinen die Mikroskope ganz neue Wirklichkeiten erscheinen lassen. Es gab so viel zu entdecken![190]

An seinem Hof in Prag hatte er ein bizarres Gefolge um sich versammelt: Geisterbeschwörer und Zauberer, Wissenschaftler und Astrologen, Künstler und Ketzer: Einen dänischen Astrologen, der statt seiner im Duell verlorenen Nase eine goldene trug (Tycho Brahe), einen englischen Hierophanten (John Dee), der über den Frauentausch phantasierte, einen irischen Teufelsanbeter und Spiritisten, dem vom Henker die Ohren abgeschnitten worden waren (Edward Kelley), kurzzeitig auch einen neapolitanischen Agnostiker (Giordano Bruno), der wegen seines Glaubens an unendlich viele andere Welten verfolgt wurde und im Jahr 1600 als Ketzer in Rom zum Tod auf dem Scheiterhaufen verurteilt wurde. Dazu italienische Mätressen und jüdische Alchemisten, exzentrische Maler wie Giuseppe Arcimboldo, der skurrile Gemüse- und Obstkopfporträts erfand, und Bartholomäus Spranger, der für den Kaiser lüsterne alte Männer mit jungen Frauen malen musste, den geheimnisvollen jüdischen Gelehrten und angeblichen Golem-Schöpfer Rabbi Löw und den die Welt umstürzenden Astronomen Johannes Kepler, der von Ferdinand aus Graz vertrieben worden war und bei Rudolf Aufnahme fand. Kepler widmete ihm zum Dank die Rudolfinischen Tafeln, aus denen er seine drei Planetengesetze ableiten konnte und die für die Befahrung der Meere von unschätzbarem Wert wurden.[191] Schon Rudolfs Wahlspruch *Fulget caesaris astrum* (»Es leuchtet des Kaisers Stern«) wies in eine magische

Joseph Heintz der Ältere, Kaiser Rudolf II.
Kunsthistorisches Museum, Wien.

Richtung. Rudolfs Lebenslagen pendelten zwischen Erotomanie und völliger Lustlosigkeit, zwischen Desinteresse und übersteigerter Aktivität, zwischen blinder Zuneigung und unvermitteltem Vertrauensentzug.

Rudolf war als ältester Sohn Maximilians II. im Jahr 1576 mit 24 Jahren Kaiser geworden. Schon vorher war er seinem Vater als König von Böhmen und Ungarn nachgefolgt. Von seiner 36-jährigen Regentschaft ist kulturell der große geistige und künstlerische Freiraum im Bewusstsein geblieben, der sich rund um ihn am Prager Hof auftat, politisch aber nur das schlimme Ende des »Bruderzwists«, der den Dreißigjährigen Krieg vorbereitete. Die Meinungsunterschiede zwischen ihm und seinen sich übergangen fühlenden jüngeren Brüdern, die sich bis zum unversöhnlichen Hass und zum offenen Kampf steigerten, gewährten seinen Gegnern nicht nur politische Spiel-, sondern auch religiöse Freiräume.

Die gravierendsten Probleme seiner langjährigen Regierungszeit waren die konfessionellen Spannungen, die Bedrohung durch die Türken, der Bauernkrieg von 1595/97 in Ober- und Niederösterreich und die sich verstärkenden wirtschaftlichen Krisen in Landwirtschaft und Bergbau, nicht zuletzt im Zusammenhang mit der sogenannten »Kleinen Eiszeit«. Mit dem Augsburger Religionsfrieden von 1555 war im Reich zwar eine mehr als ein halbes Jahrhundert lang dauernde, mehr oder weniger stabile religiöse Friedensperiode eingeleitet worden, aber ringsherum tobten Kämpfe. In der Seeschlacht von Lepanto, dem an Menschenleben verlustreichsten einzelnen Kampf der gesamten Seekriegsgeschichte, errang die Heilige Liga, der u. a. Venedig, der Kirchenstaat und Spanien angehörten, unter dem Oberbefehl von Don Juan d'Austria, dem illegitimen Sohn Karls V., 1571 einen großen Sieg über die um vieles stärkere osmanische Flotte. Auf dem Balkan aber gab es ein dauerndes Hin und Her. Der »Lange« oder »Fünfzehnjährige« Türkenkrieg zwischen 1592 und 1606 brachte der international zusammengesetzten habsburgischen Kriegsmacht zuerst zwar beträchtliche Erfolge, doch die Hauptschlacht bei Mezőkeresztes im Oktober 1596 gewannen die Osmanen. Am Ende schloss Rudolfs jüngerer, von ihm besonders gehasster Bruder Matthias 1606 einen Friedensvertrag, den Rudolf nicht hinnehmen wollte.

Im Verlauf der 2. Hälfte des 16. Jahrhunderts waren die habsburgischen Erblande – trotz der im Augsburger Religionsfrieden vorgesehenen Ausrichtung der Religion der Untertanen an der des Landesherrn – weitgehend protestantisch geworden. Dem Kaiser wurde von seinen streng katholischen Brüdern unterstellt, verhext zu sein und heimlich mit dem Luthertum zu sympathisieren. Die katholischen Klöster steckten in einer tiefen Krise. Ihre Konvente waren dahingeschmolzen. Die Macht der überwiegend evangelisch gewordenen Stände wuchs. Das ganze 16. Jahrhundert über war Wien Grenzstadt. Die Wiener Hofburg war klein und veraltet. Das riesige, südländisch anmutende Sommerschloss, das sich Kaiser Maximilian II. in Simmering erbauen hatte lassen, das sogenannte Neugebäude, war für einen Daueraufenthalt im kalten Norden wenig geeignet und wurde dem Verfall überlassen. Rudolf beschloss, nicht in Wien oder gar im kleinen Linz, sondern in Prag zu residieren. Das Hinterland war hier reicher. Die Türken waren weiter weg. Und alles konnte glanzvoller und imperialer sein.

Aber Rudolf vereinsamte immer mehr. Schon vom Charakter her stolz und distanziert, trug die Strenge des spanischen Hofzeremoniells, mit dem er erzogen worden war, das Ihre dazu bei. Psychische Krisen verbanden sich mit körperlichen Leiden. Er fürchtete sich vor Hexen und Vergiftungen. Er misshandelte seine Untergebenen, hegte immer wieder Selbstmordpläne und versuchte, seine Leiden durch übermäßigen Alkoholgenuss zu überdecken. Übersteigerte Verschwendungssucht wechselte mit Phasen völliger Lethargie. Der Einfluss von Beratern, die eigene Ziele verfolgten, und schließlich die sich verschlimmernde Krankheit, für die er kein Verständnis erwarten konnte, mündeten zuletzt in völlige Apathie bei gleichzeitig übersteigertem Selbstbewusstsein. Es wurde immer klarer, dass der Kaiser geisteskrank war. Das Passauische Kriegsvolk, das sein Cousin Bischof Leopold von Passau zum Schutz oder zur Überwachung nach Prag geschickt hatte und das dort schrecklich hauste, führte zum völligen Vertrauensverlust in Bezug auf den Herrscher. Man sei sich unter den Katholiken Prags einig, dass der Kaiser verhext und mit dem Teufel im Bunde sei, schrieb der päpstliche Nuntius.

Zu einer Heirat hatte sich Rudolf nie entschließen können. Das musste in einem System, wo legitime Erben und sichere Erbfolge so viel bedeuteten und Erbfolgekriege an der Tagesordnung waren, verdächtig und problematisch erscheinen. Dabei hatte er keineswegs den Ruf eines Frauenfeindes, sondern eher den von sexueller Unersättlichkeit. Die Frauen seien ihm aus der ganzen Welt – davon nicht wenige aus dem damaligen Sündenbabel Venedig – zugeführt worden. Ottavio da Strada nannte bis zum Jahr 1603 vier Konkubinen, wobei er jedoch nur diejenigen anführte, die dem Kaiser namentlich bekannte Kinder geschenkt hatten.[192] Der venezianische Gesandte schrieb vom Hof in Prag: »Die Kinder des Kaisers stammen von verschiedenen Frauen von niederem Stand und öffentlichem Gewerbe.« Kaum eine der Mätressen konnte sich länger als eine Woche der Gunst Rudolfs erfreuen. Im Jahr 1607 bat eine Frau Katharina Wagner aus Prag um eine Ergötzlichkeit, weil sie »fünf leibliche Kinder des Kaisers von ihrer kleinsten Kindheit an erzogen und dabei große Sorge und Kümmernis« gehabt hatte. Peter von Vischer, der Vertreter von Erzherzog Albrecht am Kaiserhof, berichtete, dass dem Kaiser noch am Tage vor seinem Tode eine Tochter geboren worden sei.

Rudolf war leiblicher Vater zahlreicher unehelicher Kinder. Sechs davon – drei Söhne und drei Töchter – hat er legitimieren lassen und mit glanzvollen Fantasietiteln ausgestattet. Die Töchter wurden als Äbtissinnen in Klöster gesteckt, die Söhne starben jung, als Taugenichtse und Verschwender. Die Exzesse des ältesten, des berüchtigten Don Julio

Der Kaiser wurde selbst Teil seiner Wunderkammer:
Rudolf II. als Vertumnus.
Gemälde von Giuseppe Arcimboldo, 1590.

(Don Julius Caesar d'Austria), der auf Schloss Krumau mit schweren psychopathischen Anfällen bis hin zu abartigen sexuellen Praktiken seine Umgebung in Angst und Schrecken versetzte, steigerten sich bis zu einem verbürgten, aber vertuschten Lustmord: Im Oktober 1607 war es zu einer dramatischen Zuspitzung gekommen, als Don Julio eine seiner Geliebten, die Tochter des Krumauer Baders, mit mehreren Stichwunden in Brust und Unterleib malträtierte, sie dann aus dem Fenster des Schlosses warf und zuletzt ermordete und zerstückelte. Er ließ daraufhin niemanden mehr an sich heran, verweigerte jegliche Körperhygiene und starb zuletzt vollkommen verwahrlost und dem Wahnsinn verfallen im Jahre 1609.[193]

An allen Höfen Europas wusste man von den Zuständen in Prag. Rudolfs strenggläubiger Vetter Erzherzog Ferdinand, sein späterer Nachfolger als Kaiser, berichtete seiner Mutter: »Der Kaiser ist zu wenig fromm, umgibt sich mit Astrologen und Zauberern. Das schreckliche Ereignis mit seinem ältesten Sohn zeige, wohin so etwas führt.«[194] Manche vermuteten, der Kaiser sei völlig glaubenslos geworden. Den Protestanten war er zu katholisch, seinen Brüdern hingegen zu tolerant. Georg Erasmus Freiherr von Tschernembl, der calvinistische Führer der evangelischen Ständeopposition in Ober- und Niederösterreich, äußerte 1608 erstmals den Gedanken, die Habsburger abzusetzen und eine andere Dynastie in Aussicht zu nehmen.[195] Rudolfs Brüder wählten einen einfacheren Weg: Sie erklärten den Kaiser für geisteskrank und bestimmten Matthias zum Familienoberhaupt. Schließlich zog Matthias triumphierend in Prag ein und ließ sich am 23. Mai 1611 zum böhmischen König krönen. Rudolf, schrieb sein bester Biograf R. J. W. Evans, wurde zuletzt selbst Teil seiner Wunderkammer.[196] Er war nur mehr ein Kaiser ohne Land und ein Gefangener auf dem Hradschin. Dort starb er 1612, ohne gebeichtet oder die Sterbesakramente empfangen zu haben. »Prag, Prag«, fluchte er verbittert und enttäuscht, »ich habe dich berühmt gemacht, und nun jagst du mich fort.«[197] Sein von ihm so gehasster Bruder Matthias wurde zum neuen Kaiser gewählt. Aber dieser war genauso lethargisch und untätig.

Bei allen moralischen Vorbehalten, die man haben kann: Rudolfs freisinniger und freigeistiger Lebensstil hat Prag für kurze Zeit zu großer geistiger und künstlerischer Blüte verholfen. Der zu Rudolfs Zeit berühmte Jurist Melchior Goldast schrieb in sein lateinisch verfasstes Tagebuch: »Kaiser Rudolf soll ein hochverständiger weiser Fürst gewesen sein, durch dessen großes Geschick dem Reich so lange der Frieden erhalten geblieben ist. ... Er war ein Mensch, der an nichts Gemeinem und Gewöhnlichem Geschmack fand, alles Gewöhnliche verachtete und allein das Seltene und Bewundernswerte liebte.«[198]

Aber erstaunlich wenig ist aus dieser Zeit erhalten geblieben. Das prächtige Schloss Neugebäude, das Kaiser Maximilian II. in Simmering errichten ließ, einmal das größte Renaissanceschloss nördlich der Alpen, ist nur mehr ein Schatten seiner selbst. Vom Linzer Schloss, das für Maximilian und Matthias glanzvoll ausgebaut worden war, blieb nach einem

Großbrand nur ein recht einförmiger Klotz, von der Grazer Burg überhaupt nur der Uhrturm. Dass in den Klöstern kaum etwas an diese Phase erinnert, ist wenig verwunderlich. Aber es gibt in Österreich auch nur wenige protestantische Kirchenbauten aus dieser Zeit. Am ehesten merkt man den früheren Glanz in den ständischen Landhäusern in Wien, Linz, Graz oder Klagenfurt, in den Schlössern des Adels und in den bürgerlichen Bauten in den Städten. Selbst von den unermesslichen Schätzen, die der sammelwütige Kaiser anhäufte, ist vergleichsweise wenig übrig geblieben. Die Schweden haben im Dreißigjährigen Krieg den größten Teil als Beute abtransportiert und in alle Welt verstreut. Vieles ist von späteren Generationen auch wenig geschätzt worden, und doch hat es immer noch gereicht, den riesigen Grundstock für das Wiener Kunsthistorische Museum abzugeben. Die prunkvolle Hauskrone, die sich Rudolf 1602 anfertigen ließ, wurde 1804 zur neuen Kaiserkrone des Vielvölkerstaates Österreich.

Der Astronom im Tempel der Urania:
Frontispiz der »Tabulae Rudolphinae« von
Johannes Kepler, 1627. Stich von Georg Köler.

EIN BRUDERZWIST IN HABSBURG
MATTHIAS

MATTHIAS
*24. FEBRUAR 1557 WIEN; †20. MÄRZ 1619 WIEN
AB 1608 KÖNIG VON UNGARN UND AB 1611 KÖNIG
VON BÖHMEN, 1612–1619 RÖMISCH-DEUTSCHER KAISER

»Das ist der Fluch von unserm edlen Haus:/Auf halben Wegen und zu halber Tat/Mit halben Mitteln zauderhaft zu streben.« Österreichs Nationaldichter Franz Grillparzer, der mit seiner Obrigkeit nicht immer gnädig umging, hat diesen beißenden Satz Kaiser Matthias in den Mund gelegt. Von Grillparzer war das als Charakterisierung der gesamten Dynastie gedacht. Kaiser Matthias beschreibt sich damit aber vor allem selbst. Das Kennzeichen seines Lebens war die Halbheit. Nichts hat er zu Ende geführt. Matthias war bei seinem Amtsantritt über 50 Jahre alt, noch unverheiratet, kinderlos und intrigant: »Er war ein Mann von Herrschsucht und gänzlich ohne die Kraft, sie zu verwirklichen; tückisch und träge.«[199] Seine Brüder waren Rudolf (der spätere Kaiser), Ernst von Österreich (der Statthalter in den Niederlanden), Maximilian (der Hochmeister des Deutschen Ordens), Albrecht (der Erzbischof von Toledo und spätere Statthalter der Niederlande) und Wenzel (der Großprior des Johanniterordens in Kastilien). Außerdem hatte er sechs Schwestern. Wie sie alle zufrieden stellen?

Matthias' Hoffnung, sich in den Niederlanden eine eigene Machtbasis aufbauen zu können, scheiterte kläglich. Dann bemühte er sich mehrmals vergeblich um eine Wahl zum Bischof, so in Münster, Lüttich und Speyer. Ebenso aussichtslos waren 1586 die Verhandlungen über die Nachfolge des polnischen Königs Stefan Bathory. Auch bewarb er sich um die Regentschaft in Tirol und den Vorlanden. 1593 kehrte er nach Wien zurück, wo er anstelle seines älteren Bruders Ernst Statthalter für Nieder- und Oberösterreich wurde. Dort war seine Tätigkeit von drei Elementen geprägt: erstens von der Auseinandersetzung mit dem mächtigen ständischen Adel, zweitens von dem sich unter seinem Berater Bischof Melchior Khlesl verstärkenden gegenreformatorischen Druck auf die Städte und schließlich vom sogenannten »Langen Türkenkrieg« von 1593 bis 1606. Im niederösterreichischen Bauernkrieg von 1595 bis 1597 trat Matthias für ein grausames Vorgehen ein, das

Hans von Aachen, Matthias. Rijksmuseum, Amsterdam.

eigentlich recht kontraproduktiv war: Er empfahl nicht nur ausdrücklich, den Anführern der Aufständischen Nase und Ohren abzuschneiden, sondern auch die Finger und die rechte Hand. »Denn das wird sie mehr als die Nase schrecken, weil sie dann zu keiner rechten Arbeit mehr tauglich seien«[200] – so, als würden die Bauern für jemand anderen arbeiten als für ihre Herren!

Er drängte auch auf einen schärferen Kurs gegen die Protestanten. Im November 1600 kam in Schottwien ein Vertrag zwischen den Erzherzögen Matthias, Maximilian und Ferdinand gegen ihren Bruder Rudolf zustande. Im Jahr 1606 erklärten die Erzherzöge den Kaiser für geisteskrank und Matthias zum neuen Familienoberhaupt. Mit der im Horner Bund gegen ihn vereinigten evangelischen Ständeopposition, die die Einstellung der Gegenreformation und die Bestätigung der ihnen von Maximilian II. gewährten Religionsfreiheiten forderte, schloss er 1609 einen Vergleich: In der sogenannten »Religionskapitulation« bestätigte und erweiterte Matthias die Religionsfreiheiten des Adels. 1611 war er am Ziel: Am 23. Mai 1611 wurde er zum König von Böhmen gekrönt. Rudolf, nur mehr ein Kaiser ohne Land, behielt die kaiserliche Würde nur durch den persönlichen Einsatz eines Protestanten, des Kurfürsten Christian von Sachsen. Ein letzter Schlag traf Rudolf noch, als die Fürsten – kaiserliches Recht missachtend – von sich aus auf die Regelung der Nachfolge drangen und einen Wahltag ausschrieben. Der Tod Rudolfs II. am 20. Januar 1612 beendete den Bruderzwist endgültig zugunsten des Erzherzogs. Nun war Matthias Kaiser. Sein Wahlspruch *Concordia lumine maior,* »Eintracht ist stärker als Licht«, hätte kaum realitätsfremder ausfallen können. Aber von ausländischen Beobachtern wurde er als umgänglich und freundlich beschrieben.[201]

Als er das Ziel seiner Wünsche erreicht hatte, war er ängstlich, unsicher und gichtkrank. Er setzte kaum politische Akzente, sondern feierte glänzende Feste und versuchte, das nachzuholen, wovon er ein Leben lang geträumt hatte. Aber dazu war es zu spät. Einer der Vorwürfe während des Bruderzwists war, dass Rudolf eine Heirat verweigert und damit eine Nachfolgeregelung mit legitimen Söhnen unmöglich gemacht hatte. Aber Matthias selbst war ebenfalls die längste Zeit unverheiratet geblieben und brachte es auch, als er sich 1611 im Alter von 44 Jahren ganz kurz vor Rudolfs Tod endlich zu einer Heirat entschloss, zu keinen Nachkommen mehr. Auch dazu war es zu spät. Seine Gemahlin Anna von Tirol war eine bereits alte und übertrieben fromme Frau. Sie war außergewöhnlich korpulent, als *monstreux de voir* – »schrecklich anzusehen« –, charakterisierte sie ein Botschafter.[202] Sie brachte die Kapuziner nach Wien und versuchte, deren Askese zu leben. Sie besaß eine silberne Peitsche, mit der sie sich, wann immer sie »gesündigt« hatte, regelmäßig selber züchtigte.[203] Wie oft das der Fall war, weiß man nicht. Wahrscheinlich täglich. Denn man sündigt ja auch täglich.

Matthias starb kinderlos am 20. März 1619 in Wien. Er wurde nach Fertigstellung der von seiner Frau begründeten Kapuzinergruft als erster Kaiser dort begraben. Das bedeutendste Ereignis seiner Herrschaft aber war der sogenannte Zweite Prager Fenstersturz vom 23. Mai 1618, ein Gewaltakt, der als Komödie begann und zu einer Tragödie wurde, die mit der größten Katastrophe der frühen Neuzeit endete. Der todkranke Kaiser Matthias konnte nur verzweifelt in sein Betttuch beißen und musste widerwillig den ungeliebten Ferdinand zu seinem Nachfolger bestimmen: »Machtlos wie Du, wank ich der Grube zu«, klagt Matthias in Grillparzers *Bruderzwist*, eingedenk seines verstorbenen Bruders Rudolf und des unaufhaltsamen Aufstiegs Ferdinands.

Matthias als römischer Kriegsheld Publius Cornelius Scipio Africanus.
Gemälde von Lucas van Valckenborch, 1580.
Kunsthistorisches Museum, Wien.

DIE STRENGE DER GEGENREFORMATION FERDINAND II.

FERDINAND II.
*9. JULI 1578 GRAZ; †15. FEBRUAR 1637 WIEN
1619–1637 RÖMISCH-DEUTSCHER KAISER

Ferdinand II. ist eine der umstrittensten Herrscherpersönlichkeiten in der langen Reihe der Habsburger: War er ein religiöser Zelot und Fanatiker oder ein tiefgläubiger Christ, ein machtbewusster Verteidiger des Reichs oder ein nach absoluter Allmacht strebender Fürst? Bei einer Wallfahrt ins mittelitalienische Loreto hatte er das Gelübde abgelegt, seine Länder mit allen Mitteln wieder dem Katholizismus zuzuführen: »Besser eine Wüste regieren als ein Land voller Ketzer« ist ein nicht wirklich belegtes Zitat, das ihm in den Mund gelegt wird.[204] Im privaten Umgang wurde er als zuvorkommend beschrieben. Er hatte absolut nichts Kriegerisches an sich, er war dicklich, freundlich und voller Sommersprossen. Aber in Religionssachen war er unerbittlich. Protestantische Prediger und selbst renommierte Gelehrte wie der Astronom Johannes Kepler wurden des Landes verwiesen. Viele der frivolen Bilder aus den Sammlungen Rudolfs II. ließ er verbrennen. Siebenmal am Tag betete er, zweimal täglich ging er zur Messe. Auch von ihm sagte man, was schon Philipp II. zugeschrieben wurde: Er wolle lieber Land und Leute verlieren, als in der Religion nur ein bisschen nachzugeben.[205] Das stimmte natürlich nur für die österreichischen Erblande. In Ungarn musste er weitaus pragmatischer agieren, wollte er nicht wirklich das Land verlieren.

Sein Aufstieg von einem unbedeutenden Erzherzog am Grenzzaun des Reiches zum Kaiser, der die Fürsten Europas das Furchten lehren und aus den lose verbundenen und von Krisen geschüttelten habsburgischen Erblanden ein Reich machen wollte, war von religiöser Strenge und machtpolitischer Konsequenz getragen. Sein Wahlspruch war: »Ein Fürst darf niemandes Untertan sein.« Seine jesuitische Ausbildung machte ihn zum kompromisslosen Vorkämpfer der katholischen Gegenreformation. Seine von der jesuitischen Dialektik geprägte Erziehung und seine vom Kapuzinerorden bestimmte Frömmigkeit, die immer wieder Gefahr lief, in fanatische Bigotterie auszuarten, legten den Grundstein zur Pietas Austriaca und zur habsburgischen Papsttreue. Die protestantischen

Justus Sustermans, Kaiser Ferdinand II.
Palazzo Pitti, Galleria Palatina, Florenz.

Stände der österreichischen Länder wurden politisch entmachtet, behielten aber wichtige Funktionen in der Verwaltung. Ihre Rekatholisierung wurde zwangsweise durchgesetzt oder in einer opportunistischen Anlehnung an den neuen Zeitgeist erreicht.

Hatten sich die Habsburger im 16. Jahrhundert noch einmal in mehrere Linien gespalten, so kam es unter Ferdinand wieder zu einer Konzentration. Weil die niederösterreichische Linie ausgestorben und die Tiroler Linie wegen der morganatischen Ehe mit der bürgerlichen Philippine Welser nicht erbberechtigt war, war es wie im 15. Jahrhundert wieder die steirische Linie, die die Habsburger vor dem Aussterben rettete und die drei Linien wieder zu einer einzigen zusammenführte.

In Graz hatte Ferdinand die Regentschaft bereits 1595 angetreten. 1617 war er zum König von Böhmen und 1618 auch zum König von Ungarn gewählt worden. 1619 trat er in Nieder- und Oberösterreich die Nachfolge an und wurde zum römischen König gewählt. Er hatte bereits in der Steiermark, in Kärnten und in Krain die Durchsetzung der Gegenreformation und des fürstlichen Absolutismus mit voller Härte eingeleitet. Nach der Übernahme der Herrschaft in den übrigen Territorien waren auch dort Auseinandersetzungen unausweichlich. In Wien bedrängte der Adel Ferdinand. Dass einer davon dabei den König mit den Worten »Nandl, unterschreib!« drohend am Rock gepackt haben soll, ist quellenmäßig nicht belegt.[206]

Als aber in Prag die beiden Vertreter des Königs Wilhelm Slavata (auch *Slawata*) und Jaroslaw Martinitz (auch *Martinic*) und ihr Sekretär Philipp Fabricius aus dem Fenster der Burg geworfen wurden, bot das den Anlass zum Krieg. Dass sie den fast 25 Meter hohen Fall nahezu unverletzt überstanden hatten, war aber weder, wie die Katholiken behaupteten, schützenden Engeln und der Muttergottes, oder wie die Protestanten spotteten, einem weichen Misthaufen zu verdanken, sondern der schräg abfallenden Schlossmauer, an der sie sich festkrallen konnten. Die beiden Adeligen erhielten hohe Posten. Auch der Sekretär wurde geadelt, und zwar mit dem Titel »von Hohenfall«.

Als sich in Prag die protestantischen Stände erhoben, den König als »Feind der böhmischen Freiheit« für abgesetzt erklärten und den Kurfürsten Friedrich V. von der Pfalz für einen Winter lang zum böhmischen König machten und gleichzeitig der siebenbürgische Fürst Gábor *(Gabriel)* Bethlen jene Teile Ungarns besetzte, die noch nicht unter türkischer Herrschaft standen, schien Ferdinands Position verloren. Aber der »Winterkönig« Friedrich unternahm wenig, um seine neue Königswürde abzusichern. Ferdinand wurde von den Kurfürsten in Frankfurt einstimmig zum deutschen König gewählt, überraschenderweise wegen einer fehlerhaften Informationsübermittlung auch mit der Stimme des pfälzischen Vertreters und mit seiner eigenen als eigentlich abgesetzter böhmischer König. Nun konnte er über den Pfälzer die Reichsacht verhängen und gegen die aufständischen Fürsten mit allen Mitteln des Reichsrechts vorgehen. Ferdinands Sieg in der Schlacht am Weißen Berge am 8. November 1620 war ein vollkommener. Der Kampf dauerte nur zwei Stunden. Wieder war wie in Mohács in so kurzer Zeit eine so wichtige Entscheidung gefallen. Sie bedeutete für die böhmisch-österreichische Ländergruppe den endgültigen Durchbruch des landesfürstlichen Absolutismus und der katholischen Gegenreformation. Die aufständischen böhmischen Adeligen wurden enteignet und ihre Schlösser an Ferdinands Getreue verteilt. Am 21. Juni 1621 folgte das Blutgericht auf dem Prager Altstädter Ring: 27 böhmische Adelige und Bürger wurden hingerichtet und einige auf besonders grausame Weise gefoltert. Der Austausch der Eliten war eingeleitet. Dem Herzog von Bayern wurde für seine Unterstützung die pfälzische Kurfürstenwürde übertragen und das Land Oberösterreich verpfändet. Böhmen wurde zum habsburgischen Erbkönigtum.

In Oberösterreich, das Ferdinand »als Nest allen Unheils« und »Hort der Untreue und Rebellion« ansah, folgte die Rache im Jahr 1625.[207] Im sogenannten Frankenburger Würfelspiel wurde an siebzehn Bauernführern per Los ein mittelalterliches Gottesurteil vollzogen: Sie mussten gegeneinander um ihr Leben würfeln. Selten wurde in einem Bauernaufstand so erbittert gekämpft. Es ging mehr um religiöse Freiheiten als um wirtschaftliche Beschwerden. Unter den Aufständischen gab es 12.000 Tote. Die Anführer wurden gehenkt und gevierteilt.[208] Aber die Bauernunruhen gingen noch lange weiter und wechselten immer stärker ins Religiös-Chiliastische, etwa im sogenannten Laimbauer-Aufstand. Die Strafe an dem Bauern Martin Aichinger vulgo Laimbauer, dem sich im Unteren Mühlviertel zwischen 1632 und 1636 vor allem Angehörige der ländlichen Unterschichten angeschlossen hatten, wurde besonders grausam vollzogen. Laimbauer wurde mit glühenden Zangen gezwickt, die rechte Hand wurde ihm abgeschlagen und dann wurde er gevierteilt. Auch sieben seiner Anhänger, darunter ein vierjähriger Bub, wahrscheinlich sein Sohn, wurden ähnlich behandelt. Geschätzte 100.000 Evangelische wurden aus den Erblanden vertrieben oder wanderten aus.[209] Innerhalb weniger Jahrzehnte wurde der Protestantismus in den böhmisch-österreichischen Ländern völlig verdrängt und konnte sich nur in einigen Randlagen und im Verborgenen weiter halten.

Aber der Krieg kam nicht zum Stillstand, weil sich immer wieder neue Gegner einmischten, zuerst die Dänen und die Schweden. Im Norden hatten die Habsburger und der Reichsgedanke schon seit dem Spätmittelalter eine schwache Stellung. Nur fallweise erinnerte man sich daran, dass es auch einen Kaiser gab, etwa als im sogenannten »Linzer Diplom« Ferdinand III. der Stadt Bremen ihre Reichsunmittelbarkeit bestätigte.[210] Der dänische König Christian IV., als Herzog von Holstein auch Reichsfürst und Oberster des niedersächsischen Reichskreises, wurde besiegt. Wallenstein wurde mit dem Herzogtum Mecklenburg belehnt. Ferdinand glaubte, seine Macht auch auf das von den Habsbur-

Ein unerbittlicher Kämpfer in Sachen Religion:
Kaiser Ferdinand II. Gemälde von Giovanni Pietro de Pomis.
Universalmuseum Joanneum, Neue Galerie Graz.

gern lange vernachlässigte Baltikum ausdehnen zu können. Er wollte eine Flotte bauen lassen und ernannte Wallenstein zum »General des baltischen und ozeanischen Meeres«. Auf der Höhe seiner Macht erließ Ferdinand am 6. März 1629 das Restitutionsedikt, mit dem der katholischen Kirche alle seit 1555 verweltlichten Fürsterzbistümer, Fürstbistümer und Klöster zurückerstatten werden sollten. Das war formalrechtlich zwar statthaft, weil diese Säkularisierungen gegen den Augsburger Religionsfrieden verstoßen hatten, politisch aber ein schwerer Fehlgriff, da er damit nicht nur alle Nutznießer dieser Enteignungen gegen sich hatte, sondern auch die katholischen Stände und die ausländischen Mächte, die sein absolutistisches Machtstreben fürchteten.

Seine militärischen Erfolge hatte Ferdinand vor allem seinen Generälen Johann Tserclaes von Tilly und Albrecht von Wallenstein zu verdanken. Weil aber Wallenstein zu mächtig geworden war, wurde er 1630 auf Verlangen auch der katholischen Reichsstände vom Kaiser abgesetzt – sicher einer der schwersten Fehler Ferdinands. Als der schwedische König Gustav Adolf 1631 daraufhin nahezu ungehindert von der Ostsee bis ins Rheinland und nach Bayern durchmarschieren konnte und Tilly 1632 gefallen war, wurde Wallenstein wieder zurückgeholt. Aber das Vertrauen war verspielt. Wallenstein konnte zwar wieder Erfolge erzielen, nach der Schlacht bei Lützen am 16. November 1632, bei der Gustav Adolf sein Leben verlor, schien er Herr der Lage zu sein. Seine Kriegslogik – ein Heer von 25.000 kann man nicht bezahlen, eine Armee von 50.000 oder 100.000 aber erhält sich selbst – machte den Dreißigjährigen Krieg zu einem der zerstörerischsten der Geschichte. Die Heere und ihre Führer erwiesen sich als immer weniger steuerbar. Wallenstein musste aus Sicht des Kaisers beseitigt werden. Am 25. Februar 1634 wurde er von kaiserlichen Offizieren in Eger ermordet. Doch Ferdinand hatte sich damit keinen Freiraum verschafft. Das Kriegsglück wendete sich immer mehr in Richtung seiner Gegner.

Nach dem Sieg der Kaiserlichen bei Nördlingen versuchte der Kaiser, mit dem Frieden von Prag (1635) einen Kompromiss mit den Reichsständen zu finden. Zwei Jahre später starb Ferdinand. In seinen Erblanden hatte er gesiegt. Im Reich war er gescheitert. Der Krieg ging noch elf Jahre lang weiter. Der Dreißigjährige Krieg wurde zum wohl verlustreichsten Krieg der Geschichte, relativ zum damaligen Bevölkerungs- und Kapitalbestand. Die etwa fünf Millionen Toten allein im Reichsgebiet stellten ein Fünftel der Bevölkerung dar. »Magdeburgisieren«, die Zerstörung Magdeburgs (1631), wurde zum Begriff, lange bevor die Formel als »Coventrieren« im Zweiten Weltkrieg wieder auftauchte. Bis zu 30.000 Menschen waren in der Stadt dabei umgekommen.[211] Die Erblande verloren durch die Auswanderung und Vertreibung der evangelischen Intelligenz für lange Zeit den Anschluss an den technischen und wissenschaftlichen Fortschritt.

KRIEGSLÄRM UND BAROCKMUSIK FERDINAND III.

FERDINAND III.
*13. JULI 1608 GRAZ; †2. APRIL 1657 WIEN
1637–1657 RÖMISCH-DEUTSCHER KAISER

Als Ferdinand III. auf dem Regensburger Kurfürstentag zum römisch-deutschen König gewählt wurde und nach dem Tod seines Vaters 1637 die Nachfolge als Kaiser antrat, schien offen zu sein, ob das Reich wieder katholisch und zu einem absolut regierten Zentralstaat werden würde oder ob der Zerfallsprozess in einen nur mehr lose verknüpften, miteinander rivalisierenden Verbund von Teilstaaten nicht mehr aufzuhalten war. Was später als Dreißigjähriger Krieg bezeichnet wurde, war 1637 noch lange nicht zu Ende. Ferdinand musste weiter Krieg führen, obwohl er lieber Komponist geworden wäre. Kaum war ein Gegner weg, kamen mehrere neue dazu: Mazarin, Oxenstierna, das Commonwealth, die Generalstaaten, die Osmanen.[212]

1637, als Ferdinand die Herrschaft antrat, schien die Lage für ihn günstig. 1635 war der für die Habsburger sehr vorteilhafte Prager Frieden vereinbart worden. Die Schweden hatten sich nach der Schlacht von Nördlingen bis an die Ostsee zurückgezogen, die kaiserlichen und spanischen Armeen operierten 1636 auf französischem Territorium. Aber Spanien, das der Kaiser aus finanziellen Gründen brauchte, wurde ab den 1640er-Jahren wirtschaftlich immer schwächer. Der Silbernachschub aus Amerika stockte. Die Inflation hielt weiter an. Bei der verzweifelten Suche nach Geld konnten weder Alchimisten noch Kapitalisten helfen. Es nützte kein Beten und kein Zwingen. Selbst der päpstliche Nuntius urteilte zunehmend skeptischer über die Aussichten der Katholischen: »Die Frömmigkeit dieser guten Fürsten ist das größte Kapital, das sie haben.«[213] Die Lage war verzweifelt. Ende November 1644 schrieb der Nuntius nach Rom: »Der arme Kaiser, überwältigt von den vielen Desastern, ist knapp an Geld, an Soldaten und an Glück.«[214]

1646 war sein jüngerer Bruder Erzherzog Leopold Wilhelm als kaiserlicher Berater zu dem Schluss gekommen, dass die schwache Stellung des Kaisers in der Reichsverfassung den Kampf um das Kaisertum bei gleichzeitiger Gefährdung der Erbländer nicht lohne und auch in theologischer

Frans Luycx, Kaiser Ferdinand III.
Kunsthistorisches Museum Wien.

Hinsicht unvernünftig wäre: »Erhalten sie das, was sie haben, und machten diese (Länder) ganz Catolisch, meinte Ich, Euer Kaiserliche Majestät thaten Gott ein wolgefeligs Werkh; in Reich sein Euer Kaiserliche Majestät Herr und nit Herr, haben khein einzige freie disposition; Miessen von so vil Khepf und Sin dependieren, und khinen nit thun, was sie wellen, und sollten also wegen desselben Ihr aigens verlieren, ... wirt mir khein wiziger teologus nit raten.«[215] In klaren Worten: Sich aus dem Reich zurückziehen, sei die beste Entscheidung.

Als 1642 der Hauptgegner Kardinal Richelieu gestorben war, schrieb Ferdinand seinem Bruder erleichtert, dass diesen nun »der teifel auch ein mahl geholet hett.«[216] 1643 starb auch der französische König Ludwig XIII. Aber die Teufel waren nicht verschwunden. Der neue leitende Minister Mazarin führte in Abstimmung mit der Königinwitwe Anna – sie war eine Schwester Philipps IV. und der Kaiserin Maria Anna und damit eigentlich eine Habsburgerin – die Geschäfte im Sinne Richelieus weiter. Das hatte man am Kaiserhof nicht erwartet, schreibt Hengerer. So zog sich der Krieg noch bis 1648 hin: Im Winter wurde verhandelt, im Sommer gekämpft.

1648 war das Minimalziel, das für Ferdinand noch erreichbar war, die endgültige Abkehr von einer hegemonialen Reichspolitik, um damit wenigstens die territoriale Integrität der Erblande zu halten und deren möglichst vollständige konfessionelle Homogenität zu erreichen. Mit der Unterzeichnung der Verträge von Münster und Osnabrück am 24. Oktober 1648 kam die Epoche der großen Religionskriege, die sich zugleich als Staatsbildungskriege darstellten, zu einem Ende, während für das Reich ein Neuanfang gestaltet werden konnte, dessen Bewertung in der Geschichtswissenschaft in den letzten Jahren zunehmend positiver ausfällt.

Die Machtstellung der Habsburger im Reich war mit dem Westfälischen Frieden viel schwächer geworden. In den österreichischen Erblanden hingegen waren sie zu unumschränkten Herren aufgestiegen. Dass der Niederlage im Reich fünfzig Jahre später der große Triumph in den Türkenkriegen folgte, konnte man noch nicht ahnen. Dem Römisch-Deutschen Reich verschafften die Westfälischen Verträge noch eine Atempause von mehr als 150 Jahren. Dem letzten Reichstag alter Art gab Kaiser Ferdinand durch seine fast permanente persönliche Anwesenheit Gewicht, während die meisten Mitglieder der Reichsstände sich absentierten und durch Diplomaten vertreten ließen.

Kulturell eröffnete Ferdinand die Reihe der komponierenden Habsburger, die von ihm über Leopold I. bis zu Joseph I. reicht. Nur ein kleiner Teil seines musikalischen Œuvres dürfte erhalten sein. Ferdinand schien den Frieden herbeikomponieren zu wollen. Seine drei Ehen scheinen alle drei gut gewesen zu sein. Nichts weist auf außereheliche Beziehungen und Seitensprünge hin, und das bedeutet in einer Zeit, in der erotische Eskapaden an den europäischen Höfen zum Alltag, ja gar zum Pflichtprogramm gehörten, sehr viel. Die Kaiserin Maria Anna besaß nach einem Bericht des venezianischen Gesandten aus dem Jahre 1638 im höchsten Grade die Gunst und Liebe des Kaisers. Die zweite Gattin, seine Cousine Maria Leopoldine von Österreich, starb 17-jährig nach nur einjähriger Ehe bei der Entbindung des ersten Kindes. Gemeinsam mit seiner dritten Gattin Eleonora von Gonzaga gründete Ferdinand eine literarische Akademie. Diese Kaiserin stand einer religiösen Vereinigung adeliger Damen vor, der sie den Namen »Sklavinnen der Tugend« gab. Auf sie geht auch der Sternkreuzorden zurück.

Ferdinand III. war kein kühler und herzloser Herrscher. Er reagierte auf Krisen mit Krankheit. Obschon auch er den Krieg mitverantwortete, widerten ihn dessen Gräuel an. Der Tod seiner ersten und vor allem jener seiner zweiten Frau im Kindbett trafen ihn tief. Noch schwerwiegender war, dass 1654 auch der Thronfolger Ferdinand IV. im Alter von 20 Jahren an den Pocken starb. Der Kaiser selbst war zeitlebens kränklich. Seit der Rückkehr von den langen Reichstagsverhandlungen in Regensburg konnte er sich trotz dauernder Kuren kaum mehr auf den Beinen halten. Die Gicht machte ihn zunehmend bewegungsunfähig. Er wurde immer dicker. Vielleicht lag das daran, dass er – so ein Chronist aus dem Umfeld des Nuntius – dem kulinarischen Überangebot an den repräsentativen Tafeln nicht widerstehen konnte. Die Augen Ferdinands III. wurden mit der Zeit so empfindlich, dass er seine Jagdgewehre mit speziellen Abzugsrohren für den Pulverdampf ausstatten ließ. Außerdem wird es dem Kaiser kaum gutgetan haben, schreibt Hengerer, dass er sich nach einem glaubwürdigen Bericht des Malers Joachim von Sandrart einige Kleidungsstücke aus Asbest, unter anderem auch derartige Handschuhe, anfertigen ließ. Diese teuren Gewebe, die seit der Antike durch ihre Feuerbeständigkeit beeindruckten, taugten auch als Repräsentationsstücke.[217] Überhaupt war Ferdinand an wissenschaftlichen Phänomenen äußerst interessiert, ließ sich von Otto von Guericke das Experiment mit den Magdeburger Halbkugeln vorführen und stand in regem Austausch mit dem päpstlichen Universalgelehrten Athanasius Kircher.

Am Karsamstag des Jahres 1657 stand es so schlecht um ihn, dass man ihm mitteilen musste, dass es Zeit für die Regelung der letzten Dinge sei. Die Kaiserin sagte es ihm »mitt heulen und wainen«.[218] Der Kaiser erwiderte, sie solle nicht weinen. Am Ostermontag gegen vier Uhr früh war der Kaiser tot. Er wurde bei seinen vor ihm verstorbenen Ehefrauen, der Kaiserin Maria Anna und der Kaiserin Maria Leopoldina, bei seinem Sohn Ferdinand IV. und bei seinen anderen vor ihm verstorbenen Kindern beigesetzt. Sein Herz aber bestattete man, seinem Wunsch entsprechend, in Graz.

P

DER WELTENKÖNIG UND DIE HOFZWERGIN PHILIPP IV.

PHILIPP IV.
*8. APRIL 1605 VALLADOLID
†17. SEPTEMBER 1665 MADRID
1621–1665 KÖNIG VON SPANIEN

Auch Spanien hatte seinen Sonnenkönig, schon fünfzig Jahre vor Frankreich: Philipp IV., »der Große« (*el Grande*) oder »König der Welt« (*el Rey Planeta*). Er herrschte 44 Jahre lang. Nicht nur das mag ihn so groß erscheinen lassen. In seine Zeit fiel auch der Gipfelpunkt der spanischen Kultur. Aber der Niedergang war vorgezeichnet: Philipp hatte 1621 im Alter von sechzehn Jahren das größte und mächtigste Reich der damaligen Zeit geerbt. Der spanischen Kriegsmaschinerie haftete immer noch der Ruf der Unbesiegbarkeit an. Auch die Geldmittel des Landes schienen unerschöpflich. Dennoch musste das Reich gleich drei Mal, 1627, 1647 und 1652, den Bankrott erklären. Es gelang Philipp auch nicht, aus Spanien einen Zentralstaat zu machen. In Katalonien konnte er den Aufstand der Erntearbeiter (*Guerra dels Segadors*, 1640) niederschlagen und die Abspaltung dieses Landesteils in bis 1652 andauernden Kämpfen verhindern. Aber in Portugal konnte er gegen die Wiedererlangung der Selbstständigkeit nichts tun und musste damit auch den Verlust des riesigen Kolonialbesitzes der portugiesischen Krone akzeptieren. Auch den Dreißigjährigen Krieg konnte er nicht zugunsten der Habsburger drehen. Im Westfälischen Frieden musste Spanien 1648 die Unabhängigkeit der Niederlande anerkennen und im Pyrenäenfrieden 1659 das Roussillon und angrenzende Gebiete an Frankreich abtreten.

Bei den immer wiederkehrenden Staatsbankrotten spielten die Kriegskosten ebenso eine Rolle wie die nachlassenden Silberlieferungen aus Südamerika und die übersteigerten Luxusausgaben des Königs. Philipp liebte den Stierkampf, die Jagd und die Frauen. Vergnügungssucht, Günstlingswirtschaft und Korruption kennzeichneten seine Herrschaft, auch wenn er persönlich als integer, wohlmeinend und intelligent beschrieben wurde. Obwohl ihm und seinen Mätressen eine ganze Reihe gesunder Kinder zugeschrieben wurden, hatte er mit seinen legitimen Erben weniger Glück: Aus der ersten Ehe mit Élisabeth de Bourbon, der Tochter des französischen Königs Heinrich IV., waren acht Kinder

Diego Velázquez, Philipp IV.
Museo del Prado.

hervorgegangen, von denen aber nur das jüngste, die 1638 geborene Maria Teresa, überhaupt alt genug wurde, um 1660 mit dem französischen König Ludwig XIV. verheiratet werden zu können. Alle übrigen überlebten die Kindheit nicht. Der einzige Sohn Baltasar Carlos, auf den man alle Hoffnungen gesetzt hatte, starb 1646 im Alter von sechzehn Jahren. Seiner zweiten Ehe mit der Habsburgerin Maria Anna von Österreich, seiner leiblichen Nichte, entsprangen insgesamt fünf Kinder, von denen nur eine Tochter das Erwachsenenalter erreichte. Der 1657 geborene Sohn Philipp Prosper starb 1661 im Alter von nur vier Jahren. So blieb als Thronfolger nur Karl, der wegen seiner körperlichen und geistigen Mängel eigentlich ungeeignet war.[219]

Kulturell war diese Zeit Spaniens goldenes Zeitalter. Die Kirchen waren so golden, dass man in ihrem Glanz fast ersticken konnte. Die Ritterromane und Liebeslieder sprühten voll Dekadenz. Im Jahr 1656 malte der berühmteste Maler der Epoche, Diego Velázquez, sein bedeutendstes Bild, eines der komplexesten der gesamten Kunstgeschichte und eines der wertvollsten des Madrider Prado: »Las Meninas« oder »Die Hoffräulein«.[220] Ist es ein Kinderbild, eine Hofszene, eine Familienaufstellung oder eine Theorie des Sehens? In »Las Meninas« ist vieles hineingedeutet worden: ein kunsttheoretischer Diskurs über das Malen, eine soziographische Studie über die Ordnung der Hofgesellschaft oder eine Zustandsbeschreibung der spanischen Monarchie zur Zeit Philips IV. Michel Foucault hat den soziologischen, medientheoretischen und philosophischen Hintergründen dieses Bildes eine subtile Untersuchung gewidmet.[221]

Im Zentrum des großformatigen Bildes steht die fünfjährige Margarita Theresa, damals das einzige Kind aus der zweiten Ehe des Königs und die große Hoffnung, dass sich doch auch noch ein Knabe als Thronfolger einstellen könnte. Im Wiener Kunsthistorischen Museum ist sie mit gleich drei Porträts vertreten, die der Madrider Hof über die Jahre von Velázquez für den Wiener Hof anfertigen ließ. Die Prinzessin wurde im Alter von drei, fünf und acht Jahren porträtiert, im rosafarbenen, im weißen und zuletzt im blauen Kleid – nicht nur, weil der Madrider Hof so stolz auf diese kleine Prinzessin war, sondern weil sie auch als Gattin für Kaiser Leopold vorgesehen war.

»Las Meninas« ist ein Bild mit vielen Personen, die zueinander über Blicke, Gesten und Positionen in einer sehr vielfältigen Beziehung stehen. Aber welche Person steht wirklich im Zentrum? Ist es die fünfjährige Prinzessin Margarita Theresa, um die sich ihre Hofdamen Isabel de Velasco und María Agustina Sarmiento de Sotomayor sorgen? Gleich hinter ihnen steht die Anstandsdame Marcela de Ulloa in der strengen Kleidung einer Oberin. Wie scheinbar abwesend, aber doch alles im Blick behaltend, unterhält sie sich mit einem namentlich nicht bekannten Wächter oder Aufseher. Über ihnen rangiert der Hofmarschall José Nieto Velázquez, der wie zufällig bei der Tür hereinschaut. Was der Maler

Diego Velázquez auf der Staffelei gerade anfertigt, sieht man nicht. Aber auch der König und die Königin sind da. Oder sind sie es doch nicht? Man sieht sie winzig klein, aber nur im Spiegel. Wo sie tatsächlich sind, weiß man nicht. Aber sie haben alles im Blick. Im Raum sind sie nicht. Im Spiegel spiegelt sich nur das Porträt der beiden, das der Maler vielleicht auf der Staffelei soeben fertiggestellt hat. Der »König der Welt« ist überall.

Doch keine Person auf dem Bild ist größer und beansprucht der Fläche nach gerechnet mehr Raum als die Hofzwergin Maria Bárbola. Anders als alle übrigen Personen steht sie einfach nur da, ohne irgendeine, auch nur die geringste Bewegung anzudeuten. Durch ihre beeindruckende Korpulenz ist die Kleinwüchsige im Bildraum fest verankert. Dennoch verbindet sie keinerlei Beziehung mit den anderen Personen. Ihr Blick und ihre Körperhaltung wenden sich ganz dem Betrachter zu. Sie ist die eigentliche Hauptfigur des Bildes. Wer ist sie? Eine weise Frau? Eine Hofnärrin? Eine Spielgefährtin der kleinen Prinzessin? Oder nur eine der damals so beliebten Kuriositäten, die man so gerne und so oft zur Schau gestellt hat?[222]

Maria Bárbola oder Maria Baberl, mit vollem Namen Maria Barbara Haunsin, wurde 1609 in oder bei Steyr geboren und ist 1662 in Madrid gestorben. Sie lebte in den 1650er-Jahren als Hofzwergin im Haushalt der spanischen Königin Maria Anna von Österreich. Ihre Amtsbezeichnung war Enana de la Reina, die »Zwergin der Königin«. Maria Barbara Haunsin war keine gewöhnliche Hofzwergin. Das zeigt schon die raumfüllende Stellung, die der Maler der kleinwüchsigen Frau direkt neben der Infantin einräumte, aber auch der Aufwand, der von der Königin später um die Vollstreckung ihrer letztwilligen Verfügung betrieben wurde. Eingeschaltet waren der Beichtvater der spanischen Königin und zeitweise der mächtigste Mann am spanischen Hof, Kardinal Johann Eberhard Nidhard, und der kaiserliche Oberstkämmerer in Wien, Johann Maximilian Graf von Lamberg (1608–1682).

Im Oberösterreichischen Landesarchiv findet sich die Quittung, die Georg Mayrhoffer, »Bürger in Steyr«, im Jahr 1662 für sich und für weitere nicht namentlich genannte Verwandte den beiden Überbringern der Erbschaft seiner verstorbenen Muhme, »der Zwergin der Königin in Spanien«, ausstellte. 80 Dublonen und 4 Ringlein, die für 40 Dublonen verkauft werden konnten, alles zusammen 120 Dublonen ohne Abzüge. Auf die in Österreich gängige Währung umgerechnet waren das 180 Gulden. Ein kleines Häuschen konnte man darum sicher kaufen.[223]

Zu dem Zeitpunkt, als das Bild gemalt wurde, wurde Margarita Theresa gerade mit ihrem Onkel, Kaiser Leopold I., verlobt. Als die geliebte Zwergin starb, waren die langwierigen Hochzeitsverhandlungen mit dem Wiener Hof voll im Gang. Erst nach dem Tod Philipps konnten sie abgeschlossen werden. Ende 1666 traf sie in Wien ein, wo die Hochzeit mit großem Prunk gefeiert wurde. Die neunstündige Aufführung der Oper *Il Pomo d'Oro,*

»Las Meninas«: Infantin Margarita Theresa und ihre Hoffräulein, rechts Mari Bárbola, die Hofzwergin aus Steyr. Gemälde von Diego Velázquez, 1656. Museo del Prado.

deren Kosten sich auf 100.000 Gulden beliefen, war noch jahrelang Gesprächsstoff in ganz Europa. Einen Teil der Oper hatte Kaiser Leopold selbst für seine Braut geschrieben. Insgesamt dauerten die Hochzeitsfeierlichkeiten den ganzen Winter über bis zur Fastenzeit. Nach sechs Schwangerschaften in sechs Ehejahren, von denen bei zwei Fehlgeburten und vier Entbindungen nur eine Tochter die ersten Lebensmonate überstand, verstarb sie, mit dem siebten Kind im vierten Monat schwanger, im Jahr 1673 im Alter von 21 Jahren an Erschöpfung.

Der »König der Welt« herrschte 44 Jahre lang: Philipp IV.
Gemälde nach Diego Velázquez. Wallace Collection, London.

DER »TÜRKENPOLDL« LEOPOLD I.

LEOPOLD I.
*9. JUNI 1640 WIEN; †5. MAI 1705 WIEN
1658–1705 RÖMISCH-DEUTSCHER KAISER

Kaiser Leopold I. hat ziemlich zeitgleich und fast ebenso lang regiert wie sein berühmter französischer Verwandter und Gegenspieler Ludwig XIV., der als »Sonnenkönig« oder »der Prächtige« in die Geschichtsbücher eingegangen ist. Für Leopold hingegen hat sich dieser Beiname nie eingebürgert, höchstens der wienerisch-liebevolle, aber etwas abwertende Spitzname »Türkenpoldl«. Seine lange Regierungszeit steht in den Geschichtsbüchern meist unter den Überschriften »Österreichs Heldenzeitalter« oder die »Ära der Erbfolgekriege«. Doch für beides war Leopold nicht wirklich geschaffen. Er war kein Held, schon von seiner Statur her nicht. Und auch mit der Bereitstellung von Erben für eine gesicherte Nachfolge gab es Schwierigkeiten.

Im Gegensatz zum selbstbewussten Ludwig samt seiner üppigen Mätressen-Entourage war Leopold eher klein, schüchtern und sicher nicht schön, ja manche würden sagen, sogar ausgesprochen hässlich. Die osmanische Propaganda nahm sich kein Blatt vor den Mund: »Drei Finger würden in jedes Nasenloch passen, aus dem schwarze Haare sprießen«, und er habe wulstige Lippen wie ein Kamel, »von denen der Speichel tropft, wenn er spricht«.[224] Er war extrem kurzsichtig. Und die berühmte Habsburgerlippe war so ausgeprägt, dass er den Mund gar nicht richtig schließen konnte und er Schwierigkeiten mit dem Sprechen hatte. Der berüchtigte Pariser Höfling Graf Philibert de Gramont spottete in seinen viel gelesenen Memoiren sogar, dass es ihm in den Mund hineinregnen würde, ohne dass er ihn aufmache.[225] Auch seine Zähne waren schlecht. Das war wohl u. a. seiner Lebensweise zuzuschreiben. Die Zuckerbäckerstiege im Schweizer Hof der Wiener Hofburg lässt noch etwas von der wichtigen Rolle erahnen, die dieses damals extrem teure, für das Volk ganz unerschwingliche und den Zähnen nicht zuträgliche Genussmittel im kaiserlichen Speiseplan einnahm.

Leopold I. war 1666 mit seiner Nichte und gleichzeitig Cousine, der spanischen Infantin Margarita Theresa, verheiratet worden, der weiß

Benjamin von Block, Kaiser Leopold I.
Kunsthistorisches Museum, Wien.

gekleideten Infantin in Velázquez Meisterwerk »Las Meninas«. Die Hochzeit war ein glanzvolles Fest. Margarita Theresa, die ihren Mann zeitlebens genealogisch korrekt mit »Onkel« anredete, war kein Bild von Schönheit. Und auch mit der im Zeitalter der Erbfolgekriege so wichtigen Fortpflanzung klappte es bei Leopolds ersten beiden Frauen nicht wirklich. Aber er regierte lange, und auch männliche Nachkommen kamen noch, aber erst aus der dritten Ehe mit der etwas robusteren Eleonore von Pfalz-Neuburg, obwohl diese als ehemalige Calvinistin eigentlich eine Vorliebe für das zölibatäre Leben hatte und sich für ihre fleischlichen Sünden regelmäßig mit Selbstgeißelungen bestrafte. Dieser Ehe entstammten die beiden Söhne Joseph I. und Karl VI., bei denen dann aber ein männlicher Nachfolger endgültig ausblieb. Die Pocken waren ein unbarmherziger Feind, auch im Kaiserhaus.

An sich war Leopold für eine geistliche Rolle als Bischof oder Kardinal bestimmt. Aber als sein älterer Bruder Ferdinand im Alter von 21 Jahren verstarb, war er 1654 recht unvermittelt zum Thronfolger und alleinigen Erben geworden. 1655 wurde er zum ungarischen und 1656 zum böhmischen König gekrönt. Schwieriger gestaltete sich die Nachfolge als Kaiser. Die Wahlverhandlungen dauerten ein ganzes Jahr. Sein gesamtes Leben lang stand er unter dem Druck des Kampfes an zwei Fronten, der Abwehr der französischen Angriffe im Westen und der türkischen im Osten. Leopold ertrug alles mit viel Geduld und Beharrlichkeit, getreu seinem Wahlspruch *Consilio et industria,* »Mit Rat und Fleiß«. 1664 hatte die kaiserliche Armee unter General Raimondo Graf Montecuccoli bei St. Gotthard an der Raab einen ersten großen Sieg gegen die Osmanen errungen. Aber Montecuccoli wusste: Zum Kriegführen braucht man drei Dinge: Geld, Geld und noch einmal Geld. Und das fehlte am Kaiserhof ständig. So musste angesichts der kritischen Finanzlage schon neun Tage danach der für Österreich sehr ungünstige Frieden von Eisenburg *(Vásvár)* geschlossen werden, was von den Ungarn als Preisgabe ihrer Interessen gesehen wurde.

Doch mit den Osmanen war nicht zu scherzen. Neunzehn Jahre später, im Jahr 1683, war die Bedrohung wirklich ernst. Eine 250.000 Mann starke Invasionsarmee unter Großwesir Kara Mustafa marschierte in Richtung Wien. Niemand wagte an eine erfolgreiche Verteidigung zu glauben. Ein Krieger war Leopold nicht. Er flüchtete nach Westen, betete in der Passauer Mariahilf-Kirche und wartete in Linz, während seine Generäle in Wien kämpften. Die Belagerung dauerte vom 14. Juli bis zum 12. September 1683. Erst nach 60 Tagen war der Horror vorbei: *Te Deum laudamus!* Ein kaiserliches Heer unter Karl von Lothringen und ein polnisches unter Johann Sobieski, darunter 10.000 ukrainische Kosaken und 18.000 polnische Flügelhusaren, brachten den Entsatz. Der Sieg war ein totaler. Beträchtliche Schätze blieben zurück, darunter auch eine große Menge des bis dahin in Europa noch recht wenig bekannten Kaffees. Ganz Ungarn wurde zurückerobert, und auch noch Gebiete

Leopolds großer Triumph: die Entsatzschlacht vor Wien am 12. September 1683.
Gemälde von Frans (Francesco) Geffels, 1683-1694. Wien Museum.

darüber hinaus. Prinz Eugen erlangte sein Heldenimage und stieg zum wichtigsten Mann nach dem Kaiser auf. Aber Leopold präsentierte sich nicht nur als Sieger. Auf der 1693 am Wiener Graben errichteten Dreifaltigkeitssäule wurde er statt als strahlender Held hoch zu Ross als ein auf Knien betender Büßer dargestellt.

Nach dem habsburgischen Sieg bei Zenta (1697) mussten die Osmanen den größten Teil Ungarns und Siebenbürgens räumen. Bereit 1686, nach der Rückeroberung Budas, wurde Ungarn von einer Wahlmonarchie in eine habsburgische Erbmonarchie umgewandelt. Der Friede von Karlowitz (1699) bedeutete das Ende der 150-jährigen Osmanenherrschaft in Ungarn und den Aufstieg Österreichs zur Großmacht. In Ungarn sah man das anders. Man fühlte sich weiterhin unter fremder Herrschaft, nun eben der habsburgischen. Für den oft zitierten Spruch des Erzbischofs von Gran *(Esztergom)* und Primas von Ungarn Leopold Kollonitsch: »Zuerst mache ich die Ungarn zu Bettlern, dann zu Katholiken und schließlich zu Deutschen«, gibt es zwar keinen Beleg, aber plausible Hinweise. Statt von den türkischen Besatzern wurde Ungarn nun von den habsburgischen Eroberern ausgeplündert. Die Folge waren langjährige Kämpfe und Guerillakriege. Mehrere Jahrzehnte hindurch bedrohten die christlichen Kuruzzen oder »Kreuztürken« Westungarn, Niederösterreich und die Steiermark. »Kruzitürken« wurde zu einem in Österreich bis heute bekannten Fluch.

Die Habsburger versäumten die Chance, schreibt der Historiker Moritz Csáky, der selbst aus einer ungarischen Magnatenfamilie stammt, Ungarn nach der Rückeroberung zu modernisieren. Die ungarische Sozialstruktur blieb extrem ungleich. Etwa 100 bis 200 Magnaten besaßen das ganze Land. 400.000 Kleinadelige, etwa fünf Prozent der Bevölkerung, bildeten eine verarmte adelige Mittelschicht. Die Zahl des städtischen Bürgertums, das vorwiegend deutschsprachig war, war sehr klein. Dazu kamen die vielen Minderheiten: Slowaken, Kroaten, Serben, Rumänen, nicht zu vergessen die Zigeuner und die Juden. In Summe waren sie mehr als die eigentlichen Ungarn. Die sozialen Gegensätze und Vorurteile waren groß. Die Magnaten bestimmten alles. Der Kleinadel hasste die Deutschen, beide hassten sie die Minderheiten, und alle zusammen hassten sie Juden.

Leopold und seine Generäle eroberten Gebiete, die ganz anders waren, nicht westeuropäisch, sondern osteuropäisch, nicht katholisch, sondern religiös sehr bunt zusammengesetzt: Katholiken, Protestanten, Calvinisten, Orthodoxe, Muslime und Juden. Leopold betrieb die schon von Ferdinand II. eingeleitete Politik der Rekatholisierung seiner Länder weiter. In Österreich und Böhmen konnte der Protestantismus nur im Untergrund fortbestehen. In Schlesien war die Zahl der protestantischen Gotteshäuser um 1700 auf 220 gesunken, während diese um 1600 noch etwa 1.400 betragen hatte. Nur in Ungarn musste man liberaler sein. In den Zusammenhang der Rekatholisierung gehört auch die Vertreibung der

Wiener Juden in den Jahren 1670/71. Die blühende jüdische Gemeinde im heutigen 2. Bezirk zwischen Donaukanal und Donau wurde aufgelöst und das Gebiet zu Ehren des Kaisers in Leopoldstadt umbenannt. Starken Einfluss hatten radikale Prediger wie der antisemitische Kapuzinermönch und spätere Wiener Fürstbischof Emerich Sinelli, der im Jahr 2003 selig gesprochene Kreuzzugsprediger Marco d'Aviano und der sprachgewaltige Augustinermönch Abraham a Sancta Clara.[226] Ob Leopolds erste Gattin Margarita Theresa die Anstifterin für Leopolds Judenvertreibungen war, lässt sich nicht mit Bestimmtheit sagen. Denn der habsburgische Judenhass war bereits endemisch geworden. Aber dass die rigide Vertreibungs- und Verfolgungspolitik am spanischen Hof dem österreichischen Antisemitismus einen neuen Schub gab, ist nicht unwahrscheinlich.

Der Kaiser hatte keine außerehelichen Affären. Es gab, anders als in Versailles, am Wiener Hof auch keine amourösen Skandale und dubiosen Mätressen, sondern nur Messen und Opern. Von Leopold stammen 79 kirchliche und 155 weltliche Musikstücke. Von allen musikliebenden Habsburger-Kaisern war Leopold der unersättlichste. Er war ein Fanatiker der Musik, geradezu ein Besessener. Von ihm gibt es Kirchen- und Kammermusik, Serenaden und Oratorien, Opern und Singspiele. »Wo etwas in der Welt gewesen, so dem Kaiser Vergnügen gemacht, so war es unfehlbar eine gute Musik«, berichtete Leopolds erster Biograf Eucharius Gottlieb Rinck.

Leopold machte Wien auch zu einem Zentrum der merkantilistischen Wirtschaftsdenker. Johann Joachim Becher, Wilhelm von Schröder und Philip Wilhelm von Hörnigk wirkten hier.[227] Alle drei waren auch als Alchemisten bekannt. Maximilian II., Rudolf II., Ferdinand III. und Leopold I. interessierten sich intensiv für die Kunst der Goldmacherei. Wilhelm von Schröder gab seinem 1686 erstmals veröffentlichten Hauptwerk den merkwürdigen Titel *Fürstliche Schatz- und Rentkammer, nebst einem notwendigen Unterricht vom Goldmachen.* Im Zentrum seiner Überlegungen stand sein Bankprojekt, mit dem er für die Einführung von Banknoten und Papiergeld eintrat, um den Geldumlauf zu beleben. Natürlich sollte dabei auch der Landesfürst nicht zu kurz kommen. Er würde damit ohne große Anstrengungen eine »ewige und unaufhörliche Gold- und Geldmine« besitzen. Es schien wie Teufelswerk, den Kaiser statt durch alchemistische Kunstgriffe durch wertloses Papiergeld von seinen Geldsorgen zu befreien. Der Titel von Hörnigks 1684 gleich nach der erfolgreich abgewehrten Türkenbelagerung publizierter Streitschrift *Österreich über alles, wenn es nur will* wurde zum programmatischen Motto. Ganz Österreich war im Aufbruch. Überall wurde gebaut. Leibniz wurde nach Wien gerufen. Die von ihm geforderte Akademie der Wissenschaften wurde aber nicht in Wien gegründet, sondern bereits 1652 in der freien Reichsstadt Schweinfurt. 1677 erhielt sie von Kaiser Leopold I. die offizielle Bestätigung und wurde zehn Jahre später von ihm mit beson-

Fig.2

Fig.1

Fig.3

Fig.1 Infantin Margarita Theresa im rot-silberfarbenen Seidenkleid. Anonymes Gemälde. Kunsthistorisches Museum, Wien.

Fig.2 Der Kaiser im Theaterkostüm: Leopold als Acis im Singspiel »La Galatea«. Gemälde von Jan Thomas, 1667. Kunsthistorisches Museum, Wien.

Fig.3 Inszenierung als »Sonnenkönig«: Leopold I. im Kreis seiner Familie. Gemälde von Charles Boit. Kunsthistorisches Museum, Wien.

deren Privilegien ausgestattet. Seitdem trug sie den Namen Kaiserliche Akademie des Heiligen Römischen Reiches, kurz: Leopoldina. Die nachfolgenden Kaiser Karl VI. und Karl VII. bestätigten und erweiterten ihre Privilegien. Sie ist die älteste naturwissenschaftlich-medizinische Gelehrtengesellschaft im deutschsprachigen Raum und die älteste dauerhaft existierende naturforschende Akademie der Welt. Das Zentrum der wissenschaftlichen Forschung verlagerte sich immer mehr in den protestantischen Norden. In Wien hingegen dauerte es noch bis 1847 bis zur Gründung einer Akademie der Wissenschaften. Der Kahlschlag der Gegenreformation und die barocke Bilderfülle hatten die Schrift- und Wissenskultur erheblich ausgedünnt, was sich in der bürgerlichen Buch- und Bilderkultur des 17. und 18. Jahrhunderts deutlich ablesen lässt.[228]

Nach Leopold I. drohte der Dynastie eine genealogische Katastrophe. Er war der einzige Überlebende einer dramatischen Sterbewelle. Sein Vater Ferdinand III. hatte dreimal geheiratet. Die ersten beiden Frauen starben bei Entbindungen. Drei Söhne und drei Töchter überlebten das Säuglingsalter nicht. Aber es lebten noch sieben männliche Habsburger. Doch ein paar Jahre später war nur noch Leopold übrig. Und bei seinen zwei Söhnen, die beide keine männlichen Erben hinterließen, wurde es wirklich ernst. In der spanischen Linie war es noch schlimmer. Philipp IV. hatte mit seiner ersten Frau sechs Töchter, von denen nur eine das Säuglingsalter überlebte, und einen Sohn, der jung starb. Aus der zweiten Ehe mit seiner Nichte Maria Anna hatte er fünf Kinder, von denen zwei überlebten, Margarita Teresa und der körperlich stark beeinträchtigte Karl, der aber dennoch überraschend alt wurde. Die spanische Linie starb 1700 aus, die österreichische 1740.

R

DER »VERHEXTE« KÖNIG KARL II.

KARL II.
*6. NOVEMBER 1661 MADRID; †1. NOVEMBER 1700 MADRID
1665–1700 SPANISCHER KÖNIG

Karl war ein Kinderkönig und blieb auch als Erwachsener ein Kind. Er erbte den spanischen Thron am 17. September 1665, wenige Monate vor seinem vierten Geburtstag. Eigentlich war er nicht regierungsfähig, ja nicht einmal lebensfähig. Während seiner immerhin 35 Jahre dauernden Herrschaft musste man nahezu täglich mit seinem Tod rechnen.[229] Wegen seines rachitischen Körperbaus war er weitgehend bewegungsunfähig und fast ohne Zähne, mit nur einer Niere und nur einem oder gar keinem Hoden. Dazu war er noch beinahe blind und mit ständig eiternden Geschwüren übersät. Vor allem aber war er impotent und zeugungsunfähig. Sebag Montefiore kann sich gar nicht genug damit tun, seine Defekte aufzuzählen.[230] Physische Anomalien, nicht nur den Unterbiss, sondern auch rachitische Bewegungsstörungen und Epilepsien bis hin zur Unfähigkeit, weitere Strecken zu gehen, kennt man bei vielen Habsburgern. Aber bei Karl wurden auch ein Down-Syndrom (Trisomie 21) und hypophysärer Zwergwuchs vermutet.

Körperlich derart beeinträchtigt, wurde sein Zustand im Aberglauben der Zeit als »Verhextheit« gedeutet. Dass spiritistische Praktiken und kirchliche Exorzismen nichts halfen, ist heute klar. Mehrere Exorzismus-Liturgien und Teufelsaustreibungen sind belegt, die berühmteste im Jahr 1690 durch einen Dominikanermönch. Dass auch der Einsatz von Astrologen und Wunderheilern probiert wurde, braucht nicht zu überraschen. Dazu kamen religiöse Zweifel: Repräsentierte dieser Herrscher überhaupt noch das viel strapazierte Gottesgnadentum? Der gesundheitliche Verfall diente auch der politischen Propaganda.

Regiert wurde Spanien von Stellvertretern und Stellvertreterinnen, und das gar nicht immer schlecht. Zuerst trat Karls Mutter als Regentin und Vormundin auf, stark beeinflusst durch den in Spanien äußerst unbeliebten Jesuiten Johann Eberhard Neidhardt. Viel populärer war Juan José de Austria, ein unehelicher Sohn Philipps IV. mit der Schauspielerin María Calderón. Nach der Großjährigkeitserklärung Karls

Karl II. Porträt von Luca Giordano, um 1692.

wurde Juan José zum leitenden Minister ernannt. Er bemühte sich nicht nur um die Sanierung des Staates, sondern auch um eine Annäherung an das unter Ludwig XIV. immer mächtiger werdende Frankreich.[231]

Um den Ausgleich zwischen Spanien und Frankreich zu vertiefen, wurde im Frieden von Nimwegen (1678/1679) die Vermählung Karls II. mit einer Nichte Ludwigs, der Prinzessin Marie Louise von Orléans, arrangiert. Am 31. August 1679 wurde sie auf Schloss Fontainebleau *per procurationem* mit Karl verheiratet, dem sie erstmals am 19. November 1679 persönlich begegnete. Anlässlich der Hochzeitsfeierlichkeiten in Madrid veranstaltete man ein öffentliches Autodafé, bei dem 22 Personen zum Tod durch Verbrennen verurteilt und 60 weitere gefoltert wurden.

Nach dem Tod Juan Josés am 17. September 1679 wurde der Herzog von Medinaceli erster Minister, dem durch eine drastische Geldentwertung und eine Neuordnung des Steuerwesens die Stabilisierung der Staatsfinanzen gelang. Dieser Kurs wurde unter Karls Vertrautem und *Consejero de Estado,* dem Conde de Oropesa, fortgesetzt, sodass es bis zum Ende des 17. Jahrhunderts gelang, die seit etwa achtzig Jahren anhaltende Phase wirtschaftlicher Depression Spaniens zu stoppen.

Karl war leicht zu beeinflussen und folgte jeweils den Einflüsterungen der Umgebung, in deren Abhängigkeit er geriet. Nach dem Tod Juan Josés wurde die Mutter noch einmal zur bestimmenden Kraft. Aufgrund der immer drängenderen Forderung nach einem Thronerben setzte sie mit der Wittelsbacherin Maria Anna von Pfalz-Neuburg eine Braut durch, die der habsburgischen Partei im Heiligen Römischen Reich angehörte. Die 1690 geschlossene Ehe blieb kinderlos.

Hartnäckig hielten sich Gerüchte, es handle sich bei Karl eigentlich um eine Frau, die man aus Furcht vor Aufständen als Knaben ausgegeben habe. Die größte Überraschung war, dass er überhaupt so lange am Leben blieb. Die spanische Thronfolge wurde immer mehr zum Gegenstand allgemeiner Aufmerksamkeit der europäischen Diplomatie. Karl wurde mehrmals zur Unterschrift einander widersprechender Verträge und Testamente genötigt. Schwer krank und kaum zu eigenem Willen fähig, vererbte er in seinem letzten Testament vom 2. Oktober 1700 die Königreiche keinem Habsburger, sondern dem Bourbonen Philipp von Anjou, einem Enkel Ludwigs XIV. Die Testamentseröffnung traf die österreichischen Habsburger wie eine Bombe. Der kaiserliche Botschafter verließ leichenblass den Saal. Dass das Krieg bedeutete, war allen klar. Sowohl die Habsburger als auch die Bourbonen erhoben Anspruch auf das Erbe: Kaiser Leopold für seinen Sohn Karl, König Ludwig für seinen Enkel Philipp von Anjou. Auch Bayern glaubte, Forderungen stellen zu können. Ludwig triumphierte mit dem berühmten, aber wahrscheinlich erfundenen Satz »Es gibt keine Pyrenäen mehr«. Die französische Urangst vor einer Umklammerung durch die Habsburger schien überwunden. An ihre Stelle trat die Angst vor der französischen Übermacht in Europa.

Karl II. blieb auch als Erwachsener ein Kind.
Gemälde, zugeschrieben Juan Carreño de Miranda,
um 1675. Museo del Prado.

ÖSTERREICHS SONNENKÖNIG JOSEPH I.

JOSEPH I.
*26. JULI 1678 WIEN; †17. APRIL 1711 WIEN
1705–1711 RÖMISCH-DEUTSCHER KAISER

Kaiser Leopold I. hinterließ zwei Söhne. Sie hätten unterschiedlicher nicht sein können: Joseph war schön, Karl war hässlich. Jedenfalls behaupteten das die ausländischen Beobachter und Diplomaten ziemlich unisono. Karl war dem Temperament nach behäbig und bedächtig. Joseph war da ganz anders: lebenslustig, wenig fromm und sexuell recht umtriebig, während beim langweiligen und bigotten Karl immer wieder der Verdacht der Homosexualität hochkam. *Amore et Timore,* »Durch Liebe und Furcht«, war Josephs leicht oder doch nicht so leicht zu deutender Wahlspruch. Jedenfalls waren seine drei Lieben die Frauen, die Jagd und die Musik. Nicht nur in der Erotik, sondern auch in Religionssachen dachte und handelte er liberaler als sein Vater und sein Bruder. Den Einfluss der Kirche wollte er zurückdrängen. Sein sittenstrenger und frommer Vater machte kein Hehl daraus, dass ihm der jüngere Karl als Nachfolger lieber gewesen wäre.[232]

Seine dynastische Aufgabe hat Joseph nicht erfüllt. Er hinterließ neben mehreren unehelichen und außerehelichen Kindern nur zwei legitime Töchter und einen Sohn, der aber schon mit einem Jahr an seinem angeborenen Wasserkopf verstarb. Dafür konnte er nichts. Aber dass er seine Gattin mit einer Geschlechtskrankheit angesteckt und unfruchtbar gemacht hat, war sehr wohl seinem Lebenswandel geschuldet. Ausgelassene und orgiastische Feste hatte es am Wiener Hof unter Leopold nicht gegeben. Joseph hingegen wollte leben, wollte bauen, wollte jagen, wollte lieben, ob einfache Dienstmädchen oder nicht immer sehr feine Mätressen. Er war ein Grenzgänger. Da konnte es schon vorkommen, dass er während der Sitzungen Karikaturen und erotische Szenen auf die Ränder der Akten kritzelte, die strenge Zensoren oder ebenso strenge Historiker später mit der Schere zu entfernen versuchten. Die abgeschlagenen und aufgespießten Köpfe und am Galgen hängenden Körper, die er ebenfalls zeichnete, wurden hingegen nicht herausgeschnitten.

Kaiser Joseph I., anonymes Porträt.
Schloss Schönbrunn.

Auf der einen Seite gab es wilde Hetzjagden und jugendliche Sexorgien – vier Frauen gleichzeitig in seinem Bett –, auf der anderen Seite herrschte ein stocksteifes Hofzeremoniell: Den Audienzen wohnte er wortlos bei, nur die Sekretäre gaben Antworten. Puder und dicke Schminke verbargen jede Regung des Kaisers.[233] »Wir sind nicht mehr so pfäffisch«, ließ er dem hannoveranischen Gesandten mitteilen.[234] Nach der Hochzeitsnacht versäumte er zum Entsetzen des Vaters die Morgenmesse. Dass kurz nach der Hochzeit die berüchtigten Liaisonen wieder auflebten, vor allem zu Marianne Pálffy, einer recht vulgären ungarischen Hochadeligen, verstörte nicht nur seine Gattin, sondern auch seinen Vater.[235]

Josephs gesamte Regierungszeit war ausgefüllt mit Kriegen: Im Norden tobte der »Nordische Krieg«, im Osten waren es die Kuruzzen oder Kruzitürken, christliche Partisanen, sogenannte »Kreuztürken«, die ganz Westungarn und Ostösterreich in Angst und Schrecken versetzten. 1707 erklärten die aufständischen Adeligen am Landtag von Ónod Joseph als König von Ungarn für abgesetzt. Erst nach dessen Tod gelang es Karl, nach Zugeständnissen im Frieden von Szatmár 1711 den Aufstand zu beenden und Ungarn wieder enger an die Habsburger zu binden. Josephs größte Aufmerksamkeit aber musste dem Krieg im Westen gelten, dem Spanischen Erbfolgekrieg. Sein Ziel war nicht nur die Durchsetzung der spanischen Thronfolge für seinen Bruder Karl, sondern die generelle Niederringung der französischen Übermacht. 1709/10 schien ein Sieg in greifbare Nähe gerückt zu sein, aber die Hoffnungen waren verfrüht.

Zuerst hatte ja noch Leopold I. die Richtung vorgegeben. Zusammen mit Prinz Eugen, Gundaker Starhemberg und anderen jungen »Wilden« führte Joseph am Hof Leopolds eine Reformpartei an. Als sich 1703 erstmals die völlige Zahlungsunfähigkeit des Hofes abzeichnete, war man zum Handeln gezwungen, was Joseph und der Reformpartei mehr Einfluss verschaffte. Der Versuch, mit der Gründung einer eigenen Staatsbank dem Staat die nötigen Geldmittel zu beschaffen, brachte aber auch nicht viel mehr als die mit viel Aufwand betriebenen Versuche seines Vaters, mit alchemistischen Methoden unedle Metalle in Gold zu verwandeln. Einige Male war man zum Opfer von Schwindlern geworden. Joseph wollte nicht nur eine realistische Finanzpolitik, sondern setzte beim Kaiser auch durch, dass Prinz Eugen den Oberbefehl über die Truppen erhielt. Er war beliebt, weil er seine Berater in kollegialer Weise zu den Regierungsgeschäften beizog. Prinz Eugen sagte später über seinen Förderer, er habe ihn wie einen Bruder behandelt.

Der Kreis um Joseph hatte auch eine eigene Strategie für den Feldzug von 1704 entworfen, der das Kurfürstentum Bayern als Ziel Nummer eins ins Visier nahm, weil es sich auf die Seite der Franzosen geschlagen hatte. Die bayerischen Bauernaufstände gegen die kaiserlichen Besatzungstruppen wiederholten das, was nicht ganz hundert Jahre vorher in Oberösterreich während der bayerischen Besatzung geschehen war:

»Lieber bayerisch sterben als kaiserlich verderben«, lautete diesmal die Losung der Aufständischen. Die habsburgische Antwort in der »Sendlinger Mordweihnacht« vom 24. zum 25. Dezember 1705 war nicht weniger grausam als das vom bayerischen Statthalter Adam Graf Herberstorff veranstaltete »Frankenburger Würfelspiel« nicht ganz 100 Jahre zuvor, als dieser die Bauern gegeneinander um ihr Leben würfeln ließ. Die Zahl der auf bayerischer Seite in der Weihnachtsnacht des Jahres 1705 Getöteten kann man dank guter Quellenlage heute recht genau auf etwa 1.100 beziffern. Auf Seiten der Reichsarmee gab es etwa 40 Tote. Doch der Aufstand ging weiter. Ein kaiserlicher Oberst ließ voller Stolz an den Oberbefehlshaber der kaiserlichen Truppen schreiben: »Ich lasse massakrieren, was mir unter die Finger kommt.« Insgesamt kamen 5.000 bis 10.000 bayerische Bauern ums Leben.[236]

Josephs Ziel war es, Ludwig XIV. nicht nur militärisch, sondern auch kulturell den Rang als Europas glänzendster Monarch streitig zu machen. Schloss Schönbrunn sollte Versailles übertreffen. Das spektakuläre »Erste Projekt«, das der kaiserliche Hofarchitekt Johann Bernhard Fischer von Erlach für das Schloss ausgearbeitet hatte, wurde zwar wegen seiner Maßlosigkeit nicht verwirklicht, aber gespart wurde unter Joseph nicht: Die Schlossbauten, die Musikfeste und die beliebten winterlichen Schlittenpartien kosteten viel Geld – es gab damals in Wien ja noch genug Schnee, und anders als die holprigen Kutschen ermöglichen Schlitten ein sanftes Dahingleiten.

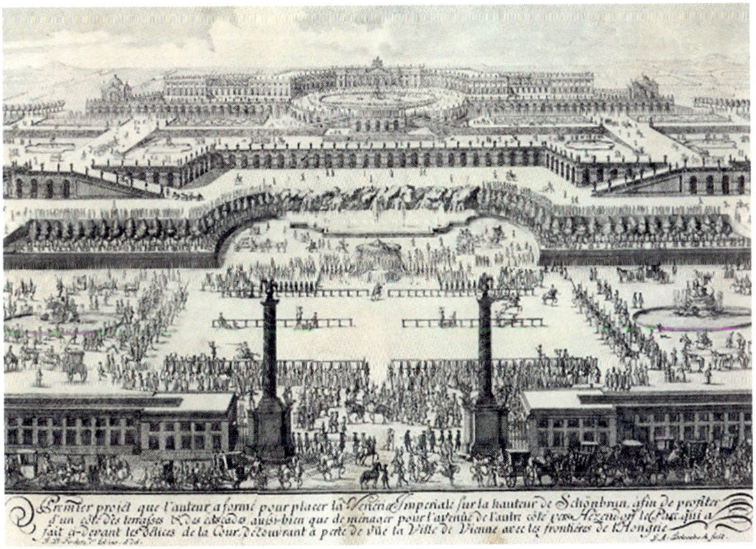

Sollte Versailles übertreffen: das »Erste Projekt« Fischer von Erlachs für Schloss Schönbrunn. Stich, 1688.

Franz van Stampart, Kaiser Joseph I.
mit Harnisch und Feldherrenstab, 1705.
Bayerische Schlösserverwaltung.

Auch die Musiker profitierten – Scarlatti als Lieblingskomponist – und vor allem die Baumeister. Aber das Geld fehlte. Die Wirtschaft der Monarchie musste gestärkt werden, nicht nur durch Bankgründungen, sondern auch durch Agrarreformen. Joseph gab daher 1709 einen Erlass heraus, mit dem er zur Diskussion über die Abschaffung der Robot anregte. Ausprobiert wurde das in den schlesischen Herzogtümern Liegnitz, Brieg und Wohlau. Alles Land, das die Bauern bisher als Leibeigene für den Feudalherrn bebaut hatten, wurde unter ihnen aufgeteilt. Jetzt mussten sie nur mehr eine festgesetzte Pacht abliefern und konnten sich die Arbeit selbst einteilen. Dass die Auswirkungen dennoch gering blieben, lag auch am frühen Tod des Kaisers.

Ungeachtet seiner beträchtlichen persönlichen und moralischen Schwächen waren Josephs politische Entscheidungen meist richtig. Er leitete Verwaltungs- und Wirtschaftsreformen ein, kämpfte gegen den Missbrauch der Robot durch den Adel und gegen die grassierende Korruption bei Hofe. Aber zu einer Abschaffung der Robot oder zu einem Ende der Korruption kam es dann doch nicht. Als es um seine Heirat ging, war sein Standpunkt: »Ich will keine Französin oder Welsche. Ich bin auf die Teufelsfranzosen so sehr erbittert ...«[237] Die Braut war Amalia Wilhelmina von Braunschweig-Lüneburg. Eine Liebesheirat war es nicht. Die Herzöge von Braunschweig-Hannover waren Anwärter auf den englischen Thron und stärkten die im Spanischen Erbfolgekrieg so wichtige Allianz mit Großbritannien gegen Frankreich. Der Ehe entsprangen drei Kinder: der frühverstorbene Sohn Leopold Joseph (1700–1701) sowie zwei Töchter.

1711 herrschten wieder einmal die Pocken. Joseph war, anders als sein Bruder Karl, nicht durch Ansteckung in früher Kindheit immunisiert worden. Seine Kontakte hätten daher möglichst eingeschränkt werden sollen. Am 8. April 1711 nahm er dennoch an einer Jagd im Wienerwald teil, obwohl sich schon Anzeichen der Krankheit bemerkbar gemacht hatten. Der Kaiser starb am 17. April in der Hofburg, ohne männliche Erben zu hinterlassen. Zuvor hatte er seiner Frau noch versprechen müssen, alle seine Mätressen vom Hof zu jagen, sollte er die Krankheit überleben. Es beerbte ihn sein Bruder Karl. Dass damit die Aussicht verbunden war, Spanien und Österreich wieder mit dem Kaisertum in einer Hand vereinigt zu finden, gab dem Spanischen Erbfolgekrieg eine dramatische Wendung. Den bisherigen Bundesgenossen war das Weltreich Karls V. noch in traumatischer Erinnerung. Ein Virus hatte wieder einmal die Weltgeschichte in eine andere Richtung gelenkt. Aber bei Josephs Art zu leben, schreibt Charles W. Ingrao, sein wichtigster Biograf, wäre er wahrscheinlich ohnehin nicht alt geworden. Wäre er nicht an den Pocken gestorben, so vielleicht an einem Sturz vom Pferd, an einer Lungenentzündung oder an der Syphilis.[238] Joseph I. hatte sich selbst zugrunde gerichtet. Er hätte viel bewirken können. Wegen der Kürze seiner Regierungszeit blieb er aber unterschätzt.[239]

5

AUS HABSBURG WIRD LOTHRINGEN

DER KURZSICHTIGE KAISER KARL VI.

KARL VI.
*1. OKTOBER 1685 WIEN; †20. OKTOBER 1740 WIEN
1711–1740 RÖMISCH-DEUTSCHER KAISER

Karl VI. war extrem kurzsichtig. Vielleicht hat ihm deswegen auch die notwendige politische Weitsicht gefehlt. Er trug viele Titel: als römisch-deutscher Kaiser war er Karl VI., als König von Ungarn und Kroatien Carolus III., als König von Böhmen Karel II., als König oder Gegenkönig von Spanien Carlos III. Als König von Neapel hieß er Carlo VI., als König von Sardinien Carlo III. und als König von Sizilien Carlo IV., ganz abgesehen von seinen Titeln als Erzherzog von Österreich, Herzog von Steiermark, Kärnten, Krain und als Inhaber sonstiger habsburgischer Erblande. Insgesamt waren es 63 Titel, die er zu verteidigen hatte. Doch seinem Motto *Constanter continet orbem,* »Fest hält er den Erdkreis zusammen«, konnte er nur schwer gerecht werden: Die Chance, nach dem Aussterben der spanischen Habsburger das Weltreich, das sein großer Namensvorgänger Karl V. einst regiert hatte, wieder zu erneuern, war ihm nicht gegönnt.

Zuerst verteidigte Karl nach dem Tod des spanischen Königs Karl II. nur seine Ansprüche auf den spanischen Thron. Mit dem plötzlichen Tod seines Bruders Joseph I. nach nur sechsjähriger Regierungszeit ergab sich aber eine dramatische Wendung. Da er der einzige noch lebende männliche Habsburger war, fielen Karl nun auch die Herrschaftsrechte in Österreich, Böhmen und Ungarn und die Kaiserwürde zu. Zusammen mit seinen Ansprüchen in Spanien hätte eine Wiederholung der Umklammerung Frankreichs durch die Habsburger wie in der ersten Hälfte des 16. Jahrhunderts bevorstehen können. Das erschien den anderen, bislang mit Habsburg verbündeten Mächten unerträglich. Karl musste Frieden schließen und auf das spanische Erbe verzichten. Aber ausgeträumt hat er den Weltreichstraum nie. Zeitlebens verstand er sich weiter als spanischer König, machte das spanische Mantelkleid zur verpflichtenden Wiener Hoftracht und verlieh weiterhin spanische Adelstitel.

Ein neues Staatsgrundgesetz, das er unter dem Namen »Pragmatische Sanktion« wenige Tage nach der Unterzeichnung des Utrechter

Johann Kupetzky, Kaiser Karl VI.
Nationalmuseum Warschau.

Friedensschlusses am 11. April 1713 erließ, sollte nicht nur die Unteilbarkeit der habsburgischen Besitzungen für immer festschreiben, sondern auch die Bedingungen der weiblichen Erbfolge regeln, auch wenn Karl 1713 durchaus noch mit männlichen Erben rechnen konnte und das bis zu seinem Lebensende tat. Doch ein solches Gesetz zu erlassen, war das eine, dass es auch befolgt wurde, das andere, sowohl in den eigenen Territorien als auch im Reich und in der internationalen Staatengemeinschaft. Bis zu seinem Tod war Karl damit beschäftigt, überall Zugeständnisse zu machen, um eine Anerkennung zu erreichen, die im Ernstfall dann doch nicht hielt.

Der Friede von Utrecht im Jahr 1713 war für beide Seiten ein Glücksfall: für das völlig erschöpfte Frankreich wie auch für das ebenso ausgeblutete Österreich. Nach dem Friedensschluss im Westen konnte sich Österreich wieder dem Osten zuwenden. Prinz Eugen wurde mit den Siegen bei Peterwardein (1716) und der Eroberung von Belgrad (1717) zum großen Türkenbezwinger. Der darauffolgende Friede von Passarowitz brachte dem Habsburgerreich mit dem Banat, Nordserbien und der Kleinen Walachei riesige Gebietserweiterungen im Südosten Europas.

Das Triumphgefühl war groß. Es war der Höhepunkt des österreichischen Barock. Schon anlässlich der Überwindung der letzten Pestepidemie im Jahr 1713 hatte Karl eine Kirche zu Ehren des Pestpatrons Karl Borromäus versprochen. Die Kirche war von Johann Bernhard Fischer von Erlach als Herrschaftssymbol konzipiert worden. 1737 wurde sie eingeweiht. Die beiden charakteristischen Säulen greifen den Wahlspruch Karls V. mit den Säulen des Herakles und dem *Plus Ultra* wieder auf: Weltherrschaft als Programm. Auch am Eingang von Schloss Schönbrunn gibt es die beiden Säulen. Ebenso im monumentalen Prunksaal der Hofbibliothek, mit deren Neubau 1722 am Josefsplatz begonnen wurde und für die die berühmte Büchersammlung des Prinzen Eugen angekauft wurde. Beherrscht wird der Prunksaal von einer 30 Meter hohen Kuppel, deren Fresko von Daniel Gran die »Gottwerdung« des Kaisers zeigt. Auch im Landhaus der niederösterreichischen Stände in der Wiener Herrengasse wurde die Weltherrschaft des Hauses Österreich gefeiert, obwohl die reale Macht längst deutlich kleiner geworden war. Die finanziellen Möglichkeiten des Kaisers wurden auf höchstens ein Drittel jener des französischen Königs geschätzt.[240]

Überall in Österreich stößt man auf den gottgleichen Kaiser. Die Kaiserstiege im Stift Melk hat seinen Wahlspruch *Constantia et Fortitudine* zum Thema. In Göttweig erscheint er als Sonnengott Apoll, im Kaiser- oder Marmorsaal des Stiftes St. Florian als Jupiter auf dem Götterthron, als Sieger über die Türken und als Friedensfürst. Im Landhaus der niederösterreichischen Stände sind es die Worte aus der *Äneis*, die diesen Anspruch unterstützen: »Ein Reich habe ich gegeben ohne Ende.« Zur Einweihung des Festsaals wurde ein Theaterstück über die »unsterblichen Großtaten« Karls VI. zur Aufführung gebracht. Das Stift

Fig.1

Fig.2

Fig.3

Fig.1 Kaiser Karl VI., porträtiert vom Hofmaler Johann Gottfried Auerbach, 1735. Kunsthistorisches Museum, Wien.

Fig.2 Karl VI. mit seinem Hofbaudirektor Gundacker Graf Althann. Gemälde von Francesco Solimena, 1728. Kunsthistorisches Museum, Wien.

Fig.3 Karl als Sonnengott Apoll. Deckenfresko von Paul Troger in Stift Göttweig, 1739.

Klosterneuburg sollte zu einer Klosterresidenz nach dem Vorbild des spanischen Klosterpalastes El Escorial gemacht werden. Fertiggestellt wurde das monumentale Programm nicht. In Göttweig endet die monumentale Kaiserstiege im Nichts. Die Wiener Hofburg wurde mit der Winterreitschule, dem Michaelertrakt und der Reichskanzlei von einer mittelalterlichen Burg in einen Barockpalast umgestaltet. Überall im Reich schossen barocke Klöster- Wallfahrts- und Pfarrkirchen aus dem Boden, ob im siebenbürgischen Klausenburg *(Cluj)* und im banatischen Temeswar *(Timișoara)* mit seinem von Fischer von Erlach geplanten Dom oder in Tschechien und Vorderösterreich. Österreich war vom »Bauwurm« befallen.[241] Auch kleinste Anlässe waren mit riesigem Aufwand verbunden: Das oberösterreichische Barockschloss Neu-Wartenburg an der Vöckla wurde nur erbaut, um dem Kaiser für einen dreitägigen Jagdaufenthalt eine standesgemäße Unterkunft bieten zu können. Bewohnbar ist es eigentlich nicht.[242]

Vieles, was heute zu den Höhepunkten österreichischer Kultur zählt, fällt in Karls Zeit. Die Vorbildwirkung des spanischen Hofes war enorm: das spanische Hofzeremoniell, das spanische Mantelkleid, die Spanische Hofreitschule, der spanische Barock. Wien wurde spanisch. Es kam zu einem massiven Ideologietransfer. Nach dem Muster des kompromisslosen spanischen Katholizismus wurde auch in den mitteleuropäischen Territorien der Habsburger die konfessionelle Einheit von Herrscher und Untertanen durchgesetzt. Es war die Glanzzeit der österreichischen Barockarchitekten, Barockmaler und Barockkomponisten. Und überall stand Karl im Zentrum, so als Türkenbezwinger und römischer Kaiser, als Göttervater, Sonnengott und Helios, der wie ein spukender Gnom im goldenen Sonnenwagen über den Himmel fährt. Der Herrscher war zum Gottkönig geworden, wenn schon nicht als Christkönig, so zumindest als Sonnenkönig.

Freilich: Von einem strahlenden Apoll war Karl weit entfernt. In Krumau *(Český Krumlov)* ist die Geschichte vom unglücklichen Ende des Fürsten Adam Franz von Schwarzenberg unvergessen, der vom extrem kurzsichtigen Kaiser 1732 bei einer Hirschjagd irrtümlich erschossen wurde. Der Fürst konnte nur noch sterbend röcheln: »Es war ja der Kaiser. Stets sei es seine Schuldigkeit gewesen, für den Kaiser sein Leben hinzugeben.«[243] Karl fehlte nicht nur auf der Jagd die Weitsicht. Mangelnde Weitsicht wurde ihm auch politisch immer mehr zum Verhängnis. In der Judenpolitik war er ähnlich intolerant wie sein Vater: 1726 erließ er die Familiantengesetze, die die Zahl der Juden beschränkten und ihre Freizügigkeit weiter unterbanden. 1738 ließ er alle Juden aus Schlesien vertreiben. Auch gegen die Roma richtete sich seine Politik.

Karl hat Österreich die bis heute bestaunte Barocklandschaft und die viel gerühmte Liebe zur Oper hinterlassen, seinem Reich aber einen Berg von Schulden, eine vernachlässigte Verwaltung und ein verarmtes Land. Ganz anders war es in Preußen, das nach Karls Tod zur größten Bedrohung der habsburgischen Herrschaft werden sollte. Friedrich Wilhelm I., genannt der Soldatenkönig, regierte fast gleichzeitig und genauso lang wie Karl: von 1713 bis 1740. Er hatte sich kein einziges Schloss neu errichten lassen. Er plante keine großen Bauvorhaben und finanzierte keine Kloster- oder Kirchenbauten oder spektakuläre Opern und sonstige teure Vergnügen, sondern nur seine berühmten »langen Kerls«, eine durchtrainierte Armee und eine straff organisierte Finanzverwaltung. Das viel kleinere und an Ressourcen viel ärmere Brandenburg-Preußen konnte damit zum stärksten Konkurrenten der Habsburger aufsteigen.

Zwanzig Jahre nach den großen Siegen des Prinzen Eugen gab es wieder einen Türkenkrieg. Die 1718 erlangten Gebiete, die Kleine Walachei und Nordserbien, mussten wieder aufgegeben werden. Als Karl im Alter von 55 Jahren am 20. Oktober 1740 überraschend starb – ob tatsächlich, wie Voltaire meinte, »an einem Teller giftiger Pilze, die den Lauf der Welt veränderten«, sei dahingestellt –, war das Siegerimage verflogen und die Pragmatische Sanktion kaum mehr das Papier wert, auf das sie geschrieben worden war. Alle, die sie einst unterzeichnet hatten, stellten sie jetzt in Frage. Karls Ziel, die habsburgische Machtstellung seines Namensvorgängers Karl V. wiederherzustellen, hatte er verfehlt. Den Verlust Spaniens hat er nie überwunden. Sein letztes Wort, so wird berichtet, sei nicht »Wien«, sondern »Barcelona« gewesen.

mt

DIE LANDESMUTTER ALS LANDESVATER MARIA THERESIA

MARIA THERESIA
*13. MAI 1717 WIEN; †29. NOVEMBER 1780 WIEN
1740–1780 HERRSCHERIN VON ÖSTERREICH

»Einmal haben die Österreicher einen Mann, und dann ist er eine Frau«, ätzte Maria Theresias größter Gegner, der Preußenkönig Friedrich II. Ihr gigantisches Denkmal zwischen den beiden großen Museen prägt die Wiener Ringstraße. 1888 wurde es von Kaiser Franz Joseph enthüllt. Kein anderer Habsburger – und schon gar nicht eine Frau – hat je ein derart großes Denkmal erhalten. Nur Kaiser Maximilian I. wollte sich ein noch größeres schaffen, das aber in der von ihm geplanten Form nie fertiggestellt wurde. Maria Theresia erhielt kein Reiterstandbild, sondern eine Sitzfigur, obwohl sie sehr gut reiten konnte. So thront sie hoch oben über ihren Heerführern, Diplomaten und Beratern. Über lauter Männern. Aber der für sie wichtigste Mann fehlt: ihr eigener Mann, Franz Stephan von Lothringen, der Kaiser und Begründer der Linie Habsburg-Lothringen. Sein Fehlen mag verwundern, oder auch nicht.[244]

Kaiser Karl hatte ihn persönlich als Gatten für Maria Theresia ausgesucht. Es war genauso wenig eine romantische Liebesgeschichte wie alle dynastischen Hochzeiten davor und danach. Karl VI. wollte einen geeigneten Prinzen, den er als seinen Nachfolger als Kaiser durchsetzen zu können glaubte und der ihm auch für seine eigenen Hobbys der geeignete Begleiter zu sein schien. Der Lothringer passte. Er kam aus einer der ältesten Familien des Reiches, war katholisch, aber nicht besonders reich oder gar mächtig. Dazu kam, dass er auch Karls Jagdinteressen teilte.

1729 hatte Franz Stephan das Herzogtum Lothringen und die Grafschaft Bar geerbt. 1733 musste er sie als Ergebnis des Polnischen Erbfolgekrieges gleich wieder räumen. Stanislaus Leszczyński erhielt Lothringen, Franz Stephan als Ersatz die damals ziemlich abgewirtschaftete Toskana. Er musste sich fügen: »Keine Abtretung, keine Erzherzogin.« Er fügte sich. So konnte 1736 die ersehnte Hochzeit stattfinden. Am Wiener Hof war er vorerst nur der arme Lothringer oder Toskaner. Ab 1740 wurde er Mitregent. Erst als er 1745 zum Kaiser gewählt wurde, besserte sich sein Ansehen am Wiener Hof.[245]

Jean-Étienne Liotard, Maria Theresia.
Schloss Schönbrunn.

Die Regierungsgeschäfte interessierten ihn recht wenig. Mehr seine privaten Geschäfte. Er gilt als der Begründer der privaten Vermögen der Habsburger, ihrer Familienfonds. Und auch als Begründer der habsburgischen Museen. Er scharte eine in sich geschlossene Gesellschaft von Wissenschaftlern, Ingenieuren und Künstlern aus ganz Europa um sich. Es standen ihm ein Laboratorium, eine Bibliothek und auch Räumlichkeiten für seine Sammlung zur Verfügung. Diese damals als Naturalienkabinett bekannte Institution bildete den Grundstein für das spätere Naturhistorische Museum in Wien. 1752 begründete Franz Stephan auch den Tiergarten Schönbrunn, den ältesten noch bestehenden zoologischen Garten Europas.

Bekannt ist Franz Stephan bis heute nicht nur für seine private Geschäftstüchtigkeit und seine Sammelinteressen, sondern auch für seine Liebesgeschichten. Dass er sechzehn eheliche Kinder hinterließ, ist wohl eher Maria Theresia gutzuschreiben.[246] Über illegitime Kinder ist allerdings nichts Konkretes bekannt, obwohl ihm ein lockerer Lebenswandel nachgesagt wurde. »Maria Theresia möchte eine bürgerliche Ehe *(un ménage bourgeois)* mit dem Kaiser führen«, berichtete der preußische Gesandte Heinrich Graf Podewils an seinen König.[247] Der Kaiser aber bevorzugte in monarchischer Tradition wohl eher eine *ménage à trois*. 1756 hatte sich Franz die Prinzessin Wilhelmina Auersperg zur Mätresse genommen, eine Liaison, die bis zu seinem Tode andauerte.[248]

Alles in allem: Er war Maria Theresias Lebensmensch. Sie liebte ihn wirklich und achtete seine Autorität als Kaiser. Er starb am 18. August 1765 im Alter von 56 Jahren während der Hochzeitsfeierlichkeiten seines Sohnes Leopold II. in Innsbruck. Doch dass er im Bett seiner Mätresse gestorben sei, ist ein böses Gerücht. Er hinterließ ein riesiges Vermögen. Auf 17 Millionen Gulden wurde seine Hinterlassenschaft an Bargeld, Wertpapieren und Immobilien berechnet.[249] Aber in der Realität war Maria Theresia natürlich viel reicher und vor allem mächtiger als ihr Mann. Manche halten sie sogar für die wichtigste Persönlichkeit in der langen Reihe der Habsburger. Auch ihr erbittertster Gegner, der Preußenkönig Friedrich II., sagte das.

Friedrich II. und Maria Theresia waren gleich alt und waren fast gleichzeitig auf den Thron gekommen. Aber ein größerer Gegensatz war kaum denkbar: Friedrich, der homosexuelle Frauenverächter, und Maria Theresia, die große Mutter, die innerhalb von zwanzig Jahren sechzehn Kinder zur Welt brachte. Er belesen, sie literarisch desinteressiert. Er Protestant, vielleicht sogar Atheist, sie eine glühende, bigotte Katholikin. Er mit einer gedrillten Armee und mit gut gefüllter Staatskasse, sie belastet mit hohen Staatschulden, einer im Polnischen Erbfolgekrieg herabgewirtschafteten Armee und einem hoffnungslosen Durcheinander unterschiedlicher Länder und Kulturen. Aber Maria Theresia hatte drei Dinge: Hausverstand, Ausdauer und Gottvertrauen. Vom neuen Geist der Aufklärung hingegen hielt sie nicht viel.

Was wurde nicht alles in ihren Kampf mit Preußen und dem Preußenkönig hineininterpretiert: Mann gegen Frau, Norden gegen Süden, Protestantismus gegen Katholizismus, Fortschritt gegen Reaktion, politische Kälte gegen menschliche Wärme – war sie vielleicht gar eine Feministin? Manche meinen das. Nichts könnte falscher sein. War sie eine Reformerin? Höchstens unfreiwillig und nur unter dem Druck des immer mächtiger werdenden Preußen. War sie eine aufgeklärte oder gar tolerante Persönlichkeit? Sie hasste Italiener, Protestanten, Juden und Zigeuner. Man muss die letzte große Judenverfolgung mit der Vertreibung der Prager Juden erwähnen und darf die letzten gewaltsamen Aussiedlungen von Protestanten aus Oberösterreich, der Steiermark, und Mähren zum Südostrand des Reiches nicht außer Acht lassen.[250] Das Justizwesen blieb noch lange mittelalterlich. Die an Folter und ausgeklügelten Körperstrafen festhaltende Theresianische Halsgerichtsordnung *(Constitutio Criminalis Theresiana)* von 1769 war zum Zeitpunkt ihres Inkrafttretens bereits ein Anachronismus. Die Folter wurde darin nicht abgeschafft, sondern nur hinsichtlich der Anwendung der Daumenschrauben, Streckbänke und Nagelbretter minutiös und mit detailgetreuen Illustrationen geregelt. Erst 1776 rang sich die Monarchin zur Abschaffung durch. Auch die neu eingeführte Schulpflicht konzentrierte sich vorerst nur auf Religion, Lesen und Fleiß. Schreiben war weniger wichtig – daraus entstünden nur Beschwerden und anderes unnützes Zeug – und der Lesestoff wurde streng zensuriert.[251]

Sie war sittenstreng und von so staatsmännischer Genauigkeit, dass sie sich für einen von ihr verursachten Kaffeefleck auf einem Aktenstück ausführlich entschuldigte. Vielleicht war es auch der Lebenswandel ihres Gatten, der den Anstoß zur immer wieder, nicht zuletzt auch von Casanova kritisierten Keuschheitskommission gab.[252] Alles sollte reglementiert sein: Die Länge der Frauenröcke, die in ihren Augen viel zu kurz waren – es gab ja noch keine Unterhosen –, die Ausgelassenheit der ländlichen Tänze oder das Leben in den Hinterzimmern der Vorstädte – Prostitution war ein großes Thema.[253] Aber ganz so sittsam war Theresia dann doch wieder nicht. In jungen Jahren tanzte sie, im Alter spielte sie. Beim sogenannten »Pharao-Spiel«, heute als »Stoß« bekannt, verbrachte sie täglich mehrere Stunden und verlor Unsummen.[254]

Maria Theresia war nicht der Inbegriff dessen, was man sich unter einer schönen Frau vorstellt: In späteren Lebensjahren war sie durch ihr Körpergewicht so unbeweglich geworden, dass sie nur mehr in einer Sänfte fortbewegt werden konnte. Auch dass sich der Maria-Theresien-Taler im arabischen Raum als »Fat Lady« so besonderer Beliebtheit erfreute, war der üppigen Oberweite der auf den Münzstücken abgebildeten Kaiserin zuzuschreiben.[255]

Es gab in der Geschichte immer wieder auch Königinnen, von Kleopatra über Elisabeth I. von England und die schwedische Königin Christine bis zu den russischen Zarinnen Elisabeth und Katharina – aber

Fig.1

Fig.2

Fig.1 Maria Theresia zu Beginn ihrer Herrschaft. Porträt, zugeschrieben Martin van Meytens, um 1740.

Fig.2 »Fat Lady«: Der Maria-Theresien-Taler erfreute sich im arabischen Raum großer Beliebtheit. Wien Museum.

diese stilisierten sich als jungfräuliche, geschlechtslose oder männliche Wesen. Maria Theresia hingegen lebte drei Leben: eines als liebende Gattin, die die amourösen Eskapaden ihres Gatten tolerierte, ein zweites als vielfache, aber strenge Mutter, die ihre Kinder dominierte, und schließlich ein drittes als starke Herrscherin, die ihre Ziele unerbittlich verfolgte und verteidigte. »Niemand hätte mich hindern können«, sagte sie, »selbst an die Spitze meiner Armeen zu treten, wenn ich nicht dauernd schwanger gewesen wäre.«[256] Wie sie in Pressburg bei der Krönung zum ungarischen König (nicht zur Königin!) den aufgeschütteten Krönungshügel im Damensattel hinaufritt, imponierte auch den Ungarn.[257]

Maria Theresias großes Geschick lag in der die Auswahl ihrer Berater. »Das bisschen Ruhm, das ich mir in der Welt erworben habe, verdanke ich der richtigen Wahl meiner Vertrauten«, fasste sie ihre Regierungszeit selbst zusammen.[258] Sie habe das große Glück gehabt, bedeutende und erprobte Menschen zu finden: Staatskanzler Fürst Anton Wenzel von Kaunitz-Rietberg, den Meister der Diplomatie, Graf Friedrich Wilhelm Haugwitz, den Schöpfer des bürokratischen Absolutismus, Gerard van Swieten, den großen Wissenschaftsreformer, Karl Anton Martini, den Begründer des Naturrechts, Joseph Frh. von Sonnenfels, den Praktiker der Aufklärung und den Bildungs- und Schulreformer Johann Ignaz Felbiger, nicht zu vergessen ihre Generäle Ernst Gideon Frh. von Laudon, Leopold Joseph Graf Daun, Franz Moritz Graf Lacy und den legendären Pandurenoberst Franz Frh. von Trenck.

Der unerwartet frühe Tod ihres Vaters machte die 23-jährige Maria Theresia bereits 1740 zur Erbin der bunt zusammengewürfelten Territorien. Die internationale Ablehnung ihrer Ansprüche führte zu langjährigen kriegerischen Auseinandersetzungen: Preußen, Bayern, Sachsen, Frankreich und Spanien bildeten die gemeinsame Front der Gegner. Die Karikaturisten zeichneten eine nackte, aller ihrer Kleider beraubte Maria Theresia. Doch die junge Herrscherin bewies staatsmännisches Geschick, als sie sich an Ungarn wandte, obwohl manche ihrer Berater meinten, da könne man sich eher auf den Teufel verlassen: Am 11. September 1741 stand sie vor dem ungarischen Reichstag in Pressburg und appellierte an die Magnatenversammlung. Dass sie dabei den sechs Monate alten Thronfolger im Arm hielt, ist zwar eine Legende, aber die Rede war ein diplomatisches Meisterstück. Ungarn ließ sie nicht im Stich. Kaum dreißig Jahre früher war das Land noch im Kuruzzenaufstand gegen die Habsburger gestanden. Ein neuerlicher Aufstand hätte der Habsburgerherrschaft in Ungarn wohl ein Ende bereitet.

In dem von 1740 bis 1748 wütenden Österreichischen Erbfolgekrieg konnte das Erbe zwar verteidigt werden, allerdings ging das reiche, sich weit nach Norden erstreckende Schlesien an Preußen verloren. Auch die Kaiserwürde konnte nach einem fünfjährigen bayerischen Zwischenspiel mit der Wahl Franz Stephans wieder zurückgeholt werden. Doch der von Staatskanzler Fürst Wenzel Anton Kaunitz-Rietberg im Jahr 1856 eingeleitete

Versuch, mit einem Wechsel der Verbündeten von England zu Frankreich, um Schlesien doch noch von Preußen zurückzugewinnen und den Hauptgegner, den Preußenkönig Friedrich II., auf das Maß eines Markgrafen von Brandenburg zurückzustutzen, mündete in den verlustreichen Siebenjährigen Krieg, der für die habsburgischen Länder außer hohen Kosten nichts einbrachte, aber England half, sein riesiges Kolonialreich aufzubauen.

Der Verlust Schlesiens hatte die habsburgische Kaisermacht geschwächt und lenkte deren Aufmerksamkeit noch stärker nach Osteuropa. Das Königreich Polen war so schwach geworden, dass es einer Aufteilung zwischen Russland, Preußen und der Habsburgermonarchie nichts mehr entgegenzusetzen hatte. Auch wenn Maria Theresia es als ähnliches Unrecht sah, wie es ihr selber wenige Jahre vorher gerade widerfahren war, griff sie doch zu. »Sie weinte und nahm, und je mehr sie weinte, umso mehr nahm sie«, soll Friedrich II. gespottet haben.[259] Österreich erhielt 1772 zwar mit Galizien und Lodomerien den flächenmäßig größeren, aber wirtschaftlich weniger wertvollen Teil Polens. 1775 war auch noch die Bukowina dazu gekommen. Gerechnet in Fläche und Volkszahl war die Habsburgermonarchie damit um einiges größer geworden. Von Joseph II. ließ sich Maria Theresia 1778 zuletzt noch in einen Krieg um die Erbfolge in Bayern drängen, der außer der Abtretung des Innviertels an Österreich nichts einbrachte.

1765 starb Franz Stephan überraschend. Maria Theresias Trauer war echt. Ihre schwarze Trauerkleidung legte sie nie mehr ab. Im Reich folgte Joseph II. als Kaiser nach und wurde von ihr auch in den Erblanden als Mitregent aufgenommen. Aber die Macht wollte sie nicht teilen. Zu sehr fürchtete sie den Reformeifer ihres Sohnes. Als sie 1780 starb, schrieb Friedrich II. in typisch preußischer und männlicher Überheblichkeit, die »Kaiserin habe ihrem Thron und dem weiblichen Geschlecht alle Ehre gemacht«.[260] Aber in Österreich hielt sich die Trauer über ihren Tod wegen der gerade erfolgten Erhöhung der Alkoholsteuer in Grenzen.

Fig.1

Fig.2

Fig.1 Maria Theresia mit ihrer Familie, rechts ihr Nachfolger Joseph II. Gemälde von Heinrich Friedrich Füger, 1776. Sammlung Belvedere.

Fig.2 Nach dem Tod Franz Stephans legte Maria Theresia die Witwentracht nicht mehr ab. Porträt, zugeschrieben Anton von Maron, um 1772. Schloss Versailles.

J

EIN VOLKSKAISER ALS DIKTATOR JOSEPH II.

JOSEPH II.
*13. MÄRZ 1741 SCHLOSS SCHÖNBRUNN
†20. FEBRUAR 1790 WIEN
1765–1790 RÖMISCH-DEUTSCHER KAISER
1780–1790 HERRSCHER VON ÖSTERREICH

»Name: Joseph. Nachname: der Zweite. Beruf: Kaiser«. So antwortete Joseph II. als Taufpate bei der obligaten Frage nach seiner Identität.[261] Joseph verstand sich als einfacher Bürger, doch ausgestattet mit unbeschränkter Macht. Er verstand sich als Katholik, aber er brachte seine Kirche an den Rand der Verzweiflung. Und er liebte, wie alle Habsburger, die Musik. Aber er sagte zu Mozart: »Zu schön für die Wiener Ohren«. Und: »Viel zu viele Noten.« Mozart antwortete: »Grad so viel Noten, als nötig sind.« Joseph war kein Kunstmäzen. Er ernannte Mozart zwar zum »kaiserlichen Kammerkompositeur«, aber mit viel geringerer Besoldung als dessen Vorgänger Christoph Willibald Gluck. Er hielt das Allgemeine Krankenhaus und den Wiener Narrenturm, von den Wienern wegen seiner runden Form spöttisch als »Gugelhupf bezeichnet, für wichtiger als prächtige Schlösser und aufwendige Kunstförderungen.

Fast ein Drittel seiner Regierungszeit verbrachte Joseph auf Reisen. Aber er regierte nicht mehr im Reisen wie seine Vorfahren. Seine Reisen waren auch keine Repräsentationsreisen oder Brautfahrten und auch keine Vergnügungsreisen oder Kuraufenthalte. Er machte Bildungs- und Inspektionsreisen. Er wollte die Welt und sein Reich kennenlernen. Nicht als Herrscher, sondern inkognito: in der Maske eines Grafen oder Freiherrn. Zusammengerechnet dürfte er etwa 48.000 Kilometer zurückgelegt haben, also weit mehr als einmal um die Welt, auf holprigen Straßen und in schlecht gefederten Kutschen.

Über keinen anderen Habsburger gehen die Urteile so weit auseinander wie über Joseph: ein mutwilliger Zerstörer, ein menschenfreundlicher Reformer, ein menschenverachtender Despot? Er wird als Volkskaiser gefeiert und wollte ein solcher sein. Aber vom Volk und von der Volkssouveränität hielt er nicht viel, und schon gar nichts von der demokratischen Mitbestimmung. Sein Denken war autoritär und zentralistisch. Aus seinen ererbten, multikulturellen und vielsprachigen Ländern wollte er Provinzen machen, die von Wien aus zentral gesteuert werden und in denen Deutsch die alleinige Verkehrssprache für das Militär und die Verwaltung sein sollte. Für die einen war er mit seinen Reformen hundert Jahre zu früh geboren, für die anderen hatte er viel zu spät gelebt, um noch etwas ändern zu können.

Joseph regierte von oben. Er habe nicht die leiseste Kenntnis über das menschliche Herz, meinte der angeblich beste Kenner zumindest der weiblichen Herzen, sein venezianischer Zeitgenosse Giacomo Casanova, der seine Memoiren als Verbannter in einem der böhmischen Schlösser in Josephs Monarchie niederschrieb.[262] Joseph II. war sicher kein Casanova, auch wenn er erotischen Abenteuern in der Wiener Halbwelt am Spittelberg oder in den Vororten nicht abgeneigt war. Aber es waren andere Abenteuer als bei Casanova: keine ausgefeilten und oft erfundene Verführungskünste, die mit intellektuellem Diskurs gewürzt waren, sondern schnelle Befriedigungen und anonyme Streifzüge. Casanova rühmte sich vieler monarchischer Bekanntschaften, etwa mit Friedrich dem Großen und Katharina der Großen, auch mit Rousseau und Voltaire, und selbst mit Päpsten. Er soll 65.000 Kilometer zurückgelegt haben, also gar nicht so viel mehr als Joseph. Dass er mit Joseph II. oder gar Maria Theresia jemals zusammengetroffen wäre, kann ausgeschlossen werden.[263] Sie hätten auch sicher keine gemeinsame Gesprächsbasis gefunden.

Als Reformer hat Joseph zweifellos viel bewirkt. Doch vieles war zu überhastet, zu rücksichtslos und vor allem auf die Stärkung seiner eigenen Macht ausgerichtet. Seine Reformen trugen despotische Züge. Schon vor seinem Tod musste er viele davon wieder zurücknehmen, vom berüchtigten wiederverwendbaren Sparsarg, den er nicht nur mit kleinlichen Holzsparargumenten begründete, sondern auch mit hygienischen und philosophischen Überlegungen verteidigte, bis zur zweifellos richtigen, aber von allen Betroffenen vehement bekämpften Grundsteuerreform, die nicht der Entlastung, sondern der Gleichbelastung aller Bürger, vor allem aber der Stärkung der Staatskasse gedient hätte.

Bereits 1765 war Joseph seinem Vater Franz Stephan als Kaiser nachgefolgt und war auch in den österreichischen Erblanden zum Mitregenten bestimmt worden. Der vierzehnjährige Johann Wolfgang von Goethe war bei der Krönung als Augenzeuge dabei, vom Fenster seines Elternhauses aus. 1811 schrieb er seine Eindrücke nieder. Er nannte sie selbst *Dichtung und Wahrheit*. Einer der Kustoden der Wiener Schatzkammer, der Kunsthistoriker Bernhard Macek, hat die riesigen Aktenberge des Krönungszeremoniells durchgearbeitet und auf dreihundert Seiten die unglaubliche Logistik beschrieben, die hier entfaltet wurde. Damals fügte sich Joseph noch geduldig in das feudal-verstaubte Zeremoniell, ließ sich die mehr als drei Kilo schwere Reichskrone aufs Haupt setzen und schwor, immerfort ein Mehrer des Reichs zu sein, obwohl er wusste, dass das alles längst nur mehr eine leere Hülle war.[264] Er war jetzt Kaiser. Aber erst nach dem Tod seiner Mutter konnte er wirklich handeln. Da war er mit 39 Jahren bereits zweimal verwitwet und wollte auf keinen Fall noch einmal heiraten. Die Pocken hatten ihm beide Ehefrauen entrissen. Seine erste Gattin Isabella, die er ebenso sehr geliebt, wie er seine zweite gehasst hatte, war 1763 im Alter von 22 Jahren nach dreijähriger Ehe verstorben. Auch seine zweite Gattin Maria Josepha von Bayern verlor er 1767 nur zwei Jahre nach der Heirat. Unglücklich war er darüber, wie gesagt, nicht. Weder besuchte er sie auch nur ein einziges Mal am Krankenbett noch nahm er an ihrem Begräbnis teil. Eine dritte Bindung wollte er nicht mehr eingehen. Zu lange stand er unter der Herrschaft seiner dominanten Mutter, auch als er schon längst Kaiser war. Das Erste, was er 1780 nach dem Tod Maria Theresias tat, war, wie er sagte, »sich von dem Weiberregiment zu befreien«.[265] Alle Frauen, die seine Mutter um sich versammelt hatte, hatten die Hofburg binnen kürzester Frist zu verlassen: »Sie machen ein großes Geschrei. Aber ich kümmere mich nicht im Geringsten darum«, schrieb er an seinen Bruder Leopold, der damals die Toskana regierte.[266] Seine ältere Schwester Marianna wurde in ein Kloster nach Klagenfurt gesteckt, die als »kropferte Liesl« gefürchtete Elisabeth in einem Damenstift in Innsbruck untergebracht und die mit dem Prinzen Albert von Sachsen verheiratete Marie Christine als Regentin nach Brüssel geschickt. Sie war Maria Theresias Lieblingstochter. Ihre Briefe an Isabella von Parma, die erste Frau Josephs II. können, wenn man sie wörtlich nimmt, nur auf eine lesbische Liebesbeziehung schließen lassen. Ihr Mann war Albert von Sachsen-Teschen. Auf sie beide geht die Wiener Albertina zurück. Ihr von Antonio Canova geschaffenes Grab in der Wiener Augustinerkirche ist wohl eines der eindringlichsten Denkmäler dieser Art.

Joseph war wie sein großes Vorbild Friedrich II. zum Frauenhasser geworden. Aber er war im Unterschied zu diesem nicht homosexuell. Seine eigenen Bedürfnisse befriedigte er mit Prostituierten am Wiener Spittelberg und in den Spielhöhlen und Hurenvierteln der Vorstädte. Für die Erbfolge sorgte sein Bruder Leopold mit sechzehn Kindern. Joseph hingegen logierte als Hagestolz in drei Zimmern der Hofburg. Er aß am liebsten allein, spazierte im Augarten, den er ebenso wie den Prater für die Allgemeinheit öffnen ließ, und mengte sich unters Volk. Die Hoffeste und den barocken Prunk verachtete er. So sehr Maria Theresia ihren lebenslangen Gegner Friedrich II. gehasst hatte, so sehr bewunderte Joseph ihn, auch wenn Friedrich die Wertschätzung nicht erwiderte.

Josephs Verdienst war es, viele aufklärerische Ideale durchgesetzt zu haben: die religiöse Toleranz, die Abschaffung der Folter, die tatsächliche Einführung der Schulpflicht, die Beseitigung der Leibeigenschaft, den Bau des Wiener Allgemeinen Krankenhauses und des sogenannten »Narrenturmes« für geistig Behinderte, die Einrichtung von Findelhäusern und Taubstummeninstituten, die Reform des Bestattungswesens, die Einführung der Straßenbeleuchtung, die Schonung der Wälder durch Begrenzung des Holzverbrauchs und die Förderung der Agrarproduktion durch effizientere Bewirtschaftungsformen und der Industrieproduktion

Fig.1

Fig.2

Fig.1 Kaiser Joseph, der Reformator. Porträt von Joseph Hickel, 1774. Museum für Franken, Würzburg.

Fig.2 Trug viel zu seiner Popularität unter den Bauern bei: Joseph am Pflug, 19. August 1769 in Slavikovice. Kupferstich, 1769. Wien Museum.

durch technische Fortschritte. Auf Widerstand hingegen stieß er mit seinen religionspolitischen und beschäftigungspolitischen Ansätzen: mit der Aufhebung der als unproduktiv gesehenen Klöster, mit der Reduzierung der vielen Feiertage und mit der rigorosen Bekämpfung der Bettler, Vaganten und »Zigeuner«.[267]

Die barocke Frömmigkeit ging zu Ende. Die Klöster und Kleriker erlitten mit der von Joseph veranlassten Reduzierung der Seelenmessen, Messstipendien und Legate empfindliche Einkommenseinbußen. Alle Wallfahrten wurden als frömmelnde und müßiggängerische Vergnügungsreisen verboten. »Arbeit statt Askese« lautete sein Programm. Mit vollem Bewusstsein stellte er den religiösen Übungen den Zwang zur Arbeit gegenüber. Eine Liturgiereform sollte die langen Messen vereinfachen und verkürzen. Die Zahl der Feiertage, die schon Maria Theresia verringert hatte, wurde weiter reduziert. Die Zahl der Pfarren hingegen wurde vergrößert, um für die Gläubigen die Wege zu den religiösen Pflichten kürzer und zeitsparender zu machen.[268]

Bei den Klöstern ging es um die dort geübte Prachtentfaltung und um den Sinn der Beschaulichkeit. Die große Welle der Klosteraufhebungen wurde mit der Auflösung der Gesellschaft Jesu eingeleitet und ab 1780 auf alle Orden ausgeweitet. Von den mehr als 300 Klöstern im heutigen Österreich wurden mindestens 140 aufgehoben. Noch mehr waren es in Böhmen, Ungarn und in der Lombardei. Josephs Toleranzpatent brachte den Protestanten und Griechisch-Orthodoxen 1781 die staatliche Anerkennung und die Freiheit der Religionsausübung und 1782 auch den Juden eine weitgehende Duldung, wenn auch noch keineswegs die volle bürgerliche Gleichberechtigung. Für andere Bekenntnisse hingegen gab es weiterhin keine Toleranz. Während das niedere Schulwesen ausgebaut wurde, wurde im mittleren und oberen Schul- und Studienbereich gebremst. Zu viel Bildung hielt Joseph für Zeitvergeudung. Die 1781 gewährte Pressefreiheit führte zu einer raschen, allerdings bald wieder rückgängig gemachten Vermehrung der Zeitungen und Druckschriften. Denn zu viel Lesestoff konnte auch gefährlich sein.[269]

Die bäuerliche Leibeigenschaft wurde 1781 überall, wo sie noch existierte, aufgehoben. Aus den leibeigenen und schollengebundenen Bauern wurden persönlich freie Untertanen. Aber staatsbürgerliche Rechte im Sinne einer Mitbestimmung oder eines Wahlrechts wollte Joseph nicht gewähren. Durch die ab 1783 eingeleitete Grundsteuerreform sollten die recht unterschiedlichen grundherrschaftlichen Abgaben für alle gleich hoch werden. Für die Grundherrschaften hätte das einen beträchtlichen Einkommensausfall bedeutet, für die Bauern aber durch die neu eingeführte Grundsteuer kaum eine Entlastung. Der Hauptgewinner wäre der Staat gewesen. Kein Wunder, dass die Reform nach seinem Tod sofort wieder rückgängig gemacht wurde.[270] Dass er selbst einmal einen Pflug zur Hand nahm, machte ihn unter den Bauern der Monarchie populär. Was Joseph II. wohl nicht wusste: Er stand damit in der Tradition der chinesischen Kaiser, die in jedem Frühjahr rituell ein paar Furchen zogen.[271] Außenpolitisch war Joseph ein wenig erfolgreicher Imperialist: Bei der ersten polnischen Teilung 1772 erreichte er zwar mit dem Erwerb Galiziens eine wesentliche territoriale Vergrößerung der Habsburgermonarchie, doch im Bayerischen Erbfolgekrieg, dem sogenannten Kartoffelkrieg oder Zwetschkenrummel, der nicht länger dauerte als die paar Herbstwochen der Ernte, erhielt er mit dem Innviertel bloß einen kleinen Zipfel von Bayern. Er träumte auch von einer Zerteilung des Osmanischen Reichs und ließ sich in einen erfolglosen und verlustreichen Krieg gegen die Hohe Pforte hineinziehen, bei dem er sich den Keim für seinen frühen Tod holte. Ebenso erfolglos blieben seine Versuche, Venedig zu annektieren oder Bayern mit Österreich zu vereinigen. Und in den belgischen Provinzen führte seine Politik zum Aufstand, in Ungarn zumindest zu vehementer Ablehnung.

In die ungarische Geschichte ist er als der »König mit dem Hut« *(kalapos király)* eingegangen, weil er als einziger ungarischer König die Krönung verweigerte, um nicht den Eid auf die ungarische Verfassung ablegen zu müssen. Die ungarische Stephanskrone wurde ebenso wie die Prager Wenzelskrone in die Wiener Schatzkammer gebracht. Sein Ziel war die Gleichschaltung aller Teilreiche seiner Monarchie. Das wichtigste Instrument sollte eine gemeinsame Amtssprache sein. Um die Germanisierung des Reiches ging es ihm dabei nicht, sondern nur um eine Rationalisierung der Verwaltung. Vehemente Ablehnung war die Folge. Auf dem Sterbebett nahm er fast alles zurück, mit Ausnahme des Toleranzedikts, der Volksseelsorge und der Bauernbefreiung.[272]

Er starb im Alter von 49 Jahren voll tiefer Resignation und privater Verbitterung. Er ließ sich in einer schmucklosen Bronzetruhe zu Füßen des monumentalen Prunksarkophags seiner Eltern bestatten. Auf den Sarg wollte er geschrieben haben: »Hier ruht Joseph II., der in allem versagte, was er unternahm.«[273] Ausgeführt wurde das nicht. Es hätte nicht nur nicht gestimmt, sondern auch viel zu sehr dem dynastischen Ehrgefühl der Habsburger widersprochen. Aber seine kirchlichen und weltlichen Gegner waren froh. Viele Republikaner, ob liberal oder revolutionär gesinnt, und viele Intellektuelle und Bauern verehren ihn hingegen auch heute noch als Volks- und Reformkaiser. Das Volk reimte, als er bereits todkrank darniederlag: »Der Bauern Gott, der Bürger Not, des Adels Spott, liegt hier auf den Tod.«

Allegorie auf das Toleranzpatent.
Kolorierter Kupferstich von Hieronymus Löschenkohl,
1784. Wien Museum.

L

DER UNERMÜDLICHE BEVÖLKERER LEOPOLD II.

LEOPOLD II.
*5. MAI 1747 WIEN; †1. MÄRZ 1792 WIEN
1765–1790 GROSSHERZOG DER TOSKANA
1790–1792 RÖMISCH-DEUTSCHER KAISER

Leopold II. ist vergessen, weil er nur zwei Jahre lang regierte. Und diese zwei Jahre wurden überdeckt vom weltpolitisch alles in den Schatten stellenden Gang der Französischen Revolution und vom bevorstehenden Aufstieg Napoleons. Nur in der Toskana wird er immer noch verehrt. Während ihm dort Denkmäler errichtet wurden und Plätze und Straßen gewidmet sind, war das in Österreich nicht der Fall: Kein Denkmal, kein Straßenname, auch keine Prunkbauten erinnern an ihn. Leopold traf das Schicksal des Zweitgeborenen. Schöner und begabter als sein älterer Bruder, fühlte er sich zurückgesetzt und in die Toskana abgedrängt, die er von 1765 bis 1790 als Großherzog regierte. Aber er bekam eine zweite Chance. Er nutzte sie, obwohl sie viel zu kurz war. Vielleicht hätte er die Katastrophe der Napoleonischen Kriege noch abwenden können, wenn ihm ein bisschen mehr Zeit geblieben wäre. So wurden seine Regierungsjahre ein merkwürdiges Zwischenspiel. Es war tragisch, dass sein früher Tod wahrscheinlich die Schuld seiner Ärzte war.

Leopold galt in den Augen Maria Theresias als schwieriges und verschlossenes Kind. Aber sie änderte ihre Meinung, weil Leopold ihr jedes Jahr ein Enkelkind bescherte, insgesamt sechzehn, dazu noch eine ganze Reihe außerehelicher Kinder. Fast alle überlebten das Babyalter. Die Aussichten waren gut: Die Habsburger würden nie mehr ohne Nachfolger dastehen. Er sei selber der beste Peuplierer, rühmte sich Leopold, der als Anhänger der Physiokraten das Bevölkerungswachstum als die wichtigste Quelle des staatlichen Reichtums einschätzte. Sogar Joseph II., der diesbezüglich versagt hatte, zeigte sich von der immer größer werdenden Kinderschar seines Bruders sehr befriedigt, was er in Briefen mit dem für ihn typischen Sarkasmus zum Ausdruck brachte: »Deine liebe Gemahlin, wieder guter Hoffnung, dient mir trefflich als Schutzschild gegen die Angriffe, die man von Zeit zu Zeit in der Sache einer Verehelichung gegen mich richtet. Fahre fort, lieber Bruder, gesunde Kinder in die Welt zu setzen, die Dir ähnlich

Kaiser Leopold II. in Feldmarschallsuniform.
Porträt von unbekanntem Künstler.

sind. Dem Staat ist gedient und ich bin der Verpflichtung enthoben, eine Frau zu haben, was ein Zustand ist, den ich verabscheue.«[274] Drei Monate später ergänzte er seine diesbezüglichen Feststellungen mit der Begrüßung: »Trefflicher Bevölkerer, lieber Bruder!«[275]

Leopold II. wurde hinsichtlich seiner Vorstellungen für eine effiziente Wirtschafts- und Verfassungspolitik schon früh mit den in der Zeit der Aufklärung aufkommenden Ideen der Physiokraten konfrontiert. Das Verfassungsprojekt, das er für die Toskana konzipierte, unterschied sich grundlegend von den ständischen Vorstellungen des alten Europa und ähnelte mehr den späteren konstitutionellen Monarchien des 19. und 20. Jahrhunderts.[276] Die Toskana, die 1765 von einer schweren Hungersnot heimgesucht worden war, formte er zum Musterland der Agrarreformen, vor allem im Kontrast zum benachbarten Kirchenstaat und zu den süditalienischen Staaten, aber auch zur habsburgischen Lombardei.

Nur widerwillig verließ Leopold die Toskana und übernahm die Regierung in Österreich. Seiner Schwester Marie schrieb er am 17. Februar 1790: »Ich soll Hand anlegen an die Geschäfte, die so verwirrt sind, und dazu die Krankheit und Stimmung des Kaisers, aber ich opfere mich und gehorche.«[277] Dabei ging er wesentlich konzilianter und diplomatischer vor als sein Bruder. Er ließ sich – im Gegensatz zu Joseph II. –, nachdem er am 30. September 1790 zum Kaiser gewählt worden war, im November in Pressburg auch zum König von Ungarn und ein Jahr später in Prag zum König von Böhmen krönen.

Dass er das von seinem Bruder hinterlassene Desaster in bloß zwei Regierungsjahren sanieren konnte, muss hervorgehoben werden. Auch außenpolitisch wirkte er beruhigend. Der Krieg mit den Osmanen wurde beendet, und ein Ausgleich mit Preußen wurde gefunden. Seine Haltung gegenüber der Französischen Revolution war zwiespältig: Einerseits begrüßte er die Reformen, andererseits erschrak er über die Dynamik der Bewegung, die ihm entschieden zu rasch und viel zu extrem war.

In seinen privaten Aufzeichnungen, die er zum Teil in einer von ihm erfundenen Geheimschrift verfasste, kommen deutliche Vorbehalte gegenüber dem Absolutismus seines Bruders zum Ausdruck. Statt einer Ausweitung der zentralisierten Bürokratie plädierte Leopold für eine Stärkung der regionalen Selbstverwaltung und für die Einführung einer repräsentativen Verfassung, für die Gewerbefreiheit und die Liberalisierung der Wirtschaft, aber nicht für die Abschaffung der Zensur. Er orientierte sich einerseits an bestehenden ständischen Strukturen wie etwa dem ungarischen Landtag, den Provinzialständen in den Österreichischen Niederlanden oder dem Tiroler Landtag, aber auch an parlamentarischen Vorbildern in der Schweiz und in den Vereinigten Staaten von Amerika. 1786 schaffte er die Todesstrafe ab und machte die Toskana zum ersten Staat mit einem modernen Strafvollzug.[278]

Die außenpolitische Lage zu Beginn seiner Herrschaft war außerordentlich schwierig – der kostspielige Krieg gegen die Osmanen, ein drohender Krieg mit Preußen um die Reste des Königreichs Polen, der von Preußen unterstützte Abfall der Österreichischen Niederlande, Aufstandsbewegungen in Ungarn und möglicherweise auch in Tirol und dazu die sich in den letzten Regierungsjahren Josephs II. aufbauende Unzufriedenheit des Adels in den böhmisch-österreichischen Ländern. Leopold versuchte, durch die Rücknahme zahlreicher Maßnahmen Josephs II. all dies zu entschärfen. Andererseits ging er, wie im Fall der Österreichischen Niederlande, zuweilen auch militärisch vor.

Wenn behauptet wird, dass nicht immer jene Regenten die wichtigsten sind, die am längsten regieren, dann trifft das jedenfalls auf Leopold II. zu. Gegen eine oft vertretene Ansicht, dass er in der letzten Phase seines Lebens unter dem Eindruck der Französischen Revolution einen völligen Kurswechsel in seinem Herrschaftsstil vorgenommen und sogar eine gegenrevolutionäre Reaktion eingeleitet habe, die dann von seinem Sohn und Nachfolger Franz fortgesetzt worden sei, verteidigte ihn Adam Wandruszka: Vielmehr habe Leopold II. bis zum Schluss seine Tendenz beibehalten, die Stände der einzelnen Länder zu stärken und sie durch eine Einbeziehung der Bürger und Bauern zu Volksvertretungen im Sinn der Ideen des toskanischen Verfassungsprojektes auszubauen.

Die Krönungen in Frankfurt, in Pressburg und in Prag hatten das Prestige des als »Friedensfürst«, »Hirtenkönig« und »Leopold der Weise« gefeierten Monarchen erhöht. Man hoffte auf eine lange Friedenszeit. Mozarts Oper *La Clemenza di Tito,* die zu Leopolds Krönung zum böhmischen König aufgeführt wurde, war als Loblied auf die Güte und Milde des Kaisers gedacht. Aber das Kaiserpaar war an Mozart nicht interessiert, auch wenn der abwertende Satz der Kaiserin – *una porcheria tedesca* (»eine deutsche Schweinerei«) nicht verbürgt ist. In Mozarts 1791 uraufgeführter *Zauberflöte* wimmelt es von freimaurerischem Gedankengut. Leopold liebte die Geheimnistuerei, doch bezüglich der Staatssicherheit hielt er die Freimaurer für gefährlich. Leopold war, wie Robert A. Kann in einer Besprechung von Adam Wandruszkas monumentaler Leopold-Biografie schreibt, »alles eher als ein Schätzer der Menschen, denen er mit ganz wenigen Ausnahmen immer äußerlich liebenswürdig, dabei aber höchst kritisch, misstrauisch und hinsichtlich ihrer geistigen Fähigkeiten geringschätzig gegenübertrat« [279]

Leopold starb völlig unerwartet am 1. März 1792. Sein überraschender Tod nährte Gerüchte über einen Giftmord. Freimaurer, Jesuiten oder französische Agenten wurden als Täter verächtigt. Einen realen Hintergrund hatte das nicht. Bei der Autopsie wurde eine Lungenentzündung als Todesursache festgestellt. Hätte Leopold, hätte er länger gelebt, der Französischen Revolution den Wind aus den Segeln nehmen und eine Intervention der europäischen Mächte verhindern können? »Die unlösbare Frage, was hätte sein können, wenn Leopold nicht zwei, sondern zwanzig Jahre regiert hätte«, so Robert A. Kann, »verleiht dem nüchternen Geist der Aufklärung doch einen zusätzlichen romantischen Schimmer.«[280]

6

EINE ALTE DYNASTIE — EIN NEUES REICH

DIE ANGST VOR ZU VIEL BEWEGUNG FRANZ II./I

FRANZ II. /I.
*12. FEBRUAR 1768 FLORENZ; †2. MÄRZ 1835 WIEN
1792–1806 RÖMISCH-DEUTSCHER KAISER
1804–1835 ÖSTERREICHISCHER KAISER

Franz war ein zweifacher Kaiser. Als römisch-deutscher Kaiser war er Franz II., als österreichischer Kaiser Franz I. Er ist als der »gute Kaiser Franz« in die Geschichte eingegangen, wobei nicht ganz eindeutig ist, wie dieses »gut« zu verstehen ist: ob im Wortsinn oder ironisierend im wienerischen Sinn. Er hatte jedenfalls viele Seiten. Für seine Kritiker galt er als »hölzerner Amtswalter und Aktenstudierer«, der sein ganzes Leben am Schreibtisch verbrachte.[281] In seinem Selbstverständnis war er der »Landesvater«, der unzählige Audienzen gab. Für die Wiener war er der »Bürger in der Hofburg«, der mit ihnen nicht Französisch oder Italienisch sprach, sondern in einem breiten Wienerisch. Italienischsprachig aufgewachsen, lernte er nie Hochdeutsch, sondern nur Wienerisch, was ihn leutseliger erscheinen ließ, als er tatsächlich war.[282] Franz verstand sich als Bürger, aber misstraute derem revolutionären Potential und sah im Adel die wirklich staatstragende Schicht.[283]

Für die einen war er ein hoffnungsloser Reaktionär, für die anderen ein maßvoller Reformer. War er der unfreiwillige Begründer des neuen Habsburgerstaates namens »Kaisertum Österreich« oder war er der Totengräber des alten römisch-deutschen Kaiserreichs? Auf dem Äußeren Burgtor ließ er den Wahlspruch von der »Gerechtigkeit als Grundlage der Königreiche« anbringen. Im Inneren wurde sein Reich immer mehr zum Polizeistaat. Er sei »so moralisch gewesen«, meinte Napoleon über ihn, »dass er nie mit einer anderen Frau als seiner eigenen geschlafen habe«, wobei natürlich offenbleiben muss, woher er das intime Wissen über seinen Schwiegervater hätte beziehen können. Der etwas einfältige Text der 1797 für ihn verfassten Volkshymne: »Gott erhalte Franz, den Kaiser, unsern guten Kaiser Franz! Lange lebe Franz, der Kaiser, in des Glückes hellstem Glanz!«, hielt sich nicht lange. Die großartige Musik Joseph Haydns aber überdauerte die Zeiten sowohl in der Bundeshymne der Ersten Republik Österreich, im Deutschlandlied der Nationalsozialisten als auch in der Nationalhymne der Bundesrepublik Deutschland.

Joseph Kreutzing, Kaiser Franz I.
Neue Galerie Graz.

Franz war 24 Jahre alt, als er am 1. März 1792 nach dem Tode Kaiser Leopolds II. seine Herrschaft antrat. Als endlich Frieden einkehrte, war er 47 Jahre alt. 1792 war in Paris die Revolution in vollem Gang. Am 22. September wurde in Frankreich die Monarchie abgeschafft, am 21. Januar 1793 wurde Ludwig XVI. hingerichtet, und am 16. Oktober wurde dessen Frau Marie Antoinette zum Schafott gebracht. Der Schrecken saß Franz tief in den Knochen. Nicht die Freiheitsidee wurde zum zentralen Inhalt seines Lebens, sondern der Krieg gegen die Revolution und gegen Napoleon. Nach den Niederlagen, die in den Friedensschlüssen von Campoformio und Lunéville besiegelt wurden, war seine Rolle als deutscher Kaiser ausgespielt. Der Reichsdeputationshauptschluss von 1803 war darauf ausgelegt, alle geistlichen Fürstentümer zu säkularisieren und damit den Habsburgern einen der zentralen Teile ihrer Machtbasis im Reich zu entziehen. Auch Habsburg beteiligte sich an dem Raubzug mit der Annexion Salzburgs und einiger geistlicher Enklaven in Niederösterreich und Kärnten. Aber das Reich war damit endgültig tot. Was Franz von der alten Kaiserwürde hielt, hatte er schon 1792 anlässlich der Kaiserwahl recht unverblümt ausgesprochen: »Die deutsche Kaiserkrone hat schon lange aufgehört, für das Erzhaus Österreich ein Gegenstand von besonderem politischem Interesse zu sein.«[284] Die Nachteile würden die Vorteile bei Weitem überwiegen. Um aber nach dem Ende des Reichs nicht auf den Status eines Königs von Ungarn oder Böhmen zurückzufallen, musste eine neue Würde geschaffen werden, die Franz mit dem russischen Zaren oder dem Sultan in Istanbul auf die gleiche Ebene stellte, gar nicht davon zu reden, wenn sich Napoleon selbst zum Kaiser machen würde.

Zwei Jahre lang trug Franz zwei Kaiserkronen, die uralte römisch-deutsche und ab 11. August 1804 auch die neue österreichische. Das Kaisertum Österreich war mehr eine Verlegenheitslösung als ein Programm. Es verstand sich als deutsch, obwohl die Masse seiner Bewohner keine Deutschen waren. Es nannte sich Österreich, obwohl die Länder Nieder- und Oberösterreich im Jahr 1816 nur etwa 4,8 Prozent der Fläche ausmachten und selbst die des heutigen Österreich nur etwa 12 Prozent betragen hätte. Der Name und der Zusammenhalt stammten einzig und allein vom »Haus Österreich«, den Habsburgern. Das Patent, mit dem Franz II. am 11. August 1804 den Titel eines »erblichen Kaisers von Österreich« annahm, definierte den Begriff »Österreich« im Titel des Kaisers ausdrücklich als »Namen unseres Erzhauses«, nicht aber als ein mit Grenzen versehenes Staatsterritorium.

Die Ausrufung des »Kaisertums Österreich« bedeutete vorerst noch keinen Austritt aus dem römisch-deutschen Reich. Am 2. Dezember 1804 krönte sich Napoleon zum Kaiser der Franzosen. Aber Napoleons Sieg in der Dreikaiserschlacht bei Austerlitz im Jahr 1805 ließ Franz keine Wahl mehr. Am 6. August 1806 erklärte er das fast tausend Jahre alte Heilige Römische Reich für erloschen. Das war mehr ein Akt der Notwehr als

Ergebnis einer bewussten Planung.[285] Franz entschied sich zum Rücktritt von der Kaiserwürde, um Napoleon zuvorzukommen und nicht vielleicht sogar zu dessen Untertan zu werden. Damit verband er gleich auch, zwar wohl widerrechtlich, die Reichsauflösung. Aber was hätte er auch tun sollen? Hätte er zulassen sollen, dass sich Napoleon zum römischen Kaiser ausruft und das Reich als legitime Beute einsteckt, womit Franz zu seinem Untertan geworden wäre?

Seinen Wahlspruch änderte er von *Lege et fide* auf *Iustitia regnorum fundamentum,* also von »Mit Gesetz und Glauben« auf »Gerechtigkeit als Fundament der Königreiche«. Das 1811 veröffentliche *Allgemeine Bürgerliche Gesetzbuch (ABGB)* war die wohl größte Leistung seiner Regierungszeit. Österreich wurde zwar kein demokratischer Staat, aber es wandelte sich zu einem Rechtsstaat. Aus einem Wahlkaisertum war ein Erbkaisertum geworden. Als Krone entschied man sich bewusst für die alte Hauskrone der Habsburger, die schon unter Rudolf II. angefertigt worden war, als Farben aber wählte man die alten Reichsfarben schwarz-gold und den schwarzen Doppeladler auf goldenem Grund als Wappen. Aber weder Franz noch einer seiner Nachfolger ließen sich jemals als österreichische Kaiser krönen.

Mit dem Frieden von Schönbrunn (1809) sank die Habsburgermonarchie für einige Jahre auf die Bedeutung einer Mittelmacht herab. Man hatte den ganzen Westen und Süden des Reiches verloren: das eben erst erworbene Salzburg, auch erhebliche Teile Oberösterreichs, dazu Tirol und Vorarlberg, ebenso das südliche Kärnten, Slowenien und die gesamte Adriaküste inklusive Triest. Um die Demütigung vollzumachen, musste Franz seine Lieblingstochter Marie-Louise Napoleon zur Frau geben. Franz stand mit Napoleon ein übermächtiger, auf die Volksbewaffnung gestützter Gegner gegenüber, der zuletzt an seiner eigenen Maßlosigkeit scheiterte. Napoleon konnte auf keine ebenbürtige Herkunft und keine fürstliche Wahl pochen. Sein Aufstieg war getragen von Tüchtigkeit und Glück. Die Krone setzte er sich selbst aufs Haupt. Auf göttliche Gnade verzichtete er.

Vor Moskau endete im Winter 1812/13 Napoleons Glückssträhne und eine riesige Armee war verloren, obwohl er danach bei dem berühmten neunstündigen Zusammentreffen mit Metternich in Dresden noch höhnisch auftrumpfte: »Ein Mann wie ich scheißt auf das Leben von einer Million Soldaten.«[286] Nach der dreitägigen Völkerschlacht bei Leipzig und der Niederlage bei Waterloo war Napoleon aber endgültig erledigt.

Der Friedenskongress sollte in Wien tagen. Er war teuer, und das drei Jahre nach dem Staatsbankrott von 1811. Man feierte und tanzte. »Der Kaiser zahlt alles«, hieß es. Hätte der sparsame Franz die Kosten von acht Million Gulden vorausgeahnt, hätte er die Einladung vielleicht bleiben lassen. Aber die Monarchie des Hauses Österreich war noch einmal, ein letztes Mal, davongekommen. Die Verhandlungen dauerten vom 1. November 1814 bis 9. Juni 1815. »Der Kongress tanzt, aber er kommt nicht weiter«, lautete das berühmte Bonmot. Nach außen hin bedeutete der Kongress den Höhepunkt der Macht Österreichs. Wien beherbergte die Spitzen Europas. Und Österreich bekam außer den belgischen Provinzen alles zurück, was es vorher verloren hatte. Aber das Deutsche Reich wurde nicht wiedererrichtet. Die Chance, dass Franz oder einer seiner Angehörigen wieder zum Kaiser gewählt werden würde, war angesichts der Zerstörung der geistlichen Kurfürstentümer recht unsicher geworden. Dafür erhielt Österreich im neu geschaffenen Deutschen Bund den nicht sehr bedeutungsvollen Vorsitz.[287] Ganz bewusst hatte sich Österreich von Deutschland getrennt. Aber es war nicht leicht, ein österreichisches Bewusstsein zu schaffen. Kaiser Franz I. mochte weder den Begriff »Vaterland« noch den Begriff »Nation«. Dieser hätte für die multinationale Monarchie auch nicht wirklich gepasst. Die Bezeichnung »Hof- und Nationaltheater« ließ er durch »Burgtheater« ersetzen. Der Freiheitskampf Andreas Hofers war ihm höchst unangenehm. Und aus dem Aufruf zum Kampf gegen Napoleon im Jahr 1813 strich er das Wort »Vaterland« und ersetzte es durch »Kaiser«.

Die ersten zwanzig Jahre seiner mehr als vierzigjährigen Regierungszeit waren von den Kriegen gegen Frankreich geprägt. In den nächsten zwanzig Jahren war Stillstand angesagt, politisch wie wirtschaftlich. Der Hyperinflation der Kongresszeit folgten ein zweiter Staatsbankrott und schwere Hungerjahre und Wirtschaftskrisen. Die Sanierung der Währung durch die Gründung der Österreichischen Nationalbank und die Sanierung der Staatsfinanzen durch eine umfassende Steuerreform gelangen nicht wirklich, auch wenn der Franziszeische Grundsteuerkataster als Grundlage einer Grundsteuerreform eine bis heute wichtige bürokratische Großleistung darstellte. Aber vom Fortschritt hielt Franz nicht viel. 1821 richtete er an die Professoren des Laibacher Lyzeums die berühmt-berüchtigten Worte: »Ich brauche keine Gelehrten, sondern brave rechtschaffene Bürger.«[288] Die 1832 eröffnete Pferdebahn Linz–Budweis, die längste auf dem Kontinent, war schon zum Zeitpunkt der Eröffnung veraltet. Zur Genehmigung einer Dampfbahn von Wien nach Norden konnte sich der vorsichtige Kaiser aber nicht entschließen. Es war keine Zeit für Reformen, schrieb Karl Friedrich von Kübeck in sein Tagebuch.[289] »Regiere und verändere nichts«, war die Mahnung, die Franz 1835 in seinem Testament dem Nachfolger mit auf den Weg gab.

1832 malte Friedrich von Amerling ein letztes offizielles Herrscherporträt: Die kaiserliche Inszenierung war perfekt: mit Szepter und Krone, auf einem Thron über hohen Stufen und rotem Teppich. Und doch wirkt das Bild wie eine Karikatur: fahles Antlitz, eingefallene Wangen, die Krone viel zu groß, das Szepter in der matten Hand mit wegstehendem Daumen, die Beine in der engen Strumpfhose würdelos gespreizt. Man wundert sich, dass Franz die Darstellung dieser Brüchigkeit in einem offiziellen Bild akzeptierte.[290]

Die Krone wirkt viel zu groß:
das letzte offizielle Herrscherporträt.
Friedrich von Amerling, 1832.
Kunsthistorisches Museum, Wien.

J

DER POPULÄRSTE HABSBURGER ERZHERZOG JOHANN

ERZHERZOG JOHANN, DER GRÖSSTE STEIRER
*20. JANUAR 1782 IN FLORENZ
†11. MAI 1859 IN GRAZ

Bei so viel Beschränktheit an der Spitze der Macht leuchtet ein Habsburger umso heller, der eigentlich nie an der Macht war: Erzherzog Johann, der »steirische Prinz«. Er gilt als der populärste Habsburger, zumindest in der Steiermark.[291] Man kennt ihn als Jäger, Landwirt und Hammerherrn, immer in seiner steirischen Landestracht, die er eigentlich selbst geschaffen und ins Land gebracht hatte: Kniebundhose, Janker, kecker Hut. In anderen Funktionen, ob als Feldherr in den Napoleonischen Kriegen, als Kurator der 1847 gegründeten Österreichischen Akademie der Wissenschaften oder als Reichsverweser in den Jahren 1848/49 stach er hingegen weniger hervor.[292] Dafür war er zu wenig militärischer Führer, zu wenig forschender Wissenschaftler und zu wenig diplomatischer Politiker.

Erzherzog Johann wurde 1782 in Florenz geboren und wuchs in der Toskana auf. Als er im Jahr 1790 nach Wien kam, sprach er kaum Deutsch. Als dreizehntes Kind und neunter Sohn des Kaisers hatte er auch wenig berufliche Aussichten. Zunächst war eine Laufbahn beim Militär vorgezeichnet. Ab seinem zehnten Lebensjahr herrschte ja mehr als 20 Jahre lang nahezu ununterbrochen Krieg. Aber seine militärische Karriere als Feldherr verlief wenig glanzvoll. Anders als sein Bruder Karl hatte er keine großen Siege zu verzeichnen. Aber in der Schlacht bei Hohenlinden im Dezember 1800 lernte er den Wert der französischen Volksbewaffnung kennen. Er begeisterte sich für das Schweizer Wehrwesen und war tief beeindruckt von den Tiroler Schützenverbänden.[293] Gegen Napoleon zu bestehen, war sicher keine leichte Aufgabe. Und er machte sich damit auch wenige Freunde. 1806 legte er das Konzept einer Landwehr für alle habsburgischen Länder vor, was bei Erzherzog Karl auf wohlwollende Skepsis, bei Kaiser Franz aber auf offene Ablehnung stieß. Erzherzog Karl hielt nicht viel von »bäuerlichen Wochenendkriegern«. Sie seien zwar billig, aber unzuverlässig. Franz hingegen sah vornehmlich die revolutionäre Gefahr der Volksbewaffnung: Zu schnell könnte sich die

Leopold Kupelwieser, Erzherzog Johann.
Neue Galerie Graz.

Fig.1

Fig.2

Fig.1 »Reichsverweser« Erzherzog Johann mit Gattin Anna und Sohn Franz von Meran. Lithografie von Adolf Dauthage, 1848.

Fig.2 Erzherzog Johann und Anna Plochl vor dem Postmeisterhaus in Aussee. Gemälde auf einer Bilderuhr von unbekanntem Künstler.

Macht des Volkes gegen den eigenen Staat wenden. 1808 versuchte Johann, in Tirol und Innerösterreich eine solche Landwehr zu organisieren und förderte 1809 den Tiroler Freiheitskampf gegen die Bayern und Franzosen. Man sah zwar, was Bauernkrieger leisten konnten, doch allein gelassen und ohne wirkliche Unterstützung aus Wien brach der Tiroler Volksaufstand rasch zusammen. Sein Anführer Andreas Hofer war mit der Situation überfordert und wurde verraten und hingerichtet.

In den Jahren 1812/13 regte Johann die Gründung eines »Alpenbundes« an. Die alpenländischen Provinzen sollten sich durch Volksaufstände selbst von den ausländischen Okkupanten befreien und eigenständig und unabhängig von der Wiener Zentralregierung agieren. Was die Alpenbündler anstrebten, konnte man als einen Befreiungsversuch gegen Napoleon verstehen, aber auch als die Etablierung eines Alpenkönigreichs oder einer Alpenrepublik von der Steiermark bis in die Schweiz, so wie die anderen Königreiche und Republiken, die von Napoleons Gnaden entstanden waren, so in Illyrien und in Ober- und Mittelitalien, in Deutschland, in der Schweiz und in den Niederlanden. Es wäre wohl der Anfang vom Ende der Habsburgermonarchie gewesen. Daraus stammte die unerbittliche, zu keinem Verzeihen mehr fähige Gegnerschaft des Kaisers gegen Erzherzog Johann. Von politischen Ämtern und militärischen Funktionen blieb er ausgeschlossen, auch wenn er 1836 ehrenhalber durch den neuen Kaiser Ferdinand zum Feldmarschall ernannt wurde.[294]

Der andere Stein des Anstoßes war Johanns Ehe. 1819 hatte er im Alter von 37 Jahren die damals 15-jährige Ausseer Postmeisterstochter Anna Plochl kennengelernt. Am 18. Februar 1829 heiratete er sie geheim zu mitternächtlicher Stunde in der hauseigenen Kapelle auf dem Brandhof bei Mariazell. Er war der erste Habsburger, der aus dem dynastischen Korsett ausscherte und eine einfache und keineswegs reiche Bürgerliche zur Frau nahm. Er musste es hinnehmen, dass seine Kinder mit dem Titel »Graf von Meran« abgefertigt wurden.

Nachhaltige Verdienste erwarb sich Johann mit seinen wirtschaftlichen und kulturellen Initiativen, die er alle ausschließlich als Privatmann tätigte, ohne jemals eine offizielle Funktion in der steirischen oder österreichischen Landespolitik innegehabt zu haben. Seine Vorgehensweise war modern: mit statistisch-kulturellen Landesaufnahmen und Dokumentationen, mit eigenen Erkundungsreisen und mit persönlichen Initiativen und Reformen. Er wurde zum Ideengeber für zahlreiche bis heute wichtige Reformen in der Landwirtschaft, im Weinbau, in der Eisenindustrie und im Bahnbau und für die Gründung einer Brandschadenversicherung, heute Grazer Wechselseitige Versicherungsanstalt, der Steiermärkischen Sparkasse, der »Berg- und Hüttenmännischen Lehranstalt«, der Vorgängerin der heutigen Montanuniversität Leoben, und des Joanneums (heute: Universalmuseum Joanneum). Sein »Verein zur Unterstützung der Industrie und des Gewerbes Innerösterreichs«

wurde unverzichtbar für die Förderung der regionalen Wirtschaft und ist ein Vorläufer der heutigen Wirtschaftskammern. Und die »Landwirtschaftliche Gesellschaft« vermittelte nicht nur agrarwissenschaftliche Kenntnisse, sondern wurde auch zur Vorgängerin der Landwirtschaftskammer.

Johann erkannte ganz klar die Möglichkeiten, die sich der Steiermark durch die Eisenbahn boten, deren Streckennetz in der ersten Hälfte des 19. Jahrhunderts geplant wurde. Es war seiner Intervention zu verdanken, dass die wichtige Südbahnstrecke von Wien nach Triest durch die Steiermark und nicht durch Westungarn geführt wurde. In Vordernberg erwarb er ein Radwerk und wurde selbst Eisengewerke. 1829 setzte er die Neugründung der Vordernberger Radmeisterkommunität durch, die zu einer der Vorläuferinnen der heutigen Voestalpine wurde, dem größten Industriebetrieb Österreichs. In einem Musterweingarten ließ er rheinische Reben anpflanzen, etwa Sauvignon Blanc und Chardonnay (in der Steiermark als Morillon bezeichnet) und natürlich die Blaue Wildbacher Traube, die als Schilcher eine ganz besondere steirische Identität repräsentiert. Bis heute populär machten ihn seine Aktivitäten für die Volksbildung und für die Erforschung und Bewahrung der Trachten, der Bräuche und der Volksmusik. Nicht von ihm, aber ihm gewidmet war der Erzherzog-Johann-Jodler: »Wo I geh und steh, tut mir das Herz so weh …«

Erst in der Not der Revolution von 1848 begann man sich auch in der offiziellen Politik wieder auf Johann zu besinnen. Mit dem sperrigen Titel »Reichsverweser« wurde er von der Frankfurter Nationalversammlung zum provisorischen Staatsoberhaupt eines neu oder wieder zu gründenden Deutschen Reichs gewählt. Die Monarchisten stimmten zu, weil er ein Fürst und Habsburger war, die Großdeutschen, weil er Österreicher war, und die Linken, weil er als sozial, liberal und volkstümlich galt. Aber die in ihn gesetzten Erwartungen konnte und wollte er nicht erfüllen: Als »Reichsverfauler« oder »Reichsvermoderer« verspottet und angegriffen, musste er mit dem Scheitern der Frankfurter Nationalversammlung seine Funktion nach eineinhalb Jahren wieder niederlegen.[295]

Er zog sich ins Privatleben zurück. Das Ansehen, das er sich bei den Steirern erworben hatte, zeigte sich aber deutlich, als nach der Grundentlastung von 1848 und der damit verbundenen neu eingerichteten Selbstverwaltung der Gemeinden erstmals Bürgermeister gewählt wurden. Die Bürger der Gemeinde Stainz wählten ihn, ohne dass er sich um das Amt beworben hätte. Johann ist damit der einzige Habsburger, der während der Kaiserzeit je demokratisch in ein politisches Amt gewählt worden ist.

Erzherzog Johann auf dem Hochschwab.
Gemälde im Landtagsgebäude Graz,
bezeichnet F. Pamberger 1935 nach Peter Krafft 1817.
Foto: Ralf Roletschek/Roletschek.at.

BIN I DER KAISER? FERDINAND DER GÜTIGE ODER »GÜTINAND DER FERTIGE«

FERDINAND I.
*WIEN 19. APRIL 1793; †29. JUNI 1875 PRAG
1835–1848 ÖSTERREICHISCHER KAISER

Kaiser Ferdinand war als Person nicht das, was man sich damals ganz generell unter einem Kaiser vorstellte, aber vor allem nicht das, was sich seine Familie darunter vorstellte: er war weder Autorität einflößend noch durchsetzungsstark und gebieterisch. Kein anderer habsburgischer Herrscher wurde von seiner eigenen Familie, von seiner näheren Umgebung und von der fachhistorischen Nachwelt so negativ beurteilt wie er, der von Wohlgesinnten als »gütig«, von Kritikern aber sehr viel häufiger als debil eingestuft wurde. Als »Nandl der Trottel« wurde er verunglimpft und als »Gütinand der Fertige« verspottet. Erzherzogin Sophie sprach von »einem Trottel, der die Krone verkörpert.«[296] Maria Ludovika, seine entsetzte Stiefmutter, soll gesagt haben: »Er ist schröcklich zurück.«[297] Ferdinand würde »alles, ich sage alles, unterschreiben«, notierte der Spitzenbeamte Karl Friedrich Freiherr von Kübeck am 3. März 1835 in sein Tagebuch, also einen Tag nach Ferdinands Regierungsantritt. Kübeck erläuterte das auch: »Er ist wie bekannt, durch Krankheit schwachsinnig, versteht von alledem, was ihm vorgetragen wird, kein Wort und ist immer bereit zu unterschreiben, was man ihm vorlegt. Wir haben jetzt eine absolute Monarchie ohne Monarchen.«[298] Auch die internationale Diplomatie war sich im Klaren: »Was ist der Kaiser? – Eine vollkommene Null, beinahe ein Idiot«, meinte Lord Palmerston, der damals wichtigste Vertreter der britischen Außenpolitik.[299] Auch von modernen Historikern wie Thomas Nipperdey und Hans-Ulrich Wehler wird Ferdinand als »geistesschwach« bzw. »buchstäblich schwachsinnig« eingestuft.[300]

In dem Gedicht *Alpenszene* vom Sommer 1838 machte sich der Staatsbeamte und bedeutendste Nationaldichter Österreichs Franz Grillparzer kurz nach dem Amtsantritt des neuen Kaisers kräftig Luft:

Friedrich von Amerling, Ferdinand I., Kaiser von Österreich.
Heeresgeschichtliches Museum, Wien.

HOCH AUF DEN HÖCHSTEN HÖHEN
GEDEIHT AM BESTEN DAS RINDVIEH,
DA WOHNEN DIE SELIGEN TROTTEL
DEM HIMMEL AM NÄCHSTEN,
DOCH FREILICH AM FERNSTEN DER ERDE.

SIE SCHEREN GEDULDIGE SCHAFE,
SIE MELKEN DIE STROTZENDEN KÜHE,
SIE LEBEN VOM FETTE DER HERDEN,
IN FORM DER KÖPFE DIE KRÖPFE.

SIE FALTEN DIE HÄNDE VOLL ANDACHT,
BEKREUZEN HOHLTÖNENDE STIRNEN.
WAS UNTEN GESCHIEHT IN DEN TÄLERN,
STÖRT NICHT IHRE SELIGE RUHE.

GEDULDIG SIND SIE, BESCHEIDEN,
ES FEHLT DER ANTRIEB ZUM BÖSEN,
UND TUN SIE WIRKLICH EIN UNRECHT,
WÄRS UNRECHT, SIE DROB ZU BESCHULDGEN,
UND NACHSICHT ERSETZT IHRE EINSICHT.

SO LEBEN SIE FRIEDLICHE TAGE,
ERZEUGEN MAULAFFENDE KINDER,
DER VATER ERNEUT SICH IM SOHNE
UND RUHIG AUF TROTTEL DEN ERSTEN,
WIE BUTTER, FOLGT TROTTEL DER ZWEITE.

Dass damit nicht »kropferte« steirische und Tiroler Alpenmenschen gemeint waren, sondern der Landesherr ganz oben, musste allen klar sein. Grillparzer bemühte sich auch gar nicht, das Gedicht durch die Zensur zu schmuggeln. Es blieb unter Verschluss.

Kaiser Ferdinand I. war aufgrund seiner physischen und psychischen Verfassung zweifellos ein ungeeigneter Herrscher; er hatte schlimme Behinderungen und war unfähig, Kinder zu zeugen. Er litt an Epilepsie. Auch sein Wasserkopf war nicht zu übersehen. Die ständigen Verwandtenehen der Habsburger hatten sich ausgewirkt. Er hatte nicht acht Urgroßelternteile, sondern nur vier. Da das Erscheinungsbild bei epileptischen Anfällen für Beobachter sehr deprimierend und verstörend sein kann, sind Menschen mit dieser Krankheit immer wieder negativ stigmatisiert worden. Während der Diktatur des Nationalsozialismus in Deutschland rangierten sie wie viele andere »Behinderte« unter

»lebensunwertes Leben« und wurden ermordet. Es hätte geeignetere Thronanwärter gegeben: Aber der fähige und beliebte Erzherzog Johann hatte sich durch seine nicht ebenbürtige Ehe mit der Postmeisterstochter Anna Plochl in den Augen seiner Familie selbst aus dem Feld genommen. Auch Ferdinands jüngerer Bruder Franz Karl, der Vater Kaiser Franz Josephs, war sicher nicht der hellste Kopf. Aber er hatte eine betont ehrgeizige Gattin, die bayerische Prinzessin Sophie, die für ihren Sohn Franz Joseph lobbyierte. Doch für Kaiser Franz kam es ohnehin nicht in Frage, seinen ältesten Sohn Ferdinand zugunsten eines anderen zu übergehen, der vielleicht geeigneter war. So ist eben die Erbfolge!

Sicher war Ferdinand nicht der Klügste. Gleichwohl sprach er fünf Sprachen, beherrschte zwei Musikinstrumente, konnte sehr gut zeichnen, reiten, fechten und schießen und stand den Wissenschaften, den neuen technischen Erkenntnissen seiner Zeit und den damaligen Fortschritten in der Landwirtschaft und in der Industrie aufgeschlossen gegenüber. So finster war seine Regierung nicht. Gleich nachdem er die Herrschaft angetreten hatte, unterzeichnete er das Privilegium für den ersten und wichtigsten Dampfeisenbahnbau der Habsburgermonarchie, die Kaiser Ferdinands-Nordbahn, deren Genehmigung Kaiser Franz so lange hinausgezögert hatte. 1847 genehmigte er auch die Errichtung der seit dem 18. Jahrhundert immer wieder geforderten, aber nie realisierten Akademie der Wissenschaften. Man muss Ferdinand auch zugutehalten, dass er in den entscheidenden Augenblicken der Revolution von 1848 mäßigen agierte und sich weigerte, den kaiserlichen Truppen den Schießbefehl gegen die Demonstranten zu geben. Der bekannte australische Historiker Christopher Clark fällt in seinem monumentalen Werk zur Revolution des Jahres 1848 über Ferdinand ein viel positiveres Urteil als nahezu alle seine österreichischen und europäischen Kollegen.[301]

Am 15. März 1848 hob Ferdinand die Zensur auf und setzte am 25. April mit der Pillersdorfschen Verfassung wesentliche Schritte der Liberalisierung. Am 16. März 1848, beim Empfang der von den Revolutionären Kossuth, Széchenyi und Batthyány angeführten ungarischen Delegation, die eine konstitutionelle Monarchie mit Ungarn als selbstständigem Teil des Reichs beanspruchte, spielte sich eine schmerzliche Szene ab: Der Kaiser, erschöpft von den vorhergehenden Tagen, wandte sich in breitem Wienerisch händeringend an seinen Onkel Erzherzog Stephan, den Palatin und ungarischen Vizekönig, der sich auf die Seite der ungarischen Revolutionäre gestellt hatte: »I' pitt' di', nim mir meinen Thron nit!«[302] Vor allem muss sein apodiktisches Diktum hervorgehoben werden, als die Demonstrationen zu eskalieren drohten: »Ich lass' nit schießen!«[303] Er genehmigte die Einrichtung des ersten österreichischen Parlaments und die ersten freien Wahlen. Am 22. Juli ließ er den Reichstag vom als liberal geltenden Erzherzog Johann eröffnen. Nur vier Tage später brachte der junge schlesische Abgeordnete Hans Kudlich den Antrag auf Abschaffung der bäuerlichen Untertänigkeitsverhältnisse ein.

Am 7. September 1848 wurde das Grundentlastungspatent von Ferdinand unterzeichnet.

Als im Oktober die Auseinandersetzungen in Wien ihren Höhepunkt erreichten, verlegte Ferdinand den Reichstag nach Olmütz. Auf dem Weg erklärte er den ihm zujubelnden Bauern. »Kinder, was ich versprochen hab', das halt ich: Robot, Zehent und das andere hat aufgehört, ich hab's sanctioniert, unterschrieben und dabei bleibts; Euer Kaiser gibt euch sein Wort darauf, und glaubts dem Kaiser, ich meine es gut mit euch. Aber in Wien gibt's Leut, die's nicht gut mit mir meinen und die euch verführen wollen, und da kann ich mir nicht helfen, ich werde Militär hinschicken müssen.«[304]

Man kann Ferdinands Verhalten entweder als »Ich unterschreib alles« kritisieren oder als weise Vorwegnahme des Prinzips der konstitutionellen Monarchie verstehen, dem Kaiser Franz Joseph einige Jahrzehnte später gezwungenermaßen zustimmte. Aber vorerst retteten drei konservative Generäle und alte Haudegen mit ihrem blutigen Durchgreifen die absolute Monarchie: Josef Wenzel Radetzky in Italien, Alfred Windisch-Graetz in Böhmen und in Wien und der Kroate Joseph Graf Jelačić von Bužim ebenfalls in Wien und in Ungarn.

Am 2. Dezember 1848 wurde Ferdinand im engsten Familienkreis für abgesetzt erklärt und gezwungen, die Regierungsgeschäfte an den jungen Franz Joseph zu übergeben. Die Familie sprach sich gegen Ferdinands Bruder Franz Karl als Nachfolger aus, dem der Thron gemäß den Hausgesetzen rechtmäßig zugestanden wäre. Speziell Franz Karls Gattin Erzherzogin Sophie war für einen radikalen Generationenwechsel zugunsten ihres erst 18 Jahre alten Sohnes. Ferdinand stimmte zu und legte im Palais des Olmützer Erzbischofs am 2. Dezember 1848 die Regierung nieder. Dem kaiserlichen Protokollchef Alexander von Hübner zufolge soll er zu Franz Joseph gesagt haben: »Gott segne dich, sei brav, es ist gern geschehen.« Dann packte er seine Sachen und ging ins böhmische Exil. Sophie zeigte sich zufrieden. »Wir haben einen guten Kampf gekämpft – als schwache Weiber, aber mit Gottes Hand.«[305] Aber man musste die an sich unübliche Absetzung eines Kaisers entsprechend begründen. Seine Krankheit, wie schwer sie auch immer gewesen sein mag, war dazu gut geeignet.

Ferdinand wurde 82 Jahre alt und erreichte damit ein Alter, das ihm nur die Wenigsten zugetraut hätten. Aber dass er in seinem Exil in Nordböhmen ein riesiges Vermögen aufbauen würde, das Franz Joseph 1875 erbte, hätten sie ihm noch viel weniger zugetraut. »Jetzt bin ich wirklich reich«, soll Franz Joseph festgestellt haben, als er von der Erbschaft erfuhr. Ferdinand hingegen soll 1866, als er von der Niederlage bei Königgrätz hörte, gesagt haben: »Das hätt i a z'sambracht.«

Fig.1

Fig.2

Fig.3

Fig.1 Eine Zielscheibe des Spotts: Kaiser Ferdinand I. Gemälde von Eduard Edlinger, 1843. Sammlung Belvedere.

Fig.2 Ferdinand im böhmischen Exil in Prag. Foto von Wilhelm Rupp, 1870.

Fig.3 Die Ehe blieb kinderlos: Ferdinand und seine Gattin Maria Anna von Savoyen. Gemälde, bezeichnet »K. Stadler«.

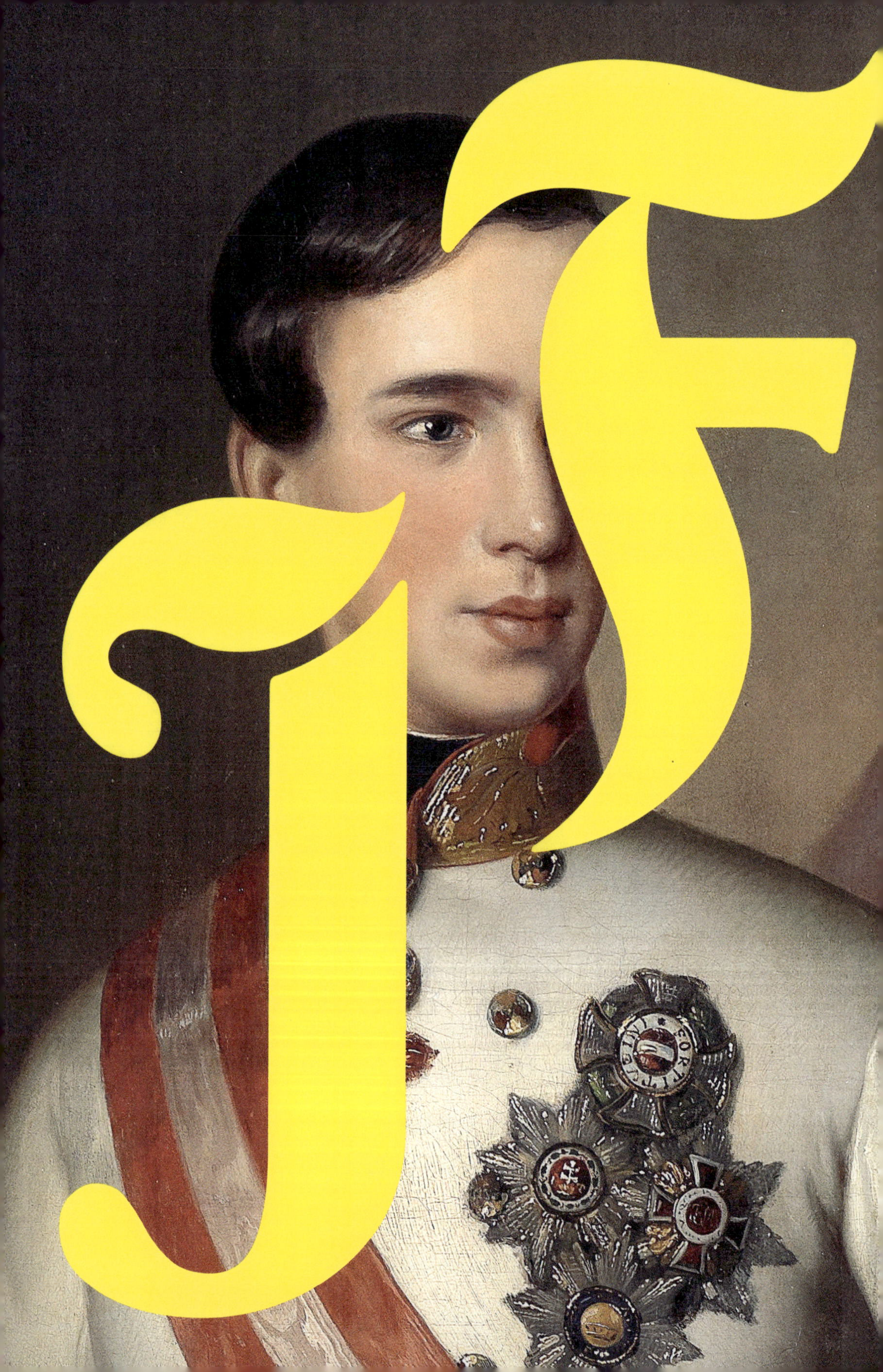

DER JUNGE KAISER FRANZ JOSEPH ALS AUTOKRAT

KAISER FRANZ JOSEPH
*18. AUGUST 1830 SCHLOSS SCHÖNBRUNN
†21. NOVEMBER 1916 SCHLOSS SCHÖNBRUNN
1848–1916 ÖSTERREICHISCHER KAISER

Kaiser Franz Joseph war 68 Jahre an der Macht. Das war die längste Regierungszeit, die ein Habsburger je hatte. 1848 war er als Achtzehnjähriger auf den Thron gelangt. Unter normalen Umständen hätte er auf die Krone bis zum Tode Ferdinands noch lange warten müssen. Man sagt, Franz Joseph habe zweimal schwere Fehler gemacht. Zuerst am Anfang seiner langen Regierung: Da war er zu jung und zu unerfahren. Und zuletzt an deren Ende, als er die Kriegserklärung an Serbien unterzeichnete: Da war er zu alt und zu müde.[306]

Was 1848 in Österreich passierte, war eine Revolution, und danach gab es einen Staatsstreich. Bereits im Sommer 1848 hatten sich die Machtverhältnisse von den liberalen Revolutionären wieder in Richtung des kaiserlichen Hofes zu verlagern begonnen. In Italien, Prag und Wien konnten die Aufstände mit eigenen militärischen Kräften beendet werden. In Ungarn hingegen bedurfte es einer ausländischen Intervention. Die ungarischen Revolutionäre verweigerten Franz Joseph I. die Anerkennung als Nachfolger Ferdinands. Als am 4. März 1849 Franz Joseph den gewählten Reichstag auflöste und eine von seinen Beratern erarbeitete Verfassung oktroyierte, kam es in Ungarn zum Aufstand. Am 14. April 1849 erklärte der ungarische Reichstag seine Unabhängigkeit vom Hause Habsburg-Lothringen. Lajos Kossuth wurde zum ungarischen Reichsverweser ausgerufen. Nur mit Hilfe eines großen russischen Militärkontingents konnten die ungarischen Revolutionstruppen besiegt werden. Die ungarische Revolution endete erst am 13. August 1849 mit der Kapitulation der Revolutionsarmee in Vilagos. Die Hinrichtung von dreizehn führenden ungarischen Revolutionsgenerälen am 6. Oktober 1849 in Arad und des Ministerpräsidenten der Revolutionszeit, Lajos Batthyány, in Budapest sowie hunderte weitere Exekutionen wurden in Ungarn nie vergessen. Tausende Revolutionäre wurden zu Kerkerstrafen und zum Verlust ihrer Vermögen verurteilt. Noch rechtzeitig geflüchtete Persönlichkeiten wie der ungarische Revolutionsführer Kossuth wurden

Anonymer Künstler, Kaiser Franz Joseph I. in Feldmarschallsuniform, 1849.

in Abwesenheit zum Tode verurteilt. Franz Joseph wollte ein Exempel statuieren, obwohl selbst der Zar zu Milde geraten hatte.

Franz Joseph fühlte sich stark genug, jegliche parlamentarische Mitbestimmung auszuschalten. Am Silvestertag des Jahres 1851 wurde die eben erst »oktroyierte« Verfassung wieder außer Kraft gesetzt. Zum ersten Mal in der österreichischen Geschichte wurde völlig autokratisch und zentralistisch regiert, auch ohne ständische Landtage. Die zarten Pflänzchen der Demokratie waren zertreten. Nur in den nach der Grundentlastung und dem Ende der Patrimonialgerichtsbarkeit und der Patrimonialverwaltung neu errichteten Gemeinden gab es demokratische Wahlen. Liberale Wirtschafts- und Sozialreformen sollten für den Demokratieverlust entschädigen: die Grundentlastung, die Reisefreiheit, die Beseitigung der Binnenzölle und Mauten, insbesondere der Zwischenzolllinie zwischen Ungarn und Österreich, die Aufhebung der Zünfte und die Liberalisierung von Handel und Gewerbe. Dynamischer wirtschaftlicher Wandel und autoritäre politische Kontrolle sollten auf einen Nenner gebracht werden.[307]

Die von Franz Joseph angestrebte Regierungsform verstand sich als eine Art von Wirtschafts- und Modernisierungsdiktatur. Durchhalten ließ sich das nicht. Ab 1860 musste man schrittweise zu demokratischen Systemen übergehen. Aber nur sehr gemäßigten Schrittes. Die Verhältnisse waren kompliziert. Aus einem Dutzend Nationalitäten, die wieder in höchst unterschiedliche weltanschauliche Lager und soziale Interessen zerfielen, ließ sich kein stabiles Reich basteln. Pieter Judson gibt zu: »Es mag daher widersinnig erscheinen, diesen Polizeistaat als liberales Reich zu bezeichnen.«[308] Trotz der liberalen Wirtschafts- und gemäßigt liberalen Religionspolitik blieben die politischen Erfolge aus. 1860 stand man vor dem mehrfachen Bankrott: einem finanziellen, einem militärischen und einem politischen.

Franz Joseph verstand sich noch als ein von Gottes Gnaden bestellter Herrscher. Zum Desaster wurde das, als er wirklich glaubte, den Staat, die Verwaltungsgeschäfte und die Armee persönlich führen zu müssen. Im Sommer 1851 schrieb er an seine Mutter über einen angeblich großen Fortschritt: »Wir haben das Konstitutionelle über Bord geworfen und Österreich hat nur mehr einen Herrn.«[309] Die ökonomischen Erfolge wurden mit falschen Produktionsstatistiken zu belegen versucht. Man publizierte in den »Tafeln zur österreichischen Statistik« Ernteergebnisse und Wirtschaftszahlen, die sich im Rückblick als völlig überhöht darstellten. Als man in den 1860er-Jahren Inventur machte, musste man feststellen, dass man überzogenen statistischen Schätzungen aufgesessen war und dass man ökonomisch im zweiten Drittel des 19. Jahrhunderts weit hinter Deutschland und die westeuropäischen Staaten zurückgefallen war.[310] »Die Dynastie wird gut verkauft«, betitelte Judson ein Kapitel seiner habsburgischen Geschichte.[311]

Sisi & Franz Joseph. Miniatur auf Porzellan
von unbekanntem Künstler, 1854.

Durch die Reisetätigkeit des Kaisers, durch seine Heirat und durch eine gelenkte Informationspolitik konnten viele Schwächen verdeckt werden.[312] Seine fesche Erscheinung und die Eheschließung mit einer hübschen Prinzessin konnten das Image zwar aufpolieren, aber der junge Franz Joseph entsprach nicht dem Bild, das die Sissi-Filme von ihm entworfen haben. Er wollte beides, eine liberale und freie Wirtschaft und eine absolute, bestenfalls von Räten beratene Monarchie. Er wollte dezidiert keinen beschlussberechtigten Reichstag, sondern höchstens einen beratenden Reichs- oder Nationalrat.[313] Bis heute ist diese Nomenklatur in Österreich geblieben: nicht Volksvertreter, sondern Nationalräte.

Auch außenpolitisch wollte Franz Joseph beides, das große Deutschland und die große Habsburgermonarchie. Auch diese Verbindung von nationaler Deutschlandpolitik und multinationaler Österreichpolitik konnte auf Dauer nicht funktionieren. Bereits 1850 war die Popularität des Kaisers an einem ersten Tiefpunkt angelangt. »Der Kaiser ist ein Lump und Spitzbube«, sagte ein Salzburger Kleinbauer im Jahr 1852 zu einem Steuereinnehmer.[314] Für diese Aussage drohten ihm fünf Jahre schwerer Kerker. Dass er schließlich mit drei Wochen davonkam, verdankte er nur der Einsicht der Bürokratie, dass ja jemand seine große Familie erhalten und die Ernte einbringen musste. Einen neuen Tiefpunkt der Popularität gab es 1859 und dann wieder nach 1866. Anstößige Vierzeiler tauchten auf: »Freiwillige ohne Knöpf, Minister ohne Köpf, ein Kaiser ohne Hirn, da müssen wir verlieren.«[315]

Es besteht kein Zweifel, dass die ersten zwei Jahrzehnte der Regierung Franz Josephs zu einem veritablen Fiasko wurden: Im Krimkrieg verspielte er die Freundschaft Russlands, das ihn 1848/49 noch vor einer Niederlage bewahrt hatte. Im italienischen Einigungskrieg gegen Frankreich und Sardinien-Piemont ging die Lombardei verloren. Am Schlachtfeld von Solferino im Jahr 1859 versank Franz Josephs Stern als militärischer Führer, nachdem er selbst den Oberbefehl übernommen und mit einer schweren strategischen Fehlentscheidung die Niederlage herbeigeführt hatte. Das Wort von den »Löwen, die von einem Esel angeführt wurden«, kursierte.[316] Friedrich Engels behauptete, die österreichischen Soldaten seien nicht von den Franzosen, »sondern von dem anmaßenden Schwachsinn ihres eigenen Kaisers« geschlagen worden.[317] Auch Napoleon III. gab zu, dass er den Sieg nicht seiner eigenen Leistung, sondern nur dem Unvermögen Franz Josephs verdankte. Unmittelbar nach der Schlacht schrieb der Kaiser an Sisi: »Ich habe das Gefühl eines geschlagenen Generals kennengelernt.«[318]

Österreichs Einfluss in Italien war mit dem Verlust der Lombardei zu Ende. Damit war auch das Ende des Neoabsolutismus besiegelt. Kaiser Franz Joseph musste mehr Demokratie zulassen. Aber fürs Erste brauchte er dringend 200 Millionen. Anselm Rothschild, der Chef des österreichischen Rothschild-Hauses und mächtigster Bankier der Habsburgermonarchie, soll dem Kaiser unmissverständlich klargemacht haben: »Keine Verfassung, kein Geld.«[319] Man reagierte planlos. Zuerst gab es im Februar 1860 mit dem Februarpatent eine föderalistische Verfassung, dann im Oktober mit dem Oktoberdiplom eine zentralistische. Der Kaiser schrieb an seine Mutter: »Wir werden zwar etwas parlamentarisches Leben bekommen, allein die Gewalt bleibt in meinen Händen.«[320] 1865 änderte Franz Joseph noch einmal die Taktik. Er ersetzte den Zentralisten Anton Ritter von Schmerling durch den Föderalisten Richard Graf Belcredi als Ministerpräsidenten.

Im Süden versuchte der neu entstandene italienische Nationalstaat, nach der Lombardei auch Venetien und die übrigen italienischsprachigen Gebiete der Monarchie an sich zu bringen. Im Norden drängte der deutsche Nationalismus ebenfalls auf einen Nationalstaat. Im Deutsch-Dänischen Krieg von 1864 machte Österreich mit Preußen noch gemeinsame Sache. Bismarck schlug Österreich vor, das als Kriegsbeute an Österreich gefallene Herzogtum Holstein, mit dem es ohnehin nichts anfangen könne, an Preußen zu verkaufen und besser gleich auch noch Venetien an Italien. Dann brauche es keine Anleihen. Aber auf solch einen Länderschacher wollte Franz Joseph auf keinen Fall eingehen. Doch war ein Verkauf, abgesehen davon, dass er mit seinen Ehrbegriffen nicht vereinbar war, bei der auch in Preußen und Italien desaströsen Finanzlage überhaupt realistisch? Und wie hoch hätte der Kaufpreis sein müssen? »Dick müsste die Summe sein«, meinten die Rothschilds. Preußen dachte an 40 Millionen Gulden, was für Österreichs Situation nicht viel mehr bedeutet hätte als ein Tropfen auf den heißen Stein. Franz Josephs Randbemerkung auf ein entsprechendes Ansinnen: »Davon kann nie die Rede sein.« Österreich dachte eher an einen Abtausch gegen ein größeres Stück Schlesien. Aber im Grunde hatte man gar keine Strategie und hatte gegen den mit allen Wassern gewaschenen Bismarck, der an sich auch kein Geld hatte, die schlechteren Karten.[321]

Mit dem Krieg von 1866, der mit der Niederlage gegen Preußen bei Königgrätz entschieden wurde, auch wenn man gegen Italien Siege errungen hatte, ging Venetien verloren und war es mit der Vormachtstellung in Deutschland endgültig vorbei. Auch der Verlust Ungarns schien im Jahr 1866 wieder in greifbare Nähe gerückt. Von den drei Wünschen, in Deutschland die Führung zu behalten, in Italien nichts herzugeben und in Ungarn und auf dem Balkan die Macht auszubauen, waren mindestens zwei, aber eigentlich alle drei viel zu viel. Es musste ein Ausgleich gefunden werden. 1867 gab es keinen anderen Ausweg, als Ungarns Forderungen weitgehend anzuerkennen und zumindest in Österreich eine liberale Verfassung zuzugestehen. Franz Joseph hatte sich zwar in den Dezembergesetzen von 1867 das Recht vorbehalten, weiter über alle militärischen Angelegenheiten und über die gemeinsame Außenpolitik zu bestimmen, aber seine Handlungsspielräume wurden immer kleiner. Resigniert schrieb er an seine Mutter. »Wenn man alle Welt gegen sich hat und gar keinen Freund hat, so ist wenig Aussicht auf

Fig.1

Fig.2

Fig.1 Der junge Kaiser mit seinen Brüdern Erzherzog Karl Ludwig, Erherzog Ferdinand Maximilian und Erzherzog Ludwig Viktor (»Luziwuzi«).

Fig.2 Das Attentat von Johann Libényi auf Kaiser Franz Joseph I. 1853. Gemälde von Johann Josef Reiner. Foto: Birgit und Peter Kainz, Wien Museum.

Erfolg. Aber man muss sich so lange wehren, als es geht, seine Pflicht bis zuletzt tun und endlich mit Ehre zugrunde gehen.«[322]

Der Traum von dem unter österreichischer Führung wieder errichteten alten Reich oder von einer großdeutschen Lösung von der Ostsee bis zum Mittelmeer und von der Nordsee bis zum Schwarzen Meer unter Einschluss der gesamten Habsburgermonarchie war spätestens 1852, aber in Wahrheit schon sehr viel früher gescheitert. Von nun an ging alles in Richtung einer kleindeutschen Lösung unter preußischer Führung. Mit dem Verlust der Lombardei (1859) und Venetiens (1866) war die Orientierung der habsburgisch-österreichischen Kultur nach Spanien und Italien endgültig zu Ende. Die slawischen Nationalitäten waren zur Mehrheit geworden. Der Ausschluss aus Deutschland verstörte die Deutschen des Reichs, die sich vom Deutschliberalismus immer mehr dem Deutschnationalismus zuwandten. Im 1867 ausgehandelten Ausgleich mit Ungarn und in der faktischen Anerkennung der Selbstständigkeit Ungarns sahen nicht nur die Tschechen, sondern auch alle anderen Nationalitäten den Todeskeim des multinationalen Habsburgerstaates und die Festschreibung der Herrschaft von zwei Nationalitäten, der deutschen und der ungarischen, über die restlichen mindestens neun.

Mit dem Jahr 1867 änderte sich Franz Josephs Reich von Grund auf. Mit dem endgültigen Rückzug aus Italien endete die spanisch-italienische Ausrichtung der politischen Kultur. Mit dem Ausschluss aus Deutschland wurde die Habsburgermonarchie zu einem Vielvölkerstaat mit slawischer Mehrheit, wenn auch immer noch mit deutscher Dominanz. Und durch den Ausgleich mit Ungarn wurden aus den vielen ererbten Herrschaften de facto zwei Staaten, die dem Charakter des Reichs als Vielvölkerstaat nicht gerecht wurden.

Man wurde sich immer mehr bewusst, dass die Habsburgermonarchie ein recht zufälliger Staat war, zusammengestückelt aus vielen Herrschaftsrechten, Sprachen, Religionsgemeinschaften und Kulturräumen. Was die Habsburger im späten 18. und frühen 19. Jahrhundert regierten, verteilt sich heute auf mindestens fünfzehn Staaten. Auch die 1867 geschaffene Doppelmonarchie aus Österreich und Ungarn war ein kompliziertes Wirrwarr. Es gab das »k.u.k.«, die kaiserliche und königliche Monarchie für die gemeinsam gedachten Angelegenheiten, das Militär und die Außenpolitik, das »k.k«, d. h. die kaiserlich-königlichen Angelegenheiten, die bloß die österreichische Reichshälfte betrafen, und die »k.u.«, das heißt die königlichen oder rein ungarischen Kompetenzen. Diese Abkürzungen waren praktikabler als die formell korrekten Umschreibungen. Sie konnten aber die brüchige Konstruktion nicht verdecken: Diese funktionierte mehr schlecht als recht. Man musste sich zusammenraufen. Dass sich in dieser Doppelmonarchie alle anderen Nationalitäten ausgeschlossen fühlten, war nicht zu übersehen, auch wenn es ihnen aus späterer Sicht gar nicht so schlecht ging und Spitzenleistungen in Kultur und Wirtschaft erbracht wurden.

SISI ODER SISSI? ELISABETH – DIE EIGENWILLIGE KAISERIN

ELISABETH
*24. DEZEMBER 1837 MÜNCHEN; †10. SEPTEMBER 1898 GENF
1854–1898 KAISERIN VON ÖSTERREICH

Ob nun »Sissi« im breitlippigen Wienerisch der drei Filmklassiker von Ernst Marischka oder »Sisi« im nasalen Schönbrunnerisch der vielen Neubearbeitungen: Kaiserin Elisabeth ist der unbestrittene Star der Habsburg-Medien. Mit ihren 172 cm war sie deutlich größer als ihr Mann, wog nie mehr als 50 kg und galt mit weniger als 50 cm Taillenumfang und den berühmten langen Haaren als die vornehmste Schönheitsikone ihrer Zeit. Aber eine makellose Schönheit war sie nicht. Ihre Zähne waren schief und schlecht. Und ihre Haut wurde mit zunehmendem Alter recht faltig – es gab ja noch keine guten Zahnärzte und noch kein Botox.

Im Jahr 1853 war Kaiser Franz Joseph 23 Jahre alt. Die Dynastie brauchte eine Kaiserin. Man suchte zuerst in Preußen und Sachsen. Doch der Kaiser fand sie spontan in seiner erst 15-jährigen Cousine Elisabeth aus der Wittelsbachischen Nebenlinie Pfalz-Zweibrücken. Im Lichte der bewährten habsburgischen Heiratsstrategien war das keine glänzende Partie: Die Familie war politisch unbedeutend und noch dazu nicht besonders reich. Doch am 24. April 1854 wurde geheiratet. Zuerst herrschte allseits Glück und Zufriedenheit: ein junges Paar, eine strahlend schöne Braut, eine Märchenhochzeit! Aber das eher ländliche Possenhofen, wo Sisi aufgewachsen war, war eine andere Welt als der Wiener Kaiserhof. Hier gab es keine Intimität. Jede Menstruationsblutung und jeder Geschlechtsverkehr wurden registriert. Nicht zu viele Liebesfreuden! Das schadet der Gebärfähigkeit! Das Wichtigste war ein Thronfolger! Rasch hintereinander kamen drei Kinder: 1855 Sophie, 1856 Gisela und 1858 der ersehnte Kronprinz Rudolf. Nach der ungarischen Krönung der Kaiserin im Jahr 1867 folgte im Jahr darauf mit Marie Valerie noch eine Nachzüglerin: das »ungarische Kind«.

Mit der Geburt des Thronfolgers hatte Sisi aus der Sicht ihres Gatten die dynastischen Familienpflichten erfüllt. Aber der Tod der ältesten Tochter Sophie im Jahr 1857, den sie einer anstrengenden, von der höfischen Umgebung erzwungenen Ungarnreise zur Last legte, hatte sie tief

Franz Xaver Winterhalter,
Kaiserin Elisabeth, 1865.

getroffen. Die familiären Fronten verhärteten sich. Es gab viele Gerüchte über die Ursache der offensichtlichen Probleme: Lungenschwäche? Herzkrankheit? Panikattacken? Psychosomatische Erschöpfung? Kaiserliche Untreue? Was die tiefe Ehekrise tatsächlich ausgelöst hatte, ist nicht mehr zu klären. Körperlich war Sisi jedenfalls gesund. War sie zutiefst verstört, weil sie gerüchteweise von Franz Josephs Seitensprüngen erfahren hatte? Laut Martina Winkelhofer hat Caesar Conte Corti, der erste relevante Sisi-Biograf, den Satz, dass »Franz Joseph einer anderen Frau zu tief in die Augen gesehen habe«, aus seinem 1934 zum Druck gelangten Manuskript des Bestsellers *Elisabeth, die seltsame Frau* wieder herausgestrichen.[323] Aber es ist allzu offensichtlich, dass der Kaiser sich auf geheime Liebschaften eingelassen hatte, die Elisabeth 1860 zuerst zu einer panischen Flucht nach Possenhofen und dann zu einer fast zweijährigen Trennung von ihrem Gatten veranlassten: Sechs Monate verbrachte sie auf Madeira, hernach mehr als ein Jahr auf Korfu und in Venedig und zuletzt in deutschen Bädern.

Als Elisabeth Ende 1862 wieder an den Wiener Hof zurückkehrte, ließ sie keinen Zweifel daran, dass sie an einem Eheleben nicht mehr interessiert war. Franz Josephs Generaladjutant Folliot von Crenneville schrieb in sein Tagebuch: »O die Weiber, die Weiber!!! Mit und ohne Krone haben sie Kaprizen ...«[324] Am 27. August 1865 forderte Sisi von Franz Joseph in einem berühmten »Ultimatum« unumschränkte Vollmachten in allem, was ihre persönlichen Angelegenheiten betraf, sowohl in der Kindererziehung als auch in der Wahl ihrer Aufenthalte und ihrer Umgebung. Martina Winkelhofer bezeichnet das als das schärfste Ultimatum, das je von einer Frau im 19. Jahrhundert formuliert wurde.[325] Dass es Franz Joseph akzeptierte, zeigt die veränderten Machtverhältnisse. Diese kamen auch in seinen Briefen zum Ausdruck: Franz Joseph ersetzte seinen Vornamen durch »Dein Männchen«, »Dein Mäniken« oder »Dein Kleiner«, was eine deutliche Unterordnung unter die Ehefrau signalisierte.

Nur damals, als nicht nur der Zusammenhalt des Staates, sondern auch das Schicksal der Monarchie auf dem Spiel stand, konnte sie erkennbaren Einfluss auf die Gestaltung der innenpolitischen Konstellationen gewinnen und nicht nur ihren Gatten dazu bewegen, einen Ausgleich mit Ungarn zu suchen, sondern auch selbst einen ausgezeichneten Zugang zu den ungarischen Entscheidungsträgern finden. Es halfen ihr nicht nur die hervorragenden Ungarisch-Kenntnisse, die sie sich mit der Zeit angeeignet hatte, sondern auch das enge Verhältnis zum neuen Hoffnungsträger der Ungarn, Gyula Andrássy, dem einst in Absenz zum Tode verurteilten Revolutionär, der das Königreich nun als Ministerpräsident und Kriegsminister in die Ära der Doppelmonarchie hineinführte. Am 8. Juni 1867 wurden Franz Joseph und Elisabeth von eben diesem Grafen Andrássy und dem Primas von Ungarn gemeinsam zum König gekrönt – den Begriff »Königin« gab es im ungarischen

Sisi, ein Jahr nach der Hochzeit mit Kaiser Franz
Joseph. Porträt von Anton Einsle, 1855.
Museo Correr, Venedig.

Staatsrecht gar nicht –, wobei ihr die Stephanskrone nach altem Brauch nicht aufs Haupt gesetzt, sondern nur über die Schulter gehalten wurde. Die Gerüchte um die am 22. April 1868, also ziemlich genau neun Monate danach, in Ofen geborene Marie Valerie, das »ungarische Kind«, wollten nicht verstummen. Aber weil man zu wissen meint, dass Elisabeth sich aus Sex eigentlich nicht viel machte, wird es wohl stimmen, dass die Beziehung zu Gyula Andrássy rein politisch war.

Ob Sisi das 1875 beginnende und bis 1889 andauernde Verhältnis ihres Mannes mit der 16-jährigen und damals bereits verheirateten Anna Nahowski noch bekümmerte, weiß man nicht. Das weniger erotische Verhältnis mit der bereits sehr gereiften Burgschauspielerin Katharina Schratt, das Franz Joseph 1886 begonnen hatte, störte sie jedenfalls nicht mehr, sondern wurde von ihr sogar arrangiert.[326]

Sisis Liebesleben bleibt geheimnisvoll, sowohl bezüglich Gyula Graf Andrássy, der 1849 seinem Todesurteil durch Flucht entkommen war, 1858 pardoniert wurde und zurückkehren durfte und nach 1866 ein enges politisches Vertrauensverhältnis zur Kaiserin aufbauen konnte, als auch, was Sisis Verhältnis zu ihren Reitlehrern und Vorlesern betrifft. Auch ein Briefwechsel mit Fritz Pacher von Theinburg, den sie, als Domino maskiert, 1874 auf einer Faschingsredoute im Wiener Musikverein kennengelernt hatte, der sich von 1874 bis 1887 hinzog, verwirrt mehr als er offenbart.[327] Ob dahinter irgendwo eine reale Beziehung stand oder Sisi dazu gar nicht fähig war, muss man wohl offenlassen.

Anders als der in seinen privaten Bedürfnissen völlig anspruchslose Kaiser gab Sisi das Geld mit vollen Händen aus. Die Kosten explodierten. Ihre erste große Auslandsreise, der sechsmonatige Aufenthalt auf Madeira im Jahr 1860, hatte die horrende Summe von 188.935 Gulden und 8 Kreuzern verschlungen, 3,2 Millionen Euro nach heutigem Wert. Auch dann, wenn die Ziele nicht so entlegen waren und sie nur nach Ischl reiste, kostete das mindestens 100.000 Gulden: ein Sonderzug und ein eigener Güterzug mit 40 Tonnen Gepäck, Pferde, Hunde, Separatschiff am Traunsee, Hotelmieten, Dienerschaft, Geschenke – das summierte sich. Die Sommeraufenthalte in Feldafing und Ischl im Jahr 1871 wurden mit 136.956 Gulden und 12 kr abgerechnet. Im Jahr 1883 zahlte die Hofkasse bereits 172.300 Gulden, im Jahr 1884 180.000 Gulden und 1885 216.000 Gulden. Noch mehr kosteten die Reitreisen, vor allem, wenn sie nach Frankreich, England oder Irland führten. Auch die Kreuzfahrten im Mittelmeer und die Türkei-, Nordafrika- und Riviera-Reisen gingen ins Geld: Katrin Unterreiner hat berechnet, dass Elisabeth allein für ihre Reisen insgesamt mindestens 1,7 Millionen Gulden oder umgerechnet 30 Millionen Euro ausgegeben hat. Dazu kamen die Bauten, die Hermesvilla in Lainz, das Achilleion auf Korfu, das Ischler Marmorschlössl und das Schloss Gödöllö in Ungarn, und natürlich die Bediensteten, die Gesellschaftsdamen, Friseurinnen und Vorleser, auch die Pferde, die Hunde, die Kleider und alles, was eine Kaiserin persönlich halt so braucht.[328]

Die Hofkasse kam für alle diese Kosten auf. Die Sisi zustehende Apanage, das sogenannte »Spenadelgeld«, das eigentlich für ihre privaten Ausgaben gedacht war und zuerst mit 100.000 Gulden jährlich festgelegt und 1870 verdoppelt worden war, verwendete sie dafür nicht, sondern veranlagte es in Wertpapieren. Auch die zwei Millionen, die sie 1875 aus der Erbschaft von Kaiser Ferdinand erhielt, legte sie auf Sparbücher. Schon 1870 besaß sie ein Wertpapierdepot von 1,2 Millionen Gulden. Bis zu ihrem Tod (1898) wuchs es auf 10 Millionen Gulden oder 175 Millionen Euro. Die beiden Töchter erbten. Aber es gibt in Sisis Testament nicht die sonst üblichen sozialen Verfügungen: keine Spenden für Arme, Kranke und sonstige Bedürftige. Elisabeths Herz war hart geworden. Die sozialen Probleme ihrer Umwelt interessierten sie nicht.[329] Angesichts dessen können die kritischen Verse, die sie in ihr Tagebuch notierte, nur irritieren: »Ihr lieben Völker im weiten Reich – so ganz im Geheimen bewundere ich euch: da nähret ihr mit eurem Fleische und Blut gutmütig diese verkommene Brut.« Merkte sie nicht, dass sie damit nur sich selbst meinen konnte?

Sisi war eine ausgezeichnete Reiterin, eine ausdauernde Wanderin und eine passable Fechterin und Turnerin. Aber alles steigerte sich zum neurotischen Wahn: ihr Schlankheits- und Schönheitskult, ihre Reiselust, die Vorliebe für die Farbe Schwarz, die Besuche in Irrenanstalten, Katakomben und sonstigen dunklen Orten, die spiritistischen Sitzungen, die Heine-Verehrung und die dilettantischen dichterischen Ambitionen, ihre »Wolkenkraxeleien«, wie der Kaiser sie bezeichnete, und nicht zuletzt ihre Todessehnsucht und ihre Suizidgedanken. Franz Joseph dazu: »Dann kommst in die Hölle!« Sisi: »Die Höll' hat man ja schon auf Erden.«[330]

Sisi verweigerte die Rollen, die ihr zugedacht waren. Sie war weder die liebend-ergebene Ehefrau noch die sorgende Mutter und schon gar nicht die politische Repräsentantin an der Seite ihres Mannes. Sie wollte Selbstverwirklichung, und das umso mehr, je älter sie wurde. Sie stilisierte sich wie ihr so sehr verehrtes Dichtervorbild Heinrich Heine als Regimekritikerin und Republikanerin. Sie glaubte nicht mehr an die Monarchie, wusste aber nicht, wie sie ohne diese bestehen und sich profilieren hätte können. Sie war Kettenraucherin, ihre Diäten waren nicht wirklich gesund, ihre sportlichen Ambitionen überzogen, ihre Liebschaften (mit Bay Middleton oder Gyula Andrássy) wahrscheinlich erfunden.

Dass Kaiserin Elisabeth mit zunehmendem Alter in der Öffentlichkeit immer unbeliebter wurde, war aller Zensur zum Trotz nicht zu übersehen. Ihre immensen Ausgaben für Reisen, Pferde und anderen Luxus, die der Öffentlichkeit nicht verborgen blieben, sorgten für nur mühsam unterdrückte, aber unter der Hand oft sehr derbe Kritik.[331] In Ungarn hingegen genoss sie fast unbeschränkte Sympathie: Mit ihrer Kleidung, ihren Residenzen und der Wahl ihrer Gesellschaft signalisierte Sisi der ungarischen Nation ihre Zuneigung.

Sisi als Braut vor Schloss Possenhofen, 1853.
Stahlstich von A. Fleischmann nach einem Gemälde
von Carl Piloty und Franz Adam.

Am 10. September 1898 verließ Sisi mit ihrer Hofdame Irma Sztáray gegen 13.30 Uhr das Hotel Beau-Rivage in Genf. Auf der Seepromenade stürzte sich der italienische Anarchist Luigi Lucheni auf sie und stieß ihr eine spitz zugeschliffene Feile ins Herz. Man konnte kaum eine Wunde erkennen. Auch sie selbst dürfte nicht mehr viel mitbekommen haben. Ihre letzten Worte waren: »Was ist denn mit mir geschehen?«[332]

Sisis politische Bedeutung wird unterschiedlich bewertet. In Ungarn ist sie heute hochgeschätzt. Dort werden für sie immer noch Denkmäler errichtet und vor allem auch ihr Einfluss auf Franz Joseph und die 1867/68 erreichte Aussöhnung mit Ungarn hervorgehoben. In Österreich hingegen tauchen immer mehr negative Aspekte auf bzw. wird ihre Persönlichkeit ganz auf die Society-Rolle reduziert. Aber kaltgelassen hat die Kaiserin niemanden, weder ihre grenzenlosen Bewunderer noch ihre sarkastischen Kritiker.

Franz Joseph nimmt in der Kapuzinergruft Abschied von Sisi. Illustration aus: Das interessante Blatt, 22. September 1898.

DIE KOLONIALISTISCHE VERSUCHUNG
KAISER MAXIMILIAN VON MEXIKO

MAXIMILIAN I. VON MEXIKO
*7. JUNI 1837 SCHLOSS SCHÖNBRUNN
†19. JUNI 1867 QUERÉTARO, MEXIKO
1864–1867 KAISER VON MEXIKO

Die Habsburgermonarchie hatte keine Kolonien, zumindest keine in Übersee. Aber es gab kolonialistische Bestrebungen. Gäbe es nicht doch irgendwo einen Platz an der Sonne für eine Dynastie, für die früher einmal die Sonne nicht unterging? Im Zeitalter des Kolonialismus und Imperialismus konnte das zur quälenden Frage werden. Maximilian sah seine Chance.[333] Er war der zweite von vier Brüdern. Wie bei Zweitgeborenen nicht selten, haderte er nicht nur mit dem Schicksal der Erbfolge und mit der Meinung, es als der vermeintlich Begabtere und Beliebtere eigentlich besser machen zu können, sondern auch mit der Überzeugung, dass es mit dem Habsburgerreich unaufhaltsam bergab ging. Maximilian war charmant, künstlerisch begabt und viel beliebter als der steife Franz Joseph. Und immer wieder äußerte er sich kritisch: »Es ist so traurig, unsere schöne und ehemals so kräftige Monarchie durch Ungeschicklichkeit, Missverständnisse und rätselhaftes Vorgehen immer mehr und mehr sinken zu sehen«, notierte er in sein Tagebuch.[334]

1857 hatte er mit der belgischen Prinzessin Charlotte die reichste Braut Europas gewonnen.[335] Im gleichen Jahr wurde er zum Generalgouverneur von Lombardo-Venetien ernannt. Aber was sollte er anfangen, als 1859 als Folge der österreichischen Niederlage die Lombardei verloren ging? Er träumte von alter habsburgischer Größe, vom Reich Karls V. und von einem Anteil Habsburgs an der im 19. Jahrhundert zum Abschluss gelangenden Aufteilung der Welt. Da traf es sich gut, dass Frankreichs Kaiser Napoleon III. dem Expansionsdrang der USA auf dem amerikanischen Kontinent ein Ende setzen und in Mexiko ein militärisch und wirtschaftlich an Frankreich angelehntes Reich begründen wollte. Der Zeitpunkt schien günstig. In den USA tobte der Bürgerkrieg. Und Mexiko, das seit der Erlangung der Unabhängigkeit zu keiner Stabilität finden konnte und mehr als fünfzig Regierungen gehabt hatte, bot sich an. Nur eine Monarchie, glaubte man, könne der dortigen Instabilität ein Ende setzen. Für Franz Joseph schien das mehrere Probleme

Jean François Portaels,
Erzherzog Maximilian in Uniform der k. k. Kriegsmarine.

zugleich zu lösen; erstens konnte er möglicherweise sein eigenes Prestige heben und zweitens den ungeliebten Bruder wegloben und vielleicht sogar auch noch zu einer Kolonie kommen. Ein Königstitel schien da zu wenig, es musste ein Kaiserthron sein. Aber in Österreich musste Maximilian dafür auf alle etwaigen Nachfolgerechte verzichten.

Maximilian konzentrierte sich voll Elan und Naivität auf seine neue Aufgabe. Für sein Traumschloss Miramare am Mittelmeer nahe Triest entwarf er einen Thronsaal mit den Porträts der großen Habsburger, mit einer Allegorie der Erneuerung der Weltherrschaft Karls V. und mit einer riesigen Weltkarte mit allen ehemaligen habsburgischen Besitzungen samt Konquistadoren und indigener Bevölkerung. Die Vollendung des Baus (1870) hat er nicht mehr erlebt.[336] Ein von ihm eigenständig verfasstes, sechshundert Seiten starkes Handbuch für die Etikette am neu zu begründenden Kaiserhof fand zweifellos Gefallen in der mexikanischen Oberschicht. Aber er wollte auch ein moderner Herrscher sein, mit Reformen in der Verwaltung, in der Eigentumsordnung und in der Behandlung der Indigenen. Aber gerade damit verlor er die Unterstützung jener Kreise, die ihn gerufen hatten, und machte sich dennoch keine Freunde unter den Republikanern.

Zur Residenz in Mexiko-Stadt wollte er das ruinöse, aber riesige Schloss Chapultepec etwas außerhalb des Zentrums ausbauen, mit mehr als 1000 Räumen und einem vier Quadratkilometer großen Park.[337] Maximilians Projekte waren immer ziemlich hochstaplerisch, zuerst die Villa Maxing in Wien-Hietzing direkt neben Schönbrunn, dann das Traumschloss Miramare nahe Triest, jetzt Chapultepec, das in den Dimensionen Versailles oder dem Escorial eher entsprach als dem Sitz für das Staatsoberhaupt eines ausgehungerten Landes. Wie schon beim Bau von Miramare übernahm sich der Kaiser nicht nur mit den Kosten, sondern irrte auch in der politischen Einschätzung. Er musste rasch feststellen, dass nicht nur die USA, sondern sämtliche amerikanische Staaten den von den Franzosen abgesetzten republikanischen Präsidenten Benito Juárez unterstützten. Als nach dem Ende des Amerikanischen Bürgerkriegs die USA wieder expansiver wurden, war Maximilians Herrschaft schnell zu Ende. Seine Gemahlin Charlotte reiste zwar noch persönlich nach Europa, um Napoleon III. und Papst Pius IX. um Hilfe zu bitten, aber außer vagen Versprechen und innigen Gebeten kam nichts.

Eine Flucht lehnte der Kaiser ab: »Ein Habsburger verlässt niemals seinen Posten, auch nicht in den Augenblicken der höchsten Gefahr.«[338] Maximilian wurde abgesetzt, von einem Kriegsgericht zum Tode verurteilt und nach der Bestätigung des Urteils durch den siegreichen Präsidenten Juárez am 19. Juni 1867 zusammen mit seinen Generälen Miguel Miramón und Tomás Mejía standrechtlich auf dem Cerro de las Campanas, dem »Hügel der Glocken«, bei Querétaro erschossen. »Der Himmel war so wolkenlos, die Sonne schien hell und warm, das Wetter war wunderschön, ganz so, wie es der unglückliche Monarch für seinen Todestag gewünscht hatte«, berichtete der preußische Generalkonsul Baron von Magnus am 17. August 1867 an Bismarck.[339] Maximilian sagte noch: »Ich hätte mir keinen besseren Tag zum Sterben aussuchen können.« Édouard Manet verarbeitete das Geschehen in berühmten Bildern: Maximilian, mit mexikanischem Sombrero, zwischen seinen zwei Generälen, rechts Miguel Miramón und links Tomás Mejía. Inszeniert wurde das Gemälde wie der Kreuzestod Christi. Das mexikanische Exekutionskommando trägt französische Uniformern. Émile Zola fasste die Botschaft des Bildes in drei Worten zusammen: »Frankreich erschießt Maximilian.«[340]

Fig.2

Fig.1

Fig.1 »Ein Habsburger verlässt niemals seinen Posten«: Maximilian als Kaiser von Mexiko. Gemälde von Albert Graefle, 1865. Museo Nacional de Historia, Mexiko City.

Fig.2 »Frankreich erschießt Maximilian« (Émile Zola): die Exekution des Kaisers in der Darstellung von Édouard Manet, 1868/69. Kunsthalle Mannheim.

R

DER KRONPRINZ – EIN MÖRDER? ERZHERZOG RUDOLF

ERZHERZOG RUDOLF
*21. AUGUST 1858 LAXENBURG
†30. JANUAR 1889 MAYERLING

Der Doppelselbstmord von Kronprinz Rudolf und seiner Kurzzeitgeliebten Mary Vetsera am 30. Januar 1889, oder besser gesagt, der Selbstmord des Prinzen und sein vorhergegangener Mord an der Geliebten, war die schlimmste Tragödie im Leben Kaiser Franz Josephs.[341] Nicht nur der Verlust des einzigen Sohnes und Thronerben, sondern auch die seinen Ehrbegriffen völlig zuwiderlaufenden Umstände dieser Tat verletzten ihn schwer. Der Sohn sei »wie ein Schneider«, wie ein Feigling gestorben.[342] Daher wurde alles unternommen, um den genauen Hergang der Tragödie zu verschleiern. Zahllose Varianten des Geschehens in Mayerling wurden erzählt: eine Vergiftung, ein Jagdunfall, ein Herzschlag, eine Geisteskrankheit des Kronprinzen, ein Attentat ausländischer Mächte oder gar eine Verschwörung der Freimaurer (Kaiserin Zita). »Alles ist besser als die Wahrheit«, meinte der Kaiser, der weder sich noch der Öffentlichkeit die Wirklichkeit zumuten und eingestehen wollte.[343]

Rudolf ragte durch seine Bildung und seine modern wirkenden Ansichten zweifellos aus der recht dumpfen Masse der Habsburger des 19. Jahrhunderts heraus. Er war intelligent, sensibel und kränklich. Er hatte die beste Ausbildung genossen, hatte die besten Universitätsprofessoren als Lehrer gehabt, den Nationalökonomen Karl Menger, den Zoologen Alfred Brehm und den Geologen Ferdinand von Hochstetter. Und dennoch ist vieles schiefgegangen. Für Franz Joseph stand eine streng militärische Ausbildung im Vordergrund, für Sisi eine liberale Erziehung, aber beide interessierten sich wenig für Rudolfs wahre Bedürfnisse.

Rudolfs besonderes Interesse galt der Kultur und der Wissenschaft. Von politischen Aufgaben wurde er ferngehalten. Er verfasste anonym eine Reihe von Schriften und arbeitete insgeheim für mehrere Zeitungen. Er hegte eine starke Abneigung gegen die Aristokratie und sympathisierte mit antiklerikalen und freisinnigen Strömungen. Als Herausgeber der 24-bändigen landeskundlichen Enzyklopädie *Die österreichisch-*

Erzherzog Rudolf in Uniform.
Porträt von unbekanntem Künstler.

Noch ein glückliches Paar:
Rudolf und Stephanie kurz nach ihrer Hochzeit.
Foto von Carl Pietzner, 27. Oktober 1882.

ungarische Monarchie in Wort und Bild, die auch als das »Kronprinzenwerk« bekannt ist, versuchte er, der nationalen Vielfalt der Habsburgermonarchie gerecht zu werden. Geglückt ist das nur bedingt. Weder die Tschechen noch die Ungarn fühlten sich darin adäquat vertreten. Von Dezember 1885 bis Juni 1902 erschienen 24 Bände in deutscher Sprache und 21 Bände in ungarischer.[344]

Franz Josephs Ziel war es, den Sohn zum Jäger, Soldaten und Herrscher zu erziehen. Das Verhältnis der beiden beschränkte sich auf zwei Themen, zu denen sie wirklich gemeinsamen Gesprächsstoff fanden: die Jagd und das Militär. Rudolfs Ehe mit Stephanie, der Tochter des belgischen Königs Leopold II., geriet zum Desaster. Mag sein, dass die körperliche Attraktivität der Prinzessin nicht wirklich groß war und ihr Körper, wie der belgische Botschafter berichtete, zuletzt »enorme Ausmaße« angenommen hatte und »vor Fett platzte«.[345] Dass der Gatte mit seinem Verhalten einen wesentlichen Anteil daran hatte, sagte der Botschafter nicht. Die Ehekrise gipfelte in der Ansteckung Stephanies mit einer Geschlechtskrankheit und ihrer daraus folgenden Unfruchtbarkeit. Rudolf flüchtete sich mit Kokain und Morphium, mit Alkohol und schönen Frauen in eine irreale, aber nur scheinbar angenehmere Scheinwelt.

Seine Freundschaft mit jüdischen Intellektuellen und Kapitalisten zog ihm die Feindschaft der Antisemiten zu, sein Antiklerikalismus die Kritik der Kirche und seine Gegnerschaft zum Feudalsystem die Ablehnung durch den Hofadel. Er kritisierte auch Österreichs Bündnispolitik und die zunehmende Abhängigkeit Österreich-Ungarns vom Deutschen Reich. Gegen den deutschen Kaiser Wilhelm II., empfand er eine ausgeprägte Aversion: »Was suchen Sie, Majestät, in einer Alliance mit Deutschland und was verfolgen Sie mit einem Krieg gegen Russland? Sagen Sie sich los, Majestät, so lange noch Zeit ist!«, hatte er dem Vater unter dem Pseudonym Julius Felix ausrichten lassen.[346] Es ist sehr unwahrscheinlich, dass Franz Joseph diese Schrift jemals zu lesen bekommen hat. Ein Rebell war Rudolf sicher nicht. Dezidiert gegen seinen Vater aufzutreten, hat er nie versucht. Seine kritischen Schriften veröffentlichte er anonym.

Das breite Spektrum seiner Interessen, das von der Literatur bis zum Spiritismus, von der Mythologie bis zur Elektrizität, von der Nationalökonomie bis zur Geschichte der Juden reichte, weckte weithin Erstaunen. Sein Privatleben empfand er als demütigend. 1878 hatte er als 20-Jähriger vor dem Antritt einer Weltreise ein Testament verfasst: »Ich bin andere Bahnen gegangen ...«[347] Da war er noch viel zu jung, um eine derartige Lebensbilanz wirklich ziehen zu können: »Unsere Zeit fordert neue Ansichten. Reaktion ist überall, besonders aber in Österreich, der erste Schritt zum Untergang. Diejenigen, die sie predigen, sind die gefährlichsten Feinde, ich habe sie immer verfolgt«, steht da zu lesen.[348] Die Monarchie betrachtete er als Ruine. Die einzige Hoffnung sah er in der Änderung des bestehenden Bündnissystems: Der 1889 auslaufende Zweibundvertrag und ebenso der Dreibund mit Italien sollten nicht verlängert werden, stattdessen solle man sich wegen der Balkanfrage an Russland annähern. Eine reelle Chance, die drohende Gefahr abzuwenden, sah Rudolf nur in einem Bündnis zwischen Frankreich und Österreich-Ungarn. Diese Forderungen des Kronprinzen wurden von oben ohne Beachtung vom Tisch gewischt. »Ich bin ein Franzosenfreund«, schrieb er am 8. November 1888 an Moriz Szeps.[349] Das Misstrauen gegen Deutschland und Bismarck durchzog die gesamte Korrespondenz zwischen dem jüdischen Herausgeber des *Neuen Wiener Tagblatts* und dem Thronfolger.

Eine tiefe Verstimmung zwischen Vater und Sohn am Vorabend der Soiree am 27. Januar 1889 zu Ehren seines Intimfeindes Kaiser Wilhelm II. mag den unmittelbaren Anstoß zum Selbstmord gegeben haben. Gleich nach der Soireee hatte der Thronfolger Moriz Szeps zu sich gebeten und sich diesem anvertraut: »Der Kaiser [...] hat mich vor aller Welt entwürdigt, beschimpft. Nun sind alle Bande zwischen ihm und mir zerrissen. Nun fühle ich mich frei!«[350] Die Stimmung hatte sich immer mehr aufgeschaukelt: Seine Eheprobleme, sein libertäres Liebesleben, seine Geschlechtskrankheit, seine Alkohol- und Drogenprobleme, das angespannte Verhältnis zum Vater und seine Kritik am engen Bündnis mit Deutschland – all dies schien ihm schließlich nur einen Ausweg zu lassen.

Rudolf pflegte eigenwillige Freundschaften – mit dem Fiaker und Wienerliedsänger Josef Bratfisch, mit der Edelprostituierten Maria »Mizzi« Kaspar und mit der erst 17-jährigen Baronesse Mary Vetsera. Die junge Baronin steigerte ihre Schwärmerei bis zur Todessehnsucht: dass er »ihr Gott und ihr Alles« sei und sie »ohne ihn nicht mehr leben könne«.[351] Rudolf nahm sie in Mayerling mit in den Tod, erschoss erst Mary und dann sich selbst.

Obwohl man alles unternahm, um die Geschehnisse rund um den Tod zu verdunkeln, bestehen heute kaum mehr Unklarheiten über die wesentlichen Fakten und Abläufe der »Tragödie von Mayerling«. Während man bei Hof nach langem Zögern nicht umhinkonnte, den Selbstmord zu bestätigen, wenn auch nur als Folge einer »Geistesverwirrung«, um Rudolf ein christliches Begräbnis zu ermöglichen, wurde der Mord an Mary Vetsera von der Familie nie zugegeben.

Egal, ob man Rudolf als gescheiterten Thronanwärter, als Kirchenkritiker, als Feind der Hocharistokratie und zugleich Nutznießer ihrer Privilegien oder als zügellos agierenden und sich dabei verzehrenden Liebhaber einstuft, ob man ihn als engagierten, vom Kaiserhaus jedoch verhinderten Wissenschaftler, als leidenschaftlichen Jäger und Abenteurer, als arroganten wiewohl auch volksnahen Habsburgersprössling oder als verletzlichen, dünnhäutigen und gleichzeitig auch unberechenbaren und jähzornigen Menschen punzieren möchte, das Rätsel »Rudolf« ist bis heute nicht entschlüsselt.

Fig.1

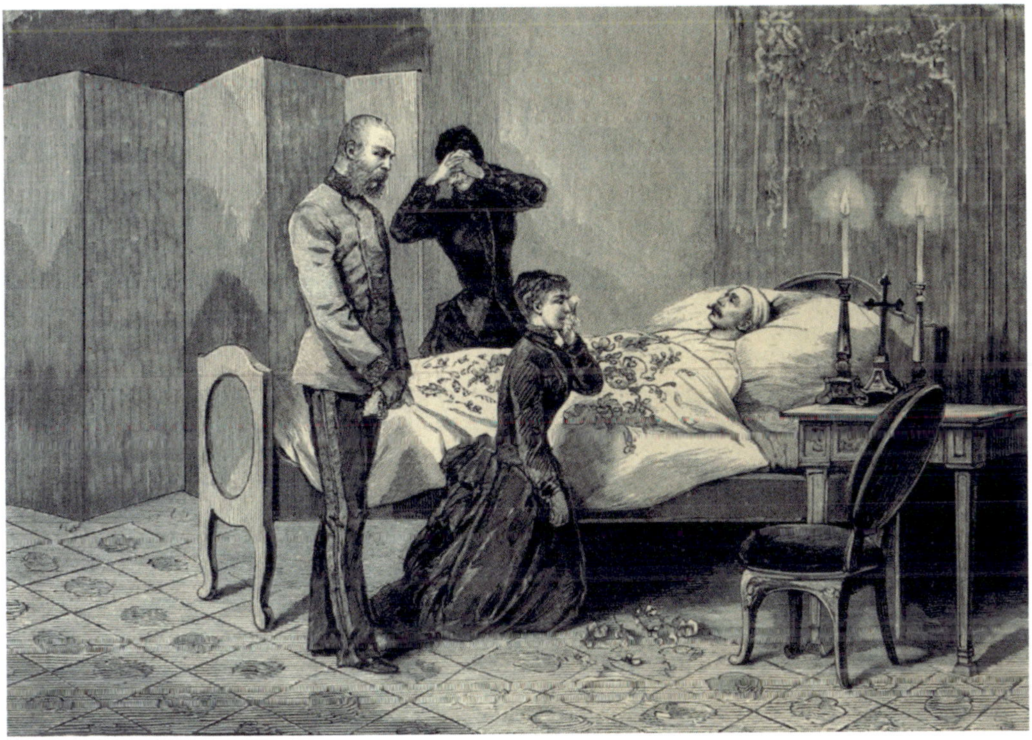

Fig.2

Fig.1 Von Rudolf in Mayerling erschossen: Mary Vetsera. Foto von Othmar von Türk, 1887.

Fig.2 Die kaiserliche Familie am aufgebahrten Leichnam Rudolfs. Zeichnung von Theodor Breitwieser, 1889.

DER UNGELIEBTE THRONFOLGER FRANZ FERDINAND

ERZHERZOG FRANZ FERDINAND
*18. DEZEMBER 1863 GRAZ; †28. JUNI 1914 SARAJEVO
AB 1896 THRONFOLGER VON ÖSTERREICH-UNGARN

An Franz Ferdinand scheiden sich die Geister. Friedrich Weissensteiner charakterisiert ihn als »eine starke, facettenreiche, widersprüchliche Persönlichkeit, die schon zu Lebzeiten auf bewundernde Zuneigung und schroffe Ablehnung gestoßen ist.«[352] In der öffentlichen Meinung schlägt ihm bis heute nur wenig Sympathie entgegen. Er neigte zu scharfen Urteilen und zu einer eigentümlichen Vorstellung von Humor, die leicht missverstanden werden konnte. Da war er vielleicht dem ehemaligen britischen Prinzgemahl Philipp nicht unähnlich, der mit der Frage an einen in Papua-Neuguinea tätigen Studenten: »Und Sie haben es also geschafft, nicht aufgegessen zu werden?«, einen Shitstorm entfacht hatte.[353]

Auch Franz Ferdinand kannte die Südsee gut. 1892/1893 hatte er auf dem Kreuzer »Kaiserin Elisabeth« eine Weltreise unternommen, die ihn von Triest über Indien, Indonesien, Australien und Japan bis nach Nordamerika geführt hatte. Franz Ferdinand war damit wahrscheinlich der einzige Habsburger, der vor dem Zerfall der Monarchie die Welt in knapp zehn Monaten umrundet hatte. Motiv sei nicht die Jagd gewesen, betonte er im Vorwort seines publizierten Tagebuchs, »sondern das Streben, aus der persönlichen Anschauung anderer Erdteile, fremder Staatsgebilde und ausländischer Kultur Belehrung zu gewinnen.«[354] Dabei tappte er in so manche rassistische und politisch inkorrekte Fettnäpfchen, äußerte sich aber auch humorvoll und kritisch über seine eigenen schlechten Sprachkenntnisse oder die eigenen Manien, wie seine manische Sammelleidenschaft und seine extreme Jagdlust.

In Indien beobachtete er die krassen Einkommensunterschiede, welche »jeder Menschenwürde Hohn sprechen und das Maß des von uns für möglich Gehaltenen weit übertreffen«.[355] In Japan unterzog er sich auch einer Tätowierung, »aus welcher nach vierstündiger ziemlich schmerzvoller Procedur, die nicht weniger als 52.000 Stiche erforderte, ein auf meinem linken Arm prangender Drache hervorging«.[356] Über die

Thronfolger Franz Ferdinand.
Foto von Ferdinand Schmutzer, um 1914.

religiösen Gefühle der Hindus, was heilige Tiere betraf, setzte er sich genauso unbekümmert hinweg wie über die Tabus der Eingeborenen in Australien.[357] Amerika beeindruckte ihn durch die unendlichen Möglichkeiten und durch die Direktheit des gesellschaftlichen Umgangs. Er bemängelte aber die Rücksichtslosigkeit und unmoralische Art der Anhäufung riesigster Vermögen und kritisierte den amerikanischen Hang zur Selbstüberschätzung ebenso wie den dortigen »Tanz um das Goldene Kalb« und die Korruption, die mitunter sogar den Richterstand ergreife. Dass die USA Vorbild für die Reformvorstellungen Franz Ferdinands für Österreich-Ungarn geworden wären, wie es etwa der aus dem Banat stammende Politiker und Publizist Aurel C. Popovici in seiner 1906 erschienen Studie *Die Vereinigten Staaten von Großösterreich* behauptet hatte, erscheint angesichts von Franz Ferdinands Kritik an der amerikanischen Demokratie allerdings eher als unwahrscheinlich.[358]

Seine »nur als Sucht zu verstehende Jagdleidenschaft« war eine der dunkelsten Seiten im Persönlichkeitsbild des Thronfolgers: Im Lauf seines Lebens erlegte er – laut erhaltener Schusslisten – 274.889 Stück Wild. Den damaligen Weltrekord erreichte er damit aber bei weitem nicht. Andererseits engagierte er sich in ökologischen Projekten. Sein Kunstverständnis war antimodern, er war gegen Otto Wagner, Egon Schiele und Oskar Kokoschka. Die moderne Kunst, wie sie sich in der Wiener Secession und im Jugendstil präsentierte, war für ihn eine einzige »Schweinerei«. Da unterschied er sich wenig von den meisten seiner Zeitgenossen. Aber er war ein begeisterter Kunstsammler und einer der frühen Denkmalschützer.[359]

Am 1. Juli 1900 heiratete er gegen die Regeln der habsburgischen Hausgesetze die für ein Mitglied der Kaiserfamilie nicht standesgemäße Gräfin Sophie Chotek, die keiner regierenden oder ehemals regierenden Herrscherfamilie entstammte. Um die Heirat besser rechtfertigen zu können, hatte er eine Studie in Auftrag gegeben, die besagte, dass er damit »frisches Blut« in die Familie bringen und die gerade für die Habsburger oft tragischen Erbkrankheiten verhindern wolle. Er sah in der habsburgischen Heiratspolitik die Ursache dafür, »dass von den Kindern die Hälfte Trottel und Epileptiker sind«.[360] Er setzte seine Heirat durch, musste aber für seine Gattin viele Demütigungen in Kauf nehmen und seine Kinder von der Thronfolge ausschließen lassen. Mehrere Familienmitglieder nahmen an der Hochzeit demonstrativ nicht teil. An dem homosexuellen Kaiserbruder Erzherzog Ludwig Viktor, der sich am lautesten über die Mesalliance mokiert hatte, rächte sich Franz Ferdinand mit einer Gegenintrige, die zur Exilierung Ludwig Viktors aus Wien führte.

Von Populismus hielt er nichts: Popularität war ihm egal. »Was heißt schon Popularität? Darum kümmere ich mich nicht«, meinte er.[361] Dass er eigene Vorstellungen von Politik hatte, musste ihn rasch in Konflikt mit dem Hof bringen. Eine der Reformideen war ein Zusammenschluss von

Kroatien, Bosnien und Dalmatien zu einem eigenen Reichsteil Südslawien, was sowohl den Widerstand Serbiens als auch jenen Ungarns hervorrief. Anstelle des dann nicht weiter propagierten »Trialismus« (Österreich–Ungarn–Südslawien) setzte er recht diffuse Reformpläne in Richtung einer umfassenden Föderalisierung des Reiches auf ethnischer Grundlage. Was er nach einem Regierungsantritt wirklich gewollt und getan hätte, weiß man nicht.

Weil er die militärische Schwäche Österreichs deutlich erkannt hatte, war er ein Gegner des unüberlegten militärischen Dreinschlagens in einem Krieg mit Russland. Es sollten sich nicht »der Zar und der Kaiser von Österreich gegenseitig vom Thron stürzen und der Revolution den Weg freimachen«.[362] Er wollte auch einen Krieg gegen Serbien vermeiden, wie er 1913 in einem Brief an Graf Leopold Berchtold betonte: »Führen wir einen Spezialkrieg mit Serbien, so werden wir es in kürzester Zeit über den Haufen rennen, aber was dann? Und was haben wir davon? Erstens fällt dann ganz Europa über uns her ... und Gott behüte uns, wenn wir Serbien annektieren; ein total verschuldetes Land mit Königsmördern, Spitzbuben etc. Was hätten wir davon? Einen Haufen Halunken und ein paar Zwetschkenbäume mehr. Ein Verlust von so und so vielen Soldaten und ein paar Milliarden Kriegskosten. Und wo wir noch nicht einmal mit Bosnien fertig werden ...[363] Einen Balkankrieg lehnte er entschieden ab. Aber sein negatives Balkanbild war offensichtlich. Die serbische Königsdynastie bezeichnete er als »Mörderbande«, die Griechen als »feiges Volk«, und seine übliche Bezeichnung für den bulgarischen Monarchen lautete »falsches Mistvieh«.[364]

Wie schon Kronprinz Rudolf vor ihm konnte auch Franz Ferdinand die Thronübernahme kaum erwarten und reagierte auf Franz Josephs Starrsinn mit eigenem Starrsinn. Für seine Thronbesteigung ließ er sich sehr detaillierte Pläne für einen staatsrechtlichen Umbau der Doppelmonarchie erarbeiten. Er hatte starre Feindbilder: Italiener, Sozialisten, Freimaurer, Juden und vor allem Ungarn. Er war nicht nur antiliberal und antidemokratisch. Regelmäßig äußerte er sich auch abschätzig gegenüber Juden, witterte Machenschaften bei den Freimaurern oder ließ seiner Antipathie gegenüber diversen Nationen des Vielvolkerstaates freien Lauf.

Am 28. Juni 1914 statteten der Thronfolger und seine Frau im Rahmen von Manöverbesuchen in Bosnien dessen Hauptstadt Sarajevo eine offizielle Visite ab. Die bosnische Untergrundorganisation »Mlada Bosna« plante mit der Hilfe von Mitgliedern der serbischen Geheimorganisation »Schwarze Hand« zu diesem Anlass mehrere Attentate. Dabei gelang es dem 19-jährigen Gymnasiasten Gavrilo Princip, den Thronfolger und seine Frau mit zwei Pistolenschüssen im ausgerechnet vor ihm zum Stehen gekommenen Auto tödlich zu treffen.

Die Umstände des tödlichen Attentats auf den Thronfolger und seine Gattin sind so weit wie möglich erforscht. Die privaten und öffentlichen

Fig.1

Fig.2

Fig.1 »Der erste Elefant«: Franz Ferdinand posiert während seiner Weltreise 1893 vor einem erlegten Elefanten in Kalawewa, Ceylon. Foto von Eduard Hodek junior.

Fig.2 Der Thronfolger mit Gattin Sophie und den drei Kindern. Foto, um 1913.

Reaktionen waren recht gemischt: aufrichtige Trauer und Besorgnis bei den einen, unverhohlene Freude bei den anderen. Bei Hof wurde die Todesnachricht mit kaum versteckter Genugtuung aufgenommen. »Der Allmächtige lässt sich nicht herausfordern«, soll der greise Kaiser dem Flügeladjutanten Albert Freiherr von Margutti zufolge als Reaktion auf die Todesnachricht gesagt haben: »Eine höhere Gewalt hat wieder jene Ordnung hergestellt, die ich leider nicht zu erhalten vermochte. Jetzt kann ich in Ruhe sterben.«[365] Zu seiner Tochter Marie Valerie soll er gemeint haben: »Es ist für mich eine große Sorge weniger«[366], zu Katharina Schratt: »Jetzt wird er mich nicht mehr quälen können.«[367]

Die Trauerfeierlichkeiten wurden bewusst bescheiden gehalten, was man offiziell mit der nicht standesgemäßen Heirat begründete. Da für die Gattin die Bestattung in der Kapuzinergruft nicht möglich war, hatte Franz Ferdinand schon früher verfügt, zusammen mit ihr in der neu errichteten Familiengruft in Schloss Artstetten beigesetzt zu werden. Karl Kraus schrieb von einem Begräbnis »dritter Klasse«. Ausländische Staatsoberhäupter und Regierungschefs wurden bewusst nicht eingeladen.[368] Ein offizielles Denkmal für Franz Ferdinand ist in Österreich nie geplant oder gar errichtet worden.

Karl Kraus, der mit Franz Ferdinand durchaus sympathisiert hatte, schrieb: »Er war kein Grüßer. ... Auf jene unerforschte Gegend, die der Wiener sein Herz nennt, hatte er es nicht abgesehen.«[369] Adolf Hitler schrieb später in seiner autobiografischen Kampfschrift *Mein Kampf*: »Es war die Faust der Göttin ewigen Rechts und unerbittlicher Vergeltung, die den tödlichsten Feind des österreichischen Deutschtums, Erzherzog Franz Ferdinand, gerade durch die Kugeln fallen ließ, die er selber mithalf zu gießen.«[370]

Franz Ferdinand war kein Pazifist. Seine oftmals sehr radikale Wortwahl würde eine derartige Einordung gar nicht zulassen. Aber er war für den Frieden, weil er die Monarchie für zu schwach für einen Krieg hielt. In einem Brief an Außenminister Leopold Graf Berchtold vom 1. Februar 1913 hatte sich Franz Ferdinand deutlich gegen jeden Krieg geäußert: »Ohne dass wir uns etwas vergeben, sollten wir Alles tun, um für uns den Frieden zu erhalten!«[371] Es wurde zur Tragödie, dass er, der immer davor warnte, dass die Monarchie einen großen Krieg nicht überleben würde, selbst zum Auslöser ihres Todeskampfes wurde.

F
J

DER ALTE KAISER FRANZ JOSEPH ALS AUTOMAT

KAISER FRANZ JOSEPH I.
*18. AUGUST 1830 SCHLOSS SCHÖNBRUNN
†21. NOVEMBER 1916 SCHLOSS SCHÖNBRUNN
1848–1916 ÖSTERREICHISCHER KAISER

Kaiser Franz Joseph regierte so lang, dass er schon immer an der Macht gewesen zu sein schien. Er wurde zum Symbol und zur Inkarnation der »guten alten Zeit«: Persönlich anspruchslos, immer in Uniform, zur Nacht im eisernen Feldbett, bei Tag zum Essen kaum Zeit, immerfort seine »Pflicht« erfüllend, bis zum Untergang. Im Feld und am Schreibtisch. Franz Joseph war zum Automaten geworden: selbst steuernd und doch fremdbestimmt.

Franz Joseph ist alt geworden, auch wenn er schon in der Jugend alt war. Als er geboren wurde, gab es in Österreich noch keine Eisenbahnen. Als er starb, waren die letzten großen Eisenbahnbauten gerade abgeschlossen. Telegrafen und Telefone, Schreibmaschinen, Fahrräder und Automobile, Gaslicht und Elektrizität, Hinterlader und Maschinengewehre, Flugzeuge und U-Boote, Fabriken und Industriearbeiter, Demokratie und Massenmedien, alles war am Ende seiner Regierungszeit neu und war ihm verdächtig. Als bei der Vorführung des ersten Panzers im Jahr 1906 durch Ferdinand Porsche ein General vom sich aufbäumenden Pferd fiel, war es um diese Neuerung geschehen. Im Reiterkampf zu sterben, hielt er für ehrenvoller, als die Armee mit Hinterladern und Maschinengewehren auszustatten.[378]

Wirtschaftlich hatte das Reich viel erreicht: Die Eisenindustrie war hoch entwickelt, bei Zucker und Bier lag man an der Weltspitze, und wissenschaftlich stand man nie so gut da wie vor dem Ersten Weltkrieg. Auch die Kunst blühte: Architektur, Malerei, Literatur und Musik des Fin de Siècle werden heute höher eingeschätzt als damals. Selbst sozialpolitisch war viel geschehen. Doch der Kaiser konnte damit nichts anfangen, weder mit der modernen Kunst noch mit der neuen Musik, auch nicht viel mit den technischen Errungenschaften und wissenschaftlichen Erkenntnissen. Als er durch den Maler Wilhelm List im Kassensaal der Postsparkasse in eine Jugendstilrobe gehüllt wurde, wusste man nicht, ob der Kaiser das schätzte. Sein Stil war das Neobarock.

Kaiser Franz Joseph I. um 1910.
Porträt von unbekanntem Künstler.

Franz Joseph war zu einem Monument der Zeitlosigkeit geworden, immer dieselbe Kleidung – weißer oder blauer Uniformrock, rote Kavalleriehosen, geflickte Unterhosen, immer dieselben Floskeln: »Es war sehr schön, es hat mich sehr gefreut.« Dass er sich an seinem Lebensabend in dem oft zitierten Gespräch mit Theodore Roosevelt als »letzten Monarchen der alten Schule« bezeichnete, war zwar nur nostalgische Koketterie, aber dass sein Reich bedroht war, ahnte oder wusste er sogar. In der Öffentlichkeit machte er den Eindruck eines Großvaters. Selber sah er sich als Märtyrer. »Wenn die Monarchie schon zugrunde gehen muss, so soll sie wenigstens anständig zugrunde gehen«, sagte er im Jahr 1914.[373]

Hat es einen Zeitpunkt gegeben, zu dem alles anders hätte werden können, zu dem die Chance verpasst wurde? Die kaiserliche Familie war eine Schar von skandalumwitterten Erzherzögen und Erzherzoginnen, zum Teil wegen charakterlicher Schwächen, zum Teil wegen der Unfähigkeit des Familienoberhaupts, ihnen einen Sinn zu vermitteln. Franz Joseph selber wurde nicht geliebt, aber geachtet. Doch war er ein gebrochener Mann: »Aussi möchte i«, schrieb er 1903 an Katharina Schratt.[374] Immer wieder äußerte er seine Amtsmüdigkeit. »Mir bleibt doch nichts erspart«, gehört zu den ihm zugeschriebenen Standardsätzen. Zu seinen potentiellen Nachfolgern hatte er wenig Vertrauen, nicht zu seinem Sohn, der durch Selbstmord ausgeschieden war, und noch weniger zu Franz Ferdinand, den er für eine noch viel größere Katastrophe hielt: »Ich würde gerne abdanken«, sagte er laut Hellmut Andics, »wenn ich einen Sohn hätte, der mir Vertrauen einflößte, aber zugunsten dieses gefährlichen Narren niemals.«[375] Er »war ein Letzter – und er wusste es«, schreibt Ernst Hanisch.[376]

1867 war ein entscheidender Wendepunkt für die Habsburgermonarchie und ihren Kaiser. Aus dem Kaisertum Österreich war die Österreichisch-Ungarische Monarchie geworden, aus dem absolutistisch konzipierten Kaiserreich eine konstitutionelle Monarchie. Franz Josephs Trümpfe waren sein langes Leben, sein auch im hohen Alter noch ausgezeichnetes Gedächtnis und sein dadurch erworbenes großes Verwaltungswissen.[377] Zu Hilfe kam ihm der unverkennbare wirtschaftliche Aufschwung. Aber was die Habsburgermonarchie nicht schaffte, war eine grundlegende Demokratisierung. Zwar muss man Franz Joseph zugutehalten, dass er gegen den immer stärker werdenden Antisemitismus ankämpfte und dass er sich früh (1906) und erfolgreich im österreichischen Teil des Reichs für die Einführung des allgemeinen und gleichen Wahlrechts einsetzte. Aber die daran geknüpfte Hoffnung, damit die nationalen Gegensätze neutralisieren zu können, erfüllte sich nicht. Am Ende war das Parlament so zerstritten und beschlussunfähig, dass nur mehr mit Notverordnungen regiert werden konnte.

Franz Joseph hielt den Nationalismus für eine Krankheit der bürgerlichen Mittelschichten. Daher war er für die Ausweitung des Wahlrechts

Ein Wendepunkt für die Habsburgermonarchie:
die Krönung Franz Josephs zum König von Ungarn
am 8. Juni 1867 in Budapest.
Öl auf Metall, bezeichnet »F. Bauer«.

auf die Arbeiterklasse und für das allgemeine Wahlrecht. Dass aber der Internationalismus der Arbeiterklasse nur eine Maske war und sich ihr Nationalismus wenig vom kleinbürgerlichen unterschied, musste man bald zur Kenntnis nehmen. Das begünstigte diktatorische Tendenzen. Man regierte per Dekret. Man hatte ein Parlament, aber keinen Parlamentarismus. Familienintern agierte Franz Joseph weiter als absoluter Herrscher, sowohl in Geldfragen als auch in Erziehungs-, Ausbildungs- und Verhaltensangelegenheiten. Auch intern galt »Majestät« als vorgeschriebene Anrede für ihn. Es oblag ihm, den Aufenthaltsort der Familienmitglieder zu bestimmen, die Höhe der Apanagen festzusetzen, aber auch das Recht, Verwandte, deren Verhalten inakzeptabel war, aus dem Kaiserhaus zu entfernen.

Das Fin de Siècle ist im Rückblick verklärt. Der royale Kitsch verdeckt die autoritären Strukturen. Der ökonomische Aufbruch und die kulturellen Höhenflüge versperren den Blick auf die Massenarmut und die nationalen Gegensätze. Die Dynastie, die das Reich zusammenhielt, war zu einer Schwachstelle geworden: Skandalgeschichten, unglückliche Ehen und die Flucht aus der Verantwortung kennzeichneten den Hof. Dass Rudolf Selbstmord beging und ein junges Mädchen mit in den Tod nahm, war mit der ihm zugedachten Rolle als katholischer Monarch kaum zu vereinbaren. Dass der Lebenswandel zahlreicher Familienmitglieder nicht zum moralischen Anspruch der Dynastie passte, war nicht zu übersehen. Franz Joseph ließ sich seine eigenen ehelichen Seitensprünge, die im Widerspruch zu seinem Bild als katholischer Herrscher und auch zu seinen moralischen Ansprüchen an andere Familienmitglieder standen, viel kosten; es gab hohe Apanagen und teuren Schmuck für die Mätressen und Beförderungen und Begünstigungen für die betrogenen Ehemänner der Freundinnen, in den Fällen Anna Nahowski und Katharina Schratt und wahrscheinlich auch in anderen. Seiner Gattin Elisabeth ermöglichte er nicht nur das Ausleben ihrer spektakulären Alleingänge, sondern auch den Aufbau eines respektablen Privatvermögens.

»Ihm blieb nichts erspart«, war das Lebensmotto: die Hinrichtung des Bruders in Mexiko, der Selbstmord des Sohnes in Mayerling, der Tod der Gattin durch die Hand einen Anarchisten und das tödliche Attentat auf den Thronfolger. Dass er an Maximilians Scheitern in Mexiko eine maßgebliche Mitschuld trug und froh war, den viel populäreren Bruder in ein letztlich tödliches Abenteuer geschickt zu haben, dass die Mayerling-Tragödie nicht nur ein Selbstmord, sondern auch ein Mord war, dass Elisabeth in einer krankhaften Todessehnsucht lebte und der Tod des ungeliebten Thronfolgers in Sarajevo bei ihm keine echte Trauer auslöste, konnte er sich nicht eingestehen. Kaiser Franz Josephs altertümliches Ehrgefühl, das einen blutigen Nahkampf mit Bajonetten für ehrenhafter hielt als ein Gefecht mit modernen Hinterladern oder Maschinengewehren, brachte seinem Reich schwere Niederlagen.

Wenn die Monarchie schon untergehen musste, sollte es wenigstens ehrenhaft sein, war seine mehrmals gut bezeugte Meinung.

Dabei erwies sich die Franz-Joseph-Zeit, verglichen zu dem, was nach 1918 folgte, als Erfolgsmodell, vor allem wirtschaftlich und kulturell. Der Abriss der Befestigungen und der Bau der Ringstraße machten Wien zur Weltstadt. Nie zuvor und nie nachher glänzte Wien als Kulturmetropole so hell wie im Fin de Siècle, in der Literatur, in der Malerei, in der Baukultur und auch in der Wissenschaft, auch wenn Franz Joseph daran wenig Anteil hatte. In seinen Briefen geht es um wenig mehr als um die Jagd und das Wetter. »Es war sehr schön. Es hat mich sehr gefreut.« Diesen Standardsatz bekam jeder Besucher, jeder Gastgeber und jeder Kulturschaffende zu hören.

Sein Schwur im Katastrophenjahr 1866, nie mehr einen Krieg zu führen, war rasch vergessen und schon 1878 mit der Besetzung Bosnien-Herzegowinas, die 1908 in eine Annexion umgewandelt wurde, nicht mehr zu halten.[378] Der Versuch, durch eine expansive Politik auf dem Balkan den Bestand des Staates zu sichern, gestaltete sich zum tragischen Irrtum. »Mit einem Fuß ins Grab gestiegen«, kommentierte Kronprinz Rudolf die unbefristete Besetzung Bosnien-Herzegowinas im Jahr 1878/79.[379] Die 1908 dann handstreichartig durchgeführte Annexion des Gebiets erwies sich als Pyrrhus-Sieg. Die großserbischen Ambitionen wurden für die Existenz der Donaumonarchie nur noch bedrohlicher.[380]

Am 28. Juni 1914 wurde der österreichische Thronfolger Franz Ferdinand in Sarajevo ermordet. Genau einen Monat danach unterzeichnete Kaiser Franz Joseph in Ischl das Kriegsmanifest »An Meine Völker«: »In dieser ernsten Stunde«, schloss der Kaiser, »bin ich Mir der ganzen Tragweite Meines Entschlusses und Meiner Verantwortung vor dem Allmächtigen voll bewusst. Mit ruhigem Gewissen betrete ich den Weg, den die Pflicht mir weist.« Es war der Entschluss zum Untergang. Es war eine verzweifelte Entschlossenheit, die alles in Kauf nahm.

Das, was er nie wollte, nämlich ein »Unterschriftenautomat« zu sein, war 1914 zur traurigen Realität geworden. Er war unwillig oder unfähig, sich gegen den Krieg zu stemmen, von dem er ahnte, dass er den Untergang seiner Welt bedeuten würde. Graf Paar, der Adjutant des Kaisers, reagierte auf die Kriegserklärung mit Entsetzen: »Mit 84 Jahren unterschreibt man kein Kriegsmanifest.«[381] Dabei hatte Österreich keine wirklichen Kriegsziele. Man plante keine Eroberungen. Es waren schlussendlich die Ehre und der Sozialimperialismus seiner Umgebung, die zum Entschluss zum Krieg führten: »Wenn die Monarchie schon zugrunde gehen muss, so soll sie wenigstens anständig zugrunde gehen.«[382] Das war eine irrationale Antwort auf eine irrationale Aktion. Die Versuchung war groß geworden, die einzige Möglichkeit für die Überwindung der inneren nationalen und sozialen Schwierigkeiten in einem Krieg und in einer damit verbundenen Diktatur und einem erhofften Sieg zu finden, wobei immer auch das Kalkül mitschwang, den eigenen Unter-

Fig.1

Fig.2

Fig.3

Fig.1 Ausfahrt mit Generaladjutant Graf Paar am Heldenplatz. Aquarell von Ludwig Koch, 1916.

Fig.2 Symbol einer Epoche: Franz Joseph und Katharina Schratt auf einem Spaziergang in Ischl. Foto, um 1910.

Fig.3 Letzte gemeinsame Momente des Kaiserpaars: Spaziergang mit Sisi in Bad Kissingen. Foto, 1898.

gang zu riskieren: »Besser ein Ende mit Schrecken als ein Schrecken ohne Ende.« Kaiser Franz Joseph formulierte es nobler, aber im Grunde noch erschreckender: Im Mai 1915, beim Kriegseintritt Italiens, soll er einer von Manfried Rauchensteiner für einigermaßen authentisch gehaltenen Überlieferung zufolge gesagt haben: »So werden wir halt jetzt zugrunde gehen.« Dabei soll er geweint haben.[383] Aber die Tagesroutine hielt ihn weiter am Leben. Er musste seine Pflicht erfüllen. Er las Akten, unterschrieb Dekrete, empfing Besucher. Dass auch Katharina Schratt noch einmal kam, ist Rauchensteiner zufolge allerdings ein Märchen.[384] Unentwegt führte er seine Schreibtischarbeit wie ein Roboter weiter. Er stand unverändert jeden Tag um 3.30 Uhr auf. Ab 4.30 Uhr erledigte er Akten und ließ sich berichten. In der Öffentlichkeit erschien er kaum mehr. Den Kriegseintritt der USA, die totale Niederlage und den von ihm selbst ausgelösten Sturz der Monarchie brauchte er nicht mehr zu erleben. Mit 86 Jahren verließen ihn die Kräfte. Doch noch immer gab es Akten zu erledigen.

Der 21. Oktober 1916 war ein Samstag: Der Kaiser war nicht wie gewohnt um 3.30 Uhr, sondern erst um 4 Uhr aufgestanden. Er empfing, las, unterschrieb, beförderte, ernannte. Irgendwann gegen 15 Uhr wurde er informiert, dass sein Ministerpräsident Karl Graf Stürgkh im Restaurant des Hotels Meissl & Schadn erschossen worden war. Wie nahe ihm das ging, wissen wir nicht. Um 17 Uhr war »Allerhöchste Familientafel«. Vier Gedecke. Der Kaiser hatte Fieber. Die Tage vergingen schwer wie Blei. Zusehends verließen ihn die Kräfte. Für den 11. November steht im Tagesjournal mit Bleistift: »S.M. krank.« Es war ein windiger, aber schöner Tag. Noch immer gab es Akten zu erledigen. Aber alles wurde kürzer. »Abends 9 Uhr 5 sind S. Majestät sehr sanft überraschend schnell verschieden«, steht im Tagesprotokoll zum 21. November.[385]

Sein nach seinem Tod veröffentlichtes Testament war nüchtern. Es fehlen Friedenswünsche oder flammende Appelle. Es findet sich kein Wort über den Krieg und die vielen Toten. Das ist auch nicht verwunderlich, weil das Testament schon 1901 geschrieben und nie verändert worden war.[386] Ob sein Reich eine Zukunft haben würde, war schon um 1900 nicht sicher. Aber 1916, als er starb, war diese Zuversicht sehr gering geworden.

R

DER SELIGE KAISER KARL I.

KARL I.
*17. AUGUST 1887 PERSENBEUG
†4. JANUAR 1922 FUNCHAL
1916–1918 ÖSTERREICHISCHER KAISER

Gott hab ihn selig! Am Anfang und am Ende der Reihe der habsburgischen Könige und Kaiser stehen Herrscher, denen aus unterschiedlichen Gründen ein heiliges Leben attestiert wurde. König Rudolf I. ist zwar zu Recht nie heiliggesprochen worden, wurde aber in der habsburgischen Legendenbildung und Propaganda zum heiligmäßigen Herrscher verklärt. Kaiser Karl hingegen wurde von Papst Johannes Paul II. am 3. Oktober 2004 seliggesprochen. Er erhielt die »Gnade der Verklärung«, die Rudolf I. verwehrt blieb. Aber ob es dafür wirklich belastbare Grundlagen gibt, wird von vielen Beobachtern mit gutem Grund bezweifelt.[387]

Karl, der sicherlich ehrlich bemüht war, aus dem Weltkrieg, den er nicht begonnen hatte, mit möglichst geringen Blessuren auszusteigen, hatte in Wahrheit nie eine Chance. Als Kaiser war er nur die vierte Wahl, nachdem sich Kronprinz Rudolf durch seinen Suizid selbst ausgeschaltet hatte, der danach vorgesehene Karl Ludwig verstorben war und der nächstgereihte Franz Ferdinand einem Attentat zum Opfer fiel. Karls Vater, Erzherzog Otto, war durch eher geschmacklose Eskapaden aufgefallen, vor allem gegenüber seiner Frau, die er gerne und vielleicht auch zu Recht als »Klosterschwester« bezeichnete. Aufgewachsen in einer Ehe, die zwischen der Bonhomie des Vaters und der Strenge der Mutter zerrissen war, konnte sich Karl nur schwer entfalten. Dem Krieg stand er von Anfang an skeptisch gegenüber: Profitieren könne Österreich bei keinem Krieg, notierte er am Heiligen Abend 1914 in sein Tagebuch. Im Krieg solle das Heer alles gutmachen, was die Politik im Frieden verbrochen habe.[388] Nach dem Tod Franz Josephs am 21. November 1916 wurde Karl als Karl I. Kaiser von Österreich und als Karl IV. König von Ungarn. Die unübliche Eile mit der Krönung mitten im Krieg sollte aus ungarischer Sicht wohl allen Gedanken vorbeugen, am Status der Doppelmonarchie zu rütteln.[389] Die bunte Pracht dieses anachronistischen Staatsakts am feuchtkalten 30. Dezember 1916 stand in einem merkwürdigen Gegensatz zum grauen, immer trostloser

John Quincy Adams, Kaiser Karl I.
Kunsthistorisches Museum, Wien.

werdenden Kriegsalltag. Der Ritt des neu gekrönten Königs auf den aus der Erde aller Komitate Ungarns aufgeschütteten Krönungshügel wirkte zittrig, die Schwerthiebe in die vier Richtungen des Himmels waren nur leere Luftschläge, und das üppige Krönungsmahl blieb unberührt. Die Treueschwüre und Hochrufe verhallten im Raum. Das Reich wankte. Die Monarchie wankte.

Als Karl seine Regierung antrat, schwappte ihm eine Welle der Popularität und der hoffnungsvollen Erwartung entgegen.[390] Doch die Stimmung kippte bald. Der Essayist Anton Kuh hatte in Anspielung auf Karls ungleich mächtigeren und berühmteren Namensvetter Karl V., in dessen Reich die Sonne bekanntlich nie unterging, gleich den passenden Wahlspruch zur Hand: »In meinem Reich geht die Sonne nie auf.«[391] Bereits am 2. Dezember 1916 übernahm Karl den Oberbefehl über die Armee, griff direkt in die Kriegsführung ein und lud sich damit auch die Verantwortung für die Siege wie für die Niederlagen auf. Vorbereitet auf seine Aufgaben war er nicht. Böse, aber nicht unzutreffend war der Ausspruch des letzten Ministerpräsidenten unter Franz Joseph, Ernst von Koerber: »Kaiser Karl ist dreißig Jahre alt, sieht aus wie ein Zwanzigjähriger und denkt wie ein Zehnjähriger.«[392] Noch schonungsloser war Josef Redlich: »Ein unwesentlicher Mensch.«[393] Der ungarische Magnat Mihály Graf Karolyi, der Ende Oktober 1918 ungarischer Ministerpräsident und nach der Ausrufung der Republik deren erster Präsident wurde, verließ 1917 enttäuscht eine Audienz: Selbstständigkeit des Urteils habe er bei Karl nicht wahrnehmen können. Was ihm auffiel, waren die »charakteristischen Akzente des katholischen Antisemitismus und Klerikalismus«.[394] Wie ernsthaft Karls Friedensbemühungen waren, wie viel Teilschuld er am 1917 eröffneten und auch von Österreich mitgetragenen Gaskrieg hatte und wie sehr er für den Untergang des Vielvölkerstaats mitverantwortlich war, sorgt seither für viel Diskussionsstoff.

Karl hatte drei Ziele: die rasche Beendigung des Krieges, die Herstellung demokratischer Verhältnisse und das Ende der engen Bindung an Deutschland.[395] Er scheiterte mit allen drei Vorhaben. Fast alles, was er tat, kam zum falschen Zeitpunkt oder zu spät: Sein Taktieren zwischen missglückten Sonderfriedensbemühungen und einem immer engeren Schulterschluss mit dem Deutschen Reich entfremdete ihn zuletzt allen Parteien.[396] Mit der »Sixtus-Affäre«, bei der er sich in ein Netz von entschuldigenden Lügen verstrickte, kippte seine Glaubwürdigkeit.[397] Auch sein Völkermanifest vom 16. Oktober 1918, das einen Umbau der k.u.k. Monarchie von einer Doppelherrschaft der Deutschen und Ungarn in einen Bundesstaat mit weitgehender Autonomie für die einzelnen Nationalitäten ankündigte, kam viel zu spät, um noch etwas ändern zu können: Nach außen bewirkte es nichts, im Inneren war es nur mehr der verfassungsmäßige Anstoß für die unmittelbar darauf einsetzende Auflösung des Staates.[398] Schon bald wurde er von den Wienern »Karl der Letzte« genannt.[399] In rascher Folge schufen die einzelnen Nationalitäten voneinander unabhängige Staaten, zuletzt am 30. Oktober auch die Deutschsprachigen des österreichischen Reichsteils mit der Gründung der Republik »Deutschösterreich«. Am 31. Oktober erklärte Ungarn das Ende der Realunion mit Österreich. Am 3. November wurde der Waffenstillstand unterzeichnet.[400] Am 11. November verzichtete Karl auf jeglichen Anteil an den Staatsgeschäften. Das Reizwort »Abdankung« wurde in der von Ignaz Seipel formulierten und von Karl mit Bleistift unterzeichneten Urkunde vermieden: »Im Voraus erkenne Ich die Entscheidung an, die Deutschösterreich über seine künftige Staatsform trifft.«[401] Ein Verzicht auf die Krone war damit nicht ausgesprochen. Aber mit der Ausrufung der Republik Deutschösterreich am 12. November war alles entschieden. Bis zur Angelobung des ersten Bundespräsidenten Michael Hainisch am 9. Dezember 1920 fungierte Karl Seitz als österreichisches Staatsoberhaupt. Die Regierungsgeschäfte führte Staatkanzler Karl Renner.

Noch am Abend des 11. November verließ Karl Schloss Schönbrunn und übersiedelte in das in den Donauauen gelegene Schloss Eckartsau. Am 24. März 1919 reiste er aus Österreich aus. Vor dem Passieren der Schweizer Grenze widerrief er im sogenannten »Feldkircher Manifest« seine Verzichtserklärung. Daraufhin beschloss die Nationalversammlung mit dem Gesetz vom 3. April 1919 neben der Landesverweisung auch die Beschlagnahme der habsburgischen Familienfonds, nicht aber der Privatvermögen der einzelnen Familienmitglieder. Die Kabarettisten erfanden rasch eine neue Hymne: »Gott erhalte, Gott beschütze unsern Renner, unsern Seitz, und man kann nie wissen, auch den Kaiser in der Schweiz.«[402]

Karls Versuche, zumindest in Ungarn wieder an die Macht zu kommen – zu Ostern 1921 und noch einmal am 20. Oktober 1921 –, endeten mit dramatischen Fehlschlägen. In Ungarn war, anders als in Österreich, die Monarchie nicht abgeschafft worden. Es war eine Monarchie ohne Monarch. Ihr »Reichsverweser«, der ehemalige kaiserliche und königliche Marineadmiral Miklós Horthy, wollte in einem Staat, der gar keinen Zugang zum Meer mehr hatte, als faktisches Staatsoberhaupt und Diktator nichts von seiner Macht abgeben. Karl wurde auf die weitab im Atlantik gelegene Insel Madeira verbannt. Am 19. November traf er mit seiner Familie dort ein.

Wie Karl seine militärischen Aktivitäten nach der Abdankung und sein Leben in der Schweiz und auf Madeira finanzierte, ist unklar. Die Wertpapiere und Bargeldbeträge, die er mitführen konnte, waren durch die immer noch aufwendige Hofhaltung, durch die Kosten der militärischen Interventionen und durch die von der Hyperinflation ausgelöste Geldentwertung bald fast ganz aufgebraucht. Eine wesentliche Rolle spielten die Kronjuwelen, die der Oberstkämmerer Leopold Graf Berchtold am 1. November 1918 im Auftrag des Kaisers aus der Vitrine 13 der Wiener Schatzkammer entnommen und in die Schweiz gebracht hatte.

Darunter waren neben zahlreichen anderen Schmuckstücken auch der »Frankfurter Solitär« – ein Riesendiamant –, ferner das »Rosencollier« Maria Theresias und vor allem der berühmte, ursprünglich aus dem Besitz Karls des Kühnen stammende »Florentiner«. Ob dies alles als Privateigentum der Habsburger anzusehen war oder wie die alte Reichskrone und die österreichische Kaiserkrone als Staatseigentum, ist umstritten. Aber der Export war auf jeden Fall illegal, hatte doch Karl selbst ein halbes Jahr vorher die Ausfuhr jeglicher Wertsachen unter Strafe gestellt.[403]

Das wertvolle Kulturgut ist seither verschwunden. Aber seit einiger Zeit ist zweifelsfrei klargestellt, was aus dem »verschwundenen« Kronschatz der Habsburger geworden ist: Die kostbaren Juwelen waren durch das Herausbrechen der Steine unkenntlich gemacht worden. Der Florentiner, damals mit 133 1/3 Karat der viertgrößte Diamant der Welt, war in drei immer noch immens große Steine zerteilt und damit seines unersetzbaren kulturellen Werts beraubt worden. Mit den Erlösen der Schmuckverkäufe konnte Karl nicht nur den Aufenthalt in der Schweiz, sondern auch die beiden Interventionen in Ungarn bezahlen. In den Jahren 1919 und 1920 konnte die Familie aus den Schmuckverkäufen mindestens 5,7 Millionen Schweizer Franken lukrieren. Bekannt geworden ist das erst vor Kurzem, seit von Katrin Untereiner die in der Schweiz vorhandenen Gerichtsunterlagen aus den Jahren 1923 und 1926 eingesehen werden konnten.[404]

Auf Madeira wurde zuerst in der Dependance des noblen Hotels Reid's Palace Quartier bezogen – 1860 hatte hier Kaiserin Elisabeth einige Monate verbracht. Aber die Ressourcen schmolzen rasch dahin, sodass bald in die deutlich kleinere und etwas abgelegene Villa Quinta do Monte übersiedelt werden musste. Dort verstarb Karl am 1. April 1922 im Alter von 34 Jahren an einer Lungenentzündung. Von einem Märtyrertod, wie es von seiner Gattin Zita und auch von seinem Sohn Otto formuliert wurde, kann keine Rede sein. Spätfolgen der Spanischen Grippe waren dafür verantwortlich.[405] Die Familie kehrte auf den Kontinent zurück. Karls Leichnam blieb in der Kirche Nossa Senhora do Monte hoch über der Hauptstadt Funchal; das Grabmal ist bis heute Ziel eines großen Besucherzustroms.[406]

Fig.1

Fig.2

Fig.3

Fig.1 Kaiser Karl mit dem Orden des Goldenen Vlieses.
Gemälde von Tom von Dreger, 1916.

Fig.2 Krönung in Budapest im Dezember 1916: Karl und Zita mit Kronprinz Otto. Foto von Heinrich Schuhmann junior, 1916.

Fig.3 Die Hochzeit von Erzherzog Karl und Zita von Bourbon-Parma in Schwarzau, 11. Oktober 1911.
Foto: Library of Congress.

7

EINE DYNASTIE OHNE REICH

ÖSTERREICHER, EUROPÄER, BÜRGER
OTTO (VON) HABSBURG-LOTHRINGEN

OTTO (VON) HABSBURG-LOTHRINGEN
*20. NOVEMBER 1912 REICHENAU; †4. JULI 2011 PÖCKING

Wie nennt man einen König, der nur mehr ein gewesener König ist? »Ich habe keinen Namen, keinen Titel mehr«, klagt der abgesetzte König Richard II. in Shakespeares gleichnamigem Königsdrama. Auch der russische Zar Nikolaus II., der am 17. Juli 1918 von den Bolschewiki zusammen mit seiner gesamten Familie ermordet worden war, war namenlos verscharrt worden. Marie Antoinette wurde unter dem bürgerlichen Namen »Witwe Capet« zum Schafott gefahren. Und auch der englische König Edward VIII. war nach seiner Abdankung im Jahr 1936 nur mehr ein orientierungsloser »Herzog von Windsor«.

Wie grüßt man einen König, der kein König mehr ist. Kaiserliche Hoheit? Majestät? Oder einfach: Herr Habsburg? Das Problem ist bis heute nicht ganz ausgestanden. In Österreich werden auch pensionierte Minister und gewesene Generaldirektoren mit ihren ehemaligen Titeln begrüßt. Dass Otto Habsburg manchmal als »Eure Majestät« angesprochen wurde, verursachte immer wieder Aufregung. Die Vizekanzlerin Susanne Riess-Passer, der Museumsdirektor Wilfried Seipel und viele andere bekamen deshalb Probleme.[407]

Otto war der letzte Habsburger, der noch mit einem Königstitel aufwuchs, und zwar als »Seine Kaiserliche und Königliche Hoheit, Kaiserlicher Prinz, Erzherzog von Österreich, Königlicher Prinz von Ungarn ...«. Diese Titel waren 1918 nichts mehr wert und wurden in Österreich gesetzlich verboten. Otto reiste und unterzeichnete mit verschiedenen Namen: Als Otto von Österreich, Otto of Austria, Herzog von Bar, Herzog von Lothringen oder zuletzt als Dr. Otto Habsburg-Lothringen oder einfach Dr. Otto (von) Habsburg, auch wenn er sich weiter gerne als »Kaiserliche Hoheit« ansprechen ließ. Als österreichischer Staatsbürger war ihm vom Staat amtlich der Familienname »Habsburg-Lothringen« zugeteilt worden, mit Bindestrich, während Otto 1961 die vom Habsburgergesetz geforderte Verzichtserklärung auf jegliche Herrschaftsansprüche ohne diesen Bindestrich unterfertigte. Ob das nur

Europa-Parlamentarier Otto von Habsburg-Lothringen, 1991.
Foto von Ingrid von Kruse.

ein Versehen oder ein stiller Protest gegen den ungeliebten Namen war, sei dahingestellt. Seine autorisierte Biografie übergeht das jedenfalls unkommentiert.[408] Bei seiner Heirat hielt er sich noch streng an die Hausgesetze: Seine Gattin Regina von Sachsen-Meiningen entstammte einem hochfürstlichen Haus, das von 1680 bis 1918 im Herzogtum Sachsen-Meiningen regiert hatte. Auch der Ort der Trauung passte: Nancy, die alte Hauptstadt des Herzogtums Lothringen. Eine Trauung im Stephansdom oder in der Augustinerkirche war ihm ja wegen der damals geltenden Einreiseverbote verwehrt.

Als Otto 2011 in der Wiener Kapuzinergruft bestattet wurde, war er noch einmal alles: Kronprinz, Thronfolger, Erzherzog und was sonst noch im langen Titel der österreichischen Habsburger vorkam. Ob nun Otto von Habsburg oder Otto Habsburg-Lothringen – Otto war ein Europäer und hätte wohl anders als viele seiner kaiserlichen Ahnen auch das Zeug dazu gehabt, eine konstruktive Rolle als Kaiser zu spielen. Er hatte viele Identitäten und zuletzt mehrere Staatsbürgerschaften, neben jener von Österreich die von Deutschland und Ungarn und auch die von Kroatien, nachdem dieses Land 1991 zu einem eigenen Staat geworden war. Neben Deutsch sprach er fließend Ungarisch, Kroatisch, Latein und natürlich Englisch, Spanisch und Französisch. Er lebte zeitweise u. a. in den USA, in Frankreich und in Spanien. Seine späteren Bücher schrieb er auch auf Ungarisch und Französisch. Es fällt auf, dass er nie Tschechisch sprach oder zumindest nicht erwähnte, es gelernt zu haben.

Beim Begräbnis Kaiser Franz Josephs im Jahr 1916 trat er, damals vier Jahre alt, erstmals als Kronprinz auf. Die Jahre 1919 bis 1921 verbrachte er im Schweizer Exil, das Jahr 1922 auf Madeira. Dann übersiedelte die Familie ins spanische Baskenland, wo König Alfons XIII., der Sohn einer Habsburgerin, für ihr Auskommen sorgte. Im Oktober 1929 ließ sich die Familie in Belgien nieder, wo Otto an der Universität Löwen eine agrarpolitische Dissertation verfasste. Mit der Großjährigkeitserklärung am 20. November 1930 wurde er zum Oberhaupt des »Hauses Habsburg« und zum Souverän des Ordens vom Goldenen Vlies. Er war in Schlössern aufgewachsen, wurde mit »Eure Majestät« angesprochen und war wie ein künftiger Kaiser erzogen worden. Mit seiner kaiserlichen Vergangenheit konnte und wollte er lange Zeit nicht brechen.

Die in den 1930er-Jahren in ganz Europa stattfindende »autoritäre Wende« war auch in Österreich noch einmal mit einem Rückgriff auf die alte Monarchie verbunden. Die Diktatur sollte mit den monarchisch-autoritären Elementen der späten Habsburgermonarchie bemäntelt werden. Die Vaterländische Front versuchte, ein Modell zu entwickeln, das auf Symbole der Vergangenheit zurückgriff. Aus der Distanz konnte das leicht mit Faschismus verwechselt werden. Die Monarchie war untergegangen und feierte in der Operette ihre fröhliche Auferstehung. Die Kaiserhymne kehrte mit einem Text von Ottokar Kernstock als Bundeshymne zurück. Zur berühmten Haydn-Melodie gab es nun drei

Kronprinz Otto mit seiner Mutter Zita vor dem königlichen Palast in Budapest während der Krönungsfeierlichkeiten 1916. Gemälde von Gyula Éder. Kunsthistorisches Museum, Wien.

verschiedene Varianten: Die Monarchisten hatten das alte »Gott erhalte«, bei offiziellen Anlässen galt der Kernstock-Text »Sei gesegnet ohne Ende« und die Nationalsozialisten sangen »Deutschland, Deutschland über alles«. Der Doppeladler, schwarz-golden nimbiert, wurde 1934 wieder zum Staatswappen, mit einem rot-weiß-roten Bindenschild auf der Brust. Das Kruckenkreuz der Kreuzfahrer wurde das Gegenstück zum Hakenkreuz. Das Bundesheer griff auf die alten kaiserlichen Uniformen zurück. Prinz Eugen, Maria Theresia, Radetzky, Metternich und Franz Joseph waren die historischen Heroen der Schulbücher der Vaterländischen Front.

Sissy war die erfolgreichste Operette der Zwischenkriegszeit. Ernst und Hubert Marischka schrieben das Libretto, Fritz Kreisler die Melodien. 1932 war die Uraufführung im Theater an der Wien. Paula Wessely war eine herzenswarme Sissy, Hans Jaray ein charmanter Kaiser, Hubert Marischka ein fröhlicher Bayer. Am Schluss ertönte die Volkshymne. Es spielte sich ein, dass sich das Publikum bei den fast 240 Aufführungen regelmäßig von den Sitzen erhob und mitsang. Die amerikanische Opernsägerin Grace Moore verhalf der Operette 1936 in der Hollywood-Verfilmung *The King Steps Out* unter der Regie von Josef von Sternberg auch zu internationaler Bekanntheit. Lilian Harvey sang im UFA-Spielfilm *Der Kongress tanzt* den Schlager: »Das gibt's nur einmal, das kommt nicht wieder«, und Paul Hörbiger das Heurigenlied »Das muss ein Stück vom Himmel sein, Wien und der Wein ...«. Im Singspiel *Im weißen Rößl* wurde die fröhliche Urlaubskomödie mit dem Schlussauftritt des Kaisers mit den Worten »Es war sehr schön, es hat mich sehr gefreut« unterlegt. Aus der Franz Joseph- und Habsburger-Schelte der ersten Jahre der Ersten Republik war die Verklärung in den 1930er-Jahren geworden. Der Heldenplatz wurde zum zentralen Platz des Österreich-Mythos.

1929 wurde die von dem anerkannten Staatsrechtler Hans Kelsen formulierte österreichische Verfassung dahingehend abgeändert, dass dem Bundespräsidenten monarchisch anmutende Rechte eingeräumt wurden. Der monarchistisch gesinnte Adel, die katholische Kirche, Teile der ehedem kaiserlichen Beamtenschaft und die ländlichen Heimwehren wurden die Hauptstützen der österreichischen Kanzlerdiktatur. Die Planungen für ein riesiges Kaiser-Franz-Joseph-Denkmal, ob im Burggarten, in Schönbrunn oder auf dem Altan der Neuen Hofburg, von dem aus später Hitler seine Anschluss-Rede am Heldenplatz hielt, waren 1937 schon sehr weit gediehen, wurden aber aus Geldmangel nicht realisiert und nach dem Anschluss eingestellt.[409] Es gab mehrere geheime Treffen zwischen Otto und Regierungsvertretern.[410] Die Landesverweisung der Habsburger wurde aufgehoben. Die beschlagnahmten Familienversorgungsfonds wurden wiederhergestellt, die beschlagnahmten Güter der Familie teilweise rückerstattet, und Otto wurde eine monatliche Apanage von 20.000 Schilling zugebilligt – bei einem Durchschnittslohn von 200 Schilling pro Monat und 600.000 Arbeitslosen, was einer Rate von fast 30 Prozent entsprach, ein ziemlicher Affront. Beginnend mit der Tiroler Gemeinde Ampass wurde Otto von 1931 bis 1938 von 1.603 österreichischen Gemeinden die Ehrenbürgerschaft verliehen.

Man verhandelte mit Otto und gewährte auch Wilhelm Habsburg, dem sogenannten »König der Ukraine«, dessen monarchische Ambitionen für einen ukrainischen Staat gescheitert waren und der in den Dreißigerjahren immer offener mit Hitler zu sympathisieren begann, Aufenthaltsrechte in Österreich. Österreichs Regierung sah für den homosexuellen Lebemann ganz wie ein faschistisches Regime aus. »Hier ist alles gut«, schrieb er 1935, »hier herrschen faschistisches Recht und

Ordnung. Ideologisch sagt es mir sehr gut zu.«[411] Wilhelm war österreichischer Monarchist und ukrainischer Faschist und empfand das nicht als Widerspruch. Ein habsburgischer Faschismus? Wilhelm wurde Nazisympathisant. Otto hingegen sympathisierte mit der ständestaatlich organisierten österreichischen Diktatur und mit dem Franco-Regime, blieb aber immer dezidierter Nazi- und Hitler-Gegner. Timothy Snyder nennt das »aristokratischen Faschismus«, wie es ihn auch in Spanien, Ungarn und anderen Staaten gab.[412] Aber wie real war das Reimpaar »Unser Motto – Kaiser Otto«? Die Argumentation mit den 1.603 österreichischen Gemeinden, die Otto die Ehrenbürgerschaft verliehen hatten, war eine Milchmädchenrechnung, als wären die mehr als zwei Millionen Bürger dieser Gemeinden alles Monarchisten gewesen. Das Schreiben Ottos vom 17. Februar 1938 an Bundeskanzler Kurt Schuschnigg, ihm die Kanzlerschaft der Republik zu übertragen, um den militärischen Widerstand gegen den Druck Hitlers zu organisieren, basierte auf einer dramatischen Fehleinschätzung der außenpolitischen und innpolitischen Gegebenheiten.[413] Wie die Diktatoren Franco in Spanien und Horthy in Ungarn, die zwar die Monarchie nicht abschafften, aber keineswegs ihre Macht abgeben wollten, waren auch Dollfuß und Schuschnigg nicht dazu bereit oder überhaupt in der Lage, die Monarchie wiederherzustellen. Auch die Alliierten waren dagegen. Die Tschechoslowakei oder besser gesagt, viele Deutsche und auch nicht wenige Tschechen, sympathisierten mit der Parole »Lieber Hitler als Habsburg«, die später zu »Weder Hitler noch Habsburg« abgewandelt wurde. Hitler hätte einen Habsburger in Österreich keineswegs toleriert. Dass der deutsche Einmarschplan (1938) den Tarnnamen »Unternehmen Otto« trug, war ein klares Signal. Ob man dabei an Otto von Habsburg dachte oder an die alten Ottonenkaiser, unter denen die »Ostmark« entstanden war, ist zwar unklar, aber Otto und die österreichischen Monarchisten zählten zu Hitlers Hauptfeinden.[414]

Zwischen 1938 und 1942 dürften 4.000 bis 4.500 österreichische Monarchisten verhaftet worden sein; etwa 800 bis 1.000 davon wurden hingerichtet oder in Konzentrationslagern ermordet. Von Rudolf Heß erging der Befehl, Otto, wenn er gefasst würde, ohne jedes Verfahren sofort zu erschießen. Über Spanien und Portugal gelang ihm die Flucht in die Vereinigten Staaten. Bereits im November 1944 kam er über Lissabon wieder ins befreite Paris zurück. Am 2. Juli 1945 warnte er in einem mit »Otto of Austria« signierten und mit der Habsburgerkrone verzierten Brief an Harry Truman vor einer kommunistischen Machtergreifung in Österreich und einer Teilung Europas.[415] Es gelang ihm auch, Churchill und Roosevelt kurzzeitig für das Konzept einer völlig unrealistischen Donauföderation aus Ungarn, Österreich und Bayern zu gewinnen. Aber Otto erkannte rasch die veränderten Konstellationen. Er begann, sich mit voller Kraft – zunächst unter christlich-monarchistischen Vorzeichen, dann als demokratischer Parlamentarier – für die europäische Einigung

Fig.1

Fig.2

Fig.3

Fig.1 Briefmarkenentwurf von Koloman Moser, 1917.

Fig.2 Reminiszenz an die Vergangenheit: Otto in ungarischer Husarenuniform. Foto, um 1930.

Fig.3 Der EU-Abgeordnete Otto von Habsburg-Lothringen. Porträt von Oliver Mark. Pöcking, 2006.

einzusetzen, von 1957 bis 1973 als Vizepräsident und danach bis 2004 als Präsident der von Richard Coudenhove-Kalergi begründeten Paneuropa-Union. Von 1979 bis 1999 vertrat er Deutschland als Abgeordneter im Europäischen Parlament. In dieser Eigenschaft war er am 19. August 1989 auch Mitinitiator und Schirmherr des »Paneuropäischen Picknicks« an der österreichisch-ungarischen Grenze, das einen wesentlichen Beitrag zum Fall des Eisernen Vorhangs darstellte.

Bereits am 31. Mai 1961 verzichtete Otto offiziell auf alle Herrschaftsansprüche des Hauses Habsburg-Lothringen. Aber erst fünf Jahre später durfte er unter der ÖVP-Alleinregierung Klaus am 31. Oktober 1966 erstmals wieder legal nach Österreich einreisen. 1972 kam es zum »historischen Handschlag« mit dem sozialdemokratischen Bundeskanzler Bruno Kreisky. Zu einer Einigung über die unter Hitler erfolgte Beschlagnahme des Vermögens kam es aber nicht.[416] Otto zeichnete sich in seinen späten Jahren durch eine erstaunlich wache Urteilskraft aus. Von Wladimir Putin hielt er schon im Jahr 2008 rein gar nichts: »Wenn Sie einem Diktator auch nur einen Fußbreit nachgeben, wird er dreist. Da hat sich seit Hitler wenig geändert.«[417] Zu Israel und allgemein zu den Juden hingegen pflegte er ein betont freundschaftliches Verhältnis.[418]

Am 4. Juli 2011 starb er in seiner »Villa Austria« in Pöcking am Starnberger See. Sein Herz wurde in der ungarischen Abtei Pannonhalma bestattet, sein Körper in der Wiener Kapuzinergruft. Ein letztes Mal wurde das alte Begräbnisritual der habsburgischen Kaiser mit der beziehungsreichen Anklopfzeremonie vor der Tür der Kaisergruft vollzogen: »Wer begehrt Einlass?« – »Seine kaiserliche Majestät, Kronprinz, Großherzog, Erzherzog, gefürsteter Graf etc.etc.« Dreizehn der fürstlichen Titel zählte der Herold auf, die der Thronfolger einst getragen hatte – »Den kennen wir nicht.« Der Zeremonienmeister klopfte wieder: »Wer begehrt Einlass?« – »Dr. Otto von Habsburg, Präsident der Paneuropäischen Union, Mitglied des Europäischen Parlaments ...« Fünf republikanische Funktionen zählte er auf. – »Den kennen wir nicht.« – Ein drittes Mal: »Wer begehrt Einlass?« – »Ein sündiger Mensch.« – »Der darf eintreten!«[419] Habsburg war zu einer fast normalen Familie geworden.

DIE EWIGEN HABSBURGER
EPILOG

Es gab viele bemerkenswerte Persönlichkeiten in der Geschichte der Habsburger: vom Haudegen Rudolf I., der aus dem Interregnum als deutscher König hervorging und klug berechnend die Grundlage für die habsburgische Hausmacht legte, bis zu Kaiser Franz Joseph, der durch seine überlange Regierungszeit zwar so etwas wie eine habsburgische Identität und Stabilität schaffen konnte, aber auch die Brüchigkeit seiner Herrschaft vorausahnte, und ganz zuletzt Kaiser Karl, der den Untergang nicht mehr verhindern konnte. Ob Franz Joseph, hätte er das Kriegsende überlebt, das Ende der Dynastie und den Zerfall der Monarchie verhindern hätte können, bleibt Spekulation. Aber der Tod des alten Kaisers läutete das Ende ein.

Im Schatten stehen die Frauen, obwohl es sehr viel mehr Habsburgerinnen als Habsburger gab. Das von Brigitte Hamann herausgegebene biographische Lexikon der Habsburger verzeichnet unter rund 400 Lebensläufen doppelt so viele Frauen wie Männer. Aber ihre Lebensläufe sind meist recht eintönig: zu viele oder zu wenige oder gar keine Kinder. Beginnend mit Elisabeth von Görz und Tirol, der Gattin Albrechts I.: Mit ihren 21 Kindern war dafür gesorgt, dass die Habsburger lange Zeit vor dem Aussterben geschützt waren. Oder Anna, die Gattin Kaiser Ferdinands I., die vierzehn Kinder glücklich zur Welt brachte und bei der Entbindung des 15. verstarb, und auf der anderen Seite jene Unglücklichen, deren trauriges Schicksal es war, für keine oder keine männlichen Nachkommen gesorgt zu haben. Es gab auch sehr starke Habsburgerinnen. Dabei braucht man gar nicht an die »bärenstarke« Cimburgis von Masowien zu denken, die Mutter Friedrichs III., die angeblich ein Hufeisen mit bloßen Händen biegen konnte und den Habsburgern ihre markanten Gesichtszüge mit dem Überbiss vererbt haben soll. Immer wieder gab es bedeutende Habsburgerinnen, die mit kluger Weitsicht die Politik beeinflussten, als Königinnen und Kaiserinnen, Statthalterinnen und Beraterinnen ihrer Männer. Wirkliche Macht auszuüben war aber nur einer einzigen möglich: Maria Theresia. Sie hat das großartig geschafft.

Im 19. Jahrhundert überstrahlte Sisi alle anderen. Sie hat ein Gegenbild geschaffen, das für die Konsumkultur der folgenden Zeit prägend wurde: ausdauernder Sport, weite Reisen, Schönheitskuren und Schlankheitswahn. Aber es gab auch andere, etwa Leopoldine, die 1822 zur Kaiserin von Brasilien gekrönt wurde und dort wegen ihres Beitrags zur Unabhängigkeit des Landes als Nationalheldin verehrt wird, in Österreich aber weitgehend vergessen ist. Und es gab jene, die wie die Postmeisterstochter Anna Plochl, die Gattin Erzherzog Johanns, oder Sophie Gräfin Chotek, die Gattin des Thronfolgers Franz Ferdinand, die als nicht ebenbürtig galten und ausgeschlossen waren.

Was blieb von den Habsburgern? In Österreich natürlich die Hofburg und das Schloss Schönbrunn, die Kaiservilla in Bad Ischl und der Sommersitz des österreichischen Bundespräsidenten in Mürzsteg, die Wiener Staatsoper und das Burgtheater, die Lipizzaner und die Hofreitschule und viele Schlösser, Denkmäler und Grabstätten. Aber auch das barocke Prag und das imperiale Budapest sind Schöpfungen der Habsburger. Auf Habsburger trifft man in ganz Europa. Denkmäler für Kaiser Franz Joseph gibt es zwar fast nur in Österreich, von Altlichtenwarth, Bruckneudorf und Ernstbrunn bis Wiener Neustadt und Wolkersdorf, natürlich auch in Wien und in Bad Ischl. Aber Kaiserin Elisabeth ist nicht nur in Österreich, sondern fast mehr noch in Ungarn und an ihren vielen anderen Reisezielen immer noch präsent, mit Denkmälern, Verkehrsbauten und Straßennamen, mit Namen von Spitälern, Hotels und Schiffen bis zum ehemaligen Polizeigefängnis an der Wiener Roßauer Lände, das in der Gaunersprache immer noch »Liesl« genannt wird, weil es an der Elisabethpromenade lag, die aber 1919 von der Republik sofort in Roßauer Lände umbenannt wurde. Und an Sisi erinnert man sich nicht nur in Montreux, Genf und Possenhofen, sondern auch im Palastmuseum von Sansibar, obwohl sie dort natürlich nie war.

Die Touristen kommen nicht nur in das Salzkammergut und nach Wien: Der Verein »Via Habsburg« bietet unter der Schirmherrschaft des Europarats weit verzweigte habsburgische »Kulturrouten« an. Entlang der bisher rund 1.000 km langen ausgeschilderten Wege, die sich neben Österreich auch über Deutschland, Frankreich und die Schweiz erstrecken, sind derzeit 84 Institutionen aus den Bereichen Kultur, Kunst und Tourismus unter dem Thema »Habsburg« zusammengeschlossen. Die großen Museen leben von Habsburg; nicht nur das Kunsthistorische Museum, die Schatzkammer oder das Innsbrucker Schloss Ambras, sondern auch das Sisi Museum, die Hofsilberkammer, die Wagenburg und die noch bewohnten Habsburger-Residenzen, wie etwa die Ischler Kaiservilla oder das Schloss Artstetten. Im völlig neu gestalteten Stadtmuseum Bad Ischl gibt es einen wunderschönen Raum, der den Habsburg-Kitsch liebevoll-ironisch kommentiert. Aber auch die großen internationalen Museen profitieren bis heute vom einstigen Mäzenatentum und vom Sammeleifer der Habsburger.

Die Habsburger sind zu Tourismusmagneten geworden. Das Wien-Klischee vermischte sich mit dem Habsburg-Klischee, mit verflogenen Großmachtträumen und nostalgisch aufgewärmten Erinnerungen in Operetten, Filmen. Fernsehserien und aufgepfropfter Populärkultur: Von der historischen Realität ist das zwar häufig weit entfernt, aber immer noch viel näher als moderne, angeblich kritische Bearbeitungen. Die heutige Trash-Kultur neigt eher zu den homosexuellen und bisexuellen Habsburgern, zu ihren Skurrilitäten und ihren Marotten. Immer mehr habsburgische Außenseiter wie Luziwuzi gelangen zu Film- und Theaterehren. Die künstliche Intelligenz schafft neue, gut vermarktbare Habsburg-Bilder. Habsburg lebt.

Habsburg lebt in der österreichischen Küche. Es sind sehr einfache Gerichte, die in Österreich mit dem Kaiser-Titel monarchisch geadelt werden: der »Kaiserschmarrn«, die »Kaisersemmel«, das »Kaiserfleisch« oder das »Kaiserschöberl«, ausgehend von der politischen Propaganda des Kaiserhofes, die bestrebt war, dem Herrscher ein möglichst volksverbundenes Image zu verleihen. Aber vielleicht steckt hinter dem österreichischen »Kaiserschmarrn« auch nur ein nicht verstandenes »à la casa«, nach Art des Hauses, also ein simpler »Hausschmarrn«. Auch die böhmische und die ungarische Küche decken den habsburgischen Kulturraum ab.

Habsburg lebt nicht nur in der touristischen Nostalgie und schon gar nicht in monarchistischen Gedankenspielereien, sondern in der europäischen Idee. Die Grenzen des nun schon lange untergegangenen Habsburgerreichs sind immer noch erkennbar: nicht nur in der Architektur der Bahnhöfe, Theater und Gerichtsgebäude, sondern auch in der Mentalität der Bevölkerung – man denke an den Korruptionsindex in der Ukraine, bei dem sich die ehemals habsburgischen Teile bis in die jüngste Zeit immer noch positiv von den ehemals zaristischen abhoben.

Die Habsburgermonarchie war nicht nur ein riesiges »Laboratorium für die Moderne« (William Johnston) und eine »Versuchsstation für den Weltuntergang« (Karl Kraus, *Die Fackel*, Nr. 400–403, 10. Juli 1914), sondern auch eine für die Formung eines neuen, geeinten Europa. Carl E. Schorske hat Wien und das habsburgische Mitteleuropa als Laboratorium für eine multikulturelle Gesellschaft bezeichnet. Man darf auch die Paneuropa-Idee nicht übersehen, die von Richard Nikolaus Coudenhove-Kalergi aus dem Geist der untergehenden Habsburgermonarchie heraus entwickelt worden ist. Der von Coudenhove-Kalergi in den 1920er-Jahren vorgeschlagene europäische Staatenbund von Polen bis Portugal, den er »Paneuropäische Union« oder »Vereinigte Staaten von Europa« nannte (wobei er weder mit der damaligen Sowjetunion noch mit der Türkei etwas anfangen konnte), sollte als ein politischer und wirtschaftlicher Zweckverband einen erneuten Weltkrieg verhindern; die Idee war aber nach 1918 wohl auch dazu gedacht, für die untergegangene Habsburgermonarchie eine Sinnstiftung zu finden und Wien weiter eine entsprechende Vorrangstellung zu sichern.

Natürlich waren es nicht die Habsburger, schon gar nicht Kaiser Franz Joseph, die die neuen Ideen entwickelt und den Glanz des Fin de Siècle begründet haben. Aber sie haben sie ermöglicht. Kaiser Franz Joseph und die Habsburger standen inmitten eines rasanten gesellschaftlichen Wandels für Beständigkeit. Der Kaiser bremste den Radikalismus der Politiker (Pieter M. Judson). Die Habsburgermonarchie mit ihren zuletzt 676.615 km^2 Fläche und ca. 52 Millionen Einwohnern war ein riesiges historisches Laboratorium für das Zusammenleben von Völkern und Nationen, von Deutschen, Ungarn, Tschechen, Slowaken, Polen, Ruthenen (Ukrainern), Russen, Rumänen, Kroaten, Slowenen, Bosniern, Serben, Italienern, Bulgaren, Albanern und anderen kleineren Ethnien und Minderheiten, vor allem aber auch von Juden und Roma und in einer weiter zurückreichenden Perspektive auch von Spaniern, Portugiesen, Franzosen, Belgiern und Niederländern. Nur England und die nordischen Staaten entzogen sich diesem habsburgischen Kosmos.

Mit ihren mindestens elf Sprachen und Nationalitäten, mit ihren komplizierten politischen Institutionen und ihrem gemeinsamen Wirtschafts- und Währungsraum sind Ähnlichkeiten der späten Habsburgermonarchie mit der Europäischen Union unverkennbar. Die EU ist genauso ein zusammengestückeltes Gebilde wie die Habsburgermonarchie: der Vielvölkerstaat durch Heiraten, Erbschaften und Eroberungen, die EU durch Verträge, Erweiterungen und Assoziierungen. Ihre Bevölkerungsgruppen unterschieden und unterscheiden sich nicht nur durch ihre Sprache und Kultur, sondern auch durch ihre Religion und regionale Identität.

Zweifellos zählten die zwei letzten Jahrzehnte vor dem Ersten Weltkrieg zu den kulturell und wirtschaftlich glanzvollsten in der langen Zeit der Habsburger, sie konnten aber nicht genügend genutzt werden, um die Schwachstellen zu kitten oder zu beseitigen: die regionale und personelle Ungleichheit der Einkommensverteilung sowie die politische Diskriminierung der vielen Nationalitäten gegenüber den zwei staatstragenden – den Deutschen und den Ungarn. Zu diesen Schwachstellen zählten nicht zuletzt auch der bis zum Ende auf Äußerlichkeiten fixierte Militarismus und der weiter bestehende Feudalismus.

Die Habsburgermonarchie schuf einen großen Binnenmarkt und förderte Handel und Mobilität – ein Prinzip, das in der EU zentral ist. Aber einer der Hauptgründe für den Zerfall der Monarchie war das Erstarken nationalistischer Bewegungen. Auch in der EU sind diese Strömungen eine Herausforderung (z. B. Brexit, Rechtspopulismus). Positiv war der Respekt für die Vielfalt: Die politische Entscheidungsfindung in der späten Habsburgermonarchie war ein Ergebnis langwieriger Verhandlungen. Man lernte, pragmatisch zu regieren, unter Beibehaltung lokaler Strukturen und regionaler Sprachen. Dazu brauchte es viel Verwaltungskompetenz und ein multikulturelles Selbstverständnis, trotz sprachlicher Unterschiede. Aber die Monarchie zerbrach an den nationalen Bewegungen – eine Gefahr, die auch die EU bedrohen kann. Ein trotz Wahlrecht zunehmend autoritärer werdender Regierungsstil führte zu Entfremdung – zu viel Bürokratie und zu wenig Reformwille können Systeme lähmen. Man konnte, man kann und man könnte immer noch aus der Geschichte der Habsburger lernen.

Stammtafel des Hauses

HABSBURG I

Mathilde
* 1251 † 1304
∞ Ludwig II. v. Oberbayern
Pfalzgraf bei Rhein
* 1229 † 1294

Albrecht I.
* 1255 † 1308
Hzg. 1282 dt. Kg. 1298
∞ Elisabeth v. Tirol
* 1262 † 1313

Katharina
† 1282
∞ Otto III.
v. Niederbayern
* 1261 † 1312

Agnes
* 1257 † 1322
∞ Albrecht II.
v. Sachsen
† 1298

Hedwig
† 1285/86
∞ Otto VI.
v. Brandenburg
* 1264 † 1303

Ludwig IV.
der Bayer
* 1287 † 1347
dt. Kg. 1314
Ks. 1328

Anna
* 1277/79 † 1327
∞ 1. Hermann
v. Brandenburg
∞ 2. Heinrich VI.
v. Schlesien-
Breslau

Agnes
* 1280 † 1364
∞ Andreas III.
v. Ungarn
† 1301

Rudolf III.
* 1281 (?) † 1307
Hzg. 1298 Kg. v. Böhmen 1306
∞ 1. Blanka v. Frankreich
* um 1285 † 1305
∞ 2. Elisabeth v. Polen
* 1286/88 † 1335

Friedrich I. (III.) d. Schöne
* 1289 † 1330
Hzg. 1308
Gegenkg. zu Ludwig IV. 1314
∞ Elisabeth v. Aragón
* 1300/02 † 1330

Elisabeth
* 1293 † 13
∞ Friedrich
v. Lothring

Albertinische Linie

Rudolf IV.
d. Stifter
* 1339 † 1365
Hzg. 1358
∞ Katharina
v. Böhmen
* 1342/43 † 1395

Katharina
* 1342
† 1387
Äbtissin

Margarethe
* 1346 † 1366
∞ 1. Meinhard III. v. Tirol * 1344 † 1363
∞ 2. Johann Heinrich v. Mähren
* 1322 † 1375

Friedrich III.
* 1347
† 1362

Albrecht III.
* 1349/50 † 1395 Hzg. 1365
∞ 1. Elisabeth v. Böhmen * 1358 † 1373
∞ 2. Beatrix v. Zollern * 1360 † 1414

2. Albrecht IV.
* 1377 † 1404
Hzg. 1395
∞ Johanna Sophia v. Niederbayern
* um 1373 † 1410

Wilhelm
* 1370 † 1406
Hzg. 1386
∞ Johanna v. Anjou-
Neapel * 1373 † 1435

Margarethe
* 1395 † 1447
∞ Heinrich IV.
v. Bayern
* 1386 † 1450

Albrecht V. (II.)
* 1397 † 1439
Hzg. (1404) 1411 Kg. v. Böhmen 1437
Kg. v. Ungarn 1438 dt. Kg. 1438
∞ Elisabeth v. Böhmen u. Ungarn
* 1409 † 1442

Friedrich III.
(als Kg. IV., als Ks. III.)
* 1415 † 1493
Hzg. 1424 d. Kg. 1440 Ks. 1452
Kg. v. Ungarn 1459
∞ Eleonore v. Portugal * 1436 † 1467

Anna
* 1432 † 1462
∞ Wilhelm III.
v. Sachsen
* 1425 † 1482

Georg
* † 1435

Elisabeth
* 1437 † 1505
∞ Kasimir IV.
Andreas v. Polen
* 1427 † 1492

Ladislaus Postumus
* 1440 † 1457
Kg. v. Ungarn (V.) 1440
Kg. v. Böhmen 1453

Spanische Linie

Eleonore
* 1498 † 1558
∞ 1. Manuel I. v. Portugal * 1469 † 1521
∞ 2. Franz I. v. Frankreich * 1494 † 1547

Karl V.
* 1500 † 1558
dt. Kg. 1519–1556 Ks. 1530
Kg. v. Spanien (I.) 1516–1556
∞ Isabella v. Portugal * 1503 † 15

Aus drucktechnischen Gründen mussten bisweilen früh verstorbene Kinder weggelassen werden, etwa bei Rudolf I., Albrecht I., Ferdinand I., Maximilian II. und Philipp IV.

Rudolf I. v. Habsburg
* 1218 † 1291 dt. Kg. 1273
∞ 1. Gertrud v. Hohenberg * 1230/35 † 1281
∞ 2. Agnes v. Burgund * 1270 † 1323

Clementia † 1293
∞ Karl Martell
v. Neapel † 1295

Karl I. Robert v. Ungarn
* 1288 † 1342

Hartmann
* 1263 † 1281

Rudolf II. * 1270 † 1290
Hzg. 1282–1283
∞ Agnes v. Böhmen * 1269 † 1297

Johann (Parricida)
* 1290 † 1312/13

Guta * 1271 † 1297
∞ Wenzel II. v. Böhmen
* 1271 † 1305

Wenzel III. v. Böhmen
* 1289 † 1306

Karl
* † 1276

Leopold I.
* 1293 † 1326
Hzg. 1308
∞ Katharina
v. Savoyen
* um 1298 † 1336

Katharina
* 1295 † 1323
∞ Karl
v. Kalabrien

Albrecht II.
* 1298 † 1358
Hzg. 1330
∞ Johanna v. Pfirt
* 1300 † 1351

Heinrich
* 1298 † 1327
∞ Elisabeth
v. Virneburg
* um 1303 † 1343

Otto d. Fröhliche
* 1301 † 1339
Hzg. 1330
∞ 1. Elisabeth v. Niederbayern
* um 1305 † 1330
∞ 2. Anna v. Böhmen
* 1323 † 1338

Guta
* 1302 † 1329
∞ Ludwig IV.
v. Öttingen

Leopoldinische Linie

Leopold III.
* 1351 † 1386
Hzg. (1365) 1370 Hzg. v. Stmk. 1379
∞ Viridis Visconti v. Mailand * um 1350 † 1414

Friedrich II.
* 1327 † 1344

Leopold II.
* 1328 † 1344

Tiroler Linie

Leopold IV.
* 1371 † 1411
Hzg. 1386/1395
∞ Katharina v. Burgund
* 1378 † 1425

Ernst d. Eiserne v. Steiermark
* 1377 † 1424
Hzg. 1386/1402
∞ 1. Margarete v. Hinterpommern † 1410
∞ 2. Cimburgis v. Masowien * 1394/97 † 1429

Friedrich IV. m. d. leeren Tasche
* 1382 † 1439 Hzg. 1402/1406
∞ 1. Elisabeth v. d. Pfalz * 1381 † 1408
∞ 2. Anna v. Braunschweig-
Lüneburg * 1390 † 1432

3 Töchter

Margarete
* 1416/17 † 1486
∞ Friedrich II.
v. Sachsen
* 1412 † 1464

Albrecht VI.
* 1418 † 1463
Vorlande 1446 Oberösterr. 1458
Niederösterr. 1462
∞ Mathilde v. d. Pfalz
* 1419 † 1482

Katharina
* 1420 † 1493
∞ Karl
v. Baden
† 1475

Ernst
* 1420
† 1432

Anna
* 1422
† 1429

2. Sigmund v. Tirol
* 1427 † 1496
Hzg. (1439)
1446–1490 (Verzicht)
∞ 1. Eleonore
v. Schottland
* um 1433 † 1480
∞ 2. Katharina
v. Sachsen
* 1468 † 1524

Maximilian I.
* 1459 † 1519 röm. Kg. 1486 Ks. 1493/1508
∞ 1. Maria v. Burgund * 1457 † 1482
∞ 2. Bianca Maria Sforza v. Mailand * 1472 † 1510

Kunigunde
* 1465 † 1520
∞ Albrecht IV. v. Bayern
* 1447 † 1508

Philipp I. d. Schöne * 1478 † 1506
Hzg. v. Burgund 1482
Kg. v. Kastilien 1504
∞ Johanna v. Kastilien genannt
Johanna die Wahnsinnige
* 1479 † 1555

Margarete von Österreich
* 1480 † 1530
∞ 1. Juan v. Aragón * 1478 † 1497
∞ 2. Philibert II. v. Savoyen
* 1480 † 1504

Franz
* † 1481

Österreichische Linie

Isabella * 1501 † 1526
∞ Christian II. v. Dänemark* 1481 † 1559
Dorothea * 1520 † 1580 verh. Friedrich II.
Kurfürst von der Pfalz * 1482 † 1556
Christina * 1521 † 1590 verh.
1. Francesco Sforza Herzog von
Mailand * 1495 † 1535
2. Franz I. Herzog von Lothringen
* 1517 † 1545

Ferdinand I.
* 1503 † 1564
röm. Kg. 1531 Ks. 1556
Kg. v. Ungarn u. Böhmen 1526
∞ Anna v. Ungarn u. Böhmen
* 1503 † 1547

Maria von Ungarn
* 1505 † 1558
∞ Ludwig II.
v. Ungarn u. Böhmen
* 1506 † 1526

Katharina
* 1507 † 1578
∞ Johann III.
v. Portugal
* 1502 † 1557

Stammtafel des Hauses

HABSBURG II

Spanische Linie

Karl I.
* 1500 † 1558
Kg. v. Spanien 1516–1556
dt. Kg. (V.) 1519–1556 Ks. 1530
∞ Isabella v. Portugal * 1503 † 1539

(unehel. Tochter mit Johanna van der Gheynst) **Margarete von Parma** * 1522 † 1586 ∞ 1. Alexander de Medici * um 1510 † 1537 ∞ 2. Ottavio Farnese v. Parma * 1524 † 1586

Philipp II. * 1527 † 1598 Kg. v. Spanien 1556 Kg. v. Portugal 1580 ∞ 1. Maria v. Portugal * 1527 † 1545 ∞ 2. Maria I. v. England * 1516 † 1558 ∞ 3. Isabella v. Valois * 1545 † 1568 ∞ 4. Anna v. Österreich * 1549 † 1580

Maria * 1528 † 1603 ∞ Maximilian II. * 1527 † 1576

Johanna * 1535 † 1573 ∞ Johann v. Portugal † 1554

(unehel. Sohn m. Barbara Blomberg) Juan de Austria * 1547 † 1578

Elisabeth * 1526 † 1545 ∞ Sigismund II. August v. Polen * 1520 † 1572

Maximilian II. * 1527 † 1576 röm. Kg. 1562 Ks. 1564 Kg. v. Ungarn 1563–1572 ∞ Maria v. Spanien * 1528 † 1603

Anna * 1528 † 1590 ∞ Albrecht V. v. Bayern * 1528 † 1579

Anna * 1549 † 1580 ∞ Philipp II. v. Spanien * 1527 † 1598

Ferdinand * 1551 † 1552

Rudolf II. * 1552 † 1612 röm. Kg. 1575 Ks. 1576 Kg. v. Ungarn 1572–1608 Kg. v. Böhmen 1576–1611
(unehelicher Sohn mit Katharina Strada) Don Julius (Julio) Caesar d'Austria *um 1656 †1609
5 weitere uneheliche Kinder

Ernst * 1553 † 1595

Elisabeth * 1554 † 1592 ∞ Karl IX. v. Frankreich * 1550 † 1574

Matthias * 1557 † 1619 Ks. 1612 Kg. v. Ungarn 1608 Kg. v. Böhmen 1611 ∞ Anna v. Tirol * 1585 † 1618

1. Carlos * 1545 † 1568

3. Isabella Klara Eugenia * 1566 † 1633 ∞ Albrecht VII. * 1559 † 1621

3. Katharina Michaela * 1567 † 1597 ∞ Karl Emanuel I. v. Savoyen * 1562 † 1630

4. Philipp III. * 1578 † 1621 Kg. v. Spanien u. Portugal 1598 ∞ Margarete v. Österreich * 1584 † 1611

Anna * 1573 † 1598 ∞ Sigismund III. v. Polen u. Schweden * 1566 † 1632

Maria Christierna * 1574 † 1621 ∞ Siegmund Báthory v. Siebenbürgen

Anna von Österreich (Anne d'Autriche) * 1601 † 1666 ∞ Ludwig XIII. v. Frankreich * 1601 † 1643

Philipp IV. * 1605 † 1665 Kg. v. Spanien 1621 Kg. v. Portugal 1621–1640 ∞ 1. Elisabeth v. Frankreich * 1603 † 1644 ∞ 2. Maria Anna v. Österreich * 1634 † 1696

Maria Anna * 1606 † 1646 ∞ Ferdinand III. * 1608 † 1657

Carlos * 1607 † 1632

Ferdinand * 1609 † 1641 Kardinal

Johann Karl * 1605 † 1619

Ferdinand III. * 1608 † 1657 röm. Kg. 1636 Ks. 1637 ∞ 1. Maria Anna v. Spanien * 1606 † 1646 ∞ 2. Maria Leopoldine v. Tirol * 1632 † 1649 ∞ 3. Eleonore Gonzaga v. Mantua * 1630 † 1686

1. Ferdinand IV. * 1633 † 1654 röm. Kg. 1653

1. Maria Anna * 1634 † 1696 ∞ Philipp IV. v. Spanie[n] * 1605 † 1665

(unehel. Sohn mit Maria Calderón) Juan José de Austria * 1629 † 1679

1. Baltasar Carlos * 1629 † 1646

1. Maria Teresa * 1638 † 1683 ∞ Ludwig XIV. v. Frankreich * 1638 † 1715

Margarita Theresa von Spanien * 1651 † 1673 ∞ Leopold I. * 1640 † 1705

2. Philipp Prosper * 1657 † 1661

2. Karl II. * 1661 † 1700 Kg. (1665) 1675 ∞ 1. Marie Louise v. Orléans * 1662 † 1689 ∞ 2. Maria Anna v. Pfalz-Neuburg * 1667 † 1740

1. Maria Antonia * 1669 † 1692 ∞ Maximilian II. Emanuel v. Bayern * 1662 † 1726

Maria Josepha * 1699 † 1757 ∞ Friedrich August II. v. Sachsen (August III. v. Polen) * 1696 † 1763

Leopold Josef * 1700 † 1701

Österreichische Linie

Ferdinand I.
* 1503 † 1564
röm. Kg. 1531 Ks. 1556
Kg. v. Ungarn u. Böhmen 1526
∞ Anna v. Ungarn u. Böhmen * 1503 † 1547

Ferdinand II. v. Tirol
* 1529 † 1595
∞ 1. Philippine Welser
* 1527 † 1580
∞ 2. Anna Katharina
Gonzaga v. Mantua
* 1566 † 1621

Maria
* 1531 † 1581
∞ Wilhelm V.
v. Kleve
* 1516 † 1592

Katharina
* 1533 † 1572
∞ 1. Franz III.
v. Mantua
* 1533 † 1550
∞ 2. Sigismund II.
August v. Polen
* 1520 † 1572

Eleonore
* 1534 † 1594
∞ Wilhelm
v. Mantua
* 1538 † 1587

Barbara
* 1539 † 1572
∞ Alfons II.
v. Ferrara
* 1533 † 1597

Karl II.
v. Steiermark
(Innerösterreich)
* 1540 † 1590
∞ Maria v. Bayern
* 1551 † 1608

Johanna
* 1547 † 1578
∞ Franz I.
Medici
v. Toskana
* 1541 † 1587

Maximilian III.
(Tirol)
* 1558 † 1618
Hoch- und
Deutschmeister

Albrecht VII.
* 1559 † 1621
∞ Isabella Klara
Eugenia v. Spanien
* 1566 † 1633

Wenzel
* 1561 † 1578
Großprior d.
Johanniterordens
in Kastilien

Margarethe
* 1567 † 1633
Nonne in
Madrid

1. Andreas v. Ö.
* 1558 † 1600
Bf. v. Konstanz
u. Brixen

1. Karl v. Ö.
* 1560 † 1618
∞ Sibylle
v. Jülich-Kleve-
Berg † 1628

2. Anna
v. Tirol
* 1585 † 1618
∞ Matthias
* 1557 † 1619

Jüngere Tiroler Linie

Ferdinand II.
* 1578 † 1637
Kg. v. Böhmen 1617
Kg. v. Ungarn 1618 Ks. 1619
∞ 1. Maria Anna v. Bayern
* 1574 † 1616
∞ 2. Eleonore Gonzaga v. Mantua
* 1598 † 1655

Maximilian
Ernst
* 1583
† 1616

Margarete
* 1584 † 1611
∞ Philipp III.
v. Spanien
* 1578 † 1621

Leopold V. v. Tirol
* 1586 † 1632
∞ Claudia
v. Medici
* 1604 † 1648

Konstanze
* 1588 † 1631
∞ Sigismund III.
v. Polen
u. Schweden
* 1566 † 1632

Maria
Magdalena
* 1589 † 1631
∞ Cosimo II.
Medici
v. Toskana
* 1590 † 1621

Karl
* 1590
† 1624
Hoch- und
Deutsch-
meister

Maria Anna
* 1610 † 1665
∞ Maximilian I.
v. Bayern
* 1573 † 1651

Caecilia Renata
* 1611 † 1644
∞ Władysław IV.
Wasa v. Polen
* 1595 † 1648

Leopold
Wilhelm
* 1614 † 1662
Hoch- und
Deutschmeister

Ferdinand Karl
v. Tirol
* 1628 † 1662
∞ Anna
v. Medici
* 1616 † 1676

Isabella Klara
* 1629 † 1685
∞ Karl III.
v. Mantua
† 1665

Sigmund Franz
v. Tirol
* 1630 † 1665

Maria
Leopoldine
* 1632 † 1649
∞ Ferdinand III.
* 1608 † 1657

1. Leopold I.
* 1640 † 1705 Ks. 1658
∞ 1. Margarita Theresa v. Spanien * 1651 † 1673
∞ 2. Claudia Felicitas v. Tirol * 1653 † 1676
∞ 3. Eleonore Magdalena v. Pfalz-Neuburg
* 1655 † 1720

2. Karl Josef
* 1649 † 1664

3. Eleonore
* 1653 † 1697
∞ 1. Michael Korybut
v. Polen * 1640 † 1673
∞ 2. Karl V. v. Lothringen
* 1643 † 1690

3. Maria Anna
* 1654 † 1689
∞ Johann
Wilhelm
v. Pfalz-Neuburg
* 1658 † 1716

Claudia Felicitas
v. Tirol
* 1653 † 1676
∞ Leopold I.
* 1640 † 1705

3. Joseph I.
* 1678 † 1711
röm. Kg. 1690 Ks. 1705
∞ Amalie Wilhelmine
v. Braunschweig-Lüneburg
* 1673 † 1742

3. Maria Elisabeth
* 1680 † 1741

3. Maria Anna
* 1683 † 1754
∞ Johann V.
v. Portugal
* 1689 † 1750

Karl VI.
(Karl III. v. Spanien)
* 1685 † 1740
Ks. 1711
∞ Elisabeth Christine v. Braunschweig-
Wolfenbüttel * 1691 † 1750

3. Maria
Magdalena
* 1689 † 1743

Maria Amalia
* 1701 † 1756
∞ Karl Albrecht
v. Bayern
(Ks. Karl VII. 1742)
* 1697 † 1745

Leopold
* † 1716

Maria Theresia
* 1717 † 1780
Kg. v. Ungarn 1741, v. Böhmen 1743
∞ Franz Stephan v. Lothringen
* 1708 † 1765 Hzg. v. Lothringen 1729
Ghz. v. Toskana 1737 Ks. Franz I. 1745

Maria Anna
* 1718 † 1744
∞ Karl v. Lothringen
* 1712 † 1780

Maria Amalia
* 1724 † 1730

Stammtafel des Hauses

HABSBURG-LOTHRINGEN

Maria Anna
* 1738 † 1789

Joseph II.
* 1741 † 1790
röm. Kg. 1764 Ks. 1765
∞ 1. Isabella v. Parma
* 1741 † 1763
∞ 2. Maria Josepha
v. Bayern * 1739 † 1767

Marie Christine
* 1742 † 1798
∞ Albert Kasimir
v. Sachsen-Teschen
* 1738 † 1822

Maria Elisabeth
* 1743 † 1808

Karl Josef
* 1745
† 1761

Maria Amalia
* 1746 † 1804
∞ Ferdinand
v. Parma
* 1751 † 1802

Leopold II.
* 1747 † 1792
Ghz. v. Toskana
1765–1790
Ks. 1790
∞ Maria Ludovika
v. Spanien
* 1745 † 1792

Maria Theresia
* 1762 † 1770

Christine
* † 1763

Maria Theresia
* 1767 † 1827
∞ Anton
v. Sachsen
* 1755 † 1836

Franz II. (I.)
* 1768 † 1835
Röm. Ks. 1792–1806
Ks. v. Ö. 1804–1835
∞ 1. Elisabeth v. Württemberg
* 1767 † 1790
∞ 2. Maria Theresia v. Neapel-Sizilien * 1772 † 1807
∞ 3. Maria Ludovika v. Österr.-Este
* 1787 † 1816
∞ 4. Karoline Augusta v. Bayern
* 1792 † 1873

Ferdinand III.
v. Toskana
* 1769 † 1824
Ghz. v. Toskana 1791
∞ 1. Ludovika
v. Neapel-Sizilien
* 1773 † 1802
∞ 2. Maria v. Sachsen
* 1795 † 1865

Linie Habsburg-Toskana

Maria Anna
* 1770 † 1809

Karl
* 1771 † 1847
∞ Henriette
v. Nassau-Weilburg
* 1797 † 1829

Alexander Leopold
* 1772 † 1795
Palatin
v. Ungarn
1791

(1. Ehe)
1 früh gestorbene Tochter

2. Marie Louise
* 1791 † 1847
Hzgin. v. Parma 1815
∞ 1. Napoleon I. * 1769 † 1821
∞ 2. Adam Adalbert v. Neipperg
* 1775 † 1829
∞ 3. Charles-René v. Bombelles
* 1784 † 1856

2. Ferdinand I.
* 1793 † 1875
Ks. 1835–1848
∞ Maria Anna
v. Sardinien-Piemont
* 1803 † 1884

2. Leopoldine
* 1797 † 1826
∞ Pedro I.
v. Brasilien
* 1798 † 1834

2. Maria Klementine
* 1798 † 1881
∞ Leopold Johann Josef v. Sizilien
u. Salerno
* 1791 † 1851

Franz Joseph I.
* 1830 † 1916
Ks. 1848
∞ **Elisabeth in Bayern (Sisi)**
* 1837 † 1898

Ferdinand Maximilian (Maximilian v. Mexiko)
* 1832 † 1867
Ks. v. Mexiko 1864
∞ Charlotte v. Belgien * 1840 † 1927

Karl Ludwig
* 1833 † 1896
∞ 1. Margarete v. Sachsen * 1840 † 1858
∞ 2. Maria Annunziata v. Sizilien * 1843 † 1871
∞ 3. Maria Theresia v. Braganza * 1855 † 1944

Sophie
* 1855 † 1857

Gisela
* 1856 † 1932
∞ Leopold
v. Bayern
† 1930

Rudolf
* 1858 † 1889
∞ Stephanie
v. Belgien
* 1864 † 1945

Marie Valerie
* 1868 † 1924
∞ Franz Salvator
v. Toskana
* 1866 † 1939

2. Franz Ferdinand
* 1863 † 1914
∞ Sophie Chotek
(Hzgin. v. Hohenberg)
* 1868 † 1914

Elisabeth (Erzsi)
* 1883 † 1963
∞ 1. Otto v. Windisch-Graetz
* 1873 † 1952
∞ 2. Leopold Petznek
* 1881 † 1956

Herzöge von Hohenberg

Maria Theresia ∞ **Franz Stephan v. Lothringen,** als Ks. **Franz I.**
* 1717 † 1780
Kg. v. Ungarn 1741
Kg. v. Böhmen 1743

* 1708 † 1765
Hzg. v. Lothringen 1729
Ghz. v. Toskana 1737 Ks. 1745

Johanna
* 1750 † 1762

Maria Josefa
* 1751 † 1767

Maria Karolina
* 1752 † 1814
∞ Ferdinand IV.
v. Neapel-Sizilien
* 1751 † 1825

Ferdinand Karl
* 1754 † 1806
∞ Maria Beatrix
v. Este-Modena
* 1750 † 1829

Marie Antoinette
* 1755 † 1793
∞ Ludwig XVI.
v. Frankreich
* 1754 † 1793

Maximilian Franz
* 1756 † 1801
Kf. u. Eb. v. Köln
1784

3 früh
gestorbene
Töchter

Maria Theresia
* 1772 † 1807
∞ Franz II. (I.)

Linie
Habsburg-Este

Maria Ludovika
* 1787 † 1816
∞ Franz II. (I.)

Joseph
* 1776 † 1847
Palatin v. Ungarn 1795
∞ 1. Alexandra
v. Rußland * 1783 † 1801
∞ 2. Hermine v. Anhalt
* 1797 † 1817
∞ 3. Marie Dorothea
v. Württemberg * 1797 † 1855

Klementine
* 1777 † 1801
∞ Francesco (I.)
v. Sizilien
* 1777 † 1830

Anton Viktor
* 1779 † 1835
Hoch- und
Deutschmeister

Erzherzog
Johann
* 1782 † 1859
Reichsverweser
1848/49
∞ Anna Plochl
* 1804 † 1885

Rainer
* 1783 † 1853
∞ Elisabeth
v. Savoyen-
Carignan
* 1800 † 1856

Ludwig
* 1784
† 1864

Rudolf
* 1788
† 1831
Fürst-
bischof
v. Olmütz

3 weitere
Kinder

Linie
Erzherzog Joseph

Grafen
von Meran

Linie
Erzherzog Rainer

2. Karolina
Ferdinanda
* 1801 † 1832
∞ Friedrich
August II.
v. Sachsen
* 1797 † 1854

2. Franz Karl
* 1802 † 1878
∞ Sophie v. Bayern
* 1805 † 1872

2. Maria Anna
* 1804 † 1848

(2. Ehe)
5 früh
gestorbene
Kinder

Albrecht
* 1817 † 1895
∞ Hildegard
v. Bayern
* 1825 † 1864

Karl Ferdinand
* 1818 † 1874
∞ Elisabeth
* 1831 † 1903
T. v. Erzhzg. Joseph

Friedrich
* 1821
† 1847

Maria Anna Karolina
* 1835 † 1839

Ludwig Viktor
* 1842 † 1919

Friedrich
* 1856 † 1936
∞ Isabella
v. Croy-Dülmen
* 1856 † 1931

Maria Christina
* 1858 † 1929
∞ Alfons XII.
v. Spanien
* 1857 † 1885

Eugen
* 1863 † 1954
Hoch- und
Deutschmeister

2. Otto Franz Joseph
* 1865 † 1906
∞ Maria Josefa
v. Sachsen
* 1867 † 1944

2. Ferdinand Karl
(Ferdinand Burg)
* 1868 † 1915
∞ Berta Czuber
* 1879 † 1979

2. Margarethe Sophie
* 1870 † 1902
∞ Albrecht
v. Württemberg
* 1865 † 1939

3. Maria
Annunziata
* 1876 † 1961

3. Elisabeth
Amalie
* 1878 † 1960
∞ Alois
v. Liechtenstein
* 1869 † 1955

Karl I.
* 1887 † 1922
Ks. 1916–1918
∞ Zita v. Bourbon-
Parma
* 1892 † 1989

Maximilian
* 1895 † 1952
∞ Franziska
v. Hohenlohe-
Schillingsfürst
* 1897 † 1989

Otto von Habsburg
(Otto Habsburg-Lothringen)
* 1912 † 2011
∞ Regina von Sachsen-Meiningen
* 1925 † 2010
und weitere 7 Kinder

ANMERKUNGEN

1 Brigitte Hamann: Die Habsburger, bietet einen lexikalischen Überblick; weiters: Rady: Die Habsburger; Gies McGuigan: Habsburg; Vocelka: Die Familien Habsburg und Habsburg-Lothringen; Vocelka/Heller: Die private Welt der Habsburger; Vocelka/ Heller: Die Lebenswelt der Habsburger; Wandruszka, Das Haus Habsburg; Winder: Habsburg Saga.

2 Nicolle, David: Die Osmanen. 600 Jahre islamisches Weltreich, Wien 2008.

3 Sebag Montefiore: Die Welt; Sebag Montefiore, Die Romanows; Heicker, Dino: Die Hohenzollern. Geschichte einer Dynastie. Berlin 2012; Hüttl, Haus Wittelsbach; Körner, Die Wittelsbacher: Hüttl zählt für die Wittelsbacher 738 Jahre. Die Romanows rechnet man von 1613 bis 1917, die Wittelsbacher von 1180 bis 1918.

4 Wozniak, Wie groß war Otto der Große?, 95 ff.

5 Weber, Dynastiesicherung und Staatsbildung, 91–136, 95.

6 Der digitale Grimm: Uni Trier, Stichwort Freundschaft.

7 Nowakowska, Natalia: What's in a Word? The Etymology and Historiography of Dynasty – Renaissance Europe and Beyond. In: Global Intellectual History 7:3 (2022), 453–474.

8 Geevers, The Spanish Habsburgs, 5 ff; Duindam, Jeroen: Dynasties. A Global History of Power (Cambridge, 2015), 5 ff; Morrill, John Stephen: Dynasties, Realms, Peoples and State Formation. In: Robert von Friedeburg und John Morrill (Hg.), Monarchy Transformed: Princes and their Elites in Early Modern Western Europe, Cambridge 2017, 17–43; Bartlett, Robert: Blood Royal. Dynastic Politics in Medieval Europe, Cambridge, 2020, 198 ff.

9 Duindam, Dynasties, 17 ff.

10 Morrill, Dynasties, Realms, Peoples and State Formation, 17–43.

11 Bartlett, Blood Royal, 198–206.

12 Weber, Dynastiesicherung and Staatsbildung, 95.

13 Geevers, The Spanish Habsburgs, 19 ff.

14 Granichstaedten-Czerva: Uneheliche Kinder der Tiroler Landesfürsten, 33–40.

15 Michael Mitterauer: Die Grabstätten der Habsburger: https://austria-forum.org/af/AEIOU/Graeber_der_Habsburger; Geevers, The Spanish Habsburgs, 86 ff.

16 Eric Hobsbawm, Europäische Revolutionen 1789–1848. London 2004, S. 121.

17 Romedio Schmitz-Esser, »Den Bauch mit Asche und Sand gefüllt«. Bestattungen einer dynamischen Familie, In: Die Habsburger im Mittelalter. Aufstieg einer Dynastie S. 26–33, 28 ff.

18 Mitterauer, Die Grabstätten der Habsburger, Austria-Forum.

19 Michael Mitterauer, Zum Porträt Herzog Rudolfs IV. von Österreich im Kontext der mittelalterlichen Sepulkralkultur, https://austria-forum.org/attach/Biographien/Mitterauer

20 Rebay-Salisbury, Katharina (Hg.): Body Parts and Bodies Whole, Oxford 2010, 119 ff.

21 Langmaier, Konstantin Moritz A.: Erzherzog Albrecht VI. von Österreich (1418–1463). Ein Fürst im Spannungsfeld von Dynastie, Regionen und Reich (= Forschungen zur Kaiser- und Papstgeschichte des Mittelalters. Bd. 38). Wien 2015 (teilweise zugleich: Dissertation Ludwig-Maximilians-Universität München 2013).

22 Dynastic Marriages 1612/1615: A Celebration of the Habsburg and Bourbon Union, hg. v. Margaret M. McGowan, review von Valentina Caldari: https://reviews.history.ac.uk/review/1525/

23 Vocelka/Heller, Die private Welt der Habsburger, 13 ff.

24 Vocelka/Heller, Die private Welt der Habsburger, 29 f.; G. Alvarez, F. C. Ceballos, C. Quinteiro: The role of inbreeding in the extinction of a European royal dynasty. In: PloS One. Band 4, Nummer 4, 2009; Zachary S. Peacock, Katherine P. Klein, John B. Mulliken, Leonard B. Kaban: The Habsburg Jaw – Re-examined. In: American Journal of Medical Genetics. Teil A. Bd. 164, 2014, Nr. 9, S. 2263–2269 (doi: 10.1002/ajmg.a.36639).

25 Rumpler, Chance, 35.

26 Sandgruber, Reich Sein, 161 f.

27 ebenda, 160 ff.

28 Vocelka/Heller, Lebenswelt, 303 f.

29 Sandgruber, Reich Sein, 174; Karl Kraus, Die letzten Tage der Menschheit (Erstausgabe Wien: Verlag Die Fackel 1919), 28. Szene: Hauptquartier. Kinotheater. In der ersten Reihe sitzt der Armeeoberkommandant Erzherzog Friedrich. Ihm zur Seite sein Gast, der König Ferdinand von Bulgarien. Ein Sascha-Film zeigt Mörsereinschläge, in eineinhalb Stunden vierzehn Mal: Bei jedem Einschlag ruft der Erzherzog laut: Bumsti!

30 Sandgruber, Reich Sein, 174.

31 Weissensteiner, Ein Aussteiger.

32 Sandgruber, Reich Sein, 176.

33 Schiel, Stephanie. Kronprinzessin im Schatten, 261 f.

34 Friedrich Weissensteiner: Johann Orth. Rebell im Kaiserhaus, Landesausstellung Salzkammergut, Katalog, Linz 2008, 159; ders.: Die rote Erzherzogin.

35 Sandgruber, Reich Sein, 177 f; Barta/Mutschlechner: Das kaiserliche Erbe.

36 Sandgruber, Reich Sein, 178.

37 Interessanterweise behandelt Band XII: Bewältigte Vergangenheit? den Umgang mit dem Habsburgervermögen nur für die Republik Österreich, für die übrigen Nachfolgestaaten aber nicht.

38 Chronik des Mathias von Neuenburg, Capitel 13–15. 15; eine andere Textvariante: »Wenn der allmächtige Gott einmal seinen Thron verlassen sollte, so würde Graf Rudolf sogleich den selben einnehmen.«, ebda., 61.

39 Redlich, Oswald: Rudolf von Habsburg in der volkstümlichen Überlieferung, Jahrbuch für Landeskunde von Niederösterreich, 17–18, 1918/19, 1 ff.

40 Ausführlich über die frühen Habsburger: Die Habsburger im Mittelalter. Aufstieg einer Dynastie, hg. von Schubert, Alexander, Historisches Museum der Pfalz, Katalog der Ausstellung in Speyer 2022/23.

41 Bruckmüller, Österreichische Geschichte, 8 f.,

42 Niederstätter, Herrschaft Österreich, 67 ff.

43 Niederstätter, Herrschaft Österreich, 63 f; Krieger, Die Habsburger im Mittelalter, 13.

44 Gregor X. war Papst von 1271 bis 1276. Chronik des Matthias von Neuenburg, 61 f.

45 Die Zeit der frühen Habsburger. Niederösterreichische Landesausstellung 1979. Katalog, Wien 1979.

46 Kusternig, Andreas: Die Schlacht bei Dürnkrut und Jedenspeigen am 26. August 1278. In: Marie Bláhová und Ivan Hlaváček (Hg.): Böhmisch-österreichische Beziehungen im 13. Jahrhundert. Österreich (einschließlich Steiermark, Kärnten und Krain) im Großreichprojekt Ottokars II. Přemysl, Königs von Böhmen, Prag 1998, 185–215.

47 Prietzel, Malte: Kriegführung im Mittelalter. Handlungen, Erinnerungen, Bedeutungen (= Krieg in der Geschichte. Band 32). Schöningh, Paderborn u. a. 2006, 73 ff., 160 f.; Niederstätter, Herrschaft Österreich, 71 ff.

48 Frass, Quellenbuch, 1, 125; Niederstätter, Herrschaft Österreich, 87.

49 Niederstätter, Herrschaft Österreich, 86 ff.

50 Dante, Göttliche Komödie, Purgatorio, 7. Gesang, Vers 97 ff., 101 ff.

51 Kaufhold. Vom ungeeigneten Grafen zum Kaiser der Herzen, 97 ff., Niederstätter, Herrschaft Österreich, 95 f.

52 Niederstätter, Herrschaft Österreich, 87 f.

53 Prietzel, Der König im Krieg, 97 f; 109 ff.

54 Niederstätter, Herrschaft Österreich, 111 f.

55 Rady, Habsburger, 57.

56 Biterolf und Dietleib. Neu herausgegeben und eingeleitet von Schnyder, André, Bern 1980.

57 Hödl, Friedrich der Schöne 292–295 (online).

58 Niederstätter, Herrschaft Österreich, 117; Lackner: Der erste »österreichische« Habsburger, 149–164.

59 Matthias Becher und Harald Wolter-von dem Knesebeck (Hg.): Die Königserhebung Friedrichs des Schönen.

60 Dick: Isabella von Aragón und Friedrich der Schöne, 165–180.

61 zit. n. Niederstätter, Herrschaft Österreich, 126.

62 Niederstätter, Herrschaft Österreich, 127 ff.

63 Lhotsky, Geschichte Österreichs, 306.

64 Niederstätter, Herrschaft Österreich, 129 f.

65 Knittler, Herbert: Burg – Festung – Garnison, in: Beiträge zur historischen Sozialkunde vol. 9, 2 (1979), 36–41.

66 Niederstätter, Herrschaft Österreich, 171.

67 Niederstätter, Herrschaft Österreich, 14 ff., 24 f.

68 Niederstätter, Herrschaft Österreich, 146 ff.

69 Es ist eines der ältesten Fürstenporträts der europäischen Kunstgeschichte und mit der abgebildeten Zacken- und Bügelkrone auch ein Zeugnis seines königsgleichen Machtanspruchs. Als Maler wurde von Michael Mitterauer Thomas von Modena (Tommaso Barisini) vermutet, der übrigens auch erstmals einen Brillenträger bildlich dargestellt hat.

70 Niederstätter, Herrschaft Österreich, 154 ff.

71 Bergrich, Die fürstliche Majestät, 6 f. und 49 f.; Niederstätter, Herrschaft Österreich, 429.

72 Mitterauer, Michael: Wer malte das Porträt Herzog Rudolfs IV. von Österreich, https://austria-forum.org/af/Biographien/Mitterauer; Niederstätter, Herrschaft Österreich, 170.

73 Peter Suchenwirt, Von der Fürsten Teilung (1379); Sandgruber, Rothschild, 29 f.

74 Bruckmüller, Österreichische Geschichte, 108 ff.

75 Hödl, Günther: Albrecht II. Königtum, Reichsregierung und Reichsreform 1438–1439. Wien 1978; Koller, Heinrich: Das Reichsregister König Albrechts II., in: Mitteilungen des Österr. Staatsarchivs, Ergänzungsband 4, 1955.

76 Ebendorfer, Chronica Austrie, zit. n. Niederstätter, Herrschaft, 198.

77 Hödl, Habsburg, 149 ff.

78 Bruckner, Formen der Herrschaftsrepräsentation, 82 f.

79 Enea Silvio Piccolomini, Über Österreich. Übersetzt u. herausgegeben von Felix Kucher. Wien 2002, 138, 141.

80 Rathmair, Franz: Waldenser, Täufer, Reformation und Gegenreformation in der Stadt Steyr, Steyr, August 2016. Internet. https://versoehnung.net/1RT-Wh/resources/Gedenkfahrt-Steyr-2016-08-23-Skript-lang1.pdf; Daniel Heinz: Waldenser in Oberösterreich, OÖ Heimatblätter, 52, 1998, 1 ff.; Fiala, Helga: Waldenser zu Steyr. Eine vorreformatorische Bewegung, Steyr 2017.

81 Gartner, Gerhard: Mittelalterliche Ketzerprozesse in Steyr. In: Franz Loidl: Auftrag und Verwirklichung (= Wiener Beiträge zur Theologie, Band 44). Wien 1974, S. 123–125; Maleczek, Werner: Die Ketzerverfolgung im österreichischen Hoch- und Spätmittelalter. In: Erich Zöllner (Hg.): Wellen der Verfolgung in der österreichischen Geschichte, Wien 1986, 18–39; Windischhofer, Martin: Die Waldenser in Österreich. Aufbruch, Verfolgung und Wandel der frühen Bewegung bis 1315. Diplomarbeit. Wien 2006, besonders 126–130.

82 Bruckmüller. Österreichische Geschichte, 108.

83 Brugger, Geschichte der Juden in Österreich. Österreichische Geschichte, Themenband, Wien 2006, 121 ff., insb. 208 ff.; Niederstätter, Herrschaft Österreich; Lohrmann, Judenverfolgungen, 43 ff.

84 Brugger, Eveline: Die Wiener Gesera von 1420/21. Hintergründe, Ablauf und Folgen, in: Dialog. Koordinierungsausschuss für christlich-jüdische Zusammenarbeit, 119, April 2020, 21–32; Haverkamp, Alfred / Ziwes, Franz-Josef (Hg.): Juden in der christlichen Umwelt während des späten Mittelalters. Berlin 1992. (= Zeitschrift für Historische Forschung, Beiheft 13.) 59–102, hier 62–65.

85 Ebendorfer, zit. n. Bruckner, Formen der Herrschaftsrepräsentation 94 f.

86 Kufner, Daniel: Die Denkwürdigkeiten der Helene Kottannerin (1439–1440). Ins Neuhochdeutsche übertragen von Daniel Kufner Oktober 2015. https://services.phaidra.univie.ac.at/api/object/o:425704/get.

87 Lutter. Ich, Helene Kottannerin, 13–56: Tichy, Iman: ich und die edel kungInn. Selbst- und Fremddarstellungen Helene Kottanners zwischen weiblichem Erleben und androzentrischen Handlungszuschreibungen, DA Universität Graz, 2021.

88 Schellmann, Herzog Ernst der Eiserne, 243 ff.

89 Piccolomini, Historia Austrialis, Kapitel II/1, S. 187. Zit. n. Rößler, Eleonore, 41.

90 Rößler, Eleonore, 51.

91 Hack, Achim Thomas: Eine Portugiesin in Österreich um die Mitte des 15. Jahrhunderts. Kultureller Austausch infolge einer kaiserlichen Heirat? In: F. Fuchs u. a, König und Kanzlist, 181–204; Hilger, Wolfgang: Das Grabdenkmal Kaiserin Eleonores, ebenda 205–214.

92 Herkommer, H.: Das allzumenschliche Ende Herzog Albrechts. Ein Sterbeprotokoll aus dem 15. Jahrhundert. Forschung und Wissenschaft an der Universität Bern, 118, 2003.

93 Fuchs, Franz u.a. König und Kanzlist; Piccolomini, Aeneas Silvius Piccolomini: Historia Austrialis. Übersetzt von Jürgen Sarnowsky. Darmstadt. 2005.

94 »Rerum irrecuperabilium summa felicitas est oblivio.« Diese lateinische Inschrift ist bis heute am ältesten Teil der Anlage von Schloss Laxenburg angebracht. Das Notizbuch Kaiser Friedrichs III., hg. von M. Wagendorfer, Wiesbaden 2024.

95 Haller, Friedrich III. im Urteil, 73.

96 Laczny, Joachim: Friedrich III. (1440–1493) auf Reisen. Die Erstellung des Itinerars eines spätmittelalterlichen Herrschers unter Anwendung eines Historical Geographic Information System (Historical GIS). In: Joachim Laczny und Jürgen Sarnowsky (Hg.): Perzeption und Rezeption. Wahrnehmung und Deutung im Mittelalter und in der Moderne. Göttingen 2014, 33 65, hier: S. 61.

97 Lhotsky, Alphons: AEIOV. Die »Devise« Kaiser Friedrichs III. und sein Notizbuch, Mitteilungen des Instituts für österreichische Geschichtsforschung 60 (1952) 15–193.

98 Langmaier, Konstantin M.: Zur Devise Kaiser Friedrichs III. (1415–1493). In: Zeitschrift des Historischen Vereines für Steiermark. Jahrgang 113, 2022, S. 7–32; ältere Zusammenstellung: Peters, Henriette: aeiou, Versuch einer Deutung, in: Beiträge zur Wiener Diözesangeschichte, Wiener Diözesanblatt, 34. Jg., Nr. 2, 22–25.

99 Zelfel, Hans Peter: Ableben und Begräbnis Friedrichs III., Wien 1974.

100 Grundlegend: Wiesflecker, Hermann: Kaiser Maximilian I. Das Reich, Österreich und Europa an der Wende zur Neuzeit. 5 Bände. München 1971 ff.

101 Unterholzner, Bianca Maria Sforza, V f.

102 Unterholzner, Bianca Maria Sforza, 65 f; Kruzik, Margarete, 67.

103 Kunsthistorisches Museum Wien, Gemäldegalerie, Inv. Nr. 832.

104 Stefan Karner und Barbara Stelzl-Marx (Hg.): Moscovia – Sigmund von Herberstein. Die Reisen nach Moskau. Bedeutung und Erbe. Graz 2021; Gerhard Pferschy (Hg.): Siegmund von Herberstein. Kaiserlicher Gesandter und Begründer der Russlandkunde und die europäische Diplomatie, Graz 1989.

105 »Pareillement sont trois beaulx grans et anchiens royaumes ceulx dont est seigneur ledit roy de Danmarck«. Brief Maximilians vom 1. Januar 1516 an Margarete, zit. n. Kruzik, Margarete von Österreich, 49 ff.

106 Maximilian an Margarete, Kruzik, Margarete von Österreich.

107 Die dänische und norwegische Literatur dazu ist auf Wikipedia zusammengefasst: Dyveke Sigbritsdatter, aufgerufen 10. 4. 2025.

108 Bastl, Heiratspolitik, 76.

109 Ihr Gatte Graf Ludwig von Helfenstein-Wiesensteig, ein – wenn auch illegitimer – Schwiegersohn des Kaisers, war von den Bauern auf grausame Weise gelyncht worden. Margareta hatte vergeblich um Gnade für ihn gefleht, wurde von den Bauern aber auf einen Mistwagen geworfen und ihrem Schicksal überlassen. Martin Luther veranlasste dieses Ereignis zur endgültigen Abkehr von den Anliegen der Bauern und zu seiner Schrift: »Wider die rauberischen und mörderischen Rotten der Bauern« : Lit.: Daniel Coenen: de Helfenstein, Marguerite. In: Nouvelle Biographie Nationale, Band 5 (1999), S. 92 f.

110 Inzwischen gibt es immer mehr Zweifel, ob die Syphilis tatsächlich ein Erbe Amerikas ist. Nicht nur, weil so rasch nach der Entdeckung Amerikas über Syphilisfälle auch in Österreich, etwa in Wels berichtet wurde, sondern weil auch auf Friedhofsausgrabungen, etwa in St. Pölten, schon aus dem 14. und 15. Jahrhundert Syphilis-Spuren konstatiert wurden.

111 Gies McGuigan, Habsburg, 103.

112 Zit. n. Dorothy Gies McGuigan, Familie Habsburg 1273 bis 1918. Glanz und Elend eines Herrscherhauses. Berlin 2011, 80.

113 Manuel Fernández Álvarez, Johanna die Wahnsinnige 1479–1555. Königin und Gefangene. München 2005, 71 f.

114 Fernández Álvarez, Johanna, 107 f.

115 Fernández Álvarez, Johanna, 170; Alfred Kohler, Karl V. 1500–1558. Eine Biographie. München 1999, 57.

116 Fernández Álvarez, Johanna, 123.

117 Gies McGuigan, Familie Habsburg, 120.

118 Geoffrey Parker, Der Kaiser. Die vielen Gesichter Karls V. Darmstadt 2020, 109; Heinz Schilling, Karl V. Der Kaiser, dem die Welt zerbrach. München 2020, 63 ff.

119 Fernández Álvarez, Johanna, 143.

120 Fernández Álvarez, Johanna, 144.

121 Fernández Álvarez, Johanna, 156

122 Guillaume III. de Croÿ (1498–1521) wurde am 31. Dezember 1517 zum Apostolischen Administrator des Erzbistums Toledo ernannt und kam 1521 während des Reichstags von Worms bei einem Reitunfall ums Leben.

123 Fernández Álvarez, Johanna, 191.

124 Fernández Álvarez, Johanna, 199 ff.

125 Fernández Álvarez, Johanna, 205.

126 Fernández Álvarez, Johanna, 206.

127 Schick, Leon: Jacob Fugger, Paris 1957, 167.

128 Herre, Franz: Die Fugger in ihrer Zeit. Augsburg 2013.

129 Parker, Der Kaiser, 549 ff.

130 Schilling, Karl V., 262 ff, insbesondere 266 f.

131 Schilling, Karl V. V., 270.

132 Schilling, Karl V., 261 ff.

133 Schilling, Karl V., 267 f.

134 Schilling, Karl V., 273.

135 Schilling, Karl V., 282 f.

136 Roper, Lyndal: Für die Freiheit. Der Bauernkrieg 1525. Frankfurt am Main 2024.

137 Gies Mc Guigan, Habsburg, 151 f.

138 Schilling, Karl V., 373 ff.

139 Parker, Der Kaiser, 557 f., 573

140 Schilling, Karl V., 367 ff.

141 Kohler, Karl V., 140 ff.

142 Ich danke meinem Freund Franz Staller, einem passionierten Romanisten und Experten für Altfranzösisch, für entsprechende Hinweise.

143 Bastl, Heiratspolitik, 77, übersetzt »glücklich – unglücklich – glücklich«; Hubbauer, Dynastische Politik, 54, verweist auf den emanzipatorischen Gehalt: Alexandra Geissler (25. Februar 2019). Fortune – Infortune – Fort_une. Blog des Cusanus Instituts. Abgerufen am 11. April 2025 von https://doi.org/10.58079/nft0.

144 Eichberger, Dagmar Options and Choices New insights into the most >important< 16th-century Habsburg Women. Frühneuzeit-Info, 1.

145 Bastl, Heiratspolitik, 79.

146 Fortune infortune fort une, translated and understood as 'Fortune demands much of a woman' or 'Both fortune and misfortune make a woman stronger'. Aline Fries, B. A.: Zum Fortuna-Gedanken im Umfeld der Margarete von Österreich. https://cusanus.hypotheses.org/1055.

147 Geier, Margarete von Österreich, 52; Kruzik, Korrespondenz, 56 f.

148 Gies Mc Guigan, Habsburg, 168 f.

149 Bauch, Gustav: Dr. Johann Henckel, der Hofprediger der Königin Maria von Ungarn, Budapest 1884, 59.

150 Walsh, Katherine: Eine Ketzerin im Hause Habsburg? Erzherzogin Maria, Königin von Ungarn und Böhmen, in: Jahrbuch der Gesellschaft für die Geschichte des Protestantismus in Österreich, 2007, 7–25, insbesondere 10 f.

151 Gies McGuigan, Habsburg, 169.

152 Tamussino, Maria von Ungarn. Ein Leben im Dienst der Casa de Austria, Graz-Wien 1998

153 Rady, Habsburger, 166.

154 Gies McGuigan, Habsburg, 170.

155 Die oft in Form eines angeblichen Zitats angeführte Ablehnung der Heirat ist nur schlecht belegt. Erstmals erscheint sie in Veröffentlichungen des 17. Jahrhunderts.

156 Appel, Heinrich VIII, 244 ff., 248.

157 Bastl, Heiratspolitik, 86.

158 Parker, Der Kaiser, 41.

159 Kohler, Alfred, Ferdinand I. 1503–1564. Fürst, König und Kaiser. München 2003

160 1., Rathausplatz 1 (Innenseite des nordwestlichen Pfeilers des Rathausturms), Gedenktafel zur Erinnerung an Martin Siebenbürger, gewidmet von der Stadt Wien, am 11. August 1922 feierlich enthüllt.

161 Niederstätter, Das Jahrhundert der Mitte, 263 ff., 267 f.; Winkelbauer, Ständefreiheit und Fürstenmacht, 32 f., 36 f.

162 Heilingsetzer, Georg: Ein Baustein zur Entstehung der Habsburgermonarchie. Die Hochzeit Erzherzog Ferdinands in Linz (1521). In: Wilfried Seipel (Hg.): Kaiser Ferdinand I. 1503–1564. Das Werden der Habsburgermonarchie. Ausstellungskatalog des Kunsthistorischen Museums, Wien 2003, 65–75.

163 Winkelbauer, Ständefreiheit und Fürstenmacht, 32 f.

164 Simbrunner, Josef: Das Linzer Schloss: Von der Burg zum Universalmuseum, Linz 2011.

165 Winkelbauer, Ständefreiheit, 42 ff.; Bruckmüller, Österreichische Geschichte, 192; Bücking, Jürgen: Michael Gaismair, Reformer, Sozialrebell, Revolutionär. Seine Rolle im Tiroler »Bauernkrieg« (1525/32). Stuttgart 1978; Macek, Josef: Der Tiroler Bauernkrieg und Michael Gaismair. Berlin 1965.

166 Das betont zumindest Gernot Heiss, »Maria«, in: Neue Deutsche Biographie 16 (1990), S. 207–209.

167 Winkelbauer, Ständefreiheit, 1, 35.

168 Rathmair, Franz: Waldenser, Täufer, Reformation und Gegenreformation in der Stadt Steyr, Steyr, August 2016. Internet. https://versoehnung.net/1RT-Wh/resources/Gedenkfahrt-Steyr-2016-08-23-Skript-lang1.pdf

169 Bibl, Maximilian II., 29; Weiss, Kindheit, 177.

170 Edelmayer, Friedrich: Philipp II. Biographie eines Weltherrschers. Stuttgart 2017; Aschmann, Birgit: Philipp II. (1527–1598). Spaniens umstrittenster König. In: Eine andere Geschichte Spaniens. Schlüsselgestalten vom Mittelalter bis ins 20. Jahrhundert, Köln 2022, 212–240; de Ferdinandy, Michael: Philipp II. Größe und Niedergang der spanischen Weltmacht, Augsburg 1996; Parker, Geoffrey: Imprudent King. A New Life of Philip II., New Haven/London 2014; Vasold, Manfred: Philipp II., Reinbek bei Hamburg 2001.

171 Kamen, Henry: Philipp of Spain, London 1997, 115; Rady, Habsburger, 145 ff.

172 Edelmayer, Philipp II., 67–73.

173 Edelmayer, Philipp II., »Höre alle, entscheide allein!«

174 Parker, Der Kaiser, 483.

175 Parker, Der Kaiser, 616 ff.

176 Edelmayer, Philipp II, 67–73.

177 Press, Volker: Maximilian II. In: Neue Deutsche Biographie (NDB). Band 16, Berlin 1990, (Digitalisat); Edelmayer (Hg.): Kaiser Maximilian II; (Digitalisat); Sutter Fichtner, Emperor Maximilian II.

178 Gies McGuigan, Habsburg, 210.

179 Gies McGuigan, Habsburg, 211 ff.

180 Gies McGuigan, Habsburg, 242.

181 Vehse, Geschichte der deutschen Höfe. Österreich, I, 183. Gies McGuigan, Habsburg, 242.

182 Bruckmüller, Österreichische Geschichte 161 f.

183 Mecenseffy, Grete: Maximilian II. in neuer Sicht. In: Jahrbuch der Gesellschaft für die Geschichte des Protestantismus in Österreich 92 (1976), 42–53.

184 Bruckmüller, Österreichische Geschichte, 187 f.

185 Gies Mc Guigan, Habsburg, 224.

186 Andics, Hellmut: Die Frauen der Habsburger, 5. Auflage, München 1997, 130 f.

187 González Cuerva, Rubén, Maria of Austria, Holy Roman Empress (1528–1603): Dynastic Networker (London, 2021).

188 Heiss, Hans: Der Weg des »Elephanten«. Geschichte eines großen Gasthofes seit 1551. Folio Bozen, Wien 2002; Opll, Ferdinand: Etwas bisher noch nie Geschautes. Zu Leben, Tod und Nachleben des ersten Wiener Elefanten. In: Dagmar Schratter und Gerhard Heindl (Hg.): Tiere unterwegs. (Reihe: Tiergarten Schönbrunn – Geschichte. Hrsg. von Helmut Pechlaner, Dagmar Schratter und Gerhard Heindl. Band 3, Wien 2007), 65–93.

189 Birkenmeier, Jochen: Via regia. Religiöse Haltung und Konfessionspolitik Kaiser Maximilians II. (1527–1576). Berlin 2008; Pfohl, Jonas: Motetten am Hof Maximilians II. (1527–1576). Komponieren im Zeitalter der Konfessionalisierung. Wien 2022 (= Wiener Forum für ältere Musikgeschichte, Band 13.

190 Dauxois, Jacqueline: Der Alchimist von Prag. Rudolf II. von Habsburg, Düsseldorf 1997; Evans, Rudolf II.

191 Sebag Montefiore, Die Welt, 621 ff.

192 Sapper, Kinder des Geblüts 14.

193 Sapper, Kinder des Geblüts, 28.

194 Sapper, Kinder des Geblüts, 10–19; Evans, Rudolf II., 62.

195 Winkelbauer, Ständefreiheit, 59.

196 Evans, R. J. W. Rudolf II., in: Prag um 1600. Kunst und Kultur am Hofe Kaiser Rudolfs II., Wien 1988, 1, 35.

197 Evans, Rudolf II., 187 f.

198 Haupt, Herbert: Kaiser Rudolf II. in Prag: Persönlichkeit und imperialer Anspruch In: Prag um 1600, 1, 53.

199 Vocelka, Karl: Matthias contra Rudolf: Zur politischen Propaganda in der Zeit des Bruderzwistes. In: Zeitschrift für Historische Forschung 10/3 (1983), 341–351, 344 etc.; ders., Die politische Propaganda Kaiser Rudolfs II. (1576–1612), Wien 1981.

200 Winkelbauer, Ständefreiheit, 51.

201 Rady, Habsburger, 207.

202 Rady, Habsburger, 210.

203 Drei Geißeln aus dem Besitz von Kaiserin Maria Anna, Wien, Geistliche Schatzkammer, Wien, Inv. Nr. Kap. 147, 148 und 150.

204 Gies McGuigan, Habsburg, 304

205 Keller, Katrin: Erzherzogin Maria Anna, Wien 2012, 140.

206 Bruckmüller, Österreichische Geschichte, 173.

207 Haider, Siegfried: Geschichte Oberösterreichs, Wien 1987, 183.

208 Winkelbauer, Ständefreiheit, 68 ff.

209 Winkelbauer, Ständefreiheit, 71 ff.

210 Müller, Hartmut: Das Linzer Diplom von 1646. Bremen 1996.

211 Medick, Hans und Schwyn, Pamela: The Capture and Destruction of Magdeburg in 1631. In: History Workshop Journal, Vol. 52, 2001, 23–48.

212 Adler, Guido: Musikalische Werke der Kaiser Ferdinand III., Leopold I. und Josef I., Wien 1892; Antonicek, Theophil: Musik und italienische Poesie am Hofe Kaiser Ferdinands III. In: Anzeiger der österreichischen Akademie der Wissenschaften. Phil.-hist. Klasse 126 (1989), S. 1–22; Barker, Army, Aristocracy, Monarchy.

213 Hengerer, Kaiser Ferdinand III., 230.

214 Hengerer, Kaiser Ferdinand III., 228.

215 Hengerer, Kaiser Ferdinand III., 245.

216 Hengerer, Kaiser Ferdinand III., 198.

217 Hengerer, Kaiser Ferdinand III., 280.

218 Hengerer, Kaiser Ferdinand III., 337.

219 Edelmayer, Friedrich: Die spanische Monarchie der katholischen Könige und der Habsburger (1474–1700). In: Peer Schmidt (Hg.): Kleine Geschichte Spaniens. Bonn 2005, 180–201.

220 Alpers, Svetlana: Interpretation ohne Darstellung oder: Das Sehen von Las Meninas. (1983). In: Greub Thierry (Hg.): Las Meninas im Spiegel der Deutungen. Eine Einführung in die Methoden der Kunstgeschichte, Berlin 2001, 194–206; Stratton-Fruitt, Suzanne L (Hg.): Velázquez's Las meninas, Cambridge u. a. 2003.

221 Foucault, Michel: Die Hoffräulein. In: ders.: Die Ordnung der Dinge. Eine Archäologie der Humanwissenschaften. Frankfurt 1971, S. 31–45.

222 Seemann, Eva: Hofzwerge – Kleinwüchsige Menschen an deutschsprachigen Fürstenhöfen der Frühen Neuzeit, Göttingen 2023.

223 Rubini Messerli, Luisa, Maribarbara Asquin alias Maria Barbara Haunsin, die Zwergin von Velazquez Las Meninas und ihr Testament. Dokumente und Briefe aus Lambergs Nachlass in Linz. In: Zimmermann, Harm-Peer; Büttner, Peter Otto und Tschofen, Bernhard: Kreuz- und Querzüge. Beiträge zu einer literarischen Anthropologie: Festschrift für Alfred Messerli, Hannover 2019, 349–387.

224 Sebag Montefiore, Die Welt, 716.

225 Vehse, Geschichte der Deutschen Höfe, Österreich, I, 423; Der Chevalier von Gramont. Hamiltons Memoiren und die Geschichte, hg. von Karl Federn. 2 Bände. München, Georg Müller 1911.

226 Staudinger, Barbara: Die Vertreibung der Juden aus Wien und Niederösterreich 1669–1671, in: Geschichte der Juden in Österreich, Wien 2006, 330 ff.

227 Sandgruber, Wirtschaftsgeschichte, 137 ff.

228 Sandgruber, Roman: Alltag und materielle Kultur. Städtischer Lebensstil und bürgerliche Wohnkultur am Beispiel zweier oberösterreichischer Städte des 16. Jahrhunderts, in: Alltag im 16. Jahrhundert, Wiener Beiträge zur Geschichte der Neuzeit 14, 1987, 23–44.

229 Fernandez, Diego: König Karl II. und die letzten Jahre der spanischen Habsburger: Die Tragödie des letzten Herrschers und der Zusammenbruch des spanischen Weltreichs, Ahrensburg 2024; Nada, John: Karl der Behexte. Der letzte Habsburger auf Spaniens Thron, Wien 1963; Pfandl, Ludwig: Karl II. Das Ende der spanischen Machtstellung in Europa, München 1940.

230 Sebag-Montefiore, Die Welt, 724 ff.

231 Kamen, Henry: Spain's Road to Empire, 1492–1763; Fernandez, König Karl II., 82 ff.

232 Ingrao, Josef I. 15 ff., 22 f.

233 Groger, Joseph I., 113.

234 Groger, Joseph I., 72

235 Ingrao, Josef I. 29, 36 f.

236 Dorn, Hubert: Die Schlacht von Sendling 1705. Chronologie einer bayerischen Tragödie. München 2005; Probst, Christian: Lieber bayrisch sterben. Der bayrische Volksaufstand der Jahre 1705 und 1706, München 1978; Strasser, Christian: Der Aufstand im bayerischen Oberland 1705 – Majestätsverbrechen oder Heldentat? Eine Untersuchung der Strafprozesse gegen die Anführer der in der »Mordweihnacht von Sendling« gescheiterten Erhebung, Münster 2005 (= Augsburger Schriften zur Rechtsgeschichte, Band 3).

237 Ingrao, Josef I., 50.

238 Ingrao, Josef I., 224 ff., 230 f.

239 Vocelka, Glanz und Untergang, 26, 59.

240 Bruckmülller, Österreichische Geschichte, 220 f.

241 Bruckmülller, Österreichische Geschichte, 222 ff.

242 Wacha, Georg: Hofjagd in Oberösterreich – Kaiser Karl VI. und Neuwartenburg. In: Oberösterreichische Kulturzeitschrift, Jg. 36 (1986) Heft 3, S. 19–24.

243 Lanz, Ernst: Kaiser Karl VI. und seine Welt – Ein Versuch einer Darstellung; Karl VI. und seine Leidenschaft für das Waidwerk. https://austria-forum.org/

244 Vocelka, Glanz und Untergang, 29 f., Stollberg-Rilinger, Maria Theresia, XI; Zedinger, Franz Stephan.

245 Stollberg-Rilinger, Maria Theresia, 62 ff.

246 Zedinger, Franz Stephan, 241 ff.

247 Vehse, Geschichte der deutschen Höfe. Österreich, II, 206.

248 Gies McGuigan, Habsburg, 372.

249 Zedinger: Franz Stephan, 279 ff.

250 Noch bei den großen Gedenkausstellungen zum 200-jährigen Todesjahr Theresias 1980 wurde die Judenpolitik ganz ausgeklammert: Koschatzky, Walter/Gaisbauer, Herbert (Hg.):, Maria Theresia und ihre Zeit; zur 200. Wiederkehr des Todestages; Ausstellung 13. Mai bis 26. Oktober 1980 Wien, Schloss Schönbrunn, Salzburg, 1980; Maria Theresia und ihre Zeit. Ausstellungskatalog, Wien-Schönbrunn Mai–Okt. 1980, Wien 1980.

251 Stollberg-Rilinger, Maria Theresia, 634 ff.

252 Goldsmith, Margaret: Maria Theresa of Austria, London 1936, 150; Gugitz, Gustav: Giacomo Casanova und sein Lebensroman. Historische Studien zu seinen Memoiren. Wien 1921, 91 ff.

253 Stollberg-Rilinger, Maria Theresia 268 ff.

254 Stollberg-Rilinger, Maria Theresia 379 ff.

255 Österreichische Nationalbank: Der Maria-Theresien-Taler, Geldmuseum: https://www.oenb.at/Ueber-Uns/Geldmuseum: Von den Engländern bekam die in Arabien bis Äthiopien besonders beliebte Münze aufgrund des Porträts der Kaiserin den Spitznamen »Fat lady«.

256 Vehse, Geschichte der deutschen Höfe. Österreich, II, 142.

257 Braun, Bettina: Maria Theresia – Friedensfürstin oder Oberbefehlshaberin, in: dies., Kusber, Jan Kusber, Matthias Schnettger (Hg): Weibliche Herrschaft. Maria Theresia und Katharina die Große, Mainz 2017, 169 ff.

258 Haller, Günther: »Einmal hat Habsburg einen Mann, und dann ist es eine Frau«, Die Presse, 17. Februar 2017.

259 Pohl, Vocelka: Die Habsburger, 312; Stollberg-Rilinger, Maria Theresia 564 ff.

260 Friedrich II. in einem Brief an Jean Baptiste le Rond d'Alembert, 6. Januar 1781.

261 Vehse, Geschichte der deutschen Höfe. Österreich, II, 314.

262 Gugitz, Gustav: Giacomo Casanova und sein Lebensroman. Historische Studien zu seinen Memoiren. Wien 1921, 91 ff.

263 Alessandro Marzo Magno: Casanova, Roma-Bari, 2023.

264 Macek, Krönung, 77 ff.

265 Gies McGuigan, Habsburg, 401.

266 Arneth, Joseph II. und Leopold, Briefwechsel, I, 3.

267 Sandgruber, Wirtschaftsgeschichte, 144 ff.

268 Pammer, Glaubensabfall, 145 ff.

269 Sandgruber, Wirtschaftsgeschichte, 145 f.

270 Sandgruber, Wirtschaftsgeschichte, 152 f.

271 Haushofer, Kaiserliches Pflügen, 171 ff.

272 Judson, Habsburg, 110 ff.

273 Vehse, Geschichte der deutschen Höfe. Österreich, II, 305, Gies McGuigan, Habsburg, 421.

274 Joseph an Leopold, 11. Juni 1768: Wandruszka, Leopold II., Bd. I, 203.

275 Joseph an Leopold: Wandruszka, Leopold II., Bd. I, 203.

276 Herre, Maria Theresia, S. 319.

277 Brief an seine Schwester 17. Februar 1790; Huber, Robert: Leopold II. – ein Aufklärer? Geistige Prägung und Herrschaftsgestaltung, 94 ff; Joseph II. und Leopold von Toscana. Ihr Briefwechsel von 1781 bis 1790 (Hg. Alfred von Arneth), Bd. 1 (1781–1785), Wien 1872, 65–66; Wandruszka, Leopold II., Bd. II, 372, 373 und 374, 381.

278 Stollberg-Rilinger, Barbara, Die Aufklärung. Europa im 18. Jahrhundert, Ditzingen 2018, 213; Huber, Robert: Leopold II. – ein Aufklärer? Geistige Prägung und Herrschaftsgestaltung, 83 ff.

279 Kann, Robert A., Leopold II. oder Fortschritt statt Revolution. In: Forum, Jahrgang 1968, Nr. 171–172, S. 224.

280 Kann, Robert A. Leopold II., S. 224.

281 Rumpler, Chance, 29.

282 Rumpler, Chance, 29.

283 Rumpler, Chance, 32.

284 Rumpler, Chance, 38.

285 Rauchensteiner, An einem heißen Augusttag, 21 ff.

286 Siemann, Metternich, 48.

287 Rauchensteiner, Der Wiener Kongress, 32 ff.

288 Rumpler, Chance, 212 f.

289 Kübeck, Tagebücher, 1, 438 f.

290 Rumpler, Chance, 60

291 Erzherzog Johann. Visionär der Habsburger. Stainz, 2009, darin: Binder, Dieter: Die politisch-historische Instrumentalisierung des Erzherzog-Johann-Mythos, 66 ff; Sandgruber, Roman: Eine grüne Revolution. Erzherzog Johann im Kontext der agrarischen Fortschritte des 19. Jahrhundert, 88 ff.; Schöpfer, Gerald: Erzherzog Johann. Innovator und dynamischer Wirtschaftspolitiker, 110 ff; Stolz, Armin: Erzherzog Johann und Paulskirche, 146 ff.

292 Vocelka, Glanz und Untergang, 60.

293 Rumpler, Chance, 91.

294 Rauchensteiner, Der Held von anno dazumal, 29.

295 Girtler, Roland: Erzherzog Johann – ein heuchlerischer, eitler Fürst, Blätter für Heimatkunde 73 (1999), 59–63; Ableitinger, Alfred: Erzherzog Johann in Frankfurt. Ein Plädoyer für korrekte Urteilsbildung als Entgegnung auf R. Girtler, Blätter für Heimatkunde 73 (1999), 64–69; Ableitinger, Alfred: Der »Reichsverweser« Erzherzog Johann 1848/49. Einige Präzisierungen zu seinem Amt und Amtsverständnis, Blätter für Heimatkunde 73 (1999), [illegible] ff., Hirschmüller, Tobias: »Freund des Volkes«, »Vorkaiser«, »Reichsvermoderer« – Erzherzog Johann als Reichsverweser der Provisorischen Zentralgewalt von 1848/1849. In: Jahrbuch der Hambach-Gesellschaft 2013, S. 27–57.

296 Auer, Julian Gregor: Leben und Bedeutung Kaiser Ferdinands I. von Österreich in der Historiographie, DA Universität Wien 2013. Hamann (Hg.), Habsburger, 421; Holler, Ferdinand, 26.

297 Kübeck von Kübau, Maximilian: Tagebücher des Carl Friedrich Freiherrn Kübeck von Kübau, hrsg. u. eingel. von seinem Sohne Max Freiherrn von Kübeck, Bd. 1 (Wien 1909), 790.

298 Kübeck, Tagebücher, Bd. 1, 679.

299 Auer, Leben und Bedeutung, 89; Gies McGuigan, Habsburg, 493.

300 Nipperdey, Thomas: Deutsche Geschichte 1800–1866, München 1998, 339; Wehler, Hans-Ulrich: Deutsche Gesellschaftsgeschichte, Bd. 2, München 1987, 368.

301 Clark, Christopher: Frühling der Revolution. Europa 1848/49 und der Kampf für eine neue Welt, München 2023.

302 Pons, Erzherzog Stephan, 295.

303 »Jedoch der Kaiser spricht mit milden Zähren: Das Blut des Volkes wird' Ich nicht vergießen! Ich will ihm Freiheit, will ihm Recht gewähren, Noch bin ich Kaiser und ich laß' nicht schießen!«, Dr. Moriz Rappaport, Flugblatt, ca. 1848, Wienbibliothek im Rathaus.

304 Pons, Erzherzog Stephan, 359.

305 Haslinger, Ingrid: Erzherzogin Sophie. Eine Biografie nach den persönlichen Aufzeichnungen der Mutter Kaiser Franz Josephs. Wien 2016, 118.

306 Der Ausspruch stammt von Ernest von Koerber, Ministerpräsident von 1900–1904 und noch einmal im Jahr 1916.

307 Bled, Franz Joseph; Vocelka, Michaela und Karl: Franz Joseph I.; Böhme, Helmut, Kaiser Franz Joseph der Erste oder der Letzte, Darmstadt 1974; Unterreiner, Katrin: Kaiser Franz Joseph 1830–1916. Mythos und Wahrheit. Brandstätter, Wien 2015; Winkelhofer, Martina: Viribus unitis. Der Kaiser und sein Hof. Ein neues Franz Joseph Bild, Wien 2008.

308 Judson, Habsburg, 282.

309 Gies McGuigan, Habsburg, 505. Conte Corti, Mensch und Herrscher, 78. Schnürer, Briefe, 166.

310 Sandgruber, Roman: Lebensstandard und wirtschaftliche Entwicklung im österreichischen Neoabsolutismus (1848–1859). In: Wirtschafts- und sozialhistorische Beiträge. Festschrift für Alfred Hoffmann, hg. v. H. Knittler, Wien 1979, 372–394.

311 Judson, Habsburg, 301 ff.

312 Besonders zu nennen wären etwa Ernst von Schwarzer, Geld und Gut in Neu-Oesterreich, Wien 1857 und Carl v. Czoernig, Österreich's Neugestaltung. 1848–1858, Stuttgart und Augsburg 1858.

313 Bruckmüller, Österreichische Geschichte, 376 f.

314 Czech: Der Kaiser ist ein Lump.

315 Bruckmüller, Österreichische Geschichte, 379.

316 Gies McGuigan, Habsburg, 518.

317 Engels, Friedrich, Die Schlacht von Solferino. Karl Marx/Friedrich Engels, Werke, (Karl) Dietz Verlag, Berlin. Band 13, 7. Auflage 1971, unveränderter Nachdruck der 1. Auflage 1961, Berlin/DDR, 410–413.

318 Heinz Schießer: Franz Graf Folliot de Crenneville. Generaladjutant und Oberstkämmerer Kaiser Franz Josephs, Graz-Stuttgart 2015, 107.

319 Sandgruber: Rothschild, 143

320 Schnürer, Franz, Briefe Kaiser Franz Josephs an seine Mutter, Salzburg 1930, 302.

321 Sandgruber, Rothschild, 144 ff.

322 Zit. n. Hamann, Rudolf, 40 f.

323 Winkelhofer, Sisis Weg, 267 f.

324 Schießer, Heinz: Franz Graf Folliot de Crenneville. Generaladjutant und Oberstkämmerer Kaiser Franz Josephs, Graz-Stuttgart: 2015, 187 ff.

325 Winkelhofer, Sisis Weg, 315 f.

326 Hamann, Elisabeth, 501 ff.

327 Sigrid M Größing, Sisi und ihre Männer, Wien 2008, 178 ff.

328 Unterreiner, Das geheime Leben, 77 ff.

329 Unterreiner, Das geheime Leben, 93 ff., 195 f.; Sandgruber, Rothschild,

330 Unterreiner, Das geheime Leben, 183 f.

331 Hans Werner Scheidl, Kaiserin Elisabeth: Die Höll' hat man ja schon auf Erden, in: Die Presse, 10. Februar 2024.

332 Sigmund, Anna Maria: Tatort Genfer See: Kaiserin Elisabeth im Fadenkreuz der Anarchisten. Wien 2020; Sedivy, R., The death of the Empress Elisabeth of Austria and Queen of Hungary. Retold and reassessed with reconstruction of her autopsy. In: Wiener Medizinische Wochenschrift 174 (2024), 304–311.

333 Anders: Von Schönbrunn und Miramar; Pruonto: Das Mexikanische Kaiserreich.

334 Klammer: Maximilian von Mexiko, 57.

335 Anders, Maximilian und Charlotte, dort Aufstellungen über ihr Vermögen.

336 Anders: Von Schönbrunn und Miramar nach Mexiko, 157 ff.

337 Anders, Von Schönbrunn und Miramar nach Mexiko, 228 f: Einrichtungsplan für Chapultepec.

338 Pruonto, Das Mexikanische Kaiserreich 78 f.

339 Pruonto, Das Mexikanische Kaiserreich 88.

340 Pruonto, Das Mexikanische Kaiserreich, 270; Wikipedia; Die Erschießung Kaiser Maximilians von Mexiko: Oskar Bätschmann: Edouard Manet, Der Tod des Maximilian. Eine Kunst-Monographie. Frankfurt am Main u. a. 1993.

341 Hamann, Brigitte: Kronprinz Rudolf. Ein Leben. Revidierte Fassung, Wien 2005; Hamann, Brigitte, Majestät, ich warne Sie ...: Geheime und private Schriften, Wien-München, 1979; Weissensteiner, Friedrich, Frauen um Kronprinz Rudolf, Wien 1991; Weissensteiner, Friedrich (Hg.): Lieber Rudolf, Briefe von Kaiser Franz Joseph und Elisabeth an ihren Sohn, Wien 1991; Größing, Sigrid-Maria: Rudolf. Herzensbrecher, Freigeist, Psychopath. Salzburg 2006; Bled, Jean-Paul: Kronprinz Rudolf, Wien 2006; Etzlstorfer, Hannes: Kronprinz Rudolf: »Alles ist besser als die Wahrheit!«, Berndorf 2020; Rudolf, Martina: Die Vater-Sohn-Beziehung zwischen Kaiser Franz Joseph I. und Kronprinz Rudolf, DA Universität Wien 2014; Holzleitner, Johann: Die naturwissenschaftlichen Arbeiten des Kronprinzen Rudolf, DA Universität Wien 2013; Wiesinger, Maria: Kronprinz Rudolf auf den Bühnen Wiens, DA Universität Wien 2014: Hoff, Christina: Kronprinz Rudolf - Journalist, Revolutionär, Politiker. ein schriftstellerischer Kampf gegen die Zustände seiner Zeit, DA Universität Wien 2009.

342 Hamann, Kronprinz Rudolf, 492 ff., 494.

343 Etzlstorfer, Alles ist besser als die Wahrheit: Das Franz Joseph-Zitat, das Etzlstorfer als Titel wählte, drückt die Ratlosigkeit des Hofes aus, mit Mayerling umzugehen.

344 Judson, Habsburg, 418 ff.; Hamann, Kronprinz Rudolf, 232 ff., Christina Hoff, Kronprinz Rudolf – Journalist, Revolutionär, Politiker; Martina Rudolf, Die Vater-Sohn-Beziehung.

345 Hamann, Kronprinz Rudolf, 389.

346 Oesterreich-Ungarn und seine Allianzen. Offener Brief an S.M. Kaiser Franz Joseph I. von Julius Felix. Paris 1888. Ein Manuskript ist nicht erhalten. Die Autorschaft des Kronprinzen ist nicht zweifelsfrei gesichert. Die Schrift wurde sofort nach Erscheinen konfisziert. In: Hamann, Brigitte (Hg.): Kronprinz Rudolf. Majestät, ich warne Sie … Geheime und private Schriften. Wien-München, 1979, S. 143–177.

347 Weissensteiner, Friedrich (Hg.): Lieber Rudolf. Briefe von Kaiser Franz Joseph und Elisabeth an ihren Sohn, Wien 1991, S. 80; Unterreiner, Kronprinz Rudolf, 139 ff.

348 Unterreiner, Kronprinz Rudolf, 139.

349 8. November 1888 an Moriz Szeps. In: Unterreiner Kronprinz Rudolf, 162.

350 Hamann, Kronprinz Rudolf, 442 ff., Unterreiner, Kronprinz Rudolf, 174 ff.

351 Hamann, Kronprinz Rudolf, 421 ff.

352 Weissensteiner: Franz Ferdinand, 214 ff; Hannig: Franz Ferdinand; Kastner, Schwieriges Gedenken, 10; Bled, Franz Ferdinand. Aichelburg, Wladimir: Erzherzog Franz Ferdinand von Österreich-Este 1863–1914. Notizen zu einem ungewöhnlichen Tagebuch eines außergewöhnlichen Lebens, Horn/Wien 2014, 3 Bände; Hannig, Alma: Franz Ferdinand. Die Biografie, Wien 2013; Weissensteiner, Friedrich: Franz Ferdinand, der verhinderte Herrscher, Wien München-Zürich 2007; Bled, Jean-Paul: Franz Ferdinand. Der eigensinnige Thronfolger, Wien 2013; Etzlstorfer, Hannes: Thronfolger Franz Ferdinand. »Er gilt als das große Rätsel, als das geheimnisvolle ‚X'«, Berndorf 2024; Weindl, Aglaja: Ein Leben im Transit. Die Weltumsegelung von Erzherzog von Franz Ferdinand von Österreich-Este 1892/93, Frankfurt am Main/New York 2024; Miller, Paul, Forgetting Franz Ferdinand. The Archduke in Austrian Memory. In: Austrian History Yearbook, 46, 2015; Humel-Hammer, Sissy: Ein Erzherzog auf Grand Tour. Quellen zur Weltreise Franz Ferdinands von Österreich-Este, DA Universität Graz, 2021.

353 https://gutezitate.com/autor/prinz-philip,-herzog-von-edinburgh#google_vignette

354 Weindl, Aglaja: Ein Leben im Transit. Die Weltumsegelung von Erzherzog von Franz Ferdinand von Österreich-Este 1892/93, Frankfurt am Main/New York 2024, (überarbeitete Dissertation, Ludwig-Maximilians-Universität München, 2022); Franz Ferdinand: Tagebuch meiner Reise um die Erde, Wien, Alfred Hölder, um 1895 erschienen in zwei Bänden; Hannig, 35 ff.

355 Hannig, Franz Ferdinand, 37.

356 Humel-Hammer, Grand Tour, 68.

357 Gerbert, Frank (Hg.): Die Eingeborenen machten keinen besonders günstigen Eindruck. Erzherzog Franz Ferdinand: Tagebuch meiner Reise um die Erde 1892–1893. Wien, 2013; Franz is here!: Franz Ferdinands Reise um die Erde; eine Ausstellung des Weltmuseums Wien und der Reiss-Engelhorn-Museen Mannheim/hrsg von Christian Schicklgruber, Wien 2014.

358 Hannig, Franz Ferdinand, 39 f; Aichelburg, Wladimir: Erzherzog Franz Ferdinand, Bd. 1.

359 Brückler, Theodor: Thronfolger Franz Ferdinand als Denkmalpfleger. die »Kunstakten« der Militärkanzlei im Österreichischen Staatsarchiv (Kriegsarchiv), Wien, 2009.

360 Hannig, Franz Ferdinand, 54 ff.

361 Kastner, Schwieriges Gedenken, 9 ff.

362 Bled, Franz Ferdinand, 120 ff, 128 f.

363 Hannig, Franz Ferdinand, 164.

364 Hannig, Franz Ferdinand 164 f.; Bled, Franz Ferdinand 248 f.

365 Margutti, Albert Freiherr von Vom alten Kaiser. Persönliche Erinnerungen an Kaiser Franz Joseph I.; Wien 1921, 147 f.

366 Dickinger, Christian: Franz Joseph I. Die Entmythisierung, Wien 2002, 133.

367 Rumpler, Eine Chance, 570.

368 Hannig, Franz Ferdinand 211 ff.

369 Die Fackel, 10. Juli 1914.

370 Adolf Hitler, Mein Kampf. Kritische Edition, 13 (online)

371 Hannig, Franz Ferdinand 172 ff.; 185 f., 176.

372 Porsche, ein General vom Pferd

373 Zit. n. Hanisch, Der lange Schatten, 236. Noch anstößiger hatte das Außenminister Graf Ottokar Czernin formuliert: Österreich soll wenigstens mit einem gewissen Anstand krepieren. Kann, Robert A.: Erzherzog Franz Ferdinand Studien, Wien 1976, 204.

374 An Katharina Schratt 26. August 1903 und 26. März 1905, Jean de Bourgoing (Hg.), Briefe Kaiser Franz Josephs an Frau Katharina Schratt, Wien 1949, 445 und 455.

375 Rumpler, Eine Chance, 550.

376 Hanisch, Der lange Schatten, 213.

377 Bruckmüller, Österreichische Geschichte, 397.

378 Rauchensteiner, Den Tod vor Augen, 84.

379 Hamann, Kronprinz Rudolf, 282 ff., Beller, 119.

380 Rauchensteiner, Den Tod vor Augen, 84.

381 Eduard Graf von Paar (* 5. Dezember 1837 in Wien; † 1. Februar 1919 ebenda), Generaladjutant Franz Josephs I. ab 1887; A. Frh. u. Margutti, K. Franz Joseph. Persönliche Erinnerungen, 1921.

382 Rauchensteiner, Den Tod vor Augen, 85.

383 Rauchensteiner, Den Tod vor Augen, 85.

384 Rauchensteiner, Den Tod vor Augen, 86.

385 Rauchensteiner, Den Tod vor Augen, 90.

386 Rauchensteiner, Den Tod vor Augen, 91.

387 Rauchensteiner, Der himmlische Kaiser, 274 ff.

388 Feigl, Kaiser Karl I., Persönliche Aufzeichnungen, 59.

389 Etzlstorfer, Kaiser Karl, 196 f.

390 Unterreiner, Katrin: Meinetwegen kann er gehen. Kaiser Karl und das Ende der Habsburgermonarchie, Wien 2017, 13 f.

391 Etzlstorfer, Kaiser Karl, 6.

392 Zit. n. Heindl, Und die Größe ist gefährlich, 180 f.

393 Redlich, Schicksalsjahre Österreichs, 2, 597.

394 Etzlstorfer, Kaiser Karl, 113.

395 Rauchensteiner, Im Dienste seiner Majestät, 92.

396 Als »Mit Verrat kokettieren, ohne ihn zu machen«, nannte das Ottokar Czernin.

397 Bruckmüller, Österreichische Geschichte, 467; Unterreiner, Meinetwegen, 35–43.

398 Rumpler, Hellmut, Das Völkermanifest Kaiser Karls vom 16. Oktober 1918, Wien 1966; Hanisch, Der lange Schatten, 263; Rauchensteiner, Der himmlische Kaiser, 275.

399 Erdődy, Memoiren, 1931, zit. n. Unterreiner, Meinetwegen, 28.

400 Katrin Unterreiner zeichnet eine minutiöse Chronologie der letzten Tage der Monarchie, Unterreiner, Meinetwegen, 59 ff.,

401 Etzlstorfer, Kaiser Karl 140 ff.

402 Etzlstorfer, Kaiser Karl, 149 ff.

403 Untereiner, Meinetwegen, 130 ff; Etzlstorfer, Kaiser Karl, 153 ff.

404 Untereiner, Meinetwegen, 132 ff.

405 Untereiner, Meinetwegen, 148 ff., 163 f.

406 Demmerle, Eva, Kaiser Karl. Mythos & Wirklichkeit. Das Leben des letzten Kaisers von Österreich, Wien 2016; Unterreiner, Katrin, Meinetwegen kann er gehen: Kaiser Karl und das Ende der Habsburgermonarchie, Wien-Graz-Klagenfurt 2017.

407 Kindermann, Die Habsburger, 174 ff

408 Baier, Stephan, Demmerle, Eva: Otto von Habsburg. Die Biografie. 5. Aufl., Wien 2007; vgl. auch die umfassende Doku über Otto Habsburg im Austria-Forum.

409 Pfoser, Alfred, Rásky, Béla, Schlösser, Hermann: Maskeraden. Eine Kulturgeschichte des Austrofaschismus, 328 f.

410 Binder, Dieter: Von 1918 bis zum ständestaatlichen Kokettieren mit dem Legitimismus. In: Clemens Aigner u.a. Das Habsburger-Trauma. Wien, 2014, 21; Ingrid Mosser, Der Legitimismus und die Frage der Habsburger Restauration in der innenpolitischen Zielsetzung des autoritären Regimes in Österreich 1933–1938. Diss. Universität Wien 1979.

411 Snyder, Der König der Ukraine, 238; Sniadanko, Natalka, »Der Erzherzog, der den Schwarzmarkt regierte, Matrosen liebte und mein Großvater wurde«. Aus dem Ukrainischen von Maria Weissenböck, Innsbruck 2021.

412 Snyder, Der König der Ukraine, 225 ff.

413 Weisung des deutschen Kriegsministers und Oberbefehlshabers der Wehrmacht, Werner von Blomberg vom 24. Juni 1937. Bei Sonderfall Otto steht: »Bewaffnete Intervention gegen Österreich für den Fall, dass dieses die Monarchie wieder herstellen sollte.« Angelehnt an Hitlers »Mein Kampf« (Bd. 1, 9.), der als erstes Ziel seiner Außenpolitik nannte, dass »die alte (ottonische) Ostmark des Reichs« wieder mit dem »Mutterland« vereinigt werden sollte. Dass damit Otto Habsburg gemeint sein könnte, ist eher unwahrscheinlich.

414 Stadler, Manfred: Österreichs Adel: Heimwehren, Widerstand gegen das NS-Regime: Rudolf Graf Hoyos, Ferdinand Graf Piatti, Georg Graf Thurn-Valsassina, Wiesbaden 2023.

415 Friesenbichler, Georg: Der Kaisersohn als Europäer, Wiener Zeitung, 5. Juli 2011. In: https://austria-forum.org/af/Wissenssammlungen/Essays/Zeitgeschichte/Kaisersohn_als_Europäer.

416 Parlamentskorrespondenz Nr. 743 vom 15. Sept. 2006, Dokumentation zur Habsburgkrise.

417 Zit. n. Bollag, Peter: Der Über-Europäer. In: Jüdische Allgemeine, 10. Januar 2008.

418 Wistrich, Robert S.: Habsburg, Jews and the Holy Land. In: Jewish Quarterly, Volume 37, 4 (1990), 43–44. Pröhle, Gergely: Otto von Habsburg und die jüdische Gemeinschaft. In: Szombat, Januarheft 2022, 4–6.

419 Death and Funeral of Otto von Habsburg, Wikipedia.

LITERATUR VERZEICHNIS

Afanasyev, Ilya und Milinda Banerjee: The Modern Invention of «Dynasty«. An Introduction. In: Global Intellectual History 7 (2020), 407–420.

Álvarez, Gonzalo und Ceballos, Francisco C.: Royal Inbreeding and the Extinction of Lineages of the Habsburg Dynasty. In: Human Heredity, 80/2 (2015), 62–68.

Amann-Bubenik, Johannes: Kaiserserien und Habsburger-Genealogien Die Entwicklung einer Gattung poetischer Habsburgpanegyrik vom 16. bis zum 18. Jahrhundert, Diss. Universität Wien 2013.

Anders, Ferdinand: Von Schönbrunn und Miramar nach Mexiko. Leben und Wirken des Erzherzog-Kaisers Ferdinand Maximilian, Graz 2009.

Appel, Sabine: Heinrich VIII. Der König und sein Gewissen. Eine Biographie. München 2012.

Badinter, Elisabeth: Maria Theresia. Die Macht der Frau, Wien 2017.

Barta, Isebill und Mutschlechner, Martin: Das kaiserliche Erbe. Die Republikanisierung des Vermögens des Kaiserhauses und des Hofes 1918–1921. In: Ulrike Harmat (Hg.), Das Erbe der Habsburgermonarchie in den Nachfolgestaaten. Brüche und Kontinuitäten, Wien 2025.

Bartlett, Robert: Blood Royal. Dynastic Politics in Medieval Europe, Cambridge 2020.

Becher, Matthias, Wolter-von dem Knesebeck, Harald (Hg.): Die Königserhebung Friedrichs des Schönen im Jahr 1314. Krönung, Krieg und Kompromiss. Köln u. a. 2017.

Begrich, Ursula: Die fürstliche »Majestät« Herzog Rudolfs IV. von Österreich. Ein Beitrag zur Geschichte der fürstlichen Herrschaftszeichen im späten Mittelalter, Wien 1965.

Beller, Steven: Franz Joseph. Eine Biographie, Wien 1997.

Benecke, Gerhard: Maximilian I. An analythical Biography, London 1982.

Bérenger, Jean: Die Geschichte des Habsburgerreiches, 1273–1918, Köln 1995.

Bireley, Robert: Ferdinand II. Counter-Reformation Emperor, 1578–1637, Cambridge 2014.

Blaschka, Anton: Das Schicksal Don Julios de Austria. In: Mitteilungen des Vereins für Geschichte der Deutschen in Böhmen, 70 (1932), 220–255.

Bled, Jean-Paul: Franz Ferdinand. Der eigensinnige Thronfolger, Wien 2013.

Bled, Jean-Paul: Franz Joseph. Der letzte Monarch der alten Schule, Wien 1988.

Brandi, Karl: Kaiser Karl V. Werden und Schicksal einer Persönlichkeit und eines Weltreichs, 5. Aufl., Darmstadt 1959.

Braun, Bettina, Keller, Katrin, Schnettger, Matthias (Hgg.): Nur die Frau des Kaisers? Kaiserinnen in der Frühen Neuzeit (Veröffentlichungen des Instituts für Österreichische Geschichtsforschung 64), Wien 2016.

Bruckmüller, Ernst: Österreichische Geschichte. Von der Urgeschichte bis zur Gegenwart, Wien etc. 2019.

Bruckner, Eva: Formen der Herrschaftsrepräsentation und Selbstdarstellung habsburgischer Fürsten im Spätmittelalter, Diss. Universität Wien 2009.

Brugger, Eveline: Geschichte der Juden in Österreich, Wien 2006 (= Österreichische Geschichte, Themenband).

Bůžek, Václav, Hg.: Ein Bruderzwist im Hause Habsburg (1608–1611), České Budějovice, 2010.

Cerny, Heimo (Hg.): Die Jugend-Tagebücher Franz Josephs (1853–1848), Wien 2003.

Chronik des Mathias von Neuenburg, übersetzt von Georg Grandaur. Leipzig 1899.

Connelly, John: Was the Habsburg Empire an Empire? In: Austrian History Yearbook, 54 (2020), 1–14.

Conte Corti, Egon Caesar: Elisabeth, »die seltsame Frau«. Nach dem schriftlichen Nachlass der Kaiserin, den Tagebüchern ihrer Tochter und sonstigen unveröffentlichten Tagebüchern und Dokumenten, Salzburg 1934.

Conte Corti, Egon Caesar: Maximilian und Charlotte von Mexiko. Nach dem bisher unveröffentlichten Geheimarchive des Kaisers Maximilian und sonstigen unbekannten Quellen. In zwei Bänden, Wien 1924.

Cruz, Anne J. und Galli Stampino, Maria (Hg.): Early Modern Habsburg Women. Transnational Contexts, Cultural Conflicts, Dynastic Continuities. Ashgate 2013.

Cuerva, Rubén González: Maria of Austria, Holy Roman Empress (1528–1603), Dynastic Networker, London/New York 2022.

Curtis, Benjamin: The Habsburgs. The History of a Dynasty, London 2013.

Czech, Philip: Der Kaiser ist ein Lump und ein Spitzbube. Majestätsbeleidigungen unter Kaiser Franz Joseph, Diss. Universität Wien 2010.

Daimler, Renate (Hg.): »Frei sollen die Frauen sein …«. Gedanken der Kaiserin Elisabeth von Österreich, Wien 1998.

Dauxois, Jacqueline: Der Alchimist von Prag. Rudolf II. von Habsburg. Eine Biographie. Düsseldorf 1997.

Debertol, Markus, Gneiß, Markus, Hörmann-Thurn und Taxis, Julia, Noflatscher, Heinz, Hollegger, Manfred und Zajic, Andreas (Hg.): »Per tot discrimina rerum«. Maximilian I. (1459–1519), Wien, 2022.

Demmerle, Eva: Das Haus Habsburg, Berndorf 2019.

Demmerle, Eva: Kaiser Karl. Mythos & Wirklichkeit. Das Leben des letzten Kaisers von Österreich, Wien 2016.

Dibold, Johann: Ein Zwist um Geld im Hause Habsburg. Wirtschaft zwischen Madrid und Wien (Prag) in der zweiten Hälfte des 16. Jahrhunderts, DA Universität Wien 2009.

Dick, Stefanie: Isabella von Aragón und Friedrich der Schöne. Heiratspolitik im Zeichen des Königtums. In: Becher, Matthias, Wolter-von dem Knesebeck, Harald (Hg.): Die mittelalterliche Thronfolge im europäischen Vergleich. Ostfildern 2017, 165–180.

Duerloo, Luc: Der ehrgeizige Jüngste. Erzherzog Albrecht und die Nachfolge Rudolfs II. In: Mitteilungen des Instituts für Österreichische Geschichtsforschung 118 (2010), 103–139.

Duindam, Jeroen: Dynasties: A Global History of Power, 1300–1800. New York, 2016.

Edelmayer, Friedrich und Kohler, Alfred (Hg.): Kaiser Maximilian II. Kultur und Politik im 16. Jahrhundert, Wien 1992.

Edelmayer, Friedrich: Maximilian I., die Casa de Austria und die iberischen Monarchien. In: Markus Debertol et al.: »Per tot discrimina rerum«. Maximilian I. (1459–1519), Wien 2022, 349–354.

Edelmayer, Friedrich: Philipp II. Biographie eines Weltherrschers, 2. Aufl., Stuttgart 2017.

Eichberger, Dagmar: Options and Choices. New insights into the most ›important‹ 16th-century Habsburg Women, Frühneuzeit-Info 1.

Engel, Peter: Die Progenie als Erbanomalie in der Habsburger Dynastie, Diss. München 1986.

Evans, R. J. W.: The Making of the Habsburg Monarchy, 1550–1700, Oxford 1985.

Evans, R. J. W.: Rudolf II. and his World, Oxford 1973, dt. gekürzt: Rudolf II. Ohnmacht und Einsamkeit, Köln 1980.

Feigl, Erich (Hg.) Kaiser Karl. Persönliche Aufzeichnungen, Zeugnisse und Dokumente. Wien 1984.

Fernández Àlvarez, Manuel: Johanna die Wahnsinnige 1479–1555. Königin und Gefangene, München 2005.

Fichtner, Paula Sutter: The Habsburgs. Dynasty, Culture and Politics, Chicago 2014.

Forcher, Michael, Haidacher, Christoph (Hg.): Kaiser Maximilian I. Tirol, Österreich, Europa, 1459–1519, Innsbruck 2018.

Franzel, Emil (Hg.): Virtute Fideque. Festschrift für Otto von Habsburg zum 50. Geburtstag, Wien 1965.

Frenzel, Monika, Gepp, Christian und Wimmer, Markus (Hg.),: Maximilian I. Aufbruch in die Neuzeit, Innsbruck 2019.

Fuchs, Franz, Heinig, Paul-Joachim und Wagendorfer, Martin (Hg.): König und Kanzlist, Kaiser und Papst Friedrich III. und Enea Silvio Piccolomini in Wiener Neustadt, Köln 2013.

Fuchs, Martina und Réthelyi, Orsolya, (Hg.): Maria von Ungarn (1505–1558). Eine Renaissancefürstin, Münster 2007.

Fuchs, Martina: Karl V. Eine populäre Figur? Zur Rezeption des Kaisers in deutschsprachiger Belletristik (= Geschichte in der Epoche Karls V.; Bd. 1), Münster 2002.

Fučíková, Eliška et al. (Hg.): Rudolf II. und Prag. Kaiserlicher Hof und Residenzstadt als kulturelles und geistiges Zentrum Mitteleuropas. Ausstellungskatalog, Prag 1997.

Fürst, Hermine: Erzherzog Johann und sein Gedenkjahr 2009, DA Universität Graz 2013.

Geevers, Liesbeth (Hg.): The Spanish Habsburgs and Dynastic Rule 1500–1700, London–New York 2023.

Geevers, Liesbeth: The Miracles of Spain: Dynastic Attitudes to the Habsburg Succession and the Spanish Succession Crisis (1580–1700). In: The Sixteenth Century Journal, Vol. 46, No. 2 (Summer 2015), 291–311.

Geier, Christine: Margarete von Österreich, 1480–1530, Statthalterin der Niederlande. Das Leben der Regentin im Spiegel der Musik am habsburgisch-burgundischen Hof, DA Universität Wien 2012.

Gies McGuigan, Dorothy: Familie Habsburg 1273–1918. Glanz und Elend eines Herrscherhauses, 15. Aufl., Berlin 2020.

Godsey, William D., Mat'a, Petr: The Habsburg Monarchy as a Fiscal Military State. Contours and Perspectives 1648–1815, Oxford 2022.

González Cuerva, Rubén: Maria of Austria, Holy Roman Empress (1528–1603): Dynastic Networker, London, 2021.

Gonzalo Alvarez, Francisco C. Ceballos, Celsa Quinteiro: The Role of Inbreeding in the Extinction of a European Royal Dynasty, April 15, 2009, https://doi.org/10.1371/journal.pone.0005174

Gottsmann, Andreas (Hg.): Karl I. (IV.), der Erste Weltkrieg und das Ende der Donaumonarchie, Wien 2007.

Granichstaedten-Czerva, Rudolf von: Uneheliche Kinder der Tiroler Landesfürsten. In: Monatsblatt der Heraldischen Gesellschaft Adler, 74 (1956), 33–40.

Güntzel, Lennart: Judei sub umbraculo defensionis nostre debent respirare. Juden und Herrschaft zur Zeit Rudolfs von Habsburg (1273–1291). Diss. Universität Trier 2008.

Haag, Sabine, Eichberger, Dagmar, Jordan Gschwend, Annemarie (eds.): Women – The Art of Power. Three women from the House of Habsburg, Wien 2018.

Haider, Siegfried: Geschichte Oberösterreichs, Wien 1987.

Hamann, Brigitte (Hg.): Die Habsburger. Ein biographisches Lexikon, 3. Aufl., Wien 1996.

Hamann, Brigitte (Hg.): Kaiserin Elisabeth – Das poetische Tagebuch, Wien 1997.

Hamann, Brigitte: Elisabeth. Kaiserin wider Willen, München 2004.

Hamann, Brigitte: Rudolf. Kronprinz und Rebell, Wien 1978.

Hammer, Elke: Anna Plochl und Erzherzog Johann – Kehrseiten einer »lieblichen Romanze«. In: Mitteilungen des Steiermärkischen Landesarchivs, 48. Jg. (1998), 299–332.

Hanisch, Ernst: Der lange Schatten des Staates. Österreichische Gesellschaftsgeschichte im 20. Jahrhundert, Wien 1994.

Hawlik-van de Water, Magdalena: Die Kapuzinergruft. Begräbnisstatte der Habsburger in Wien, Wien 1993.

Heinig, Paul-Joachim: Kaiser Friedrich III. 1440–1493. Hof, Regierung und Politik, 3 Bde., Köln 1997.

Heiss, Gernot: Königin Maria von Ungarn und Böhmen (1505–1558). Ihr Leben und ihre wirtschaftlichen Interessen in Osterreich, Ungarn und Böhmen, Diss. Universität Wien 1971.

Heiss, Gernot: Politik und Ratgeber der Königin Maria von Ungarn in den Jahren 1521–1531. In: Mitteilungen des Instituts für österreichische Geschichtsforschung (MIÖG), 82 (1974), 119–180.

Hengerer, Mark: Kaiser Ferdinand III (1608–1657), Wien 2012.

Herre, Franz: Maria Theresia. Die große Habsburgerin, Köln 1994.

Hilscher, Elisabeth: Mit Leier und Schwert. Die Habsburger und die Musik, Graz 2000.

Höbelt, Lothar: Die Habsburger. Aufstieg und Glanz einer europäischen Dynastie, Stuttgart, 2009.

Höbelt, Lothar: Ferdinand III. 1608–1657. Friedenskaiser wider Willen, Graz 2008.

Hödl, Günther: Friedrich der Schöne (1314–1330). In: Werner Paravicini (Hg.): Höfe und Residenzen im spätmittelalterlichen Reich. Ein dynastisch-topographisches Handbuch, Bd. 1: Dynastien und Höfe (= Residenzforschung. Bd. 15), Ostfildern 2003, S. 292–295 (online).

Hoff, Christina: Kronprinz Rudolf – Journalist, Revolutionär, Politiker. Ein schriftstellerischer Kampf gegen die Zustände seiner Zeit. DA Universität Wien, 2009.

Holzleitner, Johann: Die naturwissenschaftlichen Arbeiten des Kronprinzen Rudolf, DA Universität Wien 2013.

Hubbauer, Lisa: Dynastische Politik des Hauses Habsburg am Beispiel von Margarete von Österreich (1480–1530), DA Universität Wien 2020.

Huber, Robert: Leopold II. – ein Aufklärer? Geistige Prägung und Herrschaftsgestaltung, MA Universität Klagenfurt, 2022.

Humel-Hammer, Sissy: Ein Erzherzog auf Grand Tour. Quellen zur Weltreise Franz Ferdinands von Österreich-Este, DA Universität Graz, 2021.

Hüttl, Ludwig: Das Haus Wittelsbach. Die Geschichte einer europäischen Dynastie, München 1980.

Judson, Pieter: Habsburg. Geschichte eines Imperiums 1740–1918, München 2. Aufl., 2022.

Kastner, Georg: Schwieriges Gedenken. Die Rezeption des Thronfolgers Franz-Ferdinand. In: Jahrbuch für Mitteleuropäische Studien. Hg. v. d. Andrássy Universität Budapest, 2014/2015.

Kaufhold, Martin: Vom ungeeigneten Grafen zum Kaiser der Herzen? Zur Herrschaftspraxis Rudolfs von Habsburg. In: Die Habsburger im Mittelalter. Aufstieg einer Dynastie, Darmstadt 2022, 96–103.

Keller, Katrin: Die Kaiserin. Reich, Ritual und Dynastie, Wien 2021.

Keller, Katrin: Erzherzogin Maria von Innerösterreich (1551–1608). Zwischen Habsburg und Wittelsbach, Wien-Köln-Weimar 2012.

Keller, Katrin: Twenty-five Women who Shaped the Early Modern Holy Roman Empire, London-New York 2024.

Kindermann, Dieter: Die Habsburger ohne Reich. Geschichte einer Familie seit 1910, Wien 2010.

Klammer, Andreas: Maximilian von Mexiko. Die Österreichischen Jahre, DA Universität Graz 2014.

Klimo, Veronika: Karl II. von Spanien (1661–1700) in der Geschichtsschreibung des 20. Jahrhunderts, DA Universität Salzburg 2018.

Kohler, Alfred, Haider, Barbara, Ottner, Christine (Hg.): Karl V. 1500–1558. Neue Perspektiven seiner Herrschaft in Europa und Übersee, Wien 2002.

Kohler, Alfred: »Tu felix Austria nube ...«. Vom Klischee zur Neubewertung dynastischer Politikin der neueren Geschichte Europas. In: Zeitschrift für historische Forschung, 21, 1/4 (1994), 461–482.

Kohler, Alfred: Ferdinand I. 1503–1564. Fürst, König und Kaiser, München 2003.

Kohler, Alfred: Karl V. Eine Biographie, 3. Aufl., München 2014.

Körner, Hans-Michael: Die Wittelsbacher. Vom Mittelalter bis zur Gegenwart, München 2009.

Krieger, Karl-Friedrich: Rudolf von Habsburg, Darmstadt 2003.

Krieger, Karl-Friedrich: Die Habsburger im Mittelalter. Von Rudolf I. bis Friedrich III. 2., aktualisierte Auflage, Stuttgart 2004.

Kruzik, Claudia: Margarete von Österreich – Statthalterin der Niederlande und Tochter Kaiser Maximilians I. aus dem Blickwinkel der Korrespondenz mit ihrem Vater, DA Universität Wien 2010.

Kunisch, Johannes (Hg.): Der dynastische Fürstenstaat: Zur Bedeutung von Sukzessionsordnungen für die Entstehung des frühmodernen Staates, Berlin 1982 (= Historische Forschungen 21).

Lackner, Christian: Das Haus Österreich und seine Länder im Spätmittelalter. Dynastische Integration und regionale Identitäten. In: Fragen der politischen Integration im mittelalterlichen Europa. Herausgegeben von Werner Maleczek, Stuttgart 2005 (= Vorträge und Forschungen/ Konstanzer Arbeitskreis für Mittelalterliche Geschichte 63), 273–301.

Lackner, Christian: Der erste »österreichische« Habsburger Friedrich der Schöne und Österreich. In: Matthias Becher, Harald Wolter-von dem Knesebeck (Hg.) Die Königserhebung Friedrichs des Schönen im Jahr 1314: Krönung, Krieg und Kompromiss, Köln 2017, 149–164.

Langmaier, Konstantin M.: Erzherzog Albrecht VI. von Österreich (1418–1463). Ein Fürst im Spannungsfeld von Dynastie, Regionen und Reich, Köln 2015.

Lauro, Brigitta: Die Grabstätten der Habsburger. Kunstdenkmäler einer europäischen Dynastie, Wien 2007.

Lenglachner, Moritz: »Nulla Ardua Sine Fratris Consensu«. Die Doppelregierung der Herzöge Albrecht II. und Otto von Österreich (1330–1339): Itinerare und Urkunden, Diss. Universität Graz, 2014.

Lhotsky, Alphons: Geschichte Österreichs seit der Mitte des 13. Jahrhunderts (1281–1358), Wien 1967.

Lindinger, Michaela: »Erzsi«. Elisabeth Petznek. Rote Erzherzogin – Spiritistin – Skandalprinzessin, Wien 2021.

Lutter, Christina, Burkhardt, Julia: Ich, Helene Kottannerin. Die Kammerfrau, die Ungarns Krone stahl, Darmstadt 2023, 13–56.

Lutter, Christina: Gendering Late Medieval Habsburg Dynastic Politics: Maximilian I and His Social Networks. In: Austrian History Yearbook (2024), 1–16.

Lutter, Christina: Geschlecht, Beziehung, Politik. Welche Möglichkeiten und Grenzen »erfolgreichen« Handelns hatte Bianca Maria Sforza? In: https://epub.oeaw.ac.at/0xc1aa5572_0x00376ea5.pdf.

MacDonald, Deanna: Margareth of Austria and Brou: Habsburg Political Patronage in Savoy, Diss. McGill University, Montreal, 1997.

Macek, Bernhard A.: Die Krönung Josephs II. zum römischen König in Frankfurt am Main. Logistisches Meisterwerk, zeremonielle Glanzleistung und Kulturgüter für die Ewigkeit. 2. Aufl., Frankfurt am Main 2010.

Maderthaner, Wolfgang: Zeitenbrüche. Sozialrevolutionäre Aufstände in habsburgischen Landen, Frankfurt am Main-New York 2023.

Meyer, Beatrix (Hg.): Kaiserin Elisabeth ganz privat. Briefe an ihre intimste Vertraute Ida Ferenczy, München 2020.

Meyer, Rudolf J.: Königs- und Kaiserbegräbnisse im Spätmittelalter. Von Rudolf von Habsburg bis zu Friedrich III., Köln 2000.

Miller, Paul: Forgetting Franz Ferdinand. The Archduke in Austrian Memory. In: Austrian History Yearbook, Volume 46, April 2015, 228–260.

Mitchell, Silvia Z.: Queen, Mother, and Stateswoman. Mariana of Austria and the Government of Spain, University Park, PA, 2019.

Mitterauer, Michael: Die Gräber der Habsburger, Austria Forum (Online)

Mitterauer, Michael: Wer malte das Porträt Herzog Rudolfs IV. von Österreich? Eine Spurensuche in der italienischen Frührenaissance, Austria Forum (Online)

Mitterauer. Michael: Zum Porträt Herzog Rudolfs IV. Austria Forum. (Online)

Morrill, John Stephen: Dynasties, Realms, Peoples and State Formation. In: Robert von Friedeburg und John Morrill (Hg.): Monarchy Transformed. Princes and their Elites in Early Modern Western Europe, Cambridge 2017, 17–43.

Neuhold, Helmut: Das andere Habsburg. Homoerotik im österreichischen Kaiserhaus, Marburg 2008.

Nexon, Daniel H.: The Struggle for Power in Early Modern Europe. Religious Conflict, Dynastic Empires, and International Change, Princeton 2009.

Niederkorn, Jan Paul: Die dynastische Politik der Habsburger im 16. und frühen 17. Jahrhundert. In: Jahrbuch für Europäische Geschichte, Band 8 (2007), 29–50.

Niederstätter, Alois: Das Jahrhundert der Mitte 1400–1522. An der Wende vom Mittelalter zur Neuzeit. 2. Aufl., Wien 2004.

Niederstätter, Alois: Die Herrschaft Österreich. Fürst und Land im Spätmittelalter 1278–1411. 2. Aufl., Wien 2004.

Nostitz-Rieneck, Georg (Hg.): Briefe Kaiser Franz Josephs an Kaiserin Elisabeth 1859–1889. 2 Bände, Wien 1966.

Nowakowska, Natalia: What's in a Word? The Etymology and Historiography of Dynasty – Renaissance Europe and Beyond. In: Global Intellectual History, Volume 7 (2020), 453–474.

Palmitessa, James: Revisiting the Habsburg Mausoleum in St. Vitus Cathedral in Prague. In: Austrian History Yearbook, Volume 52, May 2021, 102–117.

Panzer, Marita A.: Don Juan de Austria (1547–1578). Karriere eines Bastards, Regensburg 2004.

Parker, Geoffrey: Der Kaiser. Die vielen Gesichter Karls V., Darmstadt 2020.

Pfandl, Ludwig: Johanna die Wahnsinnige. Ihr Leben. Ihre Zeit. Ihre Schuld. Freiburg 1938.

Pfandl, Ludwig: Karl II. Das Ende der spanischen Machtstellung in Europa. München 1940.

Piccolomini, Enea Silvio: Über Österreich. Übersetzt u. herausgegeben von Felix Kucher, Wien 2002.

Pietschmann, Horst: Das koloniale Mexiko als Kaiserreich? Anmerkungen zu einem Forschungsproblem. In: Plus ultra. Die Welt der Neuzeit. Festschrift für Alfred Kohler zum 65. Geburtstag. Herausgegeben von Friedrich Edelmayer, Martina Fuchs, Georg Heilingsetzer und Peter Rauscher, Münster 2008, 487–510.

Piper, Dietmar und Salzwedel, Johannes (Hg.): Die Welt der Habsburger. Glanz und Tragik eines europäischen Herrscherhauses, München 2010.

Pohl, Markus: Europa in der Tradition Habsburgs? Die Rezeption Kaiser Karls V. im Umfeld der Abendländischen Bewegung und der Paneuropa Union, Berlin 2020 (= Chemnitzer Europa-Studien 23).

Poiret, Marie-Françoise: Le monastère de Brou. Le chef-d'œuvre d'une fille d'empereur, Paris 1994.

Polleroß, Friedrich: Die Repräsentation der Habsburger (1493–1806), Petersberg 2022.

Pons, Rouven: Erzherzog Stephan (1817–1867). Biografie eines Habsburgers im entstehenden Medienzeitalter. Wien-Köln 2022.

Prag um 1600. Kunst und Kultur am Hofe Kaiser Rudolf II. Kunsthistorisches Museum, Ausstellungskatalog, Wien 1998.

Praschl-Bichler, Gabriele: Kaiserin Elisabeth. Mythos und Wahrheit, Wien 1996.

Pruonto, David: Das Mexikanische Kaiserreich Maximilians von Habsburg (1864–1867) – Ein französisches Kolonialabenteuer?, Diss. Universität Wien 2011.

Rachfahl, Felix: Margaretha von Parma, Statthalterin der Niederlande (1559–1567), München und Leipzig 1898, online auf ÖNB Digital verfügbar.

Rady, Martin: Die Habsburger. Aufstieg und Fall einer Weltmacht, 4. Aufl., Berlin 2023.

Rauchensteiner, Manfried: Betrifft Geschichte. Ein Streifzug durch die Zeiten, Wien 2023. Darin: Der Wiener Kongress 1814/15, S. 32 ff; Der himmlische Karl, 274 ff; Franz Joseph I. Den Tod vor Augen, 84 ff.

Raviola, Blyth Alice: The Three Lives of Margherita of Savoy-Gonzaga, Duchess of Mantua and Vicereine of Portugal. In: Anna J. Cruz und Maria Galli Stampino (Hg.), Early Modern Habsburg Women. Transnational Contexts, Cultural Conflicts, Dynastic Continuities, London and New York 2016, 59–75.

Redlich, Oswald: Rudolf von Habsburg. Das Deutsche Reich nach dem Untergange des alten Kaisertums, Innsbruck 1903.

Reifenscheid, Richard: Die Habsburger in Lebensbildern. Von Rudolf I. bis Karl I., Graz 1982, München 2007.

Rill, Bernhard: Kaiser Matthias. Bruderzwist und Glaubenskampf, Graz 1999.

Rößler, Viktoria: Eleonore von Portugal. Brautfahrt und Integration in der Fremde aus geschlechtergeschichtlicher Perspektive, DA Universität Wien 2016.

Rubini Messerli, Luisa: Maribárbara Asquín alias Maria Barbara Haunsin, die Zwergin von Velázquez Las Meninas und ihr Testament. Dokumente und Briefe aus Lambergs Nachlass in Linz. In: Zimmermann, Harm-Peer, Büttner, Peter Otto, Tschofen, Bernhard: Kreuz- und Querzüge. Beiträge zu einer literarischen Anthropologie: Festschrift für Alfred Messerli. Hannover 2019, 349–387.

Rudolf, Martina: Die Vater-Sohn-Beziehung zwischen Kaiser Franz Joseph I. und Kronprinz Rudolf, DA Universität Wien 2014.

Rumpler, Helmut und Harmat, Ulrike (Hg.): Die Habsburgermonarchie 1848–1918, Band XII: Die nationale und internationale Historiographie zum Untergang der Habsburgermonarchie als ideelle Grundlage für die Neuordnung Europas, Wien 2018.

Rumpler, Helmut: Eine Chance für Mitteleuropa. Bürgerliche Emanzipation und Staatsverfall in der Habsburgermonarchie, Wien 1997.

Sánchez, Magdalena S.: The Empress, the Queen, and the Nun: Women and Power at the Court of Philip III of Spain, Baltimore 1998.

Sandgruber, Roman: Reich sein Das mondäne Wien um 1900, Wien 2022.

Sandgruber, Roman: Ökonomie und Politik. Österreichische Wirtschaftsgeschichte vom Mittelalter bis zur Gegenwart, Wien 1995.

Sandgruber, Roman: Illustrierte Geschichte Österreichs. Wien 2000.

Sandgruber, Roman: Rothschild. Glanz und Untergang des Wiener Welthauses, Wien 2018.

Sapper, Christian: Kinder des Geblüts. Die Bastarde Kaiser Rudolfs II. In: Mitteilungen des Österreichischen Staatsarchivs. Band 47, 1999, 1 ff.

Schellmann, Monika: Zur Geschichte Herzog Ernsts des Eisernen (1386/1402–1424). Dissertation (ungedruckt), Universität Wien, 1966.

Schiel, Irmgard: Stephanie. Kronprinzessin im Schatten von Mayerling, Stuttgart 1968.

Schilling, Heinz: Karl V. Der Kaiser, dem die Welt zerbrach. Biographie, München 2020.

Schindling, Anton und Ziegler, Walter (Hg.): Die Kaiser der Neuzeit 1519–1918. Heiliges Römisches Reich, Österreich, Deutschland, München 1990.

Schruf, Marlene: Die Erziehung und (Aus-)Bildung der Salzprinzen. Die Kindheit und Jugend Kaiser Franz Josephs I. und seiner erzherzoglichen Brüder als Fundament ihrer differenten Biographien, DA Universität Graz 2018.

Schubert, Alexander (Hg.): Die Habsburger im Mittelalter. Aufstieg einer Dynastie, Katalog, Speyer 2022.

Schulze, Winfried: Hausgesetzgebung und Verstaatlichung im Hause Österreich vom Tode Maximilians I. bis zur Pragmatischen Sanktion. In: Johannes Kunisch (Hg.): Der dynastische Fürstenstaat. Zur Bedeutung von Sukzessionsordnungen für die Entstehung des frühmodernen Staates, Berlin 1982 (= Historische Forschungen 21), 253–272.

Schwenk, Tina: Maximilian I – A Habsburg on Montezuma's Throne, Diss. University of Stirling, 2010.

Sebag Montefiore, Simon: Die Welt. Eine Familiengeschichte der Menschheit, München 2023.

Sebag Montefiore, Simon: Die Romanows. Glanz und Untergang der Zarendynastie 1613–1918, Frankfurt am Main 2016.

Seemann, Eva: Hofzwerge. Kleinwüchsige Menschen an deutschsprachigen Fürstenhöfen der Frühen Neuzeit, Göttingen 2023.

Seipel, Wilfried (Hg.): Kaiser Ferdinand I. 1503–1564. Das Werden der Habsburgermonarchie, Wien 2003.

Seydel, Robert: Tu Felix Austria nube. Darstellung und Auswirkungen der habsburgischen Heiratspolitik, DA Universität Wien 2003.

Sigmund, Anna Maria: Tatort Genfer See. Kaiserin Elisabeth im Fadenkreuz der Anarchisten, Wien-Graz 2020.

Simbrunner, Joseph: Die Linzer Hochzeit von Ferdinand und Anna am 26. 5. 1521. In: Oberösterreichische Heimatblätter, 75. Jahrgang. 2024, 3 ff.

Snyder, Thimothy: Der König der Ukraine. Die geheimen Leben des Wilhelm von Habsburg, Wien 2009.

Spielman, John P.: Leopold I. Zur Macht nicht geboren, Graz 1981.

Staller, Franz: Fragment eines hebräisch-altfranzösischen Bibelglossars aus der Universitätsbibliothek Salzburg. Kritische Edition, sprachgeschichtliche Analyse und historisch-geographischer Kontext (Situation der jüdischen Minderheit in Lothringen zwischen 1220 und 1350), Salzburg 2023.

Stollberg-Rilinger, Barbara: Maria Theresia. Die Kaiserin in ihrer Zeit, München 2017.

Stubaum, Ralph-Bernhard: Das Kaisertum Österreich – Innen- und Außenpolitik um 1804, MA Universität Wien 2020.

Sturmberger, Hans: Die Anfänge des Bruderzwists in Habsburg. In: Mitteilungen des Oberösterreichischen Landesarchivs 5, 1957, 143–188.

Sutter Fichtner, Paula: Emperor Maximilian II., New Haven 2001.

Sutter Fichtner, Paula: The Habsburgs. Dynasty, Culture and Politics, London 2011.

Sutter, Berthold: Erzherzog Johanns Kritik an Österreich. In: Mitteilungen des Österreichischen Staatsarchivs, 16, 1963, 165–215.

Tamussino, Ursula: Margarete von Österreich, Diplomatin der Renaissance, Graz-Wien-Köln, 1995.

Tamussino, Ursula: Maria von Ungarn Ein Leben im Dienst der Casa de Austria, Graz 1998.

Tichy, Iman: ich und die edel kungInn. Selbst- und Fremddarstellungen Helene Kottanners zwischen weiblichem Erleben und androzentrischen Handlungszuschreibungen, DA Universität Graz 2021.

Unterholzner, Daniela: Bianca Maria Sforza. Herrschaftliche Handlungsspielräume einer Königin vor dem Hintergrund von Hof, Familie und Dynastie. Diss. Universität Innsbruck, 2015.

Unterreiner, Katrin: Habsburgs verschollene Schätze. Das geheime Vermögen des Kaiserhauses, Wien 2020.

Unterreiner, Katrin: Die Habsburger. Mythos & Wahrheit, Wien-Graz-Klagenfurt 2011.

Unterreiner, Katrin: Kronprinz Rudolf. Ich bin andere Wege gegangen. Eine Biographie, Wien 2008.

Unterreiner, Katrin: Meinetwegen kann er gehen. Kaiser Karl und das Ende der Habsburgermonarchie, Wien-Graz-Klagenfurt 2017.

Unterreiner, Katrin: Sisi. Mythos und Wahrheit. Wien-Graz-Klagenfurt 2005.

Unterreiner, Katrin: Sisi. Das geheime Leben der Kaiserin, Wien 2023.

Vocelka, Karl und Lynne Heller: Die Lebenswelt der Habsburger. Kultur- und Mentalitätsgeschichte einer Familie, Graz 1997.

Vocelka, Karl und Lynne Heller: Die private Welt der Habsburger. Leben und Alltag einer Familie, Graz 1998.

Vocelka, Karl und Mutschlechner, Martin (Hg.): Franz Joseph. 1830–1916, Katalog, Wien 2016.

Vocelka, Karl und Vocelka, Michaela: Franz Joseph I. Kaiser von Österreich und König von Ungarn, Wien 2015.

Vocelka, Karl: Die Familien Habsburg und Habsburg-Lothringen, Wien 2010.

Vocelka, Karl: Matthias contra Rudolf. Zur politischen Propaganda in der Zeit des Bruderzwistes. In: Zeitschrift für Historische Forschung, Vol. 10, No. 3 (1983), 341–351.

Vocelka, Karl und Vocelka, Michaela: Sisi. Leben und Legende einer Kaiserin, München 2014.

Wacha, Georg: Linz und die Heilige Liga von 1683. In: Historisches Jahrbuch der Stadt Linz, 1984, 269 ff.

Wandruszka, Adam: Das Haus Habsburg. Die Geschichte einer europäischen Dynastie, 7. Aufl., Wien 1989, zuerst 1956.

Wandruszka, Adam: Leopold II. Erzherzog von Österreich, Großherzog von Toskana, König von Ungarn und Böhmen, Römischer Kaiser. 2 Bände, Wien-München 1963–1965.

Weber, Wolfgang E. J.: Dynastiesicherung and Staatsbildung. Die Entfaltung des frühmodernen Fürstenstaates. In: ders. (Hg.), Der Fürst. Ideen und Wirklichkeiten in der europäischen Geschichte, Köln, 1998, 91–136.

Weiss, Sabine: Die vergessene Kaiserin. Bianca Maria Sforza – Kaiser Maximilians zweite Gemahlin, Innsbruck-Wien 2010.

Weiss, Sabine: Maximilian I., Habsburgs faszinierender Kaiser, Innsbruck 2018.

Weiss, Sabine: Zur Herrschaft geboren. Kindheit und Jugend im Hause Habsburg von Kaiser Maximilian bis Kronprinz Rudolf, Innsbruck 2008.

Weissensteiner, Friedrich: Die rote Erzherzogin. Das ungewöhnliche Leben der Tochter des Kronprinzen Rudolf. Versuch einer Biographie, 3. Aufl., Wien 1983.

Weissensteiner, Friedrich: Ein Aussteiger aus dem Kaiserhaus: Johann Orth. Das eskapadenreiche Leben des Erzherzogs Johann Salvator. Eine Biographie, Wien 1985.

Wheatcroft, Andrew: The Habsburgs. Embodying Empire, London 1996.

Widder, Ellen: Skandalgeschichten oder Forschungsdesiderate? Illegitime Verbindungen im Spätmittelalter aus geschichtswissenschaftlicher Perspektive. In Andreas Tacke (Hg.), »... wir wollen der Liebe Raum geben«. Konkubinate geistlicher und weltlicher Fürsten um 1500, Göttingen 2006, 38–92.

Widhalm, Matthias: Genealogie als Mittel der Herrschaftslegitimation? Dynastienahe Historiographie des Hauses Habsburg von Leopold I. bis Karl VI. (1658–1740), MA Universität Wien, 2020.

Wiesflecker, Hermann: Maximilian I. Das Reich, Österreich und Europa an der Wende zur Neuzeit, 5 Bde. Wien 1971–1986.

Winder, Simon: Danubia. A personal History of Habsburg Europe, London 2013; deutsche Ausgabe: Kaisers Rumpelkammer. Unterwegs in der Habsburger Geschichte, Reinbek bei Hamburg 2014.

Winkelbauer, Thomas: Ständefreiheit und Fürstenmacht. Länder und Untertanen des Hauses Habsburg im konfessionellen Zeitalter, 2 Bände, Wien 2003.

Winkelhofer, Martina: Sisis Weg. Vom Mädchen zur Frau – Kaiserin Elisabeths erste Jahre am Wiener Hof, München 2021.

Winkelhofer-Thyri, Martina: Der Hof unter Kaiser Franz Joseph, Diss. Universität Wien, 2010.

Winker, Elsa: Margarete von Österreich. Grande Dame der Renaissance, München 1977.

Wolff, Larry: Verdi's Emperor Charles V. Risorgimento Politics, Habsburg History, and Austrian-Italian Operatic Culture. In: Austrian History Yearbook, Volume 54, 2023, 69–88.

Wozniak, Thomas: Wie groß war Otto der Große? Zur Deutung des Cognomen magnus. In: Königswege. Festschrift für Hans K. Schulze, Leipzig 2014, 95 ff.

Wunder, Heide: Einleitung. In: dies. (Hg.): Dynastie und Herrschaftssicherung in der Frühen Neuzeit. Geschlechter und Geschlecht (Berlin, 2002), 9–28.

Ylä-Anttila, Tupu: Habsburg Female Regents in the Early 16th Century, Diss. University of Helsinki, 2019.

Zedinger, Renate: Franz Stephan von Lothringen (1708–1765). Monarch, Manager, Mäzen. Wien u. a. 2008.

Zeilfel, Hans Peter: Ableben und Begräbnis Friedrichs III., Diss. Universität Wien, 1970 (Druckfassung Wien 1974).

BILD- UND QUELLENNACHWEIS

Umschlagbild: Austrian Archives/
brandstaetter images/picturedesk.com
(Joseph Heintz der Ältere, Kaiser Rudolf II.)
Autorenfoto: © Harald Eisenberger

Wien Museum/Online Sammlung
41 unten, 171, 206 unten, 209, 240 unten

Österreichische Nationalbibliothek, Bildarchiv
37 oben, 72 oben links, 81 unten, 233 oben rechts (Fideikommissbibliothek), 240 oben (Foto: Ludwig Angerer, 1862), 256 (Fotograf: Carl Pietzner, Aufnahme vom 27. Oktober 1882), 259 unten, 264 oben (Aufnahme vom 11. Januar 1893), 273 Mitte, 273 unten, 279 oben rechts (Aufnahme vom 30. Dezember 1916)

Österreichische Nationalbibliothek/
ANNO Historische Zeitungen und Zeitschriften
249

Österreichische Galerie Belvedere
30 (Foto: Belvedere, Wien), 47 oben, 54 oben, 201 oben, 233 oben links

Albertina Sammlungen Online
59, 82, 224 oben

Universalmuseum Joanneum, Neue Galerie Graz
156

Bibliothèque nationale de France
50

Mandlick, August/
ÖNB-Bildarchiv/picturedesk.com
41 oben

Austrian Archives/
brandstaetter images/picturedesk.com
60, 140, 162

Bridgeman Art Library/picturedesk.com
84, 117

World History Archive/TopFoto/picturedesk.com
130

Nemeth/akg-images/picturedesk.com
134

Everett Collection/picturedesk.com
148

akg-images/picturedesk.com
92, 152, 168, 176

Sunny Celeste/imageBROKER/picturedesk.com
242

Schmutzer, Ferdinand/
ÖNB-Bildarchiv/picturedesk.com
260

Adams, John Quincy/
ÖNB-Bildarchiv/picturedesk.com:
274

Kruse, Ingrid von/
SZ-Photo/picturedesk.com
282

The Picture Art Collection/
Alamy Stock Photo (MMH633)
158

Wikimedia Commons
13 (Wien Museum), 14 (Rijksmuseum), 25 oben (Foto: C. Stadler/Bwag; CC-BY-SA-4.0), 25 unten (Urheber: Welleschik), 37 unten (Foto: FORTEPAN/Nagy Beatrix Julianna; ID 78044), 44 (Foto: Haselburg-müller), 47 unten (Urheber: Linsengericht), 54 unten (Urheber: Hermann Plüddemann), 57 (Urheber: Pieter van Sompel), 63, 66 oben links (Urheber: Wolfgang Sauber), 66 oben rechts, 66 unten links (Urheber: Wolfgang Sauber), 68 (Quelle: Kunsthistorisches Museum), 72 unten, 72 Mitte (Standort: Schloss Ambras, Kunsthistorisches Museum),

76 (Standort: Schloss Ambras, Kunsthistorisches Museum), 81 oben (Photo: Andreas Praefcke), 90 oben (Universalmuseum Joanneum), 90 Mitte (Quelle/Fotograf: Kunsthistorisches Museum, Bilddatenbank), 90 unten (Quelle/Fotograf: Kunsthistorisches Museum, Bilddatenbank), 97 (National Gallery of Art), 98 oben links (Foto: Kaho Mitsuki, Galerie des Illustres, Schloss Beauregard), 98 oben rechts (Quelle: Eigenes Werk Photo: 2010-04-23, Bibliothèque nationale de France)), 98 unten (Museo del Prado), 100 (Quelle/Fotograf: www.sammlung.pinakothek.de), 108 (Quelle/Fotograf: www.sammlung.pinakothek.de), 107 (Quelle/Fotograf: Museo del Prado), 110 (Quelle/Fotograf: The Yorck Project bzw. Royal Museums of Fine Arts of Belgium), 118 (Gemäldegalerie Berlin, Herkunft/Fotograf: http://www.bildindex.de/bilder/gg3356_011b.jpg), 119 (Quelle: Königliches Museum der Schönen Künste, Antwerpen), 122 (Quelle/Fotograf: Kunsthistorisches Museum, Bilddatenbank), 127 oben (Fondation Bemberg, Toulouse), 127 unten, 136 (Schloss Ambras; Quelle/Fotograf: Kunsthistorisches Museum, Bilddatenbank), 139 oben, 139 unten (Musée Condé; Herkunft/Fotograf: Google Arts & Culture – CwGNmXGLsxE4sg; René Gabriel Ojéda), 144 (Sammlung: Skokloster Castle, Quelle: Google Arts & Culture, LSH 91503), 147, 151 (Herkunft/Fotograf: Kunsthistorisches Museum, Bilddatenbank), 166 (Museo del Prado), 167 (Museo del Prado), 174 oben rechts (Quelle/Fotograf: Kunsthistorisches Museum, Bilddatenbank), 174 Mitte (Quelle/Fotograf: Kunsthistorisches Museum), 174 unten (Kunsthistorisches Museum), 179 (Museo del Prado), 180 (Schloss Schönbrunn Kultur- und Betriebsges.m.b.H.), 183 (Schloss Schönbrunn Kultur- und Betriebsges.m.b.H.), 184 (Bayerische Schlösserverwaltung, München), 188 (Muzeum Narodowe w Warszawie), 191 oben links (Kunsthistorisches Museum), 191 Mitte (Google Arts & Culture, Kunsthistorisches Museum), 191 unten (Autor: Uoaei1 – Wiki Loves Monuments 2014, CC-SA 3.0 AT), 194 (Foto: altertümliches.at; Schloss Schönbrunn Kultur- und Betriebsges.m.b.H.), 198 oben (Standort unbekannt), 198 unten (Urheber: Windrain), 201 unten (Foto: Coyau, Schloss Versailles, Salle à manger du petit appartement de la reine), 202 (Herkunft/Fotograf: Dorotheum), 206 oben (Urheber: Daderot), 210 (Herkunft/Fotograf: Dorotheum), 217 (Neue Galerie Graz, I/657), 221 (Herkunft/Fotograf: Kunsthistorisches Museum), 222 (Neue Galerie Graz, I/2184), 224 unten (Herkunft: Dorotheum), 227 (Urheber: Ralf Roletschek/Roletschek.at, erstellt im Rahmen des Projekts „Wiki loves parliaments/Steiermark 2016; CC BY-SA 3.0 AT), 228 (Heeresgeschichtliches Museum, Wien), 233 unten (Herkunft/Fotograf: Dorotheum, unbekannter Standort), 234 (Herkunft/Fotograf: Dorotheum, Privatsammlung), 237 (Urheber unbekannt), 245 (Museo Correr, Venedig), 248 (Herkunft/Fotograf: Dorotheum), 250 (Urheber: Jean François Portaels, Herkunft/Fotograf: balat.kikirpa.be, Königliche Sammlung von Belgien), 253 links (), 253 rechts (Herkunft/Fotograf: The Yorck Project, Kunsthalle Mannheim), 254 (Urheber: unbekannt, Quelle: Dorotheum), 259 oben (Quelle: Dorotheum), 264 unten (Fotograf: unbekannt), 266 (Urheber: unbekannt, Sammlung der Bundesmobilienverwaltung), 269 (Herkunft/Fotograf: Dorotheum), 272 oben (Herkunft/Fotograf: Dorotheum), 279 oben links (Urheber: Tom von Dreger), 279 unten (Library of Congress, George Grantham Bain Collection), 288 oben links (Urheber: Koloman Moser/Österreichische Post AG), 288 Mitte (Urheber: Halmi, Quelle: MNM Online Katalógus), 288 unten (© Oliver Mark/CC BY-SA 4.0)

Bearbeitung der Stammtafeln des Hauses Habsburg bzw. Habsburg-Lothringen nach der Vorlage von www.aeiou.at: Bruno Wegscheider.

LIEBE LESERIN,
LIEBER LESER,

hat Ihnen dieses Buch gefallen? Dann freuen wir uns über Ihre Empfehlung!

Weil jede gute Geschichte davon lebt, weitergetragen zu werden. Erzählen Sie in Ihrem Freundeskreis davon, in Ihrer Buchhandlung – oder bewerten Sie das Buch online.

Wünschen Sie weitere Informationen zum Thema? Möchten Sie mit unserem Autor in Kontakt treten? Wir freuen uns auf Austausch und Anregung unter post@styriabooks.at

Inspiration, Geschenkideen und gute Geschichten finden Sie auf www.styriabooks.at

STYRIA
BUCHVERLAGE

Verlagsgruppe Styria GmbH & Co KG
Lobkowitzplatz 1, 1010 Wien, Austria
office@styriabooks.at

ISBN 978-3-222-15150-7

Buch- & Covergestaltung
DUO.WTF
MARC DAMM, GERNOT PRESLMAYER

Satz & Typografie
MARC DAMM, ALINA HAUEIS

Lektorat & Bildredaktion
JOHANNES SACHSLEHNER

Korrektorat
TED KONAKOWITSCH

Projektleitung Verlag
SUSANNE FALK

Herstellung Verlag
FRANZ SCHAFFER

Druck & Bindung
FLORJANČIČ

7 6 5 4 3 2 1
Printed in the EU